중국지

 下

중국지

마오쩌둥과 중국 혁명 평석

下

대란대치 편 · 현이섭 지음

개정판

인물과
사상사

일러두기

1. 이 책에 나오는 인명의 대부분은 국립국어원의 외래어 표기법에 따랐으나, 일부는 원어 발음에 더욱 충실하고자 일반 표기법과 달리한 경우도 있습니다.

2. 인명뿐만 아니라 지명은 독자의 이해를 돕기 위해 처음 언급되었을 경우 중국어 표기와 한자, 한자음을 본문에 병기했습니다.

차례

제3부 · 대란대치

| 제12장 | 문화대혁명

| 제13장 | 후계자의 최후

제 3 부

대란대치

★

제 12장

문화대혁명

해서파관을
평한다

마오의 부인이자 비서인 장칭(江靑 강청)도 이즈음부터 공개적인 활동에 나섰다. 중국 초유의 여황제 측천무후를 꿈꾸는 장칭은 마오의 개인숭배를 찬양하고, 사회문제에 참견하는 등 본격적으로 정치무대에 등장했다. 장칭은 16세기 명나라 가정황제嘉靖皇帝 때 직간으로 유명한 강직한 대신大臣 해서海瑞가 탐관오리를 징치하고 황제에게 거침없이 간언하다 쫓겨나는 내용을 그린 경극京劇「해서海瑞」등 문예작품들을 못마땅해했다. 배우 출신인 장칭은 1962년에 이 경극이 문제가 많다며 중앙선전부와 문화부 등에 비판을 제기했다. 장칭은 "무대에서나, 영화에서 나오는 것들이 대부분 자산계급과 봉건주의적인 것들이다"라고 맹렬한 비난을 퍼부었다. 장칭은 이때부터 문예비평 활동을 활발하게 펼치며 문화대혁명을 추동하는 혜성처럼 떠오른 '좌파'의 기수旗手로 눈길을 끌었다. 401

폭풍전야. 마른하늘에 천둥번개가 치고 폭우를 머금은 먹구름이 잔뜩 몰려오고 있었다. 잇따른 파국을 부르는 마오의 비판은 한바탕 살벌한 분위기의 격렬한 투쟁을 예고했다. 권력을 좇는 인간 '하이에나'들이 먹잇감을 찾아 뛰기 시작했다. 장칭과 린뱌오였다.

1964년 10월, 정치무대에서 보폭을 넓히고 있던 장칭은 베이징 문화계의 문예

비평가 리시판(李希凡 이희범)을 찾아갔다. 장칭은 리시판에게 명사明史 전문가이자 베이징시 부시장 우한(吳晗 오함)이 쓴 『해서파관海瑞罷官』을 비판해줄 것을 요청했다. 1960년에 경극 극본으로 쓴 『해서파관』을 1962년에 불어닥친 개인경작을 선호하는 바람, 즉 단간풍單干風과 연계시켜 비판해달라는 것이었다. 리시판은 『해서파관』이 순수한 학술적인 작품이어서 우한과 역사·예술적 측면에서 토론한 바 있었다. 리시판은 이런 학술적 작품에 음습한 정치적 색깔을 씌워 수정자본주의로 몰기 위해 '단간풍'과 연계시켜 비판하는 것은 억지라고 판단해 응하지 않았다. 장칭은 11월에도 리시판을 찾아왔다. 이번에는 리시판의 상관인 중앙선전부 부부장 저우양(周揚 주양)의 문예사상을 비판해달라는 요구였다. 리시판은 저우양의 수준이 자신보다 훨씬 높기 때문에 이 또한 받아들일 수 없다고 완곡하게 거절했다.

화가 난 장칭은 상하이로 달려갔다. 장칭은 마오의 신임을 받아 좌파의 한 축을 이끌며 상하이를 관할하는 중앙 화둥국(華東局 화동국) 제1서기 커칭스(柯慶施 가경시)를 찾아가 자초지종을 설명했다. 커칭스는 상하이시위원회 제1서기와 시장 등을 역임한 거물로 상하이에 정치 기반을 두고 있었다. 커칭스가 병으로 일찍 죽지 않았다면 훗날 악명을 떨친 '4인방四人幇'은 '5인방'이 되었을 것이라는 얘기를 할 정도로 상하이 좌파의 '대부' 구실을 했다. 커칭스는 자신의 정치비서였다가 상하이시 문교文教서기를 맡고 있는 장춘차오(張春橋 장춘교)에게 야오원위안(姚文元 요문원)을 소개해줄 것을 지시했다. [402]

애초 1959년 4월에 마오가 중앙 제8기 7중전회에서 해서海瑞의 직간直諫 정신을 배우자는 지시에 따라 쓴 작품이 『해서파관』이다. 마오는 후차오무(胡喬木 호교목)의 건의를 받아들여 명나라 역사 전문가이자 베이징시 부시장인 우한에게 '해서'에 대한 글을 쓰도록 지시해 그해 6월 '해서, 황제를 꾸짖다(海瑞罵皇帝 해서매황제)'를 발표했다. 9월 21에 또 '해서를 논한다(論海瑞 논해서)'의 글을 내놓았다. 이때는 루산회의가 끝나 펑더화이가 우익 기회주의자 '반당집단'의 우두머리로 찍혀 실각했을 즈음이었다. 우한은 '해서를 논한다'에 우경 기회주의를 비판하는 내용을 보탰다. 우한은 나중에 경극京劇 공연예술가이자 베이징 경극단 단장인 마렌량(馬連良 마련량)의 요청으로 경극의 희곡으로 '해서'를 썼다가 나중에 친구 차이시타오(蔡希陶 채희도)의 의견에 따라 '해서, 파직당하다(海瑞罷官 해서파관)'로 제목을 바꾸었다.

이 희곡은 1961년 1월에 『베이징문예(北京文藝)』에 발표되었고, 이어 베이징 경극단이 무대에 올렸다. 줄거리는 해서가 응천부應天府 순무巡撫(명나라 때 지방의 민정, 군정을 순시하던 대신)로 지방을 순시하다가 재상의 아들이 강제로 백성들의 땅을 빼앗고, 부녀자를 강탈하는 패악을 저지른 것을 적발해 사형에 처하고 땅을 돌려준다는 내용이었다. 또 가정황제의 악정을 직간하다 끝내 파직당하는 해서의 강직하고 아부하지 않는 올곧은 정신 등을 선양하는 것이었다. 마오는 이 경극을 무대에 올리자 매우 기뻐했을 뿐만 아니라 해서로 분장한 마련량을 집에서 접견한 바 있었다. [403]

당시 34세의 야오원위안(姚文元 요문원)은 상하이 사상문예계에서 두각을 나타내 '북이남요北李南姚(베이징의 리시판, 상하이의 야오원위안)'라고 할 정도로 신진기예 그룹에서 필명을 날렸다. 야오원위안의 아버지 야오펑쯔(姚蓬子 요봉자)는 시인으로 공산당에 가입해 1930년 상하이에서 좌익작가연맹을 설립해 집행위원을 맡았다. 야오펑쯔는 딩링(丁玲 정령)과 함께 좌경 잡지 『베이더우(北斗 북두)』를 창간했다. 야오원위안은 그 이듬해에 태어났다. 야오펑쯔는 한 살이 된 야오원위안을 데리고 『아큐정전阿Q正傳』과 『광인일기』 등을 쓴 중국의 문호文豪이자 사상가 루쉰(魯迅 노신)을 찾아간 적이 있었다. 야오원위안은 나중에 이때를 떠올리며 루쉰을 보았다는 애기를 즐겨 했다. 야오펑쯔는 1933년 12월에 톈진에서 체포되어 전향하면서 국민당 기관지 『중앙르바오(中央日報 중앙일보)』에 '야오펑쯔, 공산당 탈당 선언'의 성명을 싣고 공산당을 떠났다. 야오펑쯔는 성명에서 "과거의 잘못을 참회하며 지난날의 정치적 입장을 버리고 공산당을 탈당해 삼민주의 기치 아래 서기로 결정했다"고 밝혔다. [404]

이런 집안 내력을 갖고 있는 야오원위안은 1948년 10월에 후신(滬新 호신) 고등학교에 다닐 때 공산당에 가입했다. 야오원위안은 건국 후 공청단共青團 상하이시 루완구(盧灣區 노만구) 노조위원회 선전부 부부장, 루완구 당위원회 선전부 교육과

장 등을 역임하면서 글을 썼다. 야오원위안이 문단의 '샛별'로 주목받게 된 것은 1957년 2월 6일에 『원후이바오(文匯報 문회보)』에 실은 '교조와 원칙─야오쉐인 선생과의 토론(敎條和原則─與姚雪垠討論 교조화원칙─여요설은토론)'에 관한 글이었다. 야오쉐인(姚雪垠 요설은)은 문단의 원로로 마오가 눈여겨보던 작가였다. 야오원위안은 야오쉐인에게 문예창작에 관한 방법에 대해 토론을 제기한 것이었다.

야오원위안은 이때부터 마오의 눈길을 끌었다. 야오원위안은 6월 10일에 『원후이바오』에 '녹이비고錄以備考─독보우감讀報偶感' 제목의 글을 실어 『원후이바오』의 편집 방향이 잘못되었다고 비판하기도 했다. 이 글을 본 마오는 『런민르바오人民日報』에 전재를 지시해 6월 14일자에 이 글이 실렸다. 야오원위안의 글이 계기가 되어 『런민르바오』는 편집부 명의로 '원후이바오─한 시기 내의 자산계급 방향'이란 글을 실어 『원후이바오』를 비판했다. 야오원위안은 일약 '반우反右파'의 영웅으로 떠오르며 전국적 인물로 껑충 뛰어올랐다. 야오원위안의 글은 순수 문예비평과는 달리 정치비평에 주안점을 두었다.

문단의 이단아가 된 야오원위안은 붓 한 자루로 글의 형식이나 대상을 가리지 않고 '주문생산'을 하며 '닥치고 조지는' 붓방아를 찧어댔다. 야오의 필봉 아래 무수한 사람들이 상처를 입고, 수난을 당했다. 야오원위안은 당대에 내로라하는 명류와 문단의 노장인 류샤허(流沙河 유사하), 쉬마오궁(徐懋功 서무공), 펑쉐펑(馮雪峰 풍설봉), 아이칭(艾青 애청), 바진(巴金 파금), 딩링(丁玲 정령) 등에게 무차별적으로 '붓 몽둥이'를 휘둘렀다. 야오원위안은 이때 남을 해코지하는 글을 쓴다는 뜻으로 '권쯔(棍子 곤자: 몽둥이)'라는 악명이 붙었다. 시쳇말로 문단의 개망나니라는 뜻이었다. 야오원위안은 이제 장칭의 주문을 받아 300여 년 전에 죽은 '해서'를 관 속에서 꺼내 '닥치고 조지는' 붓 몽둥이로 우한의 『해서파관』을 비판하는 글을 쓰는 작업에 들어갔다. [405]

문화대혁명 때 '상하이방(上海幇 상해방)', 나중에 왕훙원(王洪文 왕홍문)이 가세해 '4인방四人幇'으로 불리는 장칭, 장춘차오, 야오원위안 3명이 이때 만났다. 이들은 상하이에서 수시로 만나 비밀토론을 벌이며 흉계를 꾸몄다. 야오원위안은 『해서파관』의 경극에서 토지를 돌려주는 '퇴전退田'과 억울한 죄의 재판 사건을 재심리해 진실을 밝히는 '평원옥平冤獄'을 정치적 사건과 연계시켰다. 야오원위안은 '퇴전'과 관련해 해서가 토지를 중소 지주와 부농에게 돌려주고 농민에게 돌려준 게 아니다, 따라서 이것은 지주계급의 이익을 대표한 것이라고 주장했다. 여기에 1961년과 1962년의 현실정치를 접목시켜 '퇴전'과 농민들이 요구하는 '포산도호包産到戶'의 단간풍單干風을 연계했다. '평원옥'은 루산회의에서 우경 기회주의자로 몰려 실각한 펑더화이를 복권시키려는 음모, 이른바 '번안풍(飜案風; 반혁명분자들에 대한 재심 후 복권)'으로 엮었다. 야오원위안은 비판 글에서 이렇게 서술했다. **406**

1961년은 바로 우리나라가 잇따라 3년 자연재해로 잠시 경제적 곤란을 겪고 있을 때였다. 제국주의, 각국의 반동파와 현대 수정주의가 반중국 분위기를 고조시킨 상황에서 마귀와 요귀(牛鬼蛇神 우귀사신; 사회의 온갖 악인, 즉 수정자본주의자)들이 '단간풍'과 '번안풍'을 불어댔다. 그들은 '단간'의 '우월성'의 바람을 불어대며 경제회복과 '퇴전'을 요구했다. 이것은 바로 인민공사를 해체하고 지주와 부농의 죄악통치를 회복하려는 것이다. ―그들은 무슨 말도 안 되는 '평원옥'을 내세워 그들의 이익을 대표하는 사람이 나오기를 기다려 무산계급 독재(專政 전정)에 대항하기를 바란다. 그들을 위해 불평을 감싸 안고, 그들을 위해 '번안(복권을 시킴)'을 해 다시 집정하게 하려고 한다. '단간풍', '번안풍', '퇴전', '평원옥'은 바로 당시 자산계급이 무산계급의 독재와 사회주의 혁명투쟁의 초점을 반대한 것이다. 『해서파관』은 이런 계급투쟁 형식의 반영이다. 『해서파관』은 향기를 풍기는 향화香花가 아니라 하나의 독초毒草다.

야오원위안은 제멋대로 글을 날조해 그럴듯하게 꾸며 우한(吳晗 오함)을 혹독하게 비판했다. 야오원위안이 우한의 『해서파관』을 비판한 '신편 역사극 『해서파관』을 평한다(評新編歷史劇 海瑞罷官 평신편역사극 해서파관)'는 1965년 11월 10일에 상하이 『원후이바오』에 실렸다. 글은 발표되자마자 전국을 뒤흔들었다. 중국 현대사의 최대 비극이자 최악의 야만적 행위를 저지른 문화대혁명의 신호탄이 되었다. 장칭의 책략으로 야오원위안이 쓴 이 글은 신문에 실리기 전에 장칭이 마오에게 전달해 마오가 읽고 비준해 싣게 되었다. 마오는 1년여 뒤 한 외빈에게 이때의 상황을 이렇게 말했다. [407]

"한 시기에 이런 투쟁도 준비했다. 지난해 11월, 한 역사학자 우한이 발표한 글을 비판하는 글이다. 이 글은 베이징에서 그룹을 조직할 수 없었기 때문에 쓸 수 없었다. 단지 상하이에서 야오원위안을 찾아 그들이 하나의 그룹을 만들어 이 글을 쓸 수 있었다. 처음 집필될 때는 나도 몰랐다. 장칭이 이 일을 했다. 먼저 나에게 비평해야 한다고 말했다. 그들은 베이징에서 조직을 꾸릴 수 없어 상하이로 가 조직을 만든 것이다. 나는 모든 것을 몰랐다. 내게 건네준 글을 보니 잘 썼다. (장칭은) 이 글은 단지 나 혼자 보는 글이라고 했다. 저우언라이와 캉성(康生 강생) 등도 볼 수 없었다. (내가) 다른 사람들도 볼 수 있도록 조처해 류사오치, 덩샤오핑, 펑전, 루딩이(陸定一 육정일) 등이 볼 수 있었다. 류(사오치), 덩(샤오핑) 이런 사람들은 이 글을 발표하는 것을 반대했다."

『원후이바오』에 야오원위안의 글이 실린 날에 중앙은 양상쿤을 중앙판공청 주임직에서 면직시키고, 왕둥싱(汪東興 왕동흥)을 그 자리에 임명했다. 당시 이 일을 아는 사람들은 많지 않았다. 당 상층부에 정치적 긴장 분위기가 한껏 높아졌다. 야오원위안의 글이 발표된 이튿날 마오는 전용열차를 타고 항저우를 떠나 베이징으로 향했다. 야오원위안의 글은 『원후이바오』에 실린 뒤 상하이에서 발행하는 『제팡르바오解放日報』에서 전재轉載한 데 이어 화둥지구의 신문인 『저장(浙江 절강)르바오』, 『대중르바오』, 산둥성(山東省 산동성)과 장쑤성(江蘇省 강소성)의 『신화르바오』, 『푸젠(福建 복건)르바오』, 『안후이(安徽 안휘)르바오』, 『장시(江西 강서)르바오』 등에 실렸다. 이 성들에서 발행하는 신문은 화둥국의 관할 아래 있었다. 화둥국 서기인 웨이원보(魏文伯 위문백)는 야오원위안의 집필 배경을 알고 있었기 때문에 이들 신문에 사전 통보해 싣게 되었다.

야만의 시대

중앙과 다른 지방의 신문 편집부는 예의 주시를 하면서도 대부분 관망하는 태도를 보였다. 『해서파관』을 비판하는 글이 『원후이바오』에 실린 뒤 사흘째 되는 날, 베이징시위원회 선전부는 상하이시위원회 선전부에 전화를 걸어 글을 싣게 된 배경을 물었다. 하지만 상하이시위원회 선전부는 정확한 답변을 하지 않았다. 베이징시위원회 서기 덩퉈(鄧拓 등탁)와 시위원회 선전부장 리치(李琪 이기), 『베이징(北京 북경)르바오』 총편집 판진(范瑾 범근) 등은 11월 13일에 야오원위안의 글 전재 문제를 놓고 회의를 열었다. 이들은 먼저 『원후이바오』의 상황을 파악해 만약 야오원위안의 글이 마오가 결정한 것이라면 『베이징르바오』에 신고, 그렇지 않으면 싣지 않기로 결론을 내렸다. 그러나 장춘차오는 베이징과 중앙에 어떤 정보도 새어나가지 못하도록 철저하게 봉쇄했다.

별다른 정보를 얻지 못한 베이징시위원회 서기 덩퉈는 외지에 나가 있는 베이징시장 겸 정치국 위원 펑전(彭眞 팽진)에게 연락해 지시를 청했다. 펑전은 베이징에 돌아갈 때까지 글을 싣지 말 것을 지시했다. 베이징과 상하이 두 시위원회는 서로 갈등을 빚게 되었다. 앞서 마오는 9월에 우한 비판 관련 내용을 펑전에게 통지한 바 있었다. 그러나 펑전은 문제의 엄중함을 모른 채 별다른 반응을 보이지

않고 있었다. [408]

11월 17일, 상하이에 온 마오는 베이징에서 야오원위안의 글을 전재하지 않은 사실을 알고 괘씸하게 생각했다. 마오는 상하이시가 야오원위안의 글을 단행본으로 인쇄해 뿌릴 수 있도록 전 성省의 할당량을 신청받도록 했다. 그러나 베이징시는 아예 반응을 보이지 않았다. 베이징시가 야오원위안의 '신편 역사극 해서파관을 평한다'는 글에 불만을 표출하는 대립적 태도를 보인 것이었다. 마오는 이를 계기로 베이징시를 '손봐야 한다'는 결심을 더욱 굳혔다. 이제 글의 게재 문제는 뒷전이 되어버렸다.

보름 동안 이런 교착상태가 계속되었다. 전에 없던 일이었다. 마침내 상하이시가 베이징 부시장인 우한을 비판하고 나섰다. 베이징시는 여전히 대응하지 않았다. 상하이시 제1서기인 천페이셴(陳丕顯 진비현)은 『해서파관』을 비판하는 글의 배경을 총참모장 뤄루이칭(羅瑞卿 나서경)에게 설명하고, 이런 내용을 저우언라이에게 전해줄 것을 요청했다. 뤄루이칭은 인민해방군 기관지 『제팡쥔바오解放軍報』에 전재했고, 저우언라이도 『런민르바오』에 싣도록 지시했다. 『베이징르바오』는 11월 29일에 야오원위안의 글을 전재하면서 "서로 다른 의견은 토론을 전개하고, 실사구시적으로 시비是非를 분명하게 가려야 한다"고 밝혔다. 『런민르바오』도 30일에 야오원위안의 글을 싣고, 저우언라이와 평전의 의견을 수렴한 편집자 글에서 실사구시적 토론을 강조했다. 『런민르바오』는 "우리는 이번 토론을 통해서 여러 의견 간의 상호쟁론과 비판이 더욱 발전하기를 희망한다. 우리는 이미 비평의 자유를 허용하는 만큼, 반비평의 자유도 허용해야 한다는 방침이다. 우리는 잘못된 의견에 대해 설득력 있는 방법과 실사구시, 논리적으로 사람들을 이해시켜야 한다"고 밝혔다. 『런민르바오』는 베이징 부시장이 관련되어 있어 정치적 비화를 막고 학술적 토론으로 유도하기 위해 마오의 뜻과는 달리 이 글을 학술란에 실었다. [409]

그 후 베이징 관할의 화베이(華北 화북) 지구 허베이(河北 하북)와 텐진 지역의 신문들이 12월 초에 일제히 글을 싣기 시작했다. 『광저우(廣州 광주)르바오』는 12월 1일에 글을 전재했다. 상하이시위원회 제1서기 천페이셴이 타오주(陶鑄 도주)의 부인 쩡즈(曾志 증지)에게 알려주어 싣게 되었다. 타오주는 글을 게재한 것이 계기가 되어 예측불허 속에 일희일비하는 비극적 삶을 살았다.

'희喜'는 중앙위원 서열 96위였던 타오주가 문화대혁명이 발동된 지 얼마 뒤 베이징으로 발탁되어 중앙정치국 상무위원에 임명되고, 중앙 서열 4위까지 승승장구한 것이었다. '비悲'는 타오주가 중앙에 진입한 뒤 장칭과 첨예하게 대립하다 죽음의 나락으로 떨어진 것을 말함이었다. 장칭은 "중국 최대의 보황파保皇派 타오주를 타도하자!"고 선동했고, 야오원위안은 붓방아로 사상적 공격을 퍼부어 타오주를 실각시켰다. 장칭의 사주를 받은 홍위병紅衛兵들은 타오주를 비판대회에 끌고 나와 "머리를 숙이고 죄를 인정하라!"며 야만적 폭력을 가했다. 타오주는 끝까지 머리를 꼿꼿이 하고 하늘을 쳐다보며 숙이지 않았다고 한다. 타오주는 감옥에 갇힌 뒤 화병과 담낭암에 걸려 수술을 받았으나 회생하지 못하고 한원을 품은 채 1969년 11월 30일에 세상을 등졌다.

마오는 1967년에 "야오원위안의 글이 무산계급 문화대혁명의 신호였다는 말은 거짓이 아니다"라고 말한 바 있었다. '신호'를 보내 반응을 떠보기 위한 것이었다. 상하이의 장칭과 장춘차오 등이 숨죽이며 상황을 살폈고, 마오도 관찰했다. 1966년 5월, 장춘차오는 "야오원위안이 글을 발표한 뒤 우리는 매일매일 베이징의 소식을 기다렸다. 우리는 눈이 빠지게 기다렸다. 베이징은 거들떠보지 않았다"고 말했다. 장칭은 이런 상황을 마오에게 보고했다. 마오는 1967년 5월에 "전국 대다수의 신문이 모두 (야오원위안의) 글을 실었다. 단지 베이징과 후난(湖南 호남)만 싣지 않았다. 나중에 내가 단행본을 건의했을 때도 배척했다. 통하지가 않았다"고 불만을 토로했다. 중앙선전부에 대한 마오의 분노는 더욱 높아갔다. 마오는 중앙에 "베이징시는 바늘 꽂을 틈도 없었고, 물 한 방울 샐 틈도 없었다"고 노여워했다.

이런 배경 과정의 또 다른 이면에서 '낚시(반대세력의 가늠과 제거)'를 했다는 것을 들여다볼 수 있다. 야오원위안의 글을 실은 『원후이바오』는 11월 29일자 2판에 통단 제목을 뽑아 '신편 역사극 해서파관을 평한다'에 대한 독자들의 지상토론을 개시한다고 밝혔다. 토론 내용에 관한 편집자 글은 장춘차오가 직접 썼다. 장춘차오는 "『해서파관』의 연극과 연극이 제시하고 있는 일련의 원칙과 문제를 백가쟁명百家爭鳴의 토론을 통해 분명하게 하기 위한 것"이라고 밝혔다. 이런 편집자 글은 대단히 이례적으로 6일 동안 계속 게재되어 눈길을 끌었다. 처음에는 각 대학의 역사학과에서 토론에 참여해 야오원위안의 글에 대한 찬반논쟁을 벌였다.

『원후이바오』는 12월 6일부터 각 지방의 신문사들이 야오원위안의 글을 전재한 순서에 따라 신문사들의 편집자 글을 실었다. 편집자 글은 야오원위안의 글에 대한 시각들이 달랐다. 『제팡쥔바오』가 가장 비판적이었고, 『베이징르바오』는 토론을 환영하는 태도였으며, 『런민르바오』는 저우언라이의 지시에 따라 비교적 중립 자세를 보였다. 12월 7일에 『원후이바오』는 갑자기 우한(吳晗 오함)의 『해서파관』 극본과 이 연극을 찬양하는 글을 잇따라 실었다. 장춘차오가 1962년 이래 계속되고 있는 계급투쟁의 관점에서 『해서파관』을 옹호하는 세력을 척결하기 위해 일부러 꾸민 흉계였다. **410**

야오원위안이 '신편 역사극 해서파관을 평한다'를 발표한 뒤 베이징과 상하이의 학술계, 문화계, 언론계 등이 발칵 뒤집혀 긴장이 고조되고 있었다. 『해서파관』을 쓴 우한은 대단히 긴장하면서도 야오원위안이 현실정치와 연계해 비판한 데 대해 강한 불만을 터뜨렸다. 우한은 "『해서파관』은 1960년에 썼다. 포산도호包産到戶의 '단간풍'은 1962년에 나타났다. 1960년에 미리 1962년에 출현할 것을 짐작한다는 것은 말이 안 된다"고 항변했다. 12월 21일, 마오는 항저우(杭州 항주)에서 천보다, 아이스치(艾思奇 애사기), 관펑(關鋒 관봉)과 야오원위안의 글에 대해 이야기한 적이 있었다. 마오는 "야오원위안의 글은 아주 잘 쓴 글이다. 연극계와 역사계, 철학계에 큰 울림을 주었다. 그러나 정곡正鵠을 찌르지 못했다. 핵심문제는 '파직이다(罷官 파관).' 가정황제가 해서를 파직했다. 1959년, 나는 펑더화이를 해직시켰다. 펑더화이도 해서다"라고 말했다.

마오의 이 같은 해석을 통해 핵심이 '퇴전退田'에서 '파관罷官'으로 바뀌며 정치적 비판이 더욱 기승을 부렸다. 우한은 나중에 홍위병들의 만행에 시달리다 스스로 목숨을 끊었다. 야오원위안은 베이징시위원회를 겨냥해 '삼가촌예기三家村禮記'를 쓰던 덩퉈(鄧拓 등탁), 당위원회 통일전선 부장 랴오모사(廖沫沙 요말사) 등을 신랄하게 비판했다. 사상 공세에 시달리던 덩퉈는 자살해 문화대혁명의 첫 희생자가 되었다. 마오는 1958년의 '대약진' 이래 루산회의, 7천인 대회, 시러우(西樓 서루) 회의와 4청四淸운동 중에 나타난 다른 의견을 비판하는 데『해서파관』의 문예 문제를 도구로 삼아 돌파구를 열어간 것이었다.

사람들은 비판의 강도가 나날이 높아지자 엄중성과 격렬하다는 것을 느꼈다. 하지만 사상 유례없는 국론 분열과 인명 살상, 대량파괴의 광란을 몰고 온 야만의 시대인 '문화대혁명'의 서막이 열리고 있다는 것을 아는 사람들은 없었다.

'5·16통지'
대란 예고하다

1966년 2월 6일, 저우언라이는 베이징에서 중앙의 일상적 업무회의를 주재하고 있었다. 그때 류사오치, 덩샤오핑 등과 함께 펑전을 조장으로 한 문화혁명 5인 소조로부터 현재 벌어지고 있는 학술토론(『해서파관』)에 관한 보고를 들었다. 문화혁명 5인 소조는 1964년에 펑전彭眞을 우두머리로 해 루딩이(陸定一 육정일), 캉성(康生 강생), 저우양(周揚 주양), 우렁시(吳冷西 오냉서) 등으로 구성된 바 있었다. 펑전은 우한(吳晗 오함)의 문제는 학술문제이지 정치문제가 아니라고 설명했다. 우한과 펑더화이와는 아무런 관계가 없으며, 학술문제에서 '백화제방百花齊放과 백가쟁명百家爭鳴'을 견지해야 한다고 보고했다. 참석자들도 동의했다. 2월 8일, 펑전 등은 우한(武漢 무한)에 머물고 있는 마오를 찾아가 정치국 상무위원회가 동의한 '2월 요강(滙報提綱 회보제강)'을 보고했다. 마오는 반대하지 않았다. 중앙은 2월 12일에 정식으로 '문화혁명 5인 소조의 직면한 학술토론에 관한 보고 요강'을 승인하고 회람을 비준했다. 마오는 겉으로는 펑전이 보고한 '2월 요강'을 반대하지 않았지만 속으론 펑전이 우한을 보호하기 위한 것으로 여겨 치밀어 오르는 화를 참고 있었을 뿐이었다.

마오는 펑전이 이끌고 있는 베이징시위원회가 '바늘 꽂을 틈도 없고, 물 한 방울 샐 틈이 없을 정도'로 방어가 견고한 '독립왕국'이라는 생각을 다시 한 번 굳혔다. 마오는 이때 펑전을 비롯해 뤄루이칭, 루딩이, 양상쿤을 제거할 마음을 먹고 있었다. 이즈음 린뱌오는 중앙서기처 서기이자, 국무원 부총리, 중앙군사위원회 비서장, 인민해방군 총참모장인 뤄루이칭(羅瑞卿 나서경) 제거공작에 들어갔다.

1965년 11월 30일, 린뱌오는 부인 예췬(葉群 엽군)에게 자신이 쓴 편지와 모종의 자료를 갖고 항저우에 있는 마오를 찾아가 뤄루이칭 문제를 보고하도록 했다. 마오에게 보고한 정확한 내용은 밝혀지지 않았으나, 여러 정황과 자료에 따르면 뤄루이칭이 군권을 탈취하려 한다는 요지의 보고를 한 것으로 알려졌다. 뤄가 일관되게 군軍에서의 정치 우선을 반대하고, 마오쩌둥 사상을 반대하는 것 등을 거론하며 제거할 것을 마오에게 건의했다.

뤄루이칭은 윈난성(雲南省 운남성) 쿤밍(昆明 곤명) 군부대를 시찰하고 있었다. 12월 10일, 중앙은 뤄루이칭에게 돌연 상하이에서 열리는 정치국 확대회의에 참석하라는 통지를 보냈다. 뤄루이칭은 영문을 모른 채 급히 비행기를 타고 상하이 공항에 내렸다. 공항에 영접 나온 상하이시위원회 서기 천페이셴(陳丕顯 진비현)과 공군사령관 우파셴(吳法憲 오법헌)은 뤄루이칭을 회의 장소가 아닌 다른 장소로 안내해 사실상 연금했다. 저우언라이가 주재하고 있던 회의 장소에서는 예췬이 마오와 면담한 내용을 공개하고, 뤄루이칭이 공군사령관으로 6월에 병사한 류야러우(柳亞樓 유아루)와 밀담했다는 내용을 진술하고 있었다. 예췬은 뤄루이칭과 사망한 류야러우가 말했다는 4가지를 설명했다. [411]

1. 린쭝(린뱌오에 대한 경칭)은 조만간 정치무대에서 물러나야 한다. 물러나지 않으면 앞으로 정치무대에서 물러나게 해야 한다.

2. (병약한) 린쭝의 몸을 잘 보호해야 한다.

3. 이후 린쭝은 다시는 군대의 일에 많이 관여해서는 안 된다. 뤄 총장이 (군대의 일을) 잘 처리하고 있다.

4. (군대의) 모든 것은 뤄(루이칭)가 관여하기 때문에 린쭝이 하는 일에서 손을 떼야 한다. 또 뤄루이칭이 린뱌오를 '똥통을 깔고 앉아서 똥을 눌 수 없다'고 욕했

다는 등등의 이야기였다.

　물론 뤄루이칭이 말했다는 4가지 밀담 내용은 모두 사망한 사람을 이용해 날조한 소설이었다는 것이 나중에 밝혀졌다. 린뱌오는 회의에서 뤄루이칭의 직무인 서기처 서기, 부총리, 국방부 부부장, 총참모장, 군사위원회 비서장직을 해임시켰다. 죄상은 3가지였다. 하나는 린뱌오를 반대하고 봉쇄하면서 공격했다. 두 번째는 린뱌오가 주장하고 있는 군대에서의 '정치 우선'에 반대했다. 셋째는 당에 대해 손을 뻗쳤다는 것 등이었다. 회의가 끝난 뒤 뤄루이칭은 일단 베이징으로 돌아가 격리 심사를 받았다. 1966년 3월부터 뤄루이칭에 대한 비판 공세는 더욱 강도가 높아졌다. 뤄루이칭은 3월 18일에 결백을 주장하며 자신의 3층 집에서 뛰어내려 자살을 기도했으나 다리만 부러졌다. 뤄루이칭의 자살 미수 사건은 당에게 책임을 전가하려 했다는 이유로 고강도의 비판을 받았다. **412**

　대장 출신인 뤄루이칭은 린뱌오와 황푸군관학교 동기생이었다. 린뱌오는 1959년에 펑더화이의 뒤를 이어 국방부장이 되었을 때, 9월에 뤄루이칭을 인민해방군 총참모장으로 거론해 뤄가 총참모장에 임명되어 린뱌오의 사람으로 알려졌다. 그러나 두 사람은 군사전략 관점에서 이견을 보여 소원해졌다. 뤄루이칭은 전쟁에 대비한 군의 대규모 훈련을 강화하고 첨단무기로 무장한 현대전과 정규군화 노선의 적극적 방위전략을 추구했다. 반면 린뱌오는 인민해방군의 전통적 전략전술인 유격전을 기반으로 한 인민전쟁의 공격적 포위 전략을 우선시했다. 린뱌오는 대규모의 군사훈련보다 정치와 사상공작을 더욱 강조했다. 인민해방군은 1963년과 1964년에 대규모의 군사훈련을 계속했다. 당시 미국은 베트남전쟁을 확대하면서 중국의 국경지역인 북베트남에 대한 무차별 폭격을 가해 중국을 긴장시켰다. 또 중소관계가 악화되고 인도와 국경 충돌 이후 불안한 국면을 유지하고 있었다. 마오는 전쟁 발생 가능성에 대비해 전비를 확충하고 대규모 군사훈련을 강화해 전투력을 제고시켰다.

　린뱌오는 1964년 11월 30일의 전군 조직공작 회의에서 또다시 '정치 우선' 정책을 제기해 정치사상 공작 강화를 지시했다. 린뱌오는 대규모 군사훈련을 놓고 뤄루이칭이 자신의 지시를 따르지 않자 뤄루이칭을 음해하기 시작했다. 당시 린뱌오는 건강이 좋지 않아 중앙은 허룽(賀龍 하룽)이 군사위원회 공작을 주재하도록 했다. 군사위원회 비서장 뤄루이칭은 자연히 허룽과의 접촉이 잦아졌다. 뤄루이칭은 종전에 허룽과 일해본 적은 없었으나 서로 마음이 맞아 가깝게 지냈다. 린뱌오는 뤄루이칭과 허룽의 관계를 의심했고, 급기야 뤄가 정변政變을 일으킬 마음을 품고 있다고 비약했다.

반면에 뤄루이칭은 린뱌오가 정치적 야심을 갖고 있는 것을 알고 거리감을 두었다. 뤄루이칭은 원리원칙을 너무 따져 대인관계가 원만치 않다는 평가를 받았었다. 1938년 옌안(延安 연안) 시절에 마오는 뤄루이칭에게 '물이 맑으면 고기가 없고, 사람이 너무 살피면 무리가 따르지 않는다(水至淸則無魚, 人至察則無徒 수지청즉무어, 인지찰즉무도)'는 『공자가어孔子家語』에 나오는 글귀를 준 적이 있을 정도였다. 마오는 건국 후 원칙에 바르고 맑은 물처럼 투명하고 청렴한 뤄루이칭을 초대 공안부장 겸 베이징시 공안국장에 임명했다. 당시 베이징은 흑도黑徒가 판을 쳐 폭력과 불법이 창궐하고, 기방(妓院 기원), 사창私娼이 즐비해 사회풍속 질서가 엉망진창으로 무너진 상태였다. 413

마오는 이른 시일 안에 민심을 안정시키고, 사회치안 질서를 확립하기 위한 적임자로 청렴하고 원리원칙주의자인 뤄루이칭을 꼽은 것이었다. 뤄루이칭은 마오의 기대에 부응해 대대적인 범죄와의 전쟁을 벌여 범죄조직을 소탕하고 베이징의 치안질서를 바로잡았다. 뤄루이칭은 마오의 신임이 두터웠지만, 개인숭배로 마오를 떠받드는 측면에서 린뱌오에게는 족탈불급이었다. 뤄루이칭은 결국 린뱌오의 덫에 걸려 군권을 탈취하려는 반당, 반혁명분자로 낙인이 찍혀버린 것이었다.

마오는 1966년 3월 17일부터 20일까지 항저우에서 정치국 상무위원회 확대회의를 열어 학술계와 교육계에 대한 강도 높은 비판을 제기했다. 마오는 지진 상황을 살피고 18일 톈진에서 뒤늦게 회의에 합류한 저우언라이와 류사오치, 덩샤오핑, 펑전 등이 참석한 회의에서 전국적으로 광범한 계급투쟁 전개를 제의했다. 범위는 교육, 출판, 언론, 문예, 영화, 연극계 등 각계 방면을 모두 포괄했다. 또 당면한 학술비판(『해서파관』)에서 '좌파'를 지지하지 않고, 오히려 억압하고 있다고 중앙선전부를 맹비난했다. 회의가 끝난 뒤 캉성이 3월 31일 상하이에서 베이징으로 날아와 저우언라이와 펑전 등에게 3차례에 걸친 마오의 담화 내용을 전달했다. 캉성은 마오가 담화에서 펑진, 루딩이 등의 실명을 거론하며 격렬하게 비판하고, 만약 나쁜 자들을 비호하면 선전부와 베이징시위원회, '문화혁명 5인 소조'를 해산하겠다는 강경한 자세를 보였다고 전했다.

마오는 4월 16일부터 26일까지 항저우에서 정치국 확대회의를 소집했다. 이 회의는 실질적으로 '문화대혁명' 발동을 준비하는 모임이었다. 4월 22일, 마오는 긴 연설을 통해 "나는 단지 우한吳晗의 문제로 믿지 않는다. 이것은 영혼에 와 닿게 하는 투쟁이다. 이데올로기 문제다. 매우 광범위하게 건드려야 한다"고 강조했다. 마오는 "수정주의의 출현은 단지 문화계만이 아니라 당정군黨政軍에도 나타났다. 특히 당과 군에서 나타난 수정주의 폐해는 크다"고 매섭게 비판했다. 당면한 최대의 문제는 중앙에 출현한 수정주의로 즉시 결단을 내려야 한다고 압박했다. 마오는 전면적이고 체계적으로 한 차례의 '대혁명'을 발동해 이미 눈앞에 임박한 문제를 해결해야 한다고 강조했다.

정치국 확대회의가 류사오치의 주재로 5월 4일부터 25일까지 베이징에서 열렸다. 마오는 이 회의에 참석하지 않았다. 이 회의에서 펑전, 뤄루이칭, 루딩이, 양상쿤이 집중 비판을 받았다. 펑전은 정치국 위원이자 서기처에서 덩샤오핑 다음의 서열로 베이징시를 관장하고 있었다. 뤄루이칭은 부총리 겸 인민해방군 총참모장이었고, 루딩이는 중앙선전부장이었으며, 양상쿤은 중앙판공청 주임을 맡고 있었다. 이들은 장칭과 린뱌오가 잡아 올린 당군黨軍의 고위 지도자들이었다.

1966년 5월 16일 오전 9시, 정치국 확대회의 제2차 회의가 인민대회당에서 류사오치 주재로 열렸다. 덩샤오핑이 마오가 친필로 쓴 '통지通知' 내용을 설명했다. '통지'를 토론할 때 모두 찬성했다. 류사오치는 회의 참석자들이 거수擧手로 표결해줄 것을 요청했다. 회의 참석자 모두 손을 들어 '통지'의 일자일획도 고치지 않은 채 통과시켰다. 마오의 '통지'는 정식으로 '중국공산당 중앙위원회의 통지'가 되었다. 5월 16일에 통과되어 '5·16통지'라고 부른다. 회의는 또 '문화혁명 5인 소조'를 철회해 기구를 해산하고, 새로 '문화혁명소조'를 만들어 정치국 상무위원회에 소속시켰다. '통지'는 중앙이 2월에 마오에게 보고한 '2월 요강'을 준열하게 비판했다. '통지'는 "'2월 요강'은 사회주의 혁명을 끝까지 진행하는 것을 반대하고, 마오쩌둥 동지를 우두머리로 한 당중앙의 문화혁명 노선을 반대했다. 또 무산계급 좌파를 타격하고, 자산계급 우파를 비호하면서 자산계급의 부활을 위해 여론을 준비하기 위한 것이었다. 이 '2월 요강'은 자산계급 사상의 당내 반영이고, 철두철미 수정주의"라고 통렬하게 비판했다. '통지'의 두 단락은 회의 참석자들을 전율戰慄하게 했다. **414**

무산계급 문화혁명의 큰 깃발을 높이 들어 반당, 반사회주의의 '학술 권위' 자산 계급의 반동 입장을 철저하게 폭로하고 학술계, 교육계, 언론계, 문예계, 출판계 자산계급의 반동사상을 철저하게 비판해 이 문화 영역에서 지도권을 탈취하자. 이렇게 하여 반드시 당, 정부, 군과 문화 영역의 각계 안에 잠입한 자산계급 대표 인물을 비판함과 동시에 이들을 깨끗이 제거하고, 그들의 직무 배치를 전환하자. 특히 이들이 문화혁명의 공작을 하는 것을 믿을 수 없다. 과거와 지금, 확실히 많은 사람들이 이런 공작을 하고 있다. 이것은 대단히 위험한 일이다.

당, 정부, 군과 각종 문화계에 잠입한 자산계급의 대표인물은 반혁명의 수정주의 분자다. 일단 시기가 성숙하면 그들은 정권을 탈취하여 무산계급 독재를 자산계급 독재로 바꾸려 한다. 이런 인물 중 일부는 이미 우리가 꿰뚫어 보았고, 일부는 꿰뚫어 보지 못하고 있다. 일부는 우리의 믿음을 받고 우리의 후계자를 양성하고 있다. 예를 들면 흐루쇼프 같은 그런 인물이다. 그들은 현재 우리 곁에서 잠자고 있다. 각급 당위원회는 반드시 이 점을 충분히 주의해야 한다.

이 '통지'는 마오쩌둥의 당과 국가 정치형세에 대한 평가를 집중 반영하고 있다. 심각하게 시비是非를 헛갈리게 하고, 적과 아군을 헛갈리게 한다는 것이었다. 마오는 자신이 제기한 사회주의 건설의 주장이 줄곧 겹겹의 방해로 추진할 수 없는 원인이 여기에 있다고 보았다. 이런 문제를 해결하지 않고서는 다른 모든 문제를 말할 수 없다고 판단한 것이었다. 마오의 이런 평가는 소련 당내에 흐루쇼프가 출현한 교훈과 연계시켜 당과 국가의 장래가 극히 우려된다는 논리였다. 마오는 흐루쇼프와 같은 인물을 거론하면서 그런 인물들이 우리의 곁에서 잠자고 있다고 경고했다. 당이 공포의 도가니로 빠져들었다. 패닉, 그 자체였다.

베이징대학에 나붙은
대자보

회의는 이틀을 쉰 뒤에 5월 18일 계속되었다. 린뱌오가 연설을 했다. '5·18연설'이었다. 린뱌오는 "이번 회의는 정치국 확대회의다. 지난번 마오 주석이 소집한 상무위원회 확대회의에서 펑전의 문제를 해결하기 위해 집중적으로 (실체를) 폭로했다. 이번에 계속 이 문제를 해결해야 한다. 뤄루이칭 문제는 이미 해결되었다. 루딩이, 양상쿤 문제는 지하활동을 한 문제를 조사해 이미 무르익은 지 오래되었다. 지금 한꺼번에 해결해야 한다. 네 사람의 문제는 밀접한 관계를 맺고 있고 공통점이 있다. 주요 인물은 펑전이다. 그다음이 뤄루이칭, 루딩이, 양상쿤이다"라고 목청을 높였다. 린뱌오는 살기등등한 모습으로 "정변政變"이라고 크게 말한 뒤 옛날부터 지금까지 세계 각국에 정변이 있어왔고, 우리 사회주의 국가에도 있다고 경고했다.

린뱌오가 실명을 거론하지 않았지만 회의 참석자들은 모두 류사오치를 지목하고 있다는 것을 알고 있었다. 류사오치는 어떤 발언도 하지 않았다. 회의는 5월 23일에 펑전, 뤄루이칭, 루딩이, 양상쿤의 처리 결정을 통과시키고 전담 심사를 하기로 했다. 타오주가 중앙서기처 상무서기에 임명되고 선전부장을 겸임토록 했다. 원수 예젠잉(葉劍英 엽검영)이 서기처 서기 겸 군사위원회 비서장에, 리쉐펑

(李雪峰 이설봉)이 베이징시 제1서기에 각각 임명되었다. 회의는 천하대란天下大亂을 예고한 '5·16통지'를 통과시키고 끝났다. [415]

이 '5·16통지'는 마오의 지시에 따라 비밀리에 작성되었다. 애초 마오는 중앙이 보고한 '2월 요강'에 불만이 컸으나 겉으론 반대하지 않고 승인했다. 마오는 3월 하순께 '2월 요강'을 철회시키기 위한 '통지' 기초 작업에 들어갔다. 마오의 은밀한 지시를 받은 캉성은 왕리(王力 왕력)를 문안 기초자로 선정했다. 캉성과 왕리가 작성한 초안을 항저우에 머물고 있는 마오에게 급히 보냈다. 초안을 본 마오는 마음에 들지 않았다. 마오는 "'통지'는 기술적인 것이 아니라 이론적이어야 한다"며 당내의 '이론가'로 불리는 천보다(陳伯達 진백달)를 통지 기초자로 추가했다. 천보다는 나중에 "마오 주석의 뜻을 간파했다. 고도의 이론으로 '2월 요강'을 비판하기 위해서는 울림이 큰 한 편의 대문장大文章이 필요했다. 왕리와 힘을 합쳐 빠르게 4월 초에 초고를 작성할 수 있었다"고 술회했다. [416]

천보다는 초고를 마오에게 보냈다. 글을 읽어본 마오는 통지를 기초할 1개 소조를 구성하고 천보다를 조장으로 임명했다. 마오는 4월 16~26일까지 항저우에서 열리는 정치국 상무위원회 확대회의를 '문화대혁명' 발동을 준비하는 회의로 삼으려 했다. 마오는 '통지 기초 소조원'들이 항저우와 가까운 상하이에서 은밀하게 작업하기를 바랐다. 기초 소조원들이 상하이로 달려와 상하이 진장(錦江 금강)호텔에 묵으며 겉으론 중앙 회의자료를 준비하는 것처럼 하고, 실질적으로는 소조원들이 토론하면서 '통지'를 기초했다. 원고가 완성되어 장춘차오가 인편으로 초안 원고를 마오가 있는 항저우로 보냈다. 마오는 원고를 읽어본 뒤 수정해 다시 상하이의 장춘차오에게 보냈다. 기초 소조원들이 토론하고 문안을 고쳐 다시 항저우의 마오에게 보내면, 마오는 또다시 고친 뒤 상하이로 보냈다.

이러기를 여러 차례 되풀이했다. 이처럼 발바닥에 굴렁쇠를 달고 상하이와 항저우를 왕래하며 '통지'를 작성했다는 것은 마오가 얼마나 '통지'를 중시했는지를 잘 보여주는 대목이다. 비밀리에 상하이-항저우를 오가며 작성한 '5·16통지'는 메가톤급 위력을 발휘해 누구도 반대하는 사람이 없었다. '5·16통지'는 실질적으로 무산계급(프롤레타리아) 문화대혁명의 강령과 선언이었다. 10년 문화대혁명('문혁´)은 '5·16통지'가 통과된 이날부터 셈하고, '문혁'이 공식적으로 시작한 첫날로 기록하고 있다.

정치국 확대회의가 5월 25일 오전에 끝나자마자 이날 오후 2시께 베이징대학 철학과 당총지부 서기인 여성 강사 녜위안즈(聶元梓 섭원재) 등 7명이 베이징대학 학생식당의 동쪽 벽에 '대자보大字報'를 붙였다. 제목은 '쑹숴(宋碩 송석), 루핑(陸平 육평), 펑윈(彭云 팽운)은 문화대혁명 중에 도대체 무엇을 했는가?'였다. 쑹숴는 베이징시위원회 대학부 부장이었고, 루핑은 베이징대학 당위원회 서기였다. 펑윈은 베이징대학 당위원회 부서기였다.

대자보의 창끝은 베이징시위원회 대학부와 베이징대학 당위원회, 그리고 베이징시위원회를 겨냥하고 있었다. 이 대자보는 1957년 이래 처음으로 나붙은 대자보였다. 단박에 사람들의 눈길을 끌면서 돌풍을 일으켰다. 학교 내부와 학생들은 곧바로 두 패로 갈라졌다. 한 패가 대자보를 반대하면, 다른 한 패는 대자보를 옹호했다. 두 패는 감정이 고조되어 말씨름을 하다 끝내 패싸움으로까지 번졌다. 학내가 소연해지자 외부인들이 구경하러 물밀듯이 학교로 몰려들었다. 당시 베이징대학의 외국 유학생들이 대자보 내용을 외부로 전해 문화대혁명 소식이 죽竹의 장막을 뚫고 세계에 알려지기 시작했다.

베이징대학 대자보 사건은 캉성의 치밀한 각본에 따라 이루어졌다. 캉성은 정치국 확대회의가 끝나기 전날 자신의 부인 차오이어우(曹軼歐 조일구) 등을 베이징대학에 보내 녜위안즈 등과 사전에 결탁해 계획을 짰다. 문화혁명소조 조장組長 천보다(陳伯達 진백달)는 직접 『런민르바오』사로 달려가 총편집 우렁시(吳冷西 오냉서)의 직책을 빼앗고 『런민르바오』를 개조하기 위해 중앙이 공작조를 파견해 진주한다고 선포했다. 중앙이 파견한 첫 번째 공작조였다. 천보다는 『런민르바오』를 접수해 직접 이끌기 시작했다. 캉성은 베이징의 류사오치와 저우언라이, 덩샤오핑 등을 따돌리고 몰래 녜위안즈의 대자보 초고를 항저우에 있는 마오에게 보냈다. 마오는 "전국의 첫 번째 마르크스-레닌의 대자보"라고 칭찬했다. 마오의 이 한마디로 '문혁'의 불길은 삽시간에 도처로 번져가기 시작했다. 마오의 지시에 따라 대자보 내용은 6월 1일 밤에 라디오 방송을 통해 전국에 알려졌다. 미친 듯이 날뛰며 여기저기 '불'을 놓고 다니는 캉성은 한 집회에서 "대자보가 방송된 뒤 나는 해방을 느꼈다"며 선동했다. [417]

『런민르바오』는 6월 1일자의 '모든 마귀와 요귀를 쓸어버리자(橫掃一切牛鬼蛇神 횡소일체우귀사신)'라는 제목의 사설에서 "혁명의 근본문제는 정권문제다.―정권을 잡으면 모든 것을 할 수 있다. 정권을 잡지 못하면 모든 것을 잃어버린다. 무산자계급이 정권을 탈취한 후 일이 어떻게 얼기설기 복잡하게 얽혀 있을지라도, 이에 관계없이 모두 영원히 정권을 잊어버리면 안 된다. 방향을 잊어버려서는 안 되고, 중심을 잃어버려서는 안 된다"고 밝혔다. 이 사설은 실제적으로 린뱌오의 '5 · 18연설'을 군중들에게 공포한 것이었다. 사설은 "무산자계급의 문화대혁명이 고조되면 세계 인구의 4분의 1을 점유하고 있는 사회주의 중국을 흥기시킬 것이다"라고 선동했다. 『런민르바오』는 6월 2일에 네위안즈 등의 대자보를 전재하고, 평론원의 글인 '베이다(北大 북대: 베이징대학)의 1장의 대자보를 환호한다'를 실었다.

이 사건은 곧바로 전국을 뒤흔들었다. 각 대학과 고등학교 학생들이 잇따라 들고 일어나 대자보를 붙이고, 공개적인 집회를 열어 비판하고 '수정자본주의를 엎어버리자'는 구호를 외쳤다. 문화대혁명의 운동 열기는 베이징과 전국에 맹렬한 기세로 번져나갔다. 수정자본주의 타도의 불길이 광활한 대륙을 활활 불태워가고 있었다.

천하대란,
천하대치

베이징에서 중앙의 일상 업무를 주재하고 있던 류사오치와 저우언라이, 덩샤오핑 등은 당의 공작조를 현장에 파견해 혼란을 막으려 했으나 별다른 효과를 거둘 수 없었다. 사태는 이미 걷잡을 수 없는 상황으로 치닫고 있었다. 항저우에 있던 마오는 6월 15일에 전용열차로 항저우를 떠나 16일 후난성 창사(長沙 창사)에 도착했다. 17일 오후, 마오는 승용차를 타고 건국 후 두 번째로 고향 사오산(韶山 소산)의 디수이둥(滴水洞 적수동) 별장으로 갔다. 마오는 이곳에서 11일 동안 머물렀다. 마오는 베이징발 문건과 자료 등을 보며 신속하고 흉맹스럽게 내습하고 있는, '예상치 않았던' '자오판(造反 조반: 반역, 항거 등으로 혁명을 지칭)'의 거대한 물결을 어떻게 활용할지, 깊은 사색을 했다.

마오는 6월 26일에 후난성위원회와 샹탄(湘潭 상담)지방위원회 서기 등을 접견한 자리에서 "이전에 나는 당신들을 데리고 장정長征을 했다. 지금, 또 나는 당신들을 데리고 장정을 한다"고 말했다. 6월 28일 오전, 마오는 사오산을 떠나 우한(武漢 무한)으로 갔다. 마오는 7월 8일 장칭에게 장문의 편지를 썼다. 이 편지는 루마니아, 알바니아 등 해외순방을 마치고 보고하러 우한에 온 저우언라이가 베이징으로 돌아갈 때 상하이에 있는 장칭에게 전달했다. [418]

천하대란天下大亂은 천하대치天下大治에 이르는 길이다. 7~8년이 지나면 또 한 차례 온다. 마귀와 요귀(牛鬼蛇神 우귀사신)가 스스로 튀어나온다. 그들은 자기들의 계급 본성으로 결정하려 해 튀어나오지 않을 수 없다. 내 친구의 말은 중앙이 발동하도록 재촉하고, 내가 동의할 태세를 갖추기를 요구한다. 그는 정변政變 문제를 말했다. 이 문제는 그가 이렇게 과거에 말한 바 없었다. 그의 이런 표현법은 나를 항상 불안하게 한다(他的一些提法, 我總感覺不安 타적일사제법 아총감각불안). ─중대한 문제에서 본심을 어겨가며 다른 사람에 동의하는 것(違心地同意別人 위심지동의별인)은 나의 일생에서 처음이다.

내가 그들의 본심을 추측해보건대 귀신을 타도하기 위해서는 중쿠이(鍾馗 종규; 중국에서 역귀 疫鬼를 쫓아낸다는 신)의 힘을 빌려야 한다. 나는 20세기 60년대 공산당의 종규다. 현재의 임무는 전당全黨과 전국에서 기본상(전부는 불가능) 우파를 타도하는 것이다. 7~8년 이후에 또 한 차례 마귀와 요귀를 쓸어버리는 운동을 벌여야 한다. 이후 또 여러 차례 쓸어버려야 한다.

중국에 반공의 우파 정변이 일어난다면 나는 단언컨대 그들도 평온함을 얻지 못할 것이다. 단명할 가능성이 아주 높다. 100분의 90 이상 인민의 이익을 대표하는 혁명가들은 용인하지 않을 것이기 때문이다.

이번 문화대혁명은 한 차례 진지한 연습이다. 어느 지구(예: 베이징시)는 토대가 아주 튼튼하지만 일거에 멸망한다. 어느 기관(예: 베이다 '北大 북대: 베이징대학', 칭화 '淸華 청화: 칭화대학')은 구세력의 뿌리가 깊어 제거하기 어렵지만 순식간에 무너진다. 무릇 우파가 날뛰는 지방일수록 그들의 실패는 더욱 참담해지고 좌파가 점점 힘을 쓸 것이다. 이것은 한 차례 전국적인 연습이다. 결론: 전도는 밝지만, 길은 구불구불하다. 이 두 마디는 늘 하는 말이다.

마오가 장칭에게 보낸 편지에서 '천하대란이 천하대치에 이르는 길이다'는 세상이 한바탕 큰 난리를 겪어야만 큰 정치를 할 수 있다는 뜻이다. 창조적 파괴를 이름이었다. 이것은 마오가 디수이둥滴水洞에서 어떻게 '난亂'의 문제에 대응할 것인가를 반복적으로 사고한 뒤에 나온 것으로 중요한 결론이었다. 마오는 현재의 중국이 사회주의를 견지하는 길로 가는가, 아니면 자본주의의 길로 가는가의 중요한 분수령이 되고 있다고 판단했다. 이것은 장차 당과 국가의 명운에 미치는 가장 큰일(大事 대사)이라고 보았다. 심지어 대란大亂을 당과 국가의 정상적 질서를 회복하기 위한 대가로 마다하지 않았다. 그럴 때만이 중국에서 생겨난 수정주의의 사회적 기초를 파괴하고 새로운 사회질서를 건립할 수 있다고 생각했다. 그렇지 않으면 해결할 수 없다는 것이 마오의 처방이었다. 대란은 손실을 초래하지만 전국全局을 고려할 때 이러한 대가는 치를 만한 가치가 있다고 판단했다.

편지에서 마오가 말한 '내 친구의 말은……'에서의 친구는 린뱌오로, 그가 5월 18일에 개최된 정치국 확대회의에서 한 발언을 가리키는 말이었다. 린뱌오는 '5·18발언'에서 특히 마오의 개인숭배를 극대화시키고, '정변'을 강조해 마오를 불안하게 했다. 여기서 '따구이(打鬼 타귀; 귀신 타도)'와 '마귀와 요귀를 쓸어버린다(橫掃牛鬼蛇神 횡소우귀사신)'는 것은 중국에서 생겨나는 수정주의를 방지하겠다는 뜻을 담고 있다. 마오는 중국의 얼굴이 바뀌지 않게 하기 위해 중대한 문제에서 생애 처음으로 본심을 어겨가며 다른 사람에게 동의한다고 결연한 뜻을 밝혔다. 다른 사람은 바로 린뱌오를 말한다. 마오는 '이번 문화대혁명'을 '반공적 우파의 정변'을 방지하는 해법으로 '한 차례 진지한 연습'이라고 여겼다. '천하대란'은 '천하대치'에 이르는 반드시 거쳐야 하는 길로 본 마오의 사상思想 지도 아래에서 문화대혁명의 대동란은 피할 수 없게 된 것이었다.

마오가 편지에서 '정변'이나 '늘 불안을 느낀다', '일생 중 처음으로 본심을 어겨가며 동의한다' 등의 구절은 젊은 날 혁명가로서의 불굴의 신념과 기개, 전쟁터에서 목숨을 초개처럼 여기며 투쟁했던 마오의 흔적은 한 터럭도 찾아볼 수 없어 편지를 읽는 이들의 연민憐憫을 불러일으킨다. 또한 인생 정리를 지척에 둔 73세의 무한 권력자가 내려놓고 비워야 할 권력에 대해 끝없는 집착을 드러내고, 정변에 불안해하는 모습은 안쓰럽다 못해 허허로움을 더한다. 절대 권력은 절대 패망한다는 역사적 사실은 일반 통치자들이나, 살아 있는 독재자들에게는 보이지 않는지도 모른다. 권력의 무서운 양면적 얼굴이다. 홍군이 장정 당시 늪지대를 지날 때 무수히 많은 사람들이 고귀한 목숨을 잃었다. 늪에 빠져 허우적거리면 허우적

거릴수록 몸은 점점 늪 속으로 빠져들고 끝내 회생할 수 없었다. 권력의 심연深淵에 빠진 마오는 점점 더 깊은 수렁으로 빠져들고 있었다.

검푸른색 전용열차가 질풍같이 창장(長江 장강)을 건너고 황허(黃河 황하)를 넘어 광활하게 펼쳐진 화베이(華北 화북) 대평원을 나는 듯이 달려가고 있었다. 마오쩌둥의 전용열차였다. 1965년 11월, 마오는 남방 순시에 나서 상하이, 항저우, 고향인 사오산 디수이둥, 우창(武昌 무창) 등지에서 8개월 동안 머물다가 아수라阿修羅로 바뀌고 있는 베이징으로 달려가고 있는 길이었다. 마오가 베이징을 이렇게 장기간 비운 것은 건국 후 처음 있는 일이었다. 마오는 남방 순시 중인 1966년 7월 16일에 우한(武漢 무한)에서 73세라는 고령의 나이에 창장에 뛰어들어 수영하며 자신의 건재를 과시했다. 당시 '죽의 장막' 안에서 벌어지는 정보에 목말라하던 서방세계는 마오의 수영 모습을 대대적으로 보도한 바 있었다.

피바람을 몰고 쾌속 질주한 전용열차가 7월 18일 밤 베이징에 도착했다. 마오는 거처인 중난하이 펑쩌위안(豊澤園 풍택원)에 돌아왔다. 국가주석 류사오치는 마오가 돌아왔다는 소식을 듣고 그동안의 업무 보고를 하러 곧바로 펑쩌위안으로 달려갔다. 경호원에게 통보했으나 "주석이 쉬어야 한다"는 소리만 들었다. 퇴짜를 맞은 것이다. 비수에서 뿜어져 나오는 듯한 섬뜩한 한기寒氣가 류사오치의 등골을 파고들었다. 류사오치는 망연자실해 불이 켜져 있는 마오의 방만 우두커니 쳐다보다 발길을 돌렸다.

홍위병 등장,
'혁명무죄 조반유리'

1966년 6월 24일, 베이징의 칭화(淸華 청화)대학 부속중학교(중고등학교)에 1장의 대자보가 나붙었다. 대자보 제목은 '무산계급 혁명 조반정신造反精神 만세'라고 씌어 있었다. [419]

> 혁명은 자오판(造反 조반: 반역, 항거, 저항을 뜻함)이다. 마오쩌둥 사상의 영혼은 바로 조반이다.
> 조반하지 않으면 100분의 100이 수정주의修正主義가 된다!
> 수정주의 학교 통치가 17년이 되었다. 지금 조반하지 않으면 다시 어느 때를 기다릴 것인가? 우리는 이미 조반을 한 이상 당신들을 따를 수 없다! 전투의 기미가 짙어지고 있다. 폭파통과 수류탄을 갖고 나가 대격투, 대결투를 벌이자! 무슨 '인정人情'이고, 무슨 '전면全面'인가, 모두가 힘차게 나아가자.
> — 칭화대학 부속중학 홍위병紅衛兵

대자보 끄트머리에 '홍위병紅衛兵'이라고 명기되어 있었다. 세상에 홍위병이 처음 등장한 것이다. 이처럼 마오의 사회주의 국가를 보위하는 위병衛兵으로 자처한 '홍위병'은 칭화대학 부속중학교 학생들이 처음 만들어 문화대혁명에 참가하는 자주적 조직의 이름이었다. 홍위병의 이름은 이후 중학교와 대학으로 급속히 번져 너도나도 홍위병으로 자처하기 시작했다. 전국적으로 우후죽순처럼 생겨난 홍위병은 문화대혁명 '전위대'의 대명사가 되었다. 홍위병의 이름은 중국은 물론 전 세계에 알려져 유행하기도 했다. 하지만 홍위병은 정치적 산물의 태생적 한계로 자주적 조직체였지만 꼭두각시로 전락해 문화대혁명 동안 악명을 떨쳤다. 홍위병은 가해자이자 피해자이기도 했다. 마오가 베이징에 돌아온 뒤 칭화대학 부속중학교 홍위병들이 2장의 대자보를 마오에게 보냈다. 7월 31일, 마오는 칭화대학 부속중학교 홍위병들에게 이렇게 답신을 썼다. **420**

2장의 대자보는 착취당하고 있는 모든 노동자, 농민, 혁명 지식분자와 혁명당파가 지주계급, 자산계급, 제국주의, 수정주의와 그들의 주구에 대해 분노와 성토를 설명하고 있다. 반동파에 대한 '조반유리造反有理(항거에는 이유가 있다)'를 설명하고 있다. 나는 그대들에게 열렬한 지지를 보낸다.

마오는 답신을 발송하지는 않았으나 중앙 제8기 11중전회 문건으로 인쇄해 배포했다. 이에 따라 이런 내용이 사회에 알려지면서 대학교와 중학교에 급속하게 전파되었다. 이에 고무되어 전국의 각 대학과 중학교에 홍위병 조직의 열풍이 거세게 일면서 우후죽순처럼 만들어졌다. 홍위병들은 '혁명무죄革命無罪, 조반유리造反有理'의 초법적 구호를 외치며 사회 법질서를 파괴하고, 사회의 건전한 미풍양속을 해치는 광란적 행위를 당연시했다. 마오가 홍위병을 지지하는 이유는 젊은 학생들이 옛 사상의 영향을 적게 받아 생기발랄하고 용맹하다는 점을 들었다. 마오는 주변의 공작원들에게 이렇게 말했다. **421**

"문화대혁명 과정에서 군중들 가운데 가장 주요한 것은 청년 학생들이다. 그들이 직접 투쟁의 엄중성을 체험하고, 그들이 체득한 경험을 미래의 후손들에게 전해 중국의 어려움을 풀어나갈 수 있다. 내가 군중을 발동하는 것은 비판적인 무기를 군중들에게 주어 군중들이 운동을 하면서 교육을 배우고, 그들의 능력을 단련시키기 위한 것이다. 그들이 어떤 길을 가야 하고, 어떤 길은 가서는 안 되는지를 알게 하는 것이다. 나는 이런 방법을 시험해 나도 실패에 준비하는 것이다. 현재 군중 발동이 이루어졌다. 나는 대단히 기쁘다. 그들은 나의 방법에 동의했다."

류사오치는 베이징대학에서 문화대혁명의 횃불이 타오르기 시작한 1966년 6월 3일에 학생들의 무질서한 혼란을 방지하기 위해 정치국 상무위원회 확대회의를 열어 대책을 강구했다. 류사오치는 이 회의에서 도출한 8개항의 지시사항을 베이징대학 당위원회에 하달했다.

주요 내용은 이러했다.

1) 대자보는 학교 안에서만 부착한다.
2) 회의는 공작이나 면학 분위기를 방해하지 않도록 한다.
3) 거리에 나와 시위하는 것을 금지한다.
4) 학내외를 구별해 외국인의 참관과 외국 학생들이 운동에 참가하는 것을 불허한다.
5) 비판 대상을 적발하기 위해 집 안을 뒤지는 등의 소란 행위를 불허한다.
6) 비밀 보호에 주의한다.
7) 구타를 불허한다.
8) 자리를 지키며 적극적으로 (학생들을) 이끌어나가도록 한다.

중앙은 이날 허베이(河北 하북)성위원회 서기 장청셴(張承先 장승선)을 조장으로 한 공작조를 베이징대학에 급파해 당위원회 직무를 대행하도록 했다. 중앙은 또 각 대학과 중학교에 공작조를 파견해 무질서한 학내활동을 바로잡도록 지시했다. 중앙의 공작조들이 각 학교에 진입해 공작활동을 폈으나 상황을 통제하기에는 역부족이었다. 베이징대학의 경우 학생들은 18일 비판 대상자를 적발해 일정한 장소에 설치한 비판대에 올려놓고 성토하는 '따구이타이(打鬼臺 타귀대)'와 규찰대糾察隊 등을 만들어 운용했다. 홍위병들은 비판할 사람들을 적발하기 위해 시내 곳곳의 집들을 돌아다니며 뒤져대는 불법을 자행했다. 불순분자들은 이때다 싶어 홍위병들의 틈에 끼어들어 선동하는 등 폐해를 키웠다. 이날 베이징대학에 공작조장으로 파견된 장청셴은 이렇게 상황을 술회했다. **422**

"이날 오후 집계한 통계에 따르면 60여 명이 비판을 당했다. 다수가 간부들이었다. 비판 대상자들은 머리에 큰 고깔모자를 쓰고 얼굴은 시커멓게 칠해져 있었다. 그들은 몸에 대자보를 붙이고, 무릎을 꿇고 있었다. 비판하는 학생들이 그들의 머리칼을 길게 헝클어놓았고 옷을 찢었으며, 손과 발로 마구 구타하고 조리돌림을 했다. 더욱 심한 것은 여성들에게 부랑인 행위를 시키는 모욕을 가했다. 나중에 조사한 결과 이런 패악을 저지른 사람들 중에는 국민당군으로 있다가 포로로 잡혔던 사람, 절도 행위로 학교에서 축출된 사람들이 섞여 있었다."

문화대혁명 당시 홍위병들은 거리를 휩쓸고 다니면서 닥치는 대로 파괴와 폭행, 살인을 일삼았다. 특히 이들은 관리나 부유한 자, 지식인의 집에 난입하여 폭행과 살인을 저질렀다. 이런 홍위병들의 무질서한 혼란상을 바로잡기 위해 중앙에서 공작조를 파견했으나 베이징의 일부 대학과 중학교에서는 정부가 파견한 공작조에 반대해 충돌사태까지 발생했다. 6월 20일, 베이징 사범대학과 베이징 지질학원 조반파 학생들이 학내에서 공작조를 내쫓는 사태까지 벌어졌다.

칭화대학 공정工程화학과에 다니는 20세의 청년 콰이다푸(蒯大富 괴대부)는 21일 담벼락에 붙어 있는 대자보 빈자리에 "지금 권력은 공작조의 수중에 있다. (공작조는) 우리를 대표하지 않는다. (우리는) 다시 권력을 탈취해야 한다"고 써넣었다. 콰이다푸는 며칠 전에 공작조 축출을 주장한 바 있었다. 칭화대학 조반파는 24일에 공작조 파견 반대집회를 열고 공작조를 비판했다. 이에 대해 공작조장인 예린(葉林 엽림)은 "콰이다푸가 공작조의 권한을 탈취하려는 것은 반혁명행위"라고 강력 비판했다. 6월 26일, 이에 영향을 받은 많은 학생과 선생들이 칭화대학에서 '공작조를 옹호'하는 집회와 시위를 벌여 충돌하기도 했다. 이처럼 대학가와 중학교에서는 조반파와 정부가 파견한 공작조가 날카롭게 맞서 충돌하면서 폭력사태로까지 번지는 등 혼미한 상황이 계속되고 있었다.

사령부를
포격하라

중앙 지도부에서도 보이지 않는 치열한 싸움이 벌어지고 있었다. 조반파 학생들과 연대해 사회혼란을 부추기고 여기저기의 집회 현장을 돌아다니며 선동하는 불을 놓고 다니는 그룹과 이런 불을 끄려고 안간힘으로 저지하려는 그룹으로 갈렸다. 불을 놓고 다니는 패거리는 '5·16통지'에 따라 새로 만든 '중앙문화혁명소조(문혁소조)' 구성원들이었다. 1940년대 초, 옌안 정풍운동을 벌일 때 '저승사자'로 악명을 떨친 '문혁소조' 고문 캉성(康生 강생)을 비롯해 조장 천보다(陳伯達 진백달), 부조장 장칭(江靑 강청), 장춘차오(張春橋 장춘교), 린뱌오(林彪 임표) 등이 핵심이었다. 불을 끄려고 노심초사하는 중앙 지도자로는 국가주석 류사오치, 총리 저우언라이, 총서기 덩샤오핑 등이었다. 베이징에 혼란의 악순환이 되풀이되고 있을 때 마오가 돌아온 것이다.

마오는 8월 1일부터 12일까지 인민대회당에서 중앙 제8기 11중전회를 열었다. 회의에는 중공 중앙위원과 후보위원 141명, 각 중앙국, 각 성, 시, 자치구 당위원회 위원과 중앙 관련기관 책임자들이 참석했다. 회의는 종전과 달리 '중앙문혁소조' 조원과 수도인 베이징에 있는 대학교의 '조반파 선생과 학생 대표'들을 참관인 자격으로 참석시켰다. 첫 대자보의 주인공인 베이징대학 조반 대표 녜위안즈

(聶元梓 섭원재) 등도 참석했다. 류사오치가 일상적인 업무와 국내외 중요 정책 등을 보고한 뒤 문화대혁명 이래의 공작과 공작과정에서 나타난 문제에 대해 자아비판을 했다. 보고 중에 마오가 빈번히 끼어들어 회의장은 팽팽한 긴장감이 서렸다. **423**

류사오치: 문화대혁명의 시기, 일주일간의 베이징 상황을 주석에게 1차 보고를 드린다. 이 시기에 내가 베이징에 있으면서 문화혁명 중에 잘못을 저질렀다. 특히 공작조 문제가 갈등을 일으켰다. 주요한 책임은 나에게 있다. 천보다 동지가 정식으로 공작조가 필요 없다고 서면으로 제기했다. 두 가지였다. 토론할 때 다수 동지의 의견이 공작조가 여전히 필요하다는 견해였다. 마지막으로 내가 발언했다. 나는 공작조의 필요성을 주장했다. 공작조의 운영방식은 비교적 편리했다. 보낼 수 있으면 보내고, 철수하면 철수할 수 있기 때문이다.

마오가 류사오치의 보고 중에 끼어들었다.

마오: 당시 단지 보내는 문제였나?
류사오치: 그때는 이미 철수하는 문제였다. 나는 이것을 비교적 간단하게 말했다. 철수하라고 하면, 명령으로 철수했다.

마오가 반박하고 나섰다.

마오: 천보다는 철수했다. 당신들은 철수하지 않았다.
류사오치: 당시 나는 이렇게 생각했다. 이런 큰 운동, 베이징의 각 단과대학과 대학교의 대부분의 조직이 이미 마비되었다. 당의 지도가 중단될 것으로 우려했다.

마오가 또 말허리를 자르고 참견했다.

마오: 어떻게 중단될 수 있나?

회의장은 쥐 죽은 듯이 조용했다. 참석자들은 숨을 죽이고 조용히 두 주석(마오는 당 주석, 류사오치는 국가주석)의 심상치 않은 대화에 귀를 곤두세웠다.

류사오치: 당시 나는 (공작조를) 철수할 것인가, 아니면 먼저 살펴볼 것인가를 결정할 생각이었다. 이럴 때 주석이 돌아왔다. 우리는 (주석의) 지시를 바란다. 주석이 결심하면 공작조를 철수한다. 주석이 첫날 일부 동지들과 (폐지를) 이야기했다. 타오주 동지, 리쉐펑(李雪峰 이설봉) 동지도 그곳에서 대화를 했다.

마오는 다시 류사오치의 말을 끊고 노기 띤 목소리로 말했다.

마오: 공작조가 잘한 게 100분의 10도 되지 않는다. 100분의 90 이상의 공작조는 완전히 잘못했다. 어떻게 나쁜 일을 저질렀는지는 차치하고, 첫째, 싸울 수 없고 둘째, 비판할 수 없고 셋째, 고칠 수 없다. 군중을 진압하고 군중의 역할을 막아 나쁜 작용만 했다.

이날의 회의는 2시간 동안 계속되었으며, 오후 4시 40분에 산회했다. 8월 4일 오후 3시, 정치국 상무위원회 확대회의가 인민대회당에서 열렸다. [424]

마오는 공작조를 파견한 것은 "학생운동을 진압하고", "노선의 잘못이다"라고 호되게 질책했다. 류사오치는 스스로 책임을 인정했다. 류사오치는 "이 시기에 주석은 안 계시고, 내가 공작을 이끌었다. 주요 책임은 나에게 있다"고 말했다. 마오는 "당신은 베이징에서 독재를 했다. 독재를 잘했다!"고 쏘아붙였다. 마오는 또 "방향성의 과오를 저질렀고 실제적으로 자산계급의 입장에 서서 무산계급 혁명을 반대했다고 좀 성의 있게 말하라. 왜 맨날 민주, 민주가 왔다고 말하나. 또 그러면 겁이 날 줄 아나?"라고 되물었다. 류사오치는 "단지 그만두는 게 아니다. 그만두는 것을 두려워하지 않는다"고 대꾸했다. 분위기가 험악해지자 곁에 있던 군사위원회 부주석 예젠잉이 분위기를 눅이려고 대화에 끼어들었다. 예젠잉은 "우리에게는 수백 만 명의 군대가 있습니다. 어떤 마귀와 요귀(牛鬼蛇神 우귀사신)도 겁나지 않습니다"라고 말했다. 마오는 엄한 목소리로 "마귀와 요귀는 여기에 앉아 있다"고 버럭 소리를 질렀다. 다음 날인 8월 5일에 마오는 더욱더 준엄한 조처를 취했다. 사람들이 까무러칠 만한 글을 쓴 것이다. [425]

전국 첫 번째 마르크스-레닌주의의 대자보와 『런민르바오』 평론원의 평론은 어쩌면 그토록 잘 썼는가! 동지들은 다시 한 번 이 대자보와 평론을 읽어보기 바란다. 50여 일 동안 중앙에서 지방에 이르기까지 아무개 지도 동지는 도리어 반대되는 일을 했다. 반동의 자산계급 입장에 서서 자산계급의 독재를 하면서 무산자계급의 기세 드높은 문화대혁명 운동을 타격했다. 옳고 그름이 전도되고, 흑과 백이 헛갈리고, 혁명파를 포위 소탕하고, 다른 의견을 억압했다. 백색공포를 실행해 만족해하며 자산계급의 위풍을 조장하고, 무산계급의 패기를 멸滅하니 어찌 악독하다 아니할 것인가! 1962년의 우경과 1964년 '좌' 형形에서 실제론 우경의 잘못된 경향과 연결되어 있다. 어찌 사람들을 깊이 반성하게 하는 것이 아니겠는가?

마오는 이렇게 쓴 글 위에 '사령부를 포격하라—나의 대자보'라고 표제를 붙였다. 마오는 이틀 전에 쓴 이 글을 8월 7일에 열린 중앙 전회에 인쇄해 배포하도록 했다. 회의 참석자들은 경악을 금치 못했다. 이 글에서 비록 실명을 거론하지 않았지만 누구라도 분명히 알 수 있었다. 아무개 지도 동지는 류사오치였다. 중앙 이외에 존재하는 '사령부'를 공격하라는 뜻은 류사오치의 후계자 지위를 바꾸겠다는 것을 뜻했다. 그러나 실제 자산계급의 별도 '사령부'는 없는 '가공'이었다. 마오의 이런 선택은 비교적 젊은 린뱌오(마오보다 열네 살, 류사오치, 저우언라이보다 아홉 살 아래임)를 염두에 둔 것이다. 자신에 대한 개인숭배로 충성심이 높고, 군사위원회 공작을 하면서 군대에서 '정치 우선' 정책을 펴는 등 자신의 생각을 충실히 따른다는 점을 높이 산 것이었다. 린뱌오는 휴가를 내어 다롄(大連 대련)에서 양병養病하고 있었기 때문에 회의에 참석하지 않았다. 마오는 린뱌오에게 베이징

회의에 참석하도록 긴급 통보해 린뱌오는 8월 6일 회의에 모습을 드러냈다.

오늘의 마오가 있기까지에는 20여 년간 류사오치의 헌신적 보위가 있어 가능했다. 마오는 이제 2인자인 류사오치가 버거워 냉혹하게 용도폐기하기로 결심을 굳힌 것이다. 권력의 세계에서 2인자가 버림을 받으면 어떻게 될지는 동서고금에 비추어볼 때 별반 다를 것이 없다. 류사오치는 이제 바람 앞의 촛불 신세로 전락해 정치생명은 고사하고 목숨마저 위태로운 처지에 놓이게 되었다. 마오의 폭정暴政과 난정亂政은 더욱 거칠어가고 있었다.

중앙 제8기 11중전회는 1966년 8월 8일에 '중국공산당 중앙위원회 무산계급 문화대혁명에 관한 결정(통칭 16조)'을 통과시켰다. '결정'은 "우리의 당면한 목적은 자본주의의 길을 걷는 당권파를 타도하고, 자산계급의 반동학술 '권위'를 비판하고, 자산계급과 모든 착취계급의 의식 형태를 비판하고, 교육을 개혁하고, 문예를 개혁하고, 모든 사회주의 경제기초에 부적합한 상층구조를 개혁해 사회주의 제도를 공고히 하고 발전에 이롭게 한다"고 밝혔다. '결정'은 또 "조반 청년 학생들에게 지지와 긍정을 표시한다. 광대한 공농병工農兵과 혁명지식분자, 혁명간부가 문화대혁명의 주력군이다. 대량의 이름 모를 혁명 청소년들이 용감한 맹장이 되었고, 그들의 혁명의 대방향은 정확했다. 이것이 무산자계급 문화대혁명의 주류다"라고 천명했다. '결정'은 특히 "운동의 중점은 당 내부의 자본주의 길로 가는 당권파를 정돈한다"고 강조했다. 이에 따라 문화대혁명 기간 동안 '주자파走資派'는 '천형天刑'으로 낙인이 찍혔다. '주자파'란 용어가 중국 전역을 떠돌면서 지나가는 강아지도 '주자파'를 짖어댈 정도가 되었다. 위로는 중화인민공화국 국가주석과 중앙 총서기에서부터 아래로는 농촌생산대장과 상점 점원에 이르기까지 어떤 사람이 '주자파'라고 규탄하면 고깔모자를 써야 했고, 비판대에 올라야 하는 난세로 급속히 빠져들었다.

마오는 회의 기간인 8월 10일 오후 7시에 사람들의 의표를 찌르고 중앙 접대장소로 나아가 홍위병과 혁명군중을 만났다. 마오는 이들에게 "당신들은 국가대사에 관심을 가져야 한다. 무산계급 문화대혁명을 철저하게 진행해야 한다"고 격

려했다. 마오의 이런 선동적 격려의 영향은 순식간에 전국으로 퍼져나갔다. **426**

회의 마지막 날인 8월 12일에 중앙 전회는 중앙 지도기구를 개편해 중앙정치국 위원 6명, 후보위원 3명 등 11명의 정치국 상무위원을 선출했다. 11명의 서열 순위는 마오쩌둥, 린뱌오, 저우언라이, 타오주, 천보다, 덩샤오핑, 캉성, 류사오치, 주더, 리푸춘, 천원 순이었다. 린뱌오가 원래의 서열 순위 6위에서 일약 마오 다음의 2위로 뛰어올라 후계자 반열에 올라섰다. 후계자로 서열 2위였던 류사오치는 8위로 떨어졌다. 회의는 중앙 부주석을 새로 뽑지 않았다. 하지만 회의가 끝나고 얼마 뒤 린뱌오가 유일한 중앙 부주석에 임명되었다. 류사오치, 저우언라이, 주더, 천원은 다시 부주석이 되지 못했다. 애초 정치국 상무위원 서열은 마오가 여전히 덩샤오핑에 대한 호감과 신임을 갖고 있어 덩샤오핑의 서열이 저우언라이의 다음인 4위에 올라 있었다.

그러나 이런 서열 인사 명단을 본 장칭이 강력하게 반대했다. 장칭은 겨우 3개월 전 '중앙문혁소조'의 부조장에 임명되었기 때문에 인사에 관여할 처지가 못되었다. '5·16통지'에 따라 '중앙문혁소조' 설립 때 '문혁소조'를 정치국 상무위원회 아래에 두도록 해 참관인으로 회의에 참석할 수 있었다. 장칭은 큰 권력이 부여되지 않았지만 마오 부인이라는 특수한 관계로 정치국 상무위원회 인사 서열에 관여한 것이다. 장칭은 "덩샤오핑은 과거 서열 7위였다. 류사오치와 함께 공작조를 파견하는 과오를 범했다. 그런데 어떻게 4위로 올라갈 수 있는가? 안 된다. 절대로 안 된다!"고 앙탈을 부렸다. 공식 직함이 '중앙문혁소조' 부조장에 불과한 장칭의 이런 인사 개입은 도저히 있을 수 없는 해괴한 일이었다. 장칭은 중앙 제8기 11중전회에서 후계자로 선정된 린뱌오를 찾아가 덩샤오핑에 대해 중상모략을 했다. 두 사람은 의기투합해 정치국 상무위원회 후보자 명단의 서열을 고치기로 한 것이었다. 애초 덩샤오핑보다 아래 서열인 5위의 '문혁소조'의 조장 천보다를 덩샤오핑 앞에 배치해 덩샤오핑을 5위로 밀어냈다.

장칭은 여전히 이런 서열 명단에 불만을 터뜨렸다. 장칭은 "라오푸즈(老夫子 노부자; 천보다에 대한 존칭)는 일개 서생에 불과하다. 덩샤오핑을 압박할 수 없다. 타오주가 지독하다. 타오주를 앞 서열로 빼야 한다"고 주장했다. 이렇게 해 11위의 타오주가 덩샤오핑을 견제하기 위해 4위로 치고 들어오면서 덩샤오핑은 4위에서 6위로 밀려났다. 세상을 다 아는 듯해도 한 치 앞을 내다보지 못하는 것이 인간의 한계다. 장칭이 타오주를 고속승진시켰지만 장칭은 나중에 자신의 말을 듣지 않는다고 타오주를 되레 죽음으로 내몰았다. 달면 삼키고 쓰면 뱉어버리는 장칭의 잔혹한 권력놀음에 타오주는 5개월도 채 안 되어 실각했다. 타오주는 장칭의 사주를 받은 홍위병에게 야만적 박해를 당한 뒤 세상을 떴다. 세상인심은 조변석개다.

중앙 전회는 린뱌오를 "인민해방군에 호소해 전군全軍이 마오쩌둥 동지의 저작을 학습하도록 하는 군중운동을 전개함으로써 전당을 위해 빛나는 모범을 보였다"고 찬양했다. 공산당이 정식 문건에서 후계자로 자리매김한 린뱌오를 높이 평가한 것으로 심상치 않은 일이었다. 린뱌오는 얼마 뒤 명문으로 "린뱌오는 마오쩌둥 동지의 가장 친밀한 전우이자 후계자"로 기록되었다. 중앙의 최고 지도 권력구조를 좌파 편향으로 대폭 물갈이하고, 법적으로 문화대혁명의 전국적 전개를 공식 확인한 중앙 제8기 11중전회는 8월 12일에 막을 내리고 본격적으로 문화대혁명에 돌입했다. 뿐만 아니라 중앙의 공작을 1선과 2선으로 나누어 운용하던 시스템을 끝내고, 그동안 2선에 있던 마오가 1선으로 복귀해 중앙을 이끌어나가는 친정체제로 바꾸었다. 류사오치와 덩샤오핑은 정치국 상무위원으로 뽑혔지만 실질적으로는 중앙의 지도공작에서 퇴출되어 근신하는 처지에 놓였다.

린뱌오는 새로운 지도체제가 출범한 뒤에 제1차 정치국 상무위원회를 소집해 회의를 열었다. 린뱌오가 주재한 회의의 의제는 류사오치에 대한 계속적인 공격이었으나 린뱌오와 장칭은 류사오치가 실질적으로 타도된 만큼 목전의 주요 위험인물로 덩샤오핑을 겨냥하는 데 의견을 같이했다. 장칭은 정치국 상무위원이 아니기 때문에 회의에 참석할 자격이 없으나 '중앙문혁소조' 구성원들은 참관인 자격으로 참석할 수 있었다. 회의에서 비판의 창끝은 린뱌오와 장칭이 최대의 걸림돌이라고 여기고 있는 덩샤오핑을 겨누었다. 좌파 정치국 위원들은 조직적으로 덩샤오핑을 맹렬하게 비판했을 뿐만 아니라 린뱌오가 직접 출격해 덩샤오핑 문제를 '적대적 모순(敵我矛盾 적아모순)'이라고 규정했다. 척결해야 할 대상이란

뜻이었다. 덩샤오핑은 이들이 퍼붓는 집중포화의 비판을 받고 업무를 정지당했다. [427]

홍위병 완장 찬
마오쩌둥

중앙 제8기 11중전회가 끝난 6일 뒤인 1966년 8월 18일에 베이징 톈안먼 광장에
서 문화대혁명을 축하하는 군중대회가 100만 명의 군중이 참석한 가운데 성대하
게 열렸다. 이 대규모 군중대회의 참석자들은 대부분 베이징과 전국 각지에서 올
라온 청년 학생들로 톈안먼 광장은 인산인해를 이루었다. 신중국 건국 이래 일찍
이 보지 못한 광경이었다. 마오쩌둥은 건국 이후 처음으로 초록색 군복을 입고 톈
안먼 성루에 올라 6시간 내내 서서 홍위병들의 사열을 받았다. 『신화통신』은 당시
의 상황을 이렇게 보도했다. [428]

오늘 새벽 5시, 태양이 동쪽 지평선에서 막 떠오르며 눈부신 햇살을 뿌리고 있었
다. 마오 주석은 사람의 바다와 붉은 깃발(紅旗 홍기)이 숲을 이루는 톈안먼 광장
을 뚫고 도착했다. 아침 일찍부터 사면팔방에서 이곳으로 모여든 혁명군중을 회
견했다. 마오 주석은 초록색 군장을 갖춰 입었고, 주석의 군모에는 붉은 별이 반
짝반짝 빛났다. 마오 주석은 톈안먼 앞 진수이차오(金水橋 금수교)를 지나 곧바로
군중 대오 속으로 걸어갔다. 주위의 수많은 사람들과 굳게 악수를 하고, 손을 흔
들며 광장의 혁명군중에게 인사했다. 이때 광장이 들끓어 올랐다. 사람마다 두

손을 높이 들고 마오 주석을 향해 펄쩍펄쩍 뛰며 환호하고 박수를 쳤다. 많은 사람들은 감격해 눈물을 흘렸다. 그들은 환호하는 목소리로 "마오 주석이 오셨다! 마오 주석이 우리 사이로 오셨다!고 외쳤다.

붉은 완장을 찬 수만 명의 홍위병들이 사람들의 눈길을 끌었다. 톈안먼 성루 동쪽 2개의 사열대에는 홍위병 대표들이 빼곡하게 들어찼다. 사대여부중의 한 홍위병이 톈안먼 성루에 올라와 마오에게 '홍위병'이라 쓴 완장을 팔에 채워주었다. 마오와 이 학생 홍위병이 악수할 때 성루 위아래에 있던 홍위병들이 "마오 주석 만세!"를 부르며 일제히 환호했다. 흥분한 어떤 홍위병은 "마오 주석은 통솔자다. 우리는 그의 졸병이다"라고 외쳤다. 어떤 홍위병은 "마오 주석이 우리 홍위병에 참가했다. 우리를 최대로 지지하고 고무해주었다. 마오 주석이 우리를 후원하고 있다. 우리는 어떠한 것도 두렵지 않다"고 흥분된 목소리로 소리쳤다. 오전 10시 30분에 중앙문혁소조 조장인 천보다의 사회로 대회가 시작되었다. 린뱌오가 단상의 연단에 나와 연설했다.

"무산계급 문화대혁명은 자산계급 사상을 소멸하고 무산계급 사상을 수립하는 것이다. 사람의 영혼을 개조하고 사상혁명화를 실현하는 것이다. 수정주의의 뿌리를 캐내 없애버리고 사회주의 제도를 공고히 하고 발전시키는 것이다. 우리는 자본주의의 길을 걷는 당권파를 타도하고, 자산계급 반동권위를 타도하고, 모든 자산계급의 보황파保皇派(옹호세력을 말함)를 타도하고, 온갖 형태의 혁명을 억압하는 행위에 반대해 모든 마귀와 요귀를 타도하자! 우리는 모든 착취계급의 구사상, 구문화, 구풍속, 구관습을 크게 깨부수고, 모든 사회주의 경제기초에 부적합한 상층구조를 개혁해야 한다. 우리는 인간쓰레기를 쓸어버리고 모든 걸림돌을 제거하자!"

대회가 끝난 뒤 100만여 명의 군중은 시위대를 형성해 거리 시위를 벌였다. 마오는 시위대의 사열을 받을 때 "이 운동의 규모가 대단히 크다. 확실하게 군중을 발동했다. 전국 인민들에 대한 사상혁명화는 대단히 큰 의의가 있다"고 흡족해했다. 『신화통신』은 이날 행사를 보도하면서 중앙 제8기 11중전회에서 결정한 최고 지도자들의 서열 순위와 관련해 류사오치가 8위로 밀려난 사실을 보도했다. 이 내용은 중앙이 전회 공보에 실어 선포하기 전이어서 사회에 큰 충격을 주었다.

마오가 톈안먼 성루에서 홍위병을 접견한 '8월 18일 대회'는 문화대혁명 운동의 기폭제가 되었다. 홍위병의 문화대혁명 운동이 폭풍처럼 거세게 분출하면서 순식간에 전국을 석권하기 시작했다. 홍위병들은 호호탕탕한 기세로 학교를 벗어나 거리로 진출해 4가지 낡은 사상(구사상, 구문화, 구풍속, 구관습)을 타파한다는 4구舊 타파 운동을 맹렬하게 펼쳐 '혁명조반革命造反'을 신속하게 전 사회에 확대했다. 대다수의 홍위병들은 자신들의 모든 행위를 정당한 '혁명행동'으로 여겼다. 정치적 의식이 미숙한 홍위병들의 충만한 열정은 광적 상태로 돌변해 무정부적 혼란을 불러일으켰다.

'4구 타파'라는 미명 아래 홍위병들은 거리로 나가 전통적인 유명 음식점들이 자산계급이 먹는 음식을 판다며 폐쇄하고, 톈안먼 앞을 동서로 관통하는 '창안제(長安街 장안가)' 거리를 마오의 혁명 승리를 찬양하는 '둥팡훙(東方紅 동방홍)'이란 이름으로 고치는 등 이데올로기적인 이름을 따다 붙였다. 홍위병들은 '4구 타파'와 '혁명조반'의 기치 아래 가택을 제멋대로 수색하고 가산을 몰수하는가 하면 '반동'이라는 이름 아래 사람을 때려죽이는 등 법질서를 파괴하는 초법적 행위를 마구 저질렀다. 이즈음 베이징에서는 『낙타상자駱駝祥子』 등을 쓴 유명한 문인이자 지식인인 라오서(老舍 노사)와 푸레이(傅雷 부뢰) 등이 홍위병들의 야만적 행위로 스스로 목숨을 끊었다. 무법천지의 아수라장이었다. **429**

보다 못한 『런민르바오』는 '용문투用文鬪, 불용무투不用武鬪(글로 투쟁하고, 무력으로 투쟁해서는 안 된다)'라는 제목의 사설에서 "마오쩌둥 동지는 되풀이해 우리에게 말했다. 무산계급 문화대혁명은 사람의 영혼을 일깨우는 대혁명이다. 또 대혁명의 실현은 글로 투쟁하고 무력으로 투쟁해서는 안 된다"며 홍위병들이 폭력행위를 자제하도록 호소했다. 하지만 마오는 여전히 홍위병 주류의 대부분은 괜찮다는 태도를 보였다. 낡은 사상과 질서를 파괴하는 격렬한 행동은 새로운 사회를 열어가는 데 필요하다는 논리였다. 문제가 생기면 잘 유도하고 나중에 다시 해결하도록 해야지, 그들의 열정에 찬물을 끼얹어서는 안 된다고 강조했다. 더욱이 홍위병을 억압하거나 탄압하지 못하도록 지시했다. 린뱌오는 8월 20일에 열린 정치국 상무위원회 확대회의에서 홍위병 문제를 놓고 토론을 벌일 때 이렇게 말했다.

"베이징이 부랑자 세상이 된다고? 말도 안 되는 소리다! 좋은 사람이 항상 다수다. 나쁜 사람은 항상 소수다. 어떻게 부랑자 세상이 된다고 하는가? 결론적으로 우리는 그들(홍위병)이 몇 개월 동안 난리를 피워도 간섭해서는 안 된다. 우리는 견결하게 다수가 좋은 사람이라는 것을 믿어야 한다. 나쁜 사람들은 100분의 몇 밖에 안 된다."

문화대혁명 운동이 8월 하순에 접어들면서 홍위병들의 전국적 '경험 교류' 현상이 나타나기 시작했다. 베이징 지역의 학생들이 전국 각지로 돌아다니며 문화대혁명의 '불씨'를 뿌리고 다녔다. 지방의 홍위병들은 베이징으로 몰려들었다. 8월 28일에는 베이징에 온 지방의 홍위병들이 14만여 명에 달했다. 8월 31일, 마오는 톈안먼 광장에서 두 번째로 홍위병들을 접견했다. 중앙은 '경험 대교류'에 참가하는 학생들에게 기차 삯을 면제해주고 음식이나 숙박시설 등도 현지 정부가 마련하도록 지시했다. 비용은 국가재정에서 지출하도록 국무원에 통보했다.

이에 따라 '경험 대교류'의 물결은 봇물 터지듯 흉맹한 기세로 전국을 향해 퍼져나갔다. 곳곳에 홍위병들이 들끓었다. 마오는 매번 보름 사이로 전국에서 몰려오는 홍위병들을 접견했다. 이런 홍위병 접견은 11월 하순이 되어서야 끝났다. 마오는 8차에 걸쳐 모두 1천1백만 여 명의 홍위병을 접견했다. 세밑이 되면서 홍위병들의 '경험 대교류'가 점차 수그러들기 시작했다. 홍위병들의 '경험 대교류'는 마치 메뚜기 떼들이 누렇게 익은 벼를 습격해 낟알을 작살내고 날아간 뒤끝과 흡사했다. 난장판이 따로 없었다. 베이징에서 지방에 이르기까지 홍위병들은 당과 정부기관에 대한 공공연한 공격을 퍼붓고 당정 책임자들을 끌어내 비판대회를 열거나 폭행해 정상적 업무가 마비되기 일쑤였다. 수없이 많은 사람들이 이런 과정에서 억울하게 눈을 감았다.

불 지르는
'개똥참모'

1966년 7월, 베이징대학에 '보기만 해도 놀라운 2월 병란'이란 대자보가 나붙었다. 지난 2월에 베이징 위수구역인 베이징대학에 군대를 주둔시켜 정변을 일으키려 했다는 내용이었다. '2월 병변兵變'이라고 부른다고 했다. 그 후 베이징사범대학의 한 학생이 이 대자보를 본 뒤 베이징 위수구역이 런민(人民 인민)대학도 포함된다는 것을 연상해 '귀잉추(郭影秋 곽영추)는 누군가?'라는 대자보를 써 붙였다. 귀잉추는 이미 베이징시위원회 문교서기로 전임한 전 런민대학 당위원회 서기였다. 대자보는 귀잉추에게 "펑전(彭眞 팽진)이 런민대학에 군을 주둔시켜 정변을 일으키려고 음모를 꾀했는데 이런 사실을 알고 있는가?"라고 썼다. 그 후 이런 천일야화 같은 '2월 병변'의 헛소문이 눈덩이 굴러가듯 더욱 부풀어갔다.

캉성은 이런 2장의 대자보 소식을 듣고 린뱌오가 눈엣가시로 여기는 허룽(賀龍 하룡) 등 군의 혁명원로들을 제거하기 위한 절호의 기회라고 판단했다. 7월 27일 밤, 캉성은 베이징사범대학 군중대회에서 공공연하게 "올해 2월 말에서 3월 초에 펑전의 패거리들이 정변을 획책했다. 그들 계획의 하나는 베이징대학과 런민대학에 주둔하고 있는 1개 대대 병력을 동원하려 했다. 이 사건은 아주 확실하다"고 선동했다. **430**

중앙의 고위 지도자인 '중앙문혁소조' 고문이 확신을 갖고 이야기했기 때문에 실체도 없는 '2월 병변'은 점점 더 크게 불거졌다. 문제의 심각성을 느낀 덩샤오핑은 런민대학으로 달려갔다. 덩샤오핑은 자신도 이미 어려운 처지에 빠져 있었지만 개인의 안위에 급급할 때가 아니라고 본 것이다. 덩샤오핑은 현장에 '중앙문혁소조' 조장인 천보다 등의 소조원들이 있었지만 런민대학의 전체 선생과 학생, 직원들이 참석한 비판대회에 나가 사건의 진상을 밝혔다. 덩샤오핑은 "우리는 2월 군사병변의 문제를 조사했다. 우리는 일찍 이 일을 알았기 때문에 나는 정식으로 동지들에게 이런 일이 없었다는 것을 말한다"고 밝혔다. 덩샤오핑은 "나는 정중하게 동지들에게 말한다. 우리 군대는 펑전이 동원할 수 없고, 다른 사람도 동원할 수 없다. 나도 동원할 수 없다. 우리는 이 일을 사실대로 해명하니 다시 이 문제를 이야기해서는 안 된다. 이 일은 다시 거론할 필요가 없다"고 강조했다.

캉성은 음모가 백일하에 드러났지만 철가면을 뒤집어쓰고 안면을 몰수한 채 '2월 병변'을 사실인 양 떠벌리며 악의적인 모함을 계속 퍼뜨렸다. 폭발성이 강한 헛소문은 날개를 달고 전국 도시와 시골을 뒤흔들며 급속히 퍼져나갔다. 헛소문은 더욱 보태져 "허룽이 2월 병변을 일으키려고 총과 포, 대포를 준비했다고 하더라 ─", "포가 (마오가 있는) 중난하이를 겨냥했다 ─", 심지어는 "허룽이 2월 병변을 일으켰으나 미수에 그쳐 소련으로 비행기를 타고 도망갔다고 하더라 ─" 등 유언비어가 난무하고 '카더라 방송'이 횡행했다. 린뱌오는 일찍이 '5·18발언'에서 '정변' 문제를 제일 먼저 제기해 은근히 마오를 압박하고 자신의 존재가치를 높여왔었다. 린뱌오는 쾌재를 불렀다. 어떤 근거도 없이 제기한 정변의 실체를 캉성이 만들어주었기 때문이다. 결국 캉성의 '2월 병변' 날조사건은 나중에 정치국 위원이자 군사위원회 부주석, 국무원 부총리 겸 국가체육위원회 주임, 10대 원수의 한 사람인 허룽을 죽음으로 몰아갔다. 이처럼 옌안 정풍운동의 '저승사자' 캉성은 문화대혁명의 시기에 '살생부'를 양손에 들고 호풍환우하며 무수한 피바람을 일으켰다.

캉성은 장칭이 옌안에서 마오와 결혼할 때 장칭의 이력 등을 은폐하는 등 비호하면서 일찌감치 '보험'을 들었다. 마오의 부인이라는 장칭의 '특수한 신분'에 기대어 권력의 줄을 잡은 장칭의 사람이었다. 물가에 있는 누대에 제일 먼저 달빛이 비치듯이 캉성은 장칭의 곁에 있어야 권력을 얻을 수 있다는 확신 아래 견마지로를 다하고 있었다. 문화대혁명의 신호탄이 된 '해서파관'의 핵심인 파직의 '파관罷官' 아이디어를 마오에게 준 사람도 사실은 캉성이었다.

1966년 2월 8일, 마오가 우한에서 펑전과 캉성으로부터 '2월 요강'에 관한 보고를 받을 때였다. 마오는 펑전에게 "『해서파관』은 펑더화이의 번안(복권)과 관련이 있지 않은가?"라고 물었다. 펑전은 즉시 부정적인 대답을 했다. 그러자 마오는 "내가 말한 우한(吳晗 오함)의 글 핵심이 파관이라고 한 것은 캉성이 나에게 말한 것이다. 캉성의 '발명권'이다"라고 말했다. 캉성은 "아닙니다. 저의 발명권이 아니라 마오 주석의 발명권입니다"라고 화급하게 자신을 은폐했다. 그 후 마오는 여러 차례 공개적인 장소에서 캉성의 '발명권' 이야기를 했다. 문화대혁명의 1호 대자보도 캉성이 자신의 부인 차오이어우(曹軼歐 조일구)를 녜위안즈(聶元梓 섭원재)에게 보내 쓰도록 사주한 작품이었다. 캉성은 이 대자보를 마오에게 전달해 전국에 방송으로 내보낼 수 있도록 했으며, 『런민르바오』 평론원 문장으로 실은 '1장의 대자보를 환호한다'를 막후에서 지휘하는 등 문혁의 확장에 핏발을 곤두세웠다. [431]

캉성은 1968년 1월 문화대혁명에 미적지근한 반응을 보이고 있는 윈난성(雲南省 운남성) 서기인 자오젠민(趙健民 조건민)을 축출하기 위해 '국민당 윈난 간첩단' 사건을 날조해 수많은 사람들을 죽이고 박해했다. 문혁의 광풍이 날로 거세지면서 변방지역인 윈난성에도 어김없이 덮쳐 극심한 사회혼란이 거듭하고 있었다. 그러던 1월 21일 한밤중인 오전 2시에 자오젠민은 중앙으로부터 임시통지를 받았다. 즉시 베이징 징시빈관(京西賓館 경서빈관) 제2회의실에서 열리는, 중앙이 소집한 윈난 문제를 해결하기 위한 회의에 참석하라는 내용이었다. 자오젠민은 영문도 모른 채 허겁지겁 베이징에 올라와 징시빈관 회의에 참석했다.

회의는 캉성이 주재하고 장칭(江青 강청)의 측근인 공안부장 셰푸즈(謝富治 사부치)가 연설했다. 셰푸즈는 "마오 주석과 린뱌오 부주석, 저우언라이 총리가 윈난 문제에 비상한 관심을 보이고 있다. 윈난은 국방전선國防前線으로 만약 그곳의 문제가 잘 해결되지 않으면 국가안전과 인민들의 생활에 영향을 미친다"고 말했다.

셰푸즈는 윈난지역에서 무장투쟁을 벌이고 있는 조반파와 군중조직을 거론한 뒤에 "자오젠민 동지, 당신은 중앙을 저버렸다. 나쁜 일이 벌어졌다. 어떤 군중조직이 쿤밍(昆明 곤명) 서쪽 지역을 휩쓸면서 무장투쟁을 벌여 100여 명의 사람을 죽였다. 알고 있는가"라고 물었다. 자오젠민은 아무리 생각해도 알 수 없는 일이어서 "모른다"고 대답했다. 셰푸즈는 "당신은 모某 조직을 지원하고, 지금 그곳을 지휘하고 있다. 그런 행동을 해서는 안 된다. 최근에 어떤 움직임이 있었고, 어떤 사람이 지휘하고 있다는 것을 알고 있다"고 으름장을 놓았다. 자오젠민이 어리둥절해하자 자리에 앉아 있던 캉성이 표독스런 말투로 심문하기 시작했다.

"자오젠민, 베이징에 무엇 하러 왔는가?"
"상황을 보고하러 왔다."
"너는 성위원회 서기로 중앙에 와서 지시를 청하지 않았다."

당시 자오젠민은 캉성을 존경하고 있었던 터라 그의 뜻하지 않은 말에 바짝 긴장했다. 자오젠민은 윈난성의 상황에 대해 2통의 서신을 캉성과 문혁소조 조장인 천보다(陳伯達 진백달)에게 보낸 바 있었다. 특히 중앙에 두 차례에 걸쳐 보고서를 보내 중앙군사위원회 판사조를 통해 상부에 전달됐는데도 모르쇠하고 있으니 죽을 노릇이었다. 캉성이 안경 너머로 흉물스런 눈빛을 뿌리며 말을 이었다.

"당신이 지지하는 파가 많은 나쁜 짓을 했다. 그렇지 않은가?"
"나는 나쁜 짓을 하지 않았다."
"쪽지 글을 쓸 수 있겠는가?"

자오젠민은 메모지에 "나는 어떤 파의 잘못된 행동과 오도하는 언론을 지지한 바 없다"고 썼다. 메모를 본 캉성은 '흥'하며 싸늘한 냉소를 날린 뒤에 "만약에 있으면 어떻게 할 것인가?"라고 압박했다. 자오젠민은 다시 메모지에 "만약에 어떤 파의 잘못된 행동과 언론을 지지하면 당의 기율과 국법에 따라 처벌도 기꺼이 받겠다"고 썼다. 메모를 훔쳐 본 캉성이 일갈했다.

"너는 나를 속이려고 하지 마라. 류사오치는 우리를 속였다. 반역자 간첩은 우리를 속이려 한다. 묻건대 네가 바이취(白區 장제스 통치구역)에서 공작할 때 어느 해에 체포됐는가?"

"1936년이다."

"네가 감옥에 있을 때 어떻게 자수했나?"

"나는 자수하지 않았다."

"너는 또 사람들을 속이려 한다. 너는 반역자다."

"아니다."

"내가 다시 한 번 말하건대 너는 반역자다."

"사실이 아니라서 나는 더 이상 말하지 않겠다."

"좋아, 말하지 않아도 좋다."

화가 더 치밀어 오른 캉성은 자오젠민을 손으로 가리키며 "네가 쓴 메모! 너의 행동은 우연이 아니다. 반역분자들이 우리 당에 스며들어 문화대혁명을 틈타 변방에서 난을 꾀하려 하고 있다. 국민당 윈난 간첩단, 나는 그 자들의 계획을 알고 있다. 너의 행동은 바로 그 자들의 계획을 집행하는 것"이라며 고래고래 소리를 내질렀다.

자오젠민은 소스라쳐 놀라 등줄기에 땀이 비 오듯 했다. 아무리 생각해봐도 자신의 어떤 행위가 국민당 윈난 간첩단의 행동계획에 연계되어 있는지 알 수가 없었다. 간첩단의 실체 또한 듣도 보도 못했으니 얼마나 놀라지 않았겠는가. 교활한 웃음을 머금은 캉성은 자오젠민을 바라보며 "너는 우리들에게 뼛속 깊은 계급적 증오를 갖고 있다. 나는 40여 년의 혁명적 경험에 비춰볼 때 네가 반역자라는 것을 알 수 있다. 너는 국민당에 투항했다"고 대못을 질렀다. 자오젠민은 "나는 근본적으로 그런 사실이 없다. 나는 당시(바이취 공작시절) 목숨을 걸고 당을 위해 투쟁했다"고 항변했다. 캉성은 자오젠민의 말을 무질러 버리고 시퍼렇게 날이 선 어투로 기선을 제압하고 나섰다.

"너는 윈난의 문화대혁명을 궤멸시키려 하고 있다. 너는 허황된 망상에 빠졌다. 군대, 노동자, 농민, 학생들은 너와 함께 가지 않는다."

"당신은 말을 함부로 하지 마라. 머리로 제멋대로 상상해서는 안 된다."

"너는 지난해 3월 나와의 대화에서 당중앙에 반대하고, 마오 주석에 반대한다고 말했다. 너는 당대표대회를 열어 류사오치를 새 중앙으로 뽑고, 합법적 수단으로 펑더화이(彭德懷 팽덕회), 뤄루이칭(羅瑞卿 나서경), 루딩이(陸定一 육정일), 양상쿤(楊尙昆 양상곤)을 다시 중앙에 선출해야 한다고 했다."

"나는 그런 말을 한 적이 없다. 그것은 모두 당신의 머릿속에서 생각해 낸 것이다. 당시 기록 전담자가 기록한 게 있다. 기록을 확인해 보면 명확하게 알 수 있다."

"그때 너는 계급적 감정을 갖고 또박또박 말했다. 너는 이전의 낡은 수법으로 우리를 속이려 해서는 안 된다. 지금은 문화대혁명의 시기다. 이러한 시대에 너, 자오젠민은 혼란스러운 분위기에 편승해 크게 한 건을 하려고 해서는 안 된다. 네가 감히 과거에 문제가 없다고 할 수 있겠는가?"

"아무런 문제가 없다. 중앙이 심사할 수 있다."

"반드시 심사해야 한다. 너는 미친 듯이 무산계급 사령부를 공격했다. 너, 또한 중앙의 심사를 요구했다. 반드시 심사할 것이다."

앞서 그해 2월, 윈난성에서 조반파들이 성의 정부기관을 공격해 정상적 업무가 마비되자 성의 주요 지도자이자 당의 제8차 중앙 후보위원인 자오젠민은 화급히 베이징으로 달려가 캉성을 만났다. 자오젠민은 캉성에게 "윈난 지역은 현재 당정 기관, 심지어 공안기관과 검찰, 인민법원 기관들이 거의 권력을 빼앗겼다. 지도간부 다수가 비판을 받고 있다. 이것은 마오 주석의 지시에 맞지 않고, 중앙의 간부 정책에도 어긋난다"며 중앙의 대책 마련을 요청했었다. 이런 캉성과 자오젠민의 대화가 이날 180도 변질돼 캉성은 윈난 문제를 해결하기 위해 참석한 중앙과 윈난지역의 당 간부들이 지켜보는 가운데 '상면정안相面定案', 즉 숙청대상자를 찍어내 면담하면서 사건을 날조하여 상대방을 범죄행위자로 단죄한 것이다. 캉성은 법의 종결자終決者, 그 자체였다.

자오젠민은 졸지에 캉성이 허위로 조작한 국민당에 투항한 반역자로 낙인이 찍혀 윈난지역을 전복하려는 간첩단 조직인 '전서정진종대滇西挺進縱隊'를 지원하는 배후인물로 몰려 반당분자가 된 것이다. 저승사자 캉성의 무소불위 無所不爲한 악랄한 독수는 자오젠민을 국민당 윈난 간첩단 조직인 '전서정진종대' 계획을 충실히 집행했다는 죄명 아래 축출해 8년 동안 억울한 옥살이를 시켰다. 캉성과 장칭은 이 날조사건을 빌미로 형체도 없는 전서정진종대 소탕을 벌인다는 미명 아래, 이에 연루했다는 죄명을 내세워 1만 4천여 명에 이르는 당 간부와 군중들을 죽이는 만행을 저질렀다. 뿐만 아니라 이때 부상을 당해 불구자가 된 사람만도 3만 8천5백여 명에 이르고, 이 가공架空사건에 연좌된 수없이 많은 사람들이 처절한 고통을 겪었다. 캉성은 나중에 대장 출신인 쿤밍군구 부사령관 천겅(陳賡 진갱)을 전서정진종대 총사령관이라고 모함을 했으나 끝내 뜻을 이루지 못했다.

이처럼 문화대혁명 때 무수히 많은 무고와 날조로 피비린내 나는 사건을 만들어 수많은 사람들을 죽음으로 몰아간 캉성의 수법은 독랄하고 악독하기로 유명했다. 교활하고 음흉한 캉성은 간교한 계책을 꾸미는 데는 타의 추종을 불허했다. 캉성에게 붙여진 별칭 중의 하나가 '구두군사狗頭軍師', 즉 사람의 등 뒤에서 온갖 사악한 계책을 꾸민다는 '개똥참모'였다. 캉성은 장칭에 빌붙어 권력을 휘두르면서도 자신의 정치적 안전망을 구축하기 위해 린뱌오에게도 손을 뻗어 장칭과 더불어 '쌍보험'을 들기도 했다. 캉성은 린뱌오가 개인숭배 전파로 마오의 두터운 신임을 얻자 일찍이 '류사오치가 실각하고, 후계자로 열에서 아홉은 린뱌오'라는 확신을 가졌다. 캉성은 '린뱌오가 비록 교활하나 천시를 만났으니 마땅히 그에게 투자를 해야 한다'는 생각으로 보험을 든 것이었다. 린뱌오가 버거운 군의 혁명원로 세력을 제거하려는 속내를 잽싸게 읽고, 캉성은 '2월 병변'을 만들어 린뱌오에게 상납해 '보험금'을 한껏 높인 것이다. '개똥참모' 캉성은 장칭과 린뱌오를 넘나들며 사악한 재주를 마음껏 펼치고 있었다.

이즈음의 권력 지형은 류사오치, 덩샤오핑 그룹과 린뱌오의 군부 그룹, 장칭의 '중앙문혁소조' 그룹 등으로 3분된 형세를 보였다. 그러나 류사오치, 덩샤오핑 등의 그룹은 마오의 공격을 받아 치명상을 입고 서산일락으로 저물고 있었다. 권력 탈취의 기회를 포착한 오월동주(吳越同舟)의 린뱌오와 장칭은 힘을 합쳐 류사오치와 덩샤오핑 등을 제거하기 위해 막바지 총공세를 폈다. 후계자 린뱌오의 측근으로는 부인인 예췬(葉群 엽군), 공군사령관 우파셴(吳法憲 오법헌), 인민해방군 총참모장 황융성(黃永勝 황영승), 리쭤펑(李作鵬 이작붕), 추후이쭤(邱會作 구회작) 등 군 부인사가 주축을 이루었다. 이후 린뱌오와 장칭이 '공동의 적'으로 겨냥한 류사오치와 덩샤오핑을 축출해 밀월관계가 끝나 본격 권력투쟁에 들어가기 직전에, 마오의 정치비서 출신의 이론가인 '중앙문혁소조' 조장 천보다가 가세해 화력을 증강시켰다.

이때 린뱌오는 "붓과 총(文武 문무)은 정권탈취의 두 가지 무기이고, 정권을 공고히 하는 두 가지 무기다"라며 천보다의 '귀순'을 환호했다. '총'은 많은데 '붓'이 적어 고민할 때였다. 장칭 집단은 '사악한 꾀주머니'인 문혁소조 고문 캉성을 비롯해 장춘차오와 야오원위안(姚文元 요문원) 등 상하이파와 왕리(王力 왕력), 관펑(關鋒 관봉), 치번위(戚本禹 척본우) 등 문혁소조파가 주축이었다. 10대 원수 등 군부의 혁명원로들은 문화대혁명에 대해 우려를 나타내고 있었다. 10대 원수로는 주더를 비롯한 류보청, 정치국 위원인 허룽과 천이, 중앙군사위원회 부주석이자 정치국 위원인 쉬샹첸, 녜룽전, 예젠잉 등이 있었다. 또 탄전린과 위추리(余秋里 여추리), 부총리인 리셴녠 등도 이들과 같은 생각을 하고 있었다.

주더의
핍박

그동안 이런 권력의 역학관계 속에서 보이지 않는 상호 견제로 어느 정도 평형을 유지했지만 문화대혁명 시기에는 생판 달랐다. 마오의 1인 통치체제에서 개인숭배로 마오를 떠받들며 세력을 키운 린뱌오와 장칭, 두 쌍두마차의 일방적 권력행사였다. '개똥참모' 캉성이 이들의 '군사' 노릇을 톡톡히 했다. 캉성은 류사오치가 실각하자마자 곧바로 장칭과 짜고 류사오치를 '확인사살'하기 위한 음모를 꾸몄다. 캉성은 먼저 톈진의 난카이(南開 남개)대학의 홍위병들로 '배신자 체포 전투대'를 구성해 국무원 부총리 보이보를 비롯해 쑹쯔원(宋子文 송자문), 류란타오(劉瀾濤 유란도), 양셴전(楊獻珍 양헌진) 등 고위간부 61명을 '61인 반역자 집단'으로 몰아 이들 연고지의 홍위병들과 연대해 관련자들을 잡아들여 비판하고 박해를 가했다. 이 또한 문제가 되지 않는 사건이었다. 보이보 등 61명의 고위간부들은 장제스의 국민당 때인 1931년부터 1936년 사이에 베이징의 차오란쯔(草嵐子 초람자) 감옥에 갇혀 있었다. [432]

당시 북방국(北方局 북방국) 책임자인 류사오치는 이들을 구출하기 위해 백방으로 노력하며 옌안의 당중앙으로부터 승인을 받아 61명이 허위 전향서를 쓰고 석방할 수 있도록 공작을 벌였다. 그러나 이들이 두 차례에 걸쳐 거부하자 류사오치는 감옥에 있는 이들에게 비밀리에 연락해 중앙의 뜻을 전하고 설득했다. 61명은 그때서야 허위 전향서를 쓰고 석방되었다. 1943년, 보이보가 마오에게 자신들을 감옥에서 구출한 사건을 보고하자 마오는 "이 사건을 알고 있다. 중앙이 완전 책임을 졌다"고 말한 바 있었다. 마오는 이들 61명이 감옥에서 펼친 투쟁을 칭찬하기도 했다. 캉성은 이런 사실을 알면서도 류사오치가 '내부 간첩', '반역자', '반역 수괴'라며 홍위병을 선동해 들쑤셔놓은 것이었다. 61명의 당 고위간부들은 모두 숙청되었다. 캉성이 류사오치에게 딱지를 붙인 '반역 수괴' 죄명은 그가 카이펑(開封 개봉) 감호소에서 비참하게 죽는 직접적 원인이 되었다.

캉성은 덕망이 높은 군의 혁명원로인 주더도 그냥 놓아두지 않았다. '중앙문혁소조' 고문인 캉성은 "주더는 허울뿐인 총사령관이다"라며 당내외 인사들에게 유언비어를 퍼뜨렸다. 다른 '문혁' 소조원들도 "주더는 악독한 총사령관이다", "야심이 커 영수가 되려고 한다", "늙은 기회주의자" 등의 악선전을 토해냈다. 1966년 8월의 중앙 제8기 11중전회에서 린뱌오의 오른팔인 광저우군구 사령관 황융성 등이 주더 공격에 나섰다. 린뱌오와 장칭의 사주를 받은 문혁 소조원인 치번위 등도 "주더 타도"를 외치며 공격을 퍼부었다. 주더는 제1차 중앙회의 때 "문혁 중에 생산을 게을리해서는 안 된다. 공농업 생산을 대폭 증대해야 한다. ― 현재 군중들이 일어났다. 나는 두렵다. ― 재앙이 될까봐 두렵다. 특히 생산에서의 재앙이 두렵다"고 말했다. 얼마 뒤 문혁 소조원 치번위가 주더 타도의 대자보를 베이징 거리의 벽에 붙였다. 대자보는 다양하게 모함하는 자극적 용어로 도배되었다. 주더에게 '대군벌', '대야심가', '악독한 사령관'이란 모자를 씌웠다. 심지어는 주더를 "중난하이에서 쫓아내자", "호되게 비판해 다시는 나타나게 하지 말자"고 선동했다.

주더는 자신이 공개집회에서 비판 대상이란 소식을 듣고 마오를 찾아갔다. 마오는 "그렇게 할 수 없을 것이다. 과거 국민당은 '주더를 죽여 마오를 제거'하려 했다. 현재 그들은 당신을 나쁜 총사령관이라고 하고 있다. '주-마오(朱毛 주모: 주더와 마오)'의 사령관이 나쁘다면, 정치위원인 나, 마오는 좋은가? 주더는 비판할 수 없다. 좋은 사령관이다"라고 말했다. 마오의 이 말 한마디로 조반파들은 주더

를 잡으러 갔다 헛걸음질을 쳐야 했다. **433**

1965년 12월, 린뱌오는 상하이에서 열린 정치국 회의에서 주더가 마르크스를 빙자해 마오쩌둥을 반대한다고 공격했다. 캉성이 바통을 이어받았다. 캉성은 "린 쭝(린뱌오 존칭)이 제기한 마오쩌둥 사상은 현존하는 최고의 마르크스-레닌주의, 당대의 마르크스-레닌주의의 최고봉이라는 것을 반대하는 것이다. 바로 마오쩌둥 사상을 반대하는 것을 뜻한다. 이 방면에서 펑전 등과 마찬가지다"라고 주더를 핍박했다. 주더는 "마오 주석에 대해 반대하지 않는다. 마오 주석의 책도 읽고 마르크스-레닌의 책도 읽는다"고 항변했다. 캉성은 "당신은 린쭝의 이 발언을 학습해야 한다. 내가 보기에 당신은 조직상으로는 당에 입당했지만 사상적으로는 입당하지 못했다. 여전히 당외 인사다"라고 모욕적 발언도 서슴지 않았다. 이들은 주더를 '당내의 가장 위험한 인물', '당내의 시한폭탄' 등으로 매도했다. 1966년 5월 23일, 류사오치 주재로 베이징 인민대회당에서 정치국 확대회의가 열려 참석 자들이 주더에 대해 집중 공격을 퍼부었다. 류사오치가 먼저 펑더화이, 뤄루이칭, 루딩이, 양상쿤 반당집단 처리 문제와 관련해 주더의 소극적 자세에 대한 자아비판을 요구했다.

주더: 나는 과거의 잘못을 이미 두 차례에 걸쳐 자아비판을 했다. 첫 번째는 '가오강-라오수스' 문제가 발생한 뒤 회의에서 자아비판을 했다. 두 번째는 펑더화이 문제가 발생한 뒤 군사위원회 확대회의에서 자아비판을 했다.

린뱌오: 지난해 뤄루이칭 문제가 발생한 이후 상하이 회의에서 그(주더를 가리킴)는 마오쩌둥 사상이 세계 마르크스-레닌주의의 최고봉이라는 것을 말하지 않았다. 최고봉은 아직도 발전하는가? 대략 최고봉은 마오 주석이 아니라 당신, 주더 스스로를 말한다. 혹자는 (주더를) 흐루쇼프라고 말한다.

천이: 주더 동지, 내가 물어보겠다. 정변을 하려고 하는가?

주더: 정변을 할 역량도 없고 담량도 없다.

천이: 내가 보기에 당신은 황제가 되려고 한다(黃抱加身 황포가신), 황제. 당신은 흐루쇼프를 크게 칭찬했다. 야심이 대단히 크다.

우란푸(烏蘭夫 오란부): 대단히 기괴한 것은 그(주더를 가리킴)가 사람이 관 뚜껑을 닫으면 왈가왈부하지 않는다고 말했다. 우리는 흐루쇼프가 스탈린을 반대한 것은 잘못이라고 말했다. 수정주의다. 그(주더)는 우리와 소련은 잘 지내야 하고, 우리를 떠날 수 없다고 말했다.

보이보: 주라오쭝(주더에 대한 존칭)은 늘 난蘭 이야기를 한다. 그(주더)는 자고이 래로 정치적으로 뜻을 얻지 못한 사람들은 모두 난을 키운다고 말했다.

주더: 내가 야심이 있는 게 아니냐고 말들을 하고 있다. 나는 80세다. 언덕을 오를 때도 사람들이 이끌어줘야 한다. 길을 걷는 것도 어렵다. 그런데 일을 도모 한다고? 나와는 상관없는 일이다. 더욱이 내가 황제가 되려고 한다는 것은 터무니 없는 말이다. 나는 우리 지도부에 대해 늘 아끼는 마음을 갖고 있다. (나는) 항상 지도부가 영원히 지지를 받아 나아가기를 희망한다.

저우언라이: 몇십 년 역사에서 주더 동지가 장궈타오와 투쟁을 했을 때 전반부 는 류보청 동지의 추동에 공이 돌아가야 한다. 만약 류보청 동지가 그곳에 없었더 라면 총수 자리를 주더 동지가 감당할 수 있었겠는가? 후반부는 허룽 동지와 비스 (弼時 필시: 런비스) 동지, 관샹잉(關向應 관향응) 동지의 공동 추동이 있어 북상할 수 있었다. 만약에 이런 것들이 없었더라면 주더 동지가 허시(河西 하서)에서 미끄 러졌을 것이다. 마오 주석은 늘 주더 동지가 가오, 라오, 펑, 황(가오강, 라오수스, 펑 더화이, 황커청)의 사건에 모두 발을 담그고 있다고 말했다. 주더 동지가 도처에 의 견을 발표하는 것은 매우 위험한 일이다. 우리는 마음을 놓을 수 없다. 하나의 시 한폭탄이다. 마오 주석도 걱정한다. 주더 동지는 도처에서 함부로 이야기한다. 앞 으로 담화하거나 원고를 쓸 때는 우리와 상의해야 한다. 믿음을 주지 못하기 때문 에 신임할 수 없다.

마지막으로 덩샤오핑이 중앙의 펑전, 뤄루이칭, 루딩이, 양상쿤 등에 대한 (반 당집단 사건) 처리를 회의 참석자들이 만장일치로 통과시켰다고 선포했다. 이 대화는 1966년 5월 23일에 열린 정치국 확대회의 문건에 기록된 내용으로 중공중앙 당안관黨案館 '19660523' 번호의 회의 기록에 담겨 있다. 중앙 고위 지도자들의 주더에 대한 비판은 마오의 지시에 따라 이루어졌다. 마오로서는 군부에 막강한 영향력을 갖고 있는 인민해방군의 '대부' 주더가 움직이지 못하도록 사전에 방어하기 위한 조처였다. 주더를 무차별 공격하는 회의 참석자들의 행태를 보면 혁명 선후배의 정리와 전우애는 온데간데없고, 1인 권력 마오에 대한 충성심 경쟁을 보는 듯해 인생과 권력에 대한 비애와 무상을 느끼게 한다. 가관이었다. 살아남기 위한 몸부림이었지만 너무나 비정한 처사였다. 주더는 루산회의에서 펑더화이가 억울하게 반당집단으로 처단되는 것을 보며 "우리가 언제 한솥밥을 먹었던 동지라 할 수 있겠는가?"라고 절망한 적이 있었다. 인성人性 상실의 시대이자 잔혹무비한 문화대혁명은 인간존재를 부정하고 인간을 황폐화시키고 있었다.

실제적으로 주더가 문화대혁명(문혁)이 발동되자 가장 우려했던 생산성 저하에 따른 재앙은 불행하게도 적중했다. 문혁을 발동한 '16조條'는 문혁이 사회생산력 발전의 강대한 추동력이라고 선언한 바 있었다. 이런 선언은 완전 허구였다. 문화대혁명이 중국 경제에 미친 부작용에 대해 관계 전문가들은 중국 경제발전의 20년 후퇴를 기정사실화할 정도로 엄청난 악영향을 끼쳤다.

경제전문가들에 따르면 문혁이 가져온 최소한의 낭비 손실액은 인민폐로 추산했을 때 5천억 위안에 이른다. 1958년의 대약진 실패에 따른 손실액 1천2백억 위안을 합쳐 마오의 경제정책 실패로 인한 국부國富 손실액을 총 6천2백억 위안으로 추계한다. 이 액수는 중국 정부가 건국 후 30년 동안 기반시설에 투자한 총액보다도 많다고 한다. 경제전문가들은 경제상의 손실도 손실이지만 문혁 기간 동안 잃어버린 10년 세월의 계산할 수 없는 가치가 중국의 발전을 후퇴시켰다는 논리를 펴고 있다. 이 기간은 세계경제가 비교적 발전한 시기로 많은 나라들이 전쟁의 상처를 걷어내고 경제도약을 이루며 새로운 기술혁명의 시대를 열어나갔다는 것이다. 그런데 중국은 되레 문화대혁명으로 경제발전의 호기를 놓치고 사회와 경제 파괴의 야만의 시대로 퇴보해 낙후를 면치 못했다고 진단했다. **434**

어쨌든 주더는 문화대혁명이 계속되는 동안 많은 괴롭힘을 당했다. 심지어는 '국가전복을 기도해 쿠데타를 일으키려 했다'는 황당한 날조사건에도 휘말렸다.

문화대혁명에 회의적이었던 군부의 원로인 주더를 견제하기 위한 조처였다. 주더는 어느 날 톈안먼 주변에 자신에 대한 대자보가 나붙었다는 소식을 듣고 사람들의 눈에 띄지 않도록 새벽에 거리로 나가 곳곳에 붙어 있는 각양각태의 대자보를 살피고 중난하이 집으로 돌아가는 길이었다.

나라 걱정에 마음이 무거워진 주더는 머리를 숙인 채 걸으며 이런저런 생각에 골똘하다가 자신도 모르게 발걸음이 자신의 집 근처에 있는 마오쩌둥의 집 쪽으로 향했다. 때마침 마오가 산책을 나왔다가 주더를 보고 반갑게 맞이했다. 엉겁결에 마오의 집안으로 들어간 주더는 마오와 한담을 나누다가 망설이던 끝에 문혁의 부작용에 관한 이야기를 했다. 일순간 마오의 얼굴이 굳어지고 두 사람의 대화도 헛바퀴를 돌았다. 마오는 피우던 담배를 재떨이에 놓은 뒤에 피울 생각을 하지 않아 생담배 타는 냄새와 자연紫煙이 응접실에 자욱했다. 주더는 아차 싶었다. '주-마오, 주-마오(주더와 마오)'라고 할 정도로 바늘과 실의 혁명동지인 두 사람은 서로에 대해 너무나도 잘 알고 있었다. 주더는 마오가 어떤 이야기를 하다가 자신의 마음에 안 들면 피우던 담배를 재떨이에 올려놓고 생담배를 태운다는 습관을 기억 저편에서 끄집어낸 것이다. 주더는 하릴없이 자리를 털고 마오의 집을 나왔다고 한다.

계급투쟁

1966년 10월 1일, 신중국 건국 17주년 기념식이 베이징 톈안먼 광장에서 100만 명의 군중이 참석한 가운데 열렸다. 린뱌오는 경축대회사에서 "무산계급 문화대혁명 과정에서 마오 주석을 대표로 하는 무산계급 혁명노선은 이에 반대하는 자산계급과의 투쟁을 계속하고 있다. 단지 한 줌밖에 안 되는 그들은 인민을 이탈했고 인민에 반대하고, 마오쩌둥 사상을 반대하고 있다. 그들은 반드시 실패할 것이다"라고 힘주어 선언했다. 다음 날『런민르바오』는 '홍기紅旗' 사설을 실어 '자산계급의 반동노선'을 강력 비판했다. **435**

마오 주석이 직접 주재하여 만든 '무산계급 문화대혁명에 관한 결정', 즉 16조는 2개 노선투쟁의 산물이며, 마오 주석을 대표로하는 무산계급 혁명노선은 자산계급 반동노선에 대한 승리의 산물이다.
그러나 2개 노선의 투쟁은 아직 끝나지 않았다. 어떤 지방과 어떤 기관에서는 2개 노선의 투쟁이 여전히 아주 격렬하고 복잡하게 벌어지고 있다. 극소수의 사람들이 새로운 형식으로 군중들을 속이며 '16조'에 대항하고 있다. 완고하게 자산계급의 반동노선을 견지하며 군중과 군중의 투쟁을 선동하면서 그들의 목적을 달성하고 있다.

만약 과거의 잘못된 노선을 계속한다면 되풀이해 군중을 억압하는 잘못을 저지르며, 계속적으로 학생과 학생 간의 투쟁을 도발해 과거 타격을 입은 혁명군중을 해방시킬 수 없다. ― 자산계급의 반동노선에 대한 비판은 문화혁명의 16조 집행을 관철하는 관건이다. 여기서 절충주의는 채택할 수 없다.

사설은 자산계급의 반동노선이 '군중을 억압'하고 일부 지역과 기관에서는 여전히 정부에서 파견한 공작조와 투쟁을 벌이고 있으며, 홍위병 간의 충돌도 빚어지는 등 복잡한 양상을 보이고 있다는 점을 강조했다. 그러나 사설의 핵심은 '군중 억압'에 방점을 찍어 문화대혁명 과정에서 나타나는 과격한 행동이나 불법적인 폭력행위 등을 막는 것은 '군중을 억압'하는 행위로 막아서는 안 된다는 논리였다. 당과 정부기관에게는 방치를, 조반파造反派들에게는 하고 싶은 대로 하라는 것과 다름이 없었다. 더욱 혼란이 커질 수밖에 없었다. '한 줌도 되지 않는' 자본주의의 길을 걷는 당권파, 이른바 주자파走資派 우두머리로 낙인이 찍힌 류사오치와 덩샤오핑은 당내 비판에 시달려야 했다. 류사오치와 덩샤오핑은 10월 23일에 열린 정치국 전체회의에서 공작조 파견에 대한 책임을 인정하고 자아비판을 했다. 이들은 자아비판 원고를 먼저 마오에게 보냈다.

마오는 이들의 자아비판을 본 뒤 소감을 적어 보냈다. 마오는 "(류)사오치 동지, 기본적으로 잘 썼다. 대단히 엄숙하고, 특히 후반부가 아주 좋다. 초안을 인쇄해 정치국, 중앙서기국, 공작조(지도간부), 베이징시위위원회, 중앙문혁소조의 각 동지들에게 돌려 토론해 의견을 개진할 것을 제의한다. 수확이 있으면 고치는 것을 참작해 다시 알려주겠다"고 밝혔다. 마오는 덩샤오핑에 보낸 글에서 "(덩)샤오핑 동지, 이렇게 말할 수 있다. 단, 제 9쪽 첫 번째 줄 '보과지신補過之新' 이후에 '적극적으로 분발한다'는 말을 몇 자 추가하는 것이 좋다. 예를 들면 '자신의 적극적인 노력과 동지들의 적극적인 도움 아래, 나는 잘못을 바르게 고칠 수 있을 것을 믿는다. 동지들이 시간을 주면 나는 일어설 수 있다. 반평생 혁명을 해오다 넘어졌다. 한 번 실패한 뒤 다시 일어서지 못하겠는가? 또 제목의 '초보初步' 두 자는 빼버리는 게 좋다"고 친절하게(?) 자아비판의 내용을 수정, 보완할 것을 요구했다.

문화대혁명의 거대한 물결이 이제 농공업과 교통, 재무財貿, 인민들의 일상생활 등 경제 분야까지도 덮쳤다. 초조해진 저우언라이는 경제 보좌관인 국무원 내의 저명한 경제학자 위추리(余秋里 여추리)와 구무(谷牧 곡목)에게 경제공작에 총력을 기울여 난국을 돌파해나갈 것을 당부했다.

"당신들은 경제공작이 파탄나지 않도록 나를 도와야 한다. 경제공작이 흔들리지 않으면 국면은 유지해갈 수 있다. 경제기초가 한번 흔들리면 국면은 수습할 방법이 없다. 따라서 경제공작을 반드시 바짝 챙겨 생산이 절대로 정지하는 일이 없도록 해야 한다. 생산이 정지되면 국가가 어떻게 하나? 밭에 씨를 뿌리지 않으면 식량을 먹을 수 없다. 인민들이 어떻게 살아갈 수 있나? 또 무슨 혁명을 할 수 있겠는가?"

이렇게 복잡하게 상황이 악화되고 있던 11월 10일, 중국 최대의 상업·금융도시 상하이에서 생각지도 못한 큰 사건이 발생해 엄청난 파장을 불러일으켰다. 전국을 진동시킨 안팅(安亭 안정)사건이었다. 11월 초, 상하이 국영방직공장 17창廠의 조반파 우두머리 왕홍원(王洪文 왕홍문)을 지도자로 한 상하이시 일부 공장의 군중 조직이 결탁해 '상하이 노동자 혁명조반 총사령부(약칭 工總司 공총사)' 결성을 준비하고 있었다. 상하이시위원회는 규정에 어긋난다며 승인하지 않고 군중들에 대한 교육을 실시했다. 왕홍원은 '혁명조반을 억압'하고 자산계급의 반동노선이 노동자를 박해하는 행위라며 강력 비난했다. 왕홍원은 11월 10일 새벽에 2천여 명의 노동자를 이끌고 베이징으로 청원하러 간다며 상하이 기차역 북역에서 강제로 열차를 탔다. 이 기차가 베이징으로 향하던 중 철도국의 지시에 따라 안팅역에서 정차했다. 왕홍원은 정오께 노동자들을 선동해 철로에 누워 기차 운행을 전면 저지함으로써 31시간 동안 기차가 운행하지 못했다. 왕홍원 등은 '공총사'는 혁명의 합법적 조직이라며 상하이시위원회가 승인해줄 것을 거듭 요구하며 투쟁을 벌였다.

당시 31세의 왕홍원은 나중에 마오의 세 번째 후계자 반열에 오르는 인물이다. 1935년에 지린성(吉林省 길림성) 창춘(長春 장춘) 교외의 빈농 아들로 태어난 왕홍원은 가난한 데다가 아버지가 일찍 사망해 소학교조차 제대로 마치지 못했다. 어린 머습으로 소와 돼지를 기르다 16세 때 군에 들어가 '항미원조'로 한국전에 참전했다. 6년 6개월 동안 군에 있을 때 공산당에 입당했다. 왕훙원은 군대를 제대한 뒤 1956년에 상하이 국영방직공장 17창廠 정비공으로 들어갔다. 1964년에 보위과保衛科 간사를 맡고 있으면서 '공총사'를 조직한 것이다. 436

저우언라이는 정치국 상무위원회 확대회의를 열어 천보다에게 상위부서인 화둥국華東局과 상하이시위원회에 전화를 걸어 '공총사'에 양보해 타협하지 않도록 조처하고 노동자들을 해산시킬 것을 지시했다. 중앙은 또 상하이시위원회 서기이기도 한 문혁소조 부조장 장춘차오를 상하이로 급파했다. 상하이에 온 장춘차오는 중앙의 방침과는 달리 화둥국과 시위원회와 협의조차 하지 않은 채 독단적으로 '공총사'를 지지하는 성명을 발표했다. 장춘차오는 "상하이 노동자들이 일어났다. 이것은 좋은 일이며 중앙이 바라는 바다. 상하이 노동자 혁명조반 총사령부는 존재한다"고 말했다. 장춘차오는 '공총사'의 요구에 서명을 했다. 장춘차오의 이런 행위는 곧바로 한 패거리인 중앙문혁소조의 지지를 받았다. 437

14일 오후, 마오는 댜오위타이(釣魚臺 조어대)에서 열린 부분 상무위원과 문혁소조로 이루어진 회의에서 정부 방침과는 달리 생각을 바꾸어 장춘차오의 해결방안을 인정했다. 마오가 장춘차오를 지지한 이면에는 노림수가 깔려 있었다. 마오는 사회주의 제도를 공고히 하고 자본주의의 부활을 막기 위해 문화교육 부문만 아니라 당정黨政기관에서의 문화대혁명이 필요하다고 생각했다. 또 홍위병 운동이 수개월 동안 벌어지고 있지만 마오의 기대에 미치지 못하는 데다 홍위병 내부가 분열해 서로 싸우는 등 운동의 열기가 식어가고 있다고 느꼈다. 이런 상황에서 '혁명주력군'을 노동자 대오로 바꾸어 '혁명조반' 운동을 계속 펼쳐가는 것이 유리하다고 판단한 것이었다. 문화대혁명에 노동자들이 참여하는 것은 생산성과 맞물려 곧바로 경제 전반에 심대한 영향을 주지만 마오는 아랑곳하지 않았다.

12월 26일, 마오는 73세 생일을 맞아 중난하이의 수영장 자택 연회장에서 저우언라이 등 국무원 관계자, 장칭 등 문혁 소조원들과 만찬을 했다. 정부 쪽에서 타오주와 리푸춘, 문혁 쪽에서는 천보다, 장춘차오, 왕리, 관펑(關鋒 관봉), 치번위, 야오원위안 등이 참석했다. 마오는 이날 마치 회의를 하는 것처럼 긴 발언을

했다. 왕리는 마오의 발언을 이렇게 회상했다. **438**

"사회주의 혁명발전이 새로운 단계로 발전하고 있다. 소련은 복벽(수정자본주의의 부활)했다. 10월혁명의 발상지가 아니다. 소련의 교훈은 무산자계급이 정권을 탈취한 이후 정권을 보존할 수 없다는 것을 설명해주고 있다. 자본주의 복벽을 막느냐 못 막느냐 하는 것이 새로운 과제가 되었다. 문제는 당 내부에서 나온다. 계급투쟁은 끝나지 않았다. 무산계급 문화대혁명은 자산계급, 특히 소자산계급의 당내 대리인들과의 전면적인 대결이다."

"중국 현대사상 혁명운동은 모두 학생들이 시작해 노동자와 농민, 혁명지식분자들로 발전해 이들과 결합함으로써 성과를 얻었다. 이것은 객관적인 규율이다. 5·4운동이 그랬고 문화대혁명도 이렇게 해야 한다."

마오는 술잔을 높이 들고 참석자들과 함께 "전국에서 전면적인 계급투쟁을 벌이자!"면서 축배를 들었다. 문화대혁명의 새로운 단계, 즉 전면적인 계급투쟁을 마오는 혼자서 결정하고 선포한 것이나 마찬가지였다. 1967년의 새해가 밝았다. 새해 첫날에 『런민르바오』와 『홍치(紅旗 홍기)』 잡지가 공동으로 발표한 '무산자계급 문화대혁명을 철저하게 진행하자'는 제목의 사설이 심상치 않은 한 해를 예고했다. 중앙의 2개 주요 언론매체가 첫 연합해 실은 사설이라는 점에서 더욱 주목을 끌었다.

1967년은 전국에서 전면적으로 계급투쟁을 벌이는 1년이다. 1967년은 무산자계급과 기타 혁명군중이 연합해 당내에 한 줌도 안 되는 자본주의의 길을 걸어가는 당권파와 사회상의 마귀, 요귀(牛鬼蛇神 우귀사신)에 대해 총공격을 전개하는 1년이다. 1967년은 더욱더 심도 깊게 자산계급 반동노선을 비판하고, 그의 영향을 쓸어버리는 1년이다. 1967년은 1투一鬪, 2비二批, 3개三改로 결정적 승리의 1년을 쟁취하자.

이런 내용의 사설은 큰 충격을 불러일으켰다. 새해부터 살벌한 긴장감이 중국 대륙을 얼어붙게 하고 있었다.

왕홍원과
1월 폭풍

문화대혁명의 새로운 불길은 중국 최대의 상업·금융도시 상하이에서 치솟기 시작했다. '안팅사건' 이후 '중앙문화혁명소조'의 지원을 받아 합법화한 조직, 즉 왕홍원을 우두머리로 한 '상하이 노동자 혁명조반 총사령부(공총사)'가 상하이시위원회를 공격하고 나선 것이다. '공총사工總司'는 상하이지역 노동자 조직의 연합체로 조반파의 총본산이었다. '공총사'는 상하이 홍위병 혁명위원회가 1966년 12월 초에 상하이시위원회 기관지인 『제팡르바오(解放日報 해방일보)』를 습격하자 이에 가세해 신문사 탈취 공격을 벌였다. 시위원회는 산하의 노동자 조직인 '상하이 노동자 적위대赤衛隊'를 동원해 방어에 나서 두 세력은 뺏고 뺏기는 치열한 공방전을 벌였다. 12월 30일 새벽, 왕홍원이 동원한 10만 명의 '공총사'와 2만여 명의 적위대가 무력충돌을 벌였다. 오전 6시께까지 치열한 난타전을 벌인 끝에 수적으로 압도적 우세를 보인 '공총사'가 승리를 거두었다. **439**

　　상하이시위원회는 조반파의 공격으로 지도력을 상실하고 권력을 탈취당했다. 상하이의 당정기관이 조반파의 수중에 넘어간 것이다. 마오는 '중앙문혁소조' 조사원 자격으로 시위원회 서기를 겸하고 있는 '중앙문혁소조' 부조장 장춘차오와 조원 야오원위안을 상하이로 급파했다. 야오원위안은 상하이에 있을 때 『제팡르바오』편집위원 겸 문예주임을 맡은 바 있었다. 장춘차오와 야오원위안은 1967년 1월 4일에 시위원회가 발간하는 『원후이바오(文匯報 문회보)』를 조반파들에게 넘기고, 5일에는 『제팡르바오』를 조반파들이 접수해 관리하도록 선포했다. 장춘차오는 이날 '공총사'가 소집한 회의에서 "기본적인 문제는 지도 권력을 탈취하는 것이다. 자본주의의 길을 걷는 당권파들을 적발해 타도하자"고 목소리를 높였다. 1월 6일, '공총사' 등 조반파들은 상하이시 인민광장에서 '천페이셴(陳丕顯 진비현)과 차오훠추(曺獲秋 조획추)를 우두머리로 하는 상하이시위원회 철저 타도' 대회를 열었다. 조반파들은 상하이시를 관할하는 화둥국 서기 천페이셴과 시위원회 서기 겸 시장 차오훠추 등 상하이시와 화둥국 책임자들에 대한 강력한 비판투쟁을 벌였다.

'공총사' 등 조반파들은 시위원회의 모든 당정 업무를 장악했다. 이때 조반파의 정부기관 권력탈취 사건을 '1월 폭풍'이라고 불렀다. 차오훠추 등 당 간부들은 조반파에 끌려나와 거리에서 조리돌림을 당하는 등 수난을 겪었다. 상하이시의 실질적인 권력은 장춘차오와 야오원위안의 수중에 떨어졌다. 상하이발 '1월 폭풍'으로 문혁은 전국적으로 권력탈취가 본격화하는 새로운 단계로 진입했다. 마오는 1월 8일에 "이것은 하나의 대혁명이다. 하나의 계급이 다른 계급을 엎어버리는 대혁명이다. 이 대혁명은 모든 화둥지역, 전국 각 성시(省市)의 무산계급 문화대혁명에 대한 발전이며 반드시 거대한 추동 구실을 할 것"이라고 큰 힘을 실어주었다. 마오는 "상하이 혁명역량의 연합은 전국에 희망을 주었다. 혁명은 먼저 여론을 조성해야 한다. 두 신문의 권력탈취는 전국적인 문제로 우리는 그들 조반을 지지해야 한다"고 밝혔다.

마오는 '중앙문혁소조' 조장인 천보다에게 중앙과 국무원, 중앙군사위원회의 공동명의로 상하이의 각 혁명조반 단체에 축하전보를 보내 그들의 방침과 행동이 정확했고 전국의 당, 정, 군, 민에게 상하이의 경험을 배워 모두가 함께 궐기하도록 하라고 지시했다.

『런민르바오』는 1월 12일에 마오의 지시에 따라 중앙, 국무원, 군사위원회, 문혁소조의 공동명의로 상하이 '공총사' 등 32개 조반파 단체에 보내는 축하전보의

전문全文을 실었다. 축하전보의 마지막 구절은 이러했다. **440**

당신들은 무산자계급 혁명파 조직의 대연합을 실현했다. 일치단결해 혁명역량의 대연합을 이룩했고, 일치단결해 혁명역량의 핵심을 이루었다. 무산계급 독제의 명운命運을, 무산계급 문화대혁명의 명운을, 사회주의 경제의 명운을 자신들의 손에 단단히 장악했다. 당신들의 이런 일련의 혁명행동은 전국 노동자계급과 노동인민을 위해, 모든 혁명군중을 위해 빛나는 본보기를 수립했다. 우리는 전국의 당, 정, 군, 민간 각계에 호소하고, 전국의 노동자, 농민, 혁명학생, 혁명지식분자, 혁명간부들에게 호소한다. 상하이시 혁명조반파의 경험을 배워 모두가 궐기해 자산계급 반동노선의 새로운 반격을 물리치자. 무산계급 문화대혁명은 마오 주석을 우두머리로 하는 무산계급 혁명노선의 승리를 따라 전진하자.

축하전문에서 당정군은 공식적으로 상하이 조반파의 권력탈취를 거론하지는 않았다. 하지만 공개적으로 전국에 권력탈취를 한 '상하이시 혁명조반파의 경험을 배워……'라고 호소해 실질적으로 전국 각지의 조반파가 소재지의 당정 지도기관의 권력을 탈취하라고 선동하고 고무한 것과 다름이 없었다. 이처럼 당정군이 독려하고 나서자 조반파의 권력탈취 무장폭동이 들불처럼 번져갔다. 『런민르바오』는 1월 25일자에 '산시山西 혁명노동자 조반결사 종대' 등 25개 단체가 '산시 혁명조반 총지휘부'를 결성했다고 보도했다. 이어 30일에는 '칭다오(青島 청도) 시 혁명조반 위원회'가 결성되어 권력탈취의 '제1호 통고'를 선포했다고 전했다. 2월 1일에는 '구이저우성 조반파'가 탈권 투쟁에 나섰고, 2일에는 '헤이룽장(黑龍江 흑룡강) 조반파'가 권력탈취 투쟁을 벌이는 등 당정기관의 권력탈취 행위가 공공연하고, 광범위하게 벌어졌다.

그런가 하면 조반파 상호간에 무력충돌을 벌이는 등 혼란이 가중되면서 무정부 상태로 빠져들었다. 무정부적 사조가 범람해 조반파들의 파벌주의가 생겨나고 서로가 '핵심'과 '정통', '주류' 등을 내세워 빈번한 무장충돌을 벌여 급기야는 전국이 내전 상황으로까지 치달았다. 이런 과정에서 당정군의 지도간부들이 '주자파', '반역자', '간첩', '불순분자'로 낙인찍혀 비판투쟁 대회에 끌려나와 조리돌림 등으로 박해를 당해 목숨을 끊는 일이 비일비재했다.

1966년 12월 26일 새벽, 승용차 1대가 중난하이(中南海 중남해: 국무원 등 정부청사와 당 지도자들의 주택지) 서북 문에서 조용히 빠져나와 시내 쪽으로 쏜살같이 달렸다. 이 차는 시내 이곳저곳을 몇 차례 돈 뒤 추격하는 차가 없는 것을 확인하고 방향을 꺾어 완서우(萬壽 만수)로 신6소新六所 쪽 한 주택 앞에 도착했다. 차에서 내리는 사람은 10대 원수의 한 사람인 허룽(賀龍 하룡) 부부였다. 이들은 전날 밤인 25일에 총리 저우언라이의 공작원이 안내한 댜오위타이(釣魚臺 조어대)에 도착해 한 거소에 머물다 새벽에 총리 판공실의 전화를 받고 화급히 짐을 챙겨 임시 거처인 신6소의 한 주택으로 이동했다. 허룽 부부가 머물렀던 댜오위타이에는 원래 캉성과 장칭이 있어 이들을 피하기 위해 중난하이를 빠져나왔다. 조반파들이 군사위원회 부주석이자 국가체육위원회 주임을 맡고 있는 허룽에 대한 비판 수위를 한층 높이자, 저우는 12월 24일에 허룽을 만나 잠시 직을 떠나 쉴 것을 제의했다. 441

"당신은 혈압이 높다. 휴식이 필요하니 당분간 쉬는 게 좋다."

저우언라이의 제의는 허룽을 보호하기 위한 조처였다. 하지만 허룽은 체육위원회 조반파들이 자신을 공격하는 등 문화대혁명의 발동과 전국적으로 난동화하는 모습을 도저히 이해할 수 없었다. 허룽은 이럴 때일수록 자리를 지키며 대응해야 한다고 생각했다.

"나는 한평생 혁명을 했다. 왜 군중을 겁내나? 나를 보존하기 위해 쉰다는 것은 말이 안 된다. 공작을 해야 한다."

저우언라이는 의구심을 갖고 있는 허룽을 진심 어린 말로 설득했다.

"공작은 당신 대신 내가 잘 챙기겠다. 걱정할 필요 없다. 잠시 쉬어라. 몸을 보중하는 것이 제일 중요하다."

저우언라이는 체육위원회 조반파들이 허룽을 끈질기게 물고 늘어지며 공격한다는 소리를 듣고, 허룽이 직을 떠나 잠시 쉴 것을 권고한 것이었다. 허룽은 총리인 저우의 지시를 거역할 수 없어 제의를 받아들였다. 저우는 허룽 부부에게 안전한 도피처를 마련하기 위해 25일 밤에 댜오위타이로 보냈다가 캉성과 장칭이 있는 것을 알고 급히 신6소의 한 거처로 옮기도록 한 것이다. 문화대혁명이 발동되면서 린뱌오와 장칭은 허룽 제거에 발 벗고 나섰다. 린뱌오는 허룽이 반당집단으로 처벌된 뤄루이칭의 배후인물로 당권과 권력을 탈취하려고 한다는 음모를 꾸몄다. 장칭은 캉성이 날조한 '2월 병변'의 유언비어를 퍼뜨리고 홍위병을 부추겨 허룽을 공격했다. 조반파들과 홍위병들은 허룽이 살고 있는 둥자오민샹(東交民巷 동교민항: 당정군 고위관리들의 주택지구)을 점거하고 허룽 비판투쟁 대회를 계속 열었다.

쫓기는
허룽

1967년 1월, 상하이 '공총사'의 '탈권투쟁'인 '1월 폭풍'이 전국으로 들불처럼 번지면서 당정군黨政軍의 고위 지도자들에 대한 공격이 본격화하자 저우언라이는 허룽 등 혁명원로들에 대한 보호에 안간힘을 쏟고 있었다. 조반파와 홍위병들은 허룽이 신6소의 주택으로 옮겼다는 정보를 입수하고 이곳으로 달려가 '적발투쟁' 대회를 열어 허룽을 공격했다. 허룽의 안전이 위험하다고 판단한 저우언라이는 1월 11일 새벽에 허룽 부부를 몰래 빼돌려 자신의 거처인 중난하이 시화팅(西花廳 서화청)으로 옮겨 함께 생활을 했다. 린뱌오와 장칭은 허룽에 대한 비판의 고삐를 더욱 옥죄며 공격을 퍼부었다. 이들은 저우가 허룽을 보호하고 있다는 것을 알고, 저우에 대해서도 공격을 시작했다. 저우의 심리적 압박이 커져갔다.

19일 오후, 조반파와 홍위병들이 중난하이로 몰려와 담 밖에서 '허룽 타도'를 외쳤다. 이들은 저우언라이에게 허룽을 넘겨줄 것을 요구하며 난동을 벌였다. 이때 마오는 허룽에 대한 태도를 바꾸어 공개비판을 승인했다. 정치국 회의에서 고위 지도자를 비판하기 위해서는 사전에 '공식 대화'를 갖는 절차를 밟게 되어 있었다. 정치국은 허룽과 대화할 상대로 저우와 장칭, 리푸춘(李富春 이부춘)을 지명했다. 장칭은 이날 허룽과의 대화에 참석하지 않는 대신 홍위병들을 사주해 중난하이 담 밖에서 확성기를 틀어놓고 허룽 타도를 외치도록 했다. 이런 혼란한 분위기 속에서 공식 심문자가 된 저우언라이가 허룽에게 물었다. **442**

"린뱌오가 말하기를 어떤 사람이 당신이 장정 중에 그(린뱌오)를 헐뜯는 나쁜 말을 했다고 한다. 그런 일이 있었는가?"

"나는 단지 옌안에 있을 때 어떤 사람에게 린뱌오의 살아온 과정을 모른다고 했을 뿐이다."

"린뱌오는 당신이 총참모부, 해군, 공군, 기갑부대, 통신부대 등 부대 도처에 손을 뻗쳐 마오쩌둥 사상을 선전하지 않았고, 마오 주석의 사후에 당신에 대해 마음을 놓을 수 없다고 말했다."

허룽은 얼굴이 굳어지고 마음이 격동했으나 꾹 참고 저우의 말을 진지하게 들었다.

"또 훙후(洪湖 홍호) 반혁명분자 숙청 확대 문제와 관련해 당신과 샤시(夏曦 하희), 관샹잉(關向應 관향응) 모두 책임이 있다. 당신은 잘 생각해보라."

허룽은 더 이상 참을 수 없었다. 분노의 불길이 활활 타올랐다. 수십 년 동안 죽음을 불사하고 전투를 하며 한평생 군인으로 살았다. 공산당만이 중국을 구할 수 있다고 판단해 모든 것을 당과 공산주의에 바쳤다. 식칼 2자루를 갖고 혁명에 나서 북벌과 난창기의, 후난-후베이 서쪽 소비에트 근거지를 세웠다. 제2의 장정인 2만 리의 장정을 하며 삶과 죽음을 넘나들었다. 그런 극단적 어려움 속에서도 당과 함께했다. 허룽의 눈에서는 불똥이 이글이글 타올라 몇 차례 일어나 말을 하려 했으나, 저우는 손을 흔들어 제지했다. 저우언라이는 정치국의 위임을 받아 공식 질문을 하면서도 허룽을 대하는 눈빛은 온화하고 믿음을 가득 담고 있었다. 저우는 단조로운 목소리로 말했다.

"당신이 무슨 말을 해도 소용없다. 마오 주석은 아직 당신을 보호하고 있다!"

저우언라이는 뒤이어 허룽의 손을 꼭 잡고 진지하면서도 대단히 근심스럽게 말했다.

"당신의 안전은 내가 책임을 진다. 나는 당신을 보호할 것이다. 내가 당신을 거두어야 하는 데 중난하이, 이곳은 두 파가 있어 안전하지 못하다. 주라오쭝(주더에 대한 존칭)의 집도 (홍위병들에 의해) 수색당했다. 내가 조용한 곳을 물색해놓았다. 당신은 그곳에 가서 쉬어라. 익숙하진 않겠지만 시간이 가면 괜찮아질 것이다. 부족한 것이 있으면 나에게 말하라. 당신이 줄곧 이런 환경에 적응할 수는 없을 것으로 본다. 당신은 이런 시간을 이용해 마르크스-레닌과 마오 주석의 저작을 읽어라. 붓글씨도 쓰고 태극권도 연마해라."

허룽은 이런 위난지경에 자신을 보호하기 위해 애쓰는 저우의 말을 듣고 어느 정도 평상심을 찾았다. 허룽은 지금 집에 돌아갈 수도 없고, 아무런 힘이 없어 베이징의 큰 도시에 자신의 몸 하나 부릴 수 없다는 생각을 하니 너무나 허망했다. 또 눈자위가 푹 꺼지고 날로 수척해가는 저우의 모습을 보고 울컥하는 마음이 솟구쳐 올라 몇 번 이야기하려 했지만 말이 목울대로 넘어가지 않아 한마디도 못했다. 천하대란의 상황이 된 문혁의 막중한 무게가 저우언라이의 두 어깨를 짓누르고 있는 것 같아 형언할 수 없는 고통과 슬픔을 느꼈다. 허룽은 저우의 집에서 묵는 동안 일에 치인 저우가 칼바람이 부는 한겨울에 매일이다시피 파김치 상태로 새벽에 들어오는 것을 보며 가슴이 저리다 못해 불쌍하다는 생각이 들기도 했다. 허룽 부부도 잠을 이룰 수 없었다. 저우가 항상 피곤에 찌들어 볼 때마다 측은한 마음이 들었기 때문이다. 시간에 쫓기면서도 저우는 틈틈이 자신을 찾아와 위로와 격려하는 것도 잊지 않았다.

시간을 쪼개 일부러 찾아온 저우는 자신의 부인 쉐밍(薛明 설명)이 읽어주는 신문의 소식을 들으며 식사를 할 정도였다. 저우는 린뱌오와 장칭의 혁명원로들에 대한 독랄한 공격과 자신에 대한 비판 공세를 막아야 하기 때문에 잠시도 쉴 틈이 없었다. 허룽은 이런 저우언라이에게 부담이 되는 자신이 못내 가슴이 아팠고 그의 관심과 배려에 한없는 고마움을 느꼈다. 허룽의 심사를 눈치챈 저우가 허룽의 손을 꼭 잡고 헤어지기 아쉬운 듯 비감한 목소리로 말했다.

"당신 먼저 가 있어라. 가을이 되면 내가 데리러 간다. 오래지 않아 우리는 만난다. 집안일은 내가 알아서 처리하겠다. 당신은 걱정하지 마라. 내가 잘 조처해놓았다. 당신은 너무 조급해하지 말기 바란다. 양더중(楊德中 양덕중)이 당신을 호송할 거다. 밤에 떠나시게."

허룽이 오열하며 저우와 악수를 했다. 허룽은 눈물을 글썽이며 "총리, 당신은 우리 2대(兩代 양대)를 가르쳤다"고 감개한 목소리로 말했다. 허룽은 가을이면 만날 수 있다는 저우언라이의 말에 처연했던 마음이 서서히 풀렸다. 저우와 허룽은 가을을 기약하며 헤어졌다. 이 두 사람 중 누구도 이 길이 40년 동안 함께 투쟁했던 친밀한 전우이며, 동지이자 친구로서의 마지막 길이 될 줄은 몰랐다. 이 세상에서 마지막인 영결이었다. [443]

저우언라이와 허룽은 1927년 8월 1일의 난창기의(南昌起義 남창기의)를 며칠 앞둔 7월 28일 저녁 무렵에 처음으로 만났다. 허룽은 당시 국민혁명군 제20군단 군단장이었다. 저우이췬(周逸群 주일군)이 저우를 데리고 허룽의 주둔지를 찾아와 알게 되었다. 허룽은 난창기의에 참가해 주더, 류보청 등과 함께 기의군을 총지휘했다. 중국은 난창기의가 일어난 날을 건군절建軍節로 삼고 있다. 허룽이 난창기의가 실패한 뒤인 1927년 9월 초, 공산당에 입당할 때 저우가 입당 선서식에서 축하 연설을 했다. 저우와 허룽 등은 기의군을 이끌고 광둥으로 진출해 폭동을 일으켰으나, 중과부적으로 실패해 홍콩을 거쳐 상하이로 달아났다. 허룽은 먼저 상하이에 온 저우를 만났다. 국민당은 이때 허룽에게 10만 다양(大洋 대양)이라는 거액의 현상금을 걸고 체포에 나섰다. 중앙에 있던 저우는 허룽의 안전을 고려해 소련 유학을 제의했으나, 허룽은 저우이췬과 후난-후베이 서쪽에 소비에트 혁명 근거지를 만들 뜻을 타진했다.

저우의 지원을 받아 허룽은 1928년 봄에 후난-후베이 변계에 있는 상즈(桑植 상식) 일대에서 저우이췬, 돤더창(段德昌 단덕창)과 함께 홍군 제2군단을 창설했다. 허룽은 그 후 2만 리 장정을 거쳐 당중앙과 홍군 총사령부가 있던 옌안에 합류해 저우와 해후했다. 허룽은 항일전과 국공내전인 해방전쟁, 신중국 건국 등 저우와 40년을 같이하며 돈독한 관계를 맺어오다 문혁을 만나 헤어지게 된 것이다.

저우언라이의 시화팅에서 11일 동안 머물렀던 허룽 부부는 1월 20일 새벽 3시께 홍치(紅旗 홍기) 승용차를 타고 양더중과 허룽의 경호원 양칭청(楊青成 양청성)의 호위를 받으며 베이징 교외에 있는 위치안산(玉泉山 옥천산)으로 달렸다. 허룽 부부는 이곳에서 지프로 갈아타고 샹산(香山 향산) 부근의 샹비쯔거우(象鼻子溝 상비자구)에 도착했다. 산언덕에 경호병이 지키고 있는 작은 단층집 1채가 있었다. 허룽 부부는 이곳에서 세상과 절연하고 지냈다. 허룽의 나이 71세였다. 틈틈이 저우가 사람을 보내 안부를 묻고 생활필수품을 보냈다.

저우가 몰래 허룽 부부를 빼돌리자 린뱌오와 장칭 등은 혈안이 되어 이들의 종적을 추적하고 저우를 닦달했다. 린뱌오와 장칭은 조반파와 홍위병을 사주해 여러 차례 허룽을 타도하는 '적발투쟁 대회(揪鬪 추투)'를 열었다. 국가체육위원회 조반파들은 저우에게 '비판투쟁 대회(批鬪 비투)'를 열도록 압박했지만 저우는 중앙이 승인하지 않았다며 계속 거부했다.

린뱌오의 허룽
제거 음모

린뱌오는 캉성이 '2월 병변'을 날조해 유언비어를 퍼뜨려 허룽을 공격한 것과는 달리 직접 음모를 꾸며 허룽을 제거할 계략을 짰다. 1966년 8월 28일, 린뱌오는 공군 사령관 우파셴(吳法憲 오법헌)을 자신의 집 마오자완(毛家灣 모가만)으로 불렀다. 린뱌오는 우파셴에게 "허룽은 야심이 있어 도처에 개입하고 있다. 총참모부, 해군, 공군, 정치학원 모두에 손을 뻗치고 있다. 당신들 공군은 기름진 고깃덩어리다. 누구든지 먹고 싶어 한다. 당신은 그(허룽)가 당신의 권력을 탈취하는 것을 경계해야 한다"고 말했다. 린뱌오는 우파셴에게 이런 내용의 자료를 만들어 자신에게 보내도록 지시했다. 9월 2일, 린뱌오는 또 해군 부사령관 리쭤펑(李作鵬 이작붕)에게 전화를 걸어 "당신은 허룽을 주의하라. 허룽은 뤄루이칭(羅瑞卿 나서경)의 배후조종자다. 사람을 끌어들여 나를 반대했다. 군사위원회는 곧 회의를 열어 그(허룽)의 문제를 해결하려고 한다. 당신은 이 문제에 대한 자료를 빨리 만들어 제출하라"고 지시했다. 린뱌오의 수하인 이들 두 사람은 허룽에게 원한을 갖고 있었다. **444**

린뱌오가 뤄루이칭을 무고로 제거한 뒤 문혁이 막 시작되었을 때였다. 리쭤펑은 린뱌오의 지지를 업고 허위 자료를 만들어 일단의 해군 고위 지휘관들을 '뤄루이칭 분자'라고 음해해 제거하고 해군의 권력을 장악했다. 우파셴도 부정한 수단을 동원해 그를 따르지 않는 공군 고위 지휘관들을 '반당집단'으로 몰았다. 두 사람의 이런 부도덕하고 불법적인 행위가 군사위원회에서 문제가 되어 허룽이 이들을 호되게 비판하자 노老원수들도 집중 비판한 적이 있었다. 우파셴과 리쭤펑은 그때부터 허룽에게 원한을 품었다. 린뱌오는 또 부인 예췬을 시켜 군사위원회 판공청 경위처장 쑹즈궈(宋治國 송치국)를 사주해 허룽을 무고하도록 했다. 허룽에 대한 쑹즈궈의 음해와 무고는 이러했다.

"뤄루이칭의 집, 탁자 위에 간 유리판 깔개 밑에 허룽 부부와 뤄루이칭 부부의 사진이 있었다. 주석 사진은 보이지 않았다."

"나는 허룽과 뤄루이칭, 펑전, 양상쿤 반당분자들이 자주 왕래할 정도로 밀접하다는 것을 느꼈다."

"허룽은 성능이 뛰어난 수입 권총을 갖고 있었다. 밤에 잠잘 때는 자신의 베개 밑에 넣고 잔다. 외출할 때 갖고 나가는데 왜 그러는지 몰랐다. 나중에 어떤 사람이 밀고했다. 허룽이 총을 중난하이에 있는 국가 부주석 둥비우(董必武 동필무)의 딸 방에 숨겨놓았다. 이 총으로 허룽이 화이런탕(懷仁堂 회인당)에서 회의가 열릴 때 마오 주석을 암살하려고 했다."

쑹즈궈가 둥비우의 집에 숨겼다고 말한 수입 총에 관한 속사정은 이러했다. 10여 년 전에 둥비우의 딸 둥추칭(董楚靑 동초청)과 예졘잉의 아들 등 어린아이들이 허룽의 집에 놀러 갔을 때였다. 둥비우의 딸이 문제의 권총을 보고 호기심 어린 눈으로 한참 쳐다보자 허룽이 이 총을 둥추칭에게 주었다. 이 총은 완구 총이나 다름없었다. 둥추칭은 이 총을 집에 갖고 가 어머니에게 보여주었다. 둥비우의 부인은 전투를 한 여성으로 총을 보자 딸아이로부터 총을 건네받아 자신이 보관해왔다. 그 후 쑹즈궈의 무고 소문을 들은 둥비우는 깜짝 놀라 딸에게 총에 관해 물어 자초지종을 알게 되었다. 둥비우는 황급히 부인한테서 총을 넘겨받아 중난하이 경위국警衛局에 반납했다. 쑹즈궈가 허룽이 둥비우의 집에 맡겨놓은 총으로 마오를 암살하려고 했다는 무고를 했으니 둥비우가 얼마나 놀랐겠는가?

이처럼 린뱌오는 수단과 방법을 가리지 않고 허룽을 제거할 틈을 노리고 있었다. 린뱌오가 허룽을 눈엣가시로 여긴 데는 두 가지 배경이 있었다. 하나는 국방부장이자 중앙군사위원회 부주석인 린뱌오가 잦은 양병으로 군사위원회 공작을 제대로 할 수 없게 되자 마오가 허룽에게 린뱌오의 군사위원회 공작을 대신하도록 한 것이다. 총참모장 뤄루이칭이 업무관계로 허룽과 자주 접촉하지 린뱌오는 이들의 관계를 의심해서 급기야 뤄루이칭을 반당집단으로 제거하는 사건까지 조작했다. 허룽과 뤄루이칭이 실시한 여러 차례의 대규모 군사훈련이 마오의 인정을 받자, 린뱌오는 허룽을 자기 자리를 위협하는 존재로 본 것이다.

두 번째는 1934년에 허룽이 옌안에서 연방군 사령관을 맡고 있을 때였다. 마오와 자주 접촉했다. 어느 날 마오와 허룽이 린뱌오에 대해 이야기한 적이 있었다. 마오는 린뱌오가 겉으로는 자신의 지도를 따르는 척하지만 뒤에서는 불만을 퍼뜨리고 있다고 했다. 린뱌오는 이런 이야기를 전해 듣고 오랫동안 긴장하면서 마음 속으로 늘 불안해했다. 게다가 1937년 1월의 국공합작 이후, 팔로군의 몇몇 장령들이 주더를 수행해 장제스가 소집한 뤄양(洛陽 낙양)에서 열린 제2전구戰區 회의에 참석한 일이 있었다. 린뱌오는 산시(山西 산서)로 돌아오는 길에 허룽에게 "장제스가 철저하게 (일본에) 항전할 결심을 한 것 같다. 우리가 부대를 이끌고 돌아가는 것(귀순)이 어떨지……"라는 쪽지를 써 보냈다.

린뱌오는 자신의 속내를 드러낸 이 쪽지 글이 생전에 항상 마음의 부담이 되어 가슴앓이를 해왔다. 한번 입 밖으로 쏟아낸 말을 없었던 일로 주워 담을 수 없어 전전긍긍한 것이다. 린뱌오에겐 자신의 내밀한 약점을 훤히 꿰고 있는 허룽이 권력탈취의 최대 걸림돌이었다. 린뱌오는 허룽을 두려워해 제거해야 할 대상으로 꼽고 있었던 것이다. 린뱌오는 우파셴과 리쭤펑, 쑹즈궈가 허룽을 음해하고 모함해 작성한 문건을 '절대비밀'이라고 쓴 봉투에 넣어 마오에게 은밀히 전달했다. **445**

그때만 해도 마오는 허룽을 신뢰하고 있었기 때문에 이런 모함 투서를 믿지 않았다. 그러나 허룽이 항상 총을 갖고 다닌다는 쑹즈궈의 음해 내용에 대해서는 의구심을 품었다. 마오는 1966년 9월 5일 오전에 중난하이 수영장 집으로 허룽을 불렀다. 허룽이 응접실로 들어섰을 때 마오는 소파에 앉아 있었다. 허룽은 예의 군인 본분의 태도인 부동자세를 취하며 마오에게 "주석"이라고 호칭한 뒤 경례를 하며 인사했다. **446**

"허라오쭝(허룽에 대한 경칭), 왔구먼. 이쪽에 앉지."

마오는 미소를 지으며 손으로 허룽이 앉을 곳을 가리켰다. 마오는 이런저런 한담을 한 뒤 차 탁자 위에 놓여 있는 투서 꾸러미 봉투를 허룽에게 건넸다. 허룽이 봉투를 열어보니 우파셴이 자신을 모함하는 문건들이었다. 공군에 허룽을 우두머리로 하는 비선조직이 있어 당의 권력을 찬탈하려고 한다는 내용이었다. 허룽은 난감했다. 화가 치밀어 오른 허룽은 읽던 문건을 덮어놓고 마음을 가라앉힌 뒤 마오에게 물었다.

"주석, 우파셴을 찾아가 이야기를 할까요?"

"무슨 좋은 이야기를 한다고? 두려워 마오. 나는 당신의 바오황파이(保皇派 보황파; 비호하거나 두호하는 사람을 뜻함)다."

마오는 담담하게 말했다. 허룽은 침묵했으나 끓어오르는 분노와 고통으로 얼굴이 일그러졌다. 마오는 허룽을 한 번 쳐다보고 진지한 모습으로 말했다.

"긴장할 필요가 없다. 당신을 이해한다. 나는 당신이 과거에 행했던 3가지(원칙), 즉 당에 충성하고, 인민에게 충성하고, 불굴의 투쟁으로 적과 싸워 군중과 밀접한 관계를 맺었다는 것을 알고 있다."

이 3가지 원칙은 30년 전인 1937년 항일투쟁 초기에 허룽이 고수한 것으로 그가 반드시 마오의 독립자주 원칙을 지켰다는 것을 의미했다. 1937년에 코민테른 집행위원인 왕밍(王明 왕명)이 소련에서 귀국한 뒤, 12월 9일부터 14일까지 중앙정치국 회의, 이른바 '12월회의'가 열렸다. 왕밍은 '어떻게 전국 항쟁을 계속하고 항전 승리를 쟁취할 것인가?'의 보고에서 "모든 것은 항일투쟁전선을 통해서, 모든 것을 통일전선에 복종한다"고 주장했다. 왕밍의 이런 주장은 장제스에 대한 투항주의 노선으로서 중앙이 결정한 뤄촨(洛川 낙천)회의의 독립자주 원칙을 부정한 것이다.

전선에서 '12월회의'의 내용을 전달받은 허룽은 대단히 못마땅해 했다. 허룽은 8로군 제12사단을 이끌고 산시성(山西省 산서성) 항일전선에서 전투를 벌이며 통일전선의 공작을 중시해 국민당군의 옌시산과 푸쭤이(傳作義 부작의) 등과 좋은 관계를 유지했다. 그러면서도 허룽은 '뤄찬회의'의 독립자주 원칙을 견지해 장제스와 옌시산의 8로군 제한 조처에 견결하게 반대하고 군중을 발동해 인민들의 역량을 확장시키면서 8로군의 영향력을 크게 확대했다. 허룽의 이런 조처에 대해 사단 정치위원 관샹잉(關向應 관향응)은 허룽의 방식이 통일전선을 훼손한다며 중앙에 편지를 보내 허룽을 옌안으로 소환해 학습시킬 것을 건의했다. 마오는 이런 의견을 강도 높게 비판한 뒤 허룽이 "1)적과 견결하게 투쟁하고 2)당에 충성하며 3)군중과 연계하고 있다"고 높이 평가했다.

허룽,
한 품고 죽다

마오가 우파셴의 모함 투서와 관련해 허룽과 이야기하며 다시 '허룽의 3개 원칙'을 말한 것은 허룽에 대한 믿음을 재확인한 것이다. 마오는 신해혁명 초기 허룽의 호국투쟁과 호법護法운동 등도 칭찬했다. 허룽이 마오와 이야기한 지 3일째 되던 날인 9월 8일에 린뱌오는 허룽이 참가하지 않은 군사위원회 확대회의, 즉 '소형의 경고회의'를 열었다. 린뱌오는 "허룽의 문제가 대단히 엄중하다. 마오쩌둥 주석 100년 후(죽은 뒤)가 걱정이다. 허룽이 일을 벌일 수 있다. 허룽의 '탈권 음모'에 대해 '경계를 제고'해야 한다"고 말했다. 9월 9일 밤에 마오는 비서 쉬예푸(徐葉夫 서엽부)를 시켜 허룽에게 전화를 걸어 "린뱌오가 몇 명의 노동지들과 협의를 통해 일을 매듭지었다. 당신이 그를 찾아가 관련 동지들의 의견을 알아보라"는 뜻을 전달했다. 이야기를 전해 들은 허룽은 심기가 불편해 혼잣말로 "뒤에서 쑥덕공론을 펴면서 무슨 정황을 알아보라는 것인가?"라고 불만스러워했다. 허룽은 다음 날인 10일에 인민대회당 저장청(浙江廳 절강청) 판공실에 있는 린뱌오를 찾아갔다. 린뱌오와 함께 있던 예췬은 허룽이 왔다는 전갈을 받고 린뱌오에게 이렇게 말했다. **447**

　"수장首長(예췬이 남편 린뱌오를 부르는 호칭)이 8일에 중앙군사위원회 상무위원회의를 열어 허룽의 문제를 경고했다. 비밀이 샜나? 허룽이 수장을 만나러 온 것은 분명히 이 일 때문에 온 것이다. 허룽은 수장을 원망해 죽이고 싶어 한다. 쑹즈궈의 말로는 허룽이 작은 권총을 갖고 다닌다고 한다. 만약에 그가 권총을 차고 왔다면 만났을 때 격해져서 총을 쏘지 않는다고 누가 장담하겠는가?"

예췬은 만일의 사태에 대비해 실탄을 장전한 경호원 몇 명을 데리고 회견실 뒤에 있는 장막에 숨었다. 허룽과 린뱌오가 대화를 하다 돌발적 사태가 발생해 예췬이 손을 흔드는 신호를 하면 경호원들이 곧바로 '돌격'해 뛰쳐나가기로 '작전'을 짰다. 허룽이 린뱌오가 있는 회견실로 들어왔다. 소파에 앉아 한담을 나눈 뒤 허룽이 성의 있는 태도로 말했다.

"린쭝, 오늘 내가 여기에 온 것은 나에 대해 어떻게 생각하는지, 당신의 의견을 듣기 위해서다."

"허라오쭝, 당신에 대해 별다른 의견이 없다."

린뱌오는 당황한 듯한 어투로 말했다.

"아니오. 린쭝, 회의에서 일이 있었을 것이오!"

린뱌오는 잠시 침묵하다가 무슨 생각이 떠오른 양 위엄을 갖추고 목에 힘을 주며 위협적인 말투로 얘기를 꺼냈다.

"말하겠소. 당신 문제는 클 수도 있고, 작을 수도 있다. 주요한 것은 이후 누구를 지지하고, 누구를 반대하는지의 문제에 주의해야 한다."

허룽은 린뱌오가 비열한 수법으로 뤄루이칭을 제거하고, 이제 우파셴 등을 사주해 음모를 꾸미며 자신을 올가미에 씌우려 한다는 생각을 하고 쓴웃음을 지으며 솔직하게 말했다.

"린쭝, 내가 이렇게 오랫동안 혁명을 하면서 누구를 지지하고, 누구를 반대하는지 아직도 분명히 모르고 있소? 어떤 사람이 당중앙과 마오 주석을 반대하면 나는 그 사람을 반대한다. 어떤 사람이 당중앙과 마오 주석을 옹호하면 나는 그 사람을 지지한다."

허룽의 이 말은 린뱌오가 늘 마음속에서 불안해하고 근심스러워했던 문제를 정면으로 건드렸다. 린뱌오는 홍군이 어려웠던 시절 홍군의 앞날에 대해 비관적인 견해를 여러 번 드러낸 적이 있었다. 린뱌오가 징강산에 있을 때 홍군의 투쟁에 회의적인 태도를 보이자 마오는 린뱌오에게 '조그마한 불씨가 광활한 들판을 태울 수 있다(星星之火, 可以燎原 성성지화, 가이요원)'는 내용의 편지를 보내 비판하고 설득했다. 린뱌오는 또 쭌이회의 이후 마오의 군대 지휘를 못마땅해 했고, 항일전쟁이 시작되자 마오가 '산간닝(陝甘寧 섬감녕; 산시-간쑤-닝샤 지역)'에 병력을 주둔시켜 방위하는 전략을 반대했다. 린뱌오는 매번 혁명의 주요한 전환점에서 마오와 의견이 엇갈려 손발이 맞지 않았다. 린뱌오의 이런 전력을 잘 알고 있는 허룽이 구체적인 사례를 들지는 않았지만 린뱌오는 등에 진땀이 흘렀다. 허룽과 린뱌오의 대화는 겉으론 평온하고, 쟁론을 벌이지 않았지만 속에서는 격렬한 불꽃이 튀었다. 린뱌오는 허룽이 결코 자신을 지지하지 않을 것임을 확신하고, 허룽에 대한 음모책략을 서둘러 하루빨리 제거해야겠다는 마음을 더욱 굳혔다.

적막한 샹비쯔거우(象鼻子溝 상비자구)에 숨어 지내던 허룽은 1967년 10월 1일 국경절이 지난 어느 날, 40도의 고열로 쓰러져 혼수상태에 빠졌다. 부인 쉐밍은 급히 저우언라이에게 연락해 저우의 지시로 당정군 고위 지도자들의 전용병원인 301병원에 입원키로 했으나, 장칭의 거센 반대로 시설이 낙후한 267병원에 이송되어 치료를 받고 목숨을 건질 수 있었다. 허룽은 퇴원 후 다시 샹비쯔거우로 돌아왔으나 은신처가 드러나 린뱌오와 장칭의 감시 아래 놓이게 되었다. 린뱌오는 수하들을 시켜 허룽이 살고 있는 집의 창문을 모두 밀폐시키고, 죽지 않을 만큼의 음식물을 공급하면서 문밖 출입을 하지 못하도록 하는 등 잔혹한 박해를 가했다. 생지옥과 다름없었다. 중환자로 겨우 목숨만 붙어 있던 허룽은 그나마 저우가 가을이 되면 데리러 온다는 실낱같은 희망에 기대어 힘든 하루하루를 버텼다. 만사휴의였다. 허룽은 마오의 결정에 따라 신분이 심사 대상자로 바뀌어 이들 부부는 9개월 동안 숨어 살았던 샹비쯔거우에서 비밀리에 감옥으로 강제 구인되었다. 저우와 허룽의 연락은 완전히 끊기고 말았다. 허룽은 반혁명 수정주의자로 낙인찍혀 감옥에서 엄청난 박해를 받다가 1969년 6월 9일 73세를 일기로 깊은 한을 품고 세상을 등졌다. **448**

린뱌오와 장칭 집단은 허룽의 주검을 극비에 부쳤고, 주검은 장례 절차도 없이 비밀리에 화장되었다. 허룽의 죽음이 세상에 알려진 것은 1971년 9월, 린뱌오가 소련으로 달아나다가 몽골에서 비행기 추락으로 사망한 뒤였다. 마오와 저우언라이, 주더 등이 제1차 중앙회의를 열어 허룽의 억울한 누명을 벗겨주고 명예를 회복시켜주는 핑판(平反 평반)을 논의할 때 마오는 "판안(飜案 번안; 명예회복, 복권)! 판안! 판안!"이라고 잇따라 외쳤다고 한다. 과오에 대한 뒤늦은 회한이었다. 허룽은 숨진 뒤 4년이 지난 1974년에 공식적으로 명예회복이 이루어졌다.

허룽이 죽고 6주년이 되는 1975년 6월 9일에 베이징 근교 혁명 열사들의 묏자리인 바바오산(八寶山 팔보산)에서 중앙이 거행하는 '허룽 유골 안장식'이 열렸다. 저우언라이는 몇 차례의 암 수술을 하고 입원한 병원에서 불편한 몸을 이끌고 안장식에 참석했다. 저우는 허룽의 부인 쉐밍에게 떨리는 목소리로 "쉐밍, 쉐밍아! 내가 그(허룽)를 지켜주지 못했다! 6년이 지났다. 라오쭝의 유골을 바바오산 묏자리에 안장시키지 못했다. 모진 세월이었다. 대단히 견디기 어려웠다! 나에게 주어진 시간도 얼마 남지 않았다!"며 눈물을 흘렸다. 저우는 허룽의 유골함 앞에서 일곱 번 절을 올렸다. 이런 애도는 허룽과 40년 동안 생사를 같이하며 깊은 우정을 쌓아온 그를 지켜주지 못한 통절한 회한 때문이었다.

펑더화이의
굴욕과 좌절

1966년 12월 24일 오전 6시, 청두(成都 성도) 시난(西南 서남) 건설위원회의 양베이(楊焙 양배)가 총리 판공실에 장거리 전화를 걸어 저우언라이의 비서 저우자딩(周家鼎 주가정)에게 긴급 상황 보고를 하고 있었다. 양베이는 펑더화이(彭德懷 팽덕회)가 이날 베이징에서 온 홍위병들에게 납치당해 끌려갔다며 화급히 총리에게 보고해줄 것을 요청했다. 저우자딩은 저우에게 달려가 상황을 보고했다. 저우가 물었다. **449**

"펑더화이 동지가 현재 어느 곳에 있는가?"

"이미 홍위병들이 납치해 갔습니다. 어디로 갔는지는 행방이 밝혀지지 않았습니다."

저우언라이가 놀라서 물었다.

"어디의 홍위병인가?"

"베이항(北航 북항) '훙치(紅旗 홍기)'라고 합니다."

"그들은 대단히 빠르게 움직인다!"

저우가 짙은 눈썹을 찌푸리고 순간 깊은 생각에 빠졌다. 눈썹이 파르르 떨리더니 곧바로 지시를 내렸다.

"빨리 시난 건설위원회와 청두군구(成都軍區 성도군구)에 전해라. 즉시 펑더화이 동지를 찾고, 찾는 대로 그(펑더화이)를 보호하고 신속하게 중앙에 보고하도록 하라!"

저우언라이는 지시 사항을 구술하고 저우자딩이 긴장한 자세로 받아 적었다.

"중앙과 나의 이름으로 베이항 '홍치'의 학생들, 청두군구, 베이징 위수지역에 전보를 보내라. 중앙은 펑더화이 동지의 베이징 귀환을 동의한다. 단, 3개항을 엄격히 집행한다. 하나, 청두군구가 부대를 파견해 홍위병과 함께 펑더화이 동지를 베이징으로 호송한다. 연도에서 탈취해 억류하는 어떠한 조처도 불허한다. 그(펑더화이)에 대해 어떠한 모욕적인 언행을 해서는 안 된다. 그의 안전을 절대로 보증해야 한다. 둘, 비행기 탑승을 불허하고, 청두군구가 파견한 부대를 통해 베이징 역에서 대기한다. 셋, 펑더화이 동지의 생활과 학습에 대한 안배를 책임진다. 이상 3개항을 베이항 '홍치'의 학생들에게 동시에 보낸다. 각 부서에서 반드시 엄격하게 집행하고, 펑더화이 동지의 안전을 절대로 보증해야 한다. 그의 생명 안전에 대해 각 부서는 중앙에 책임을 져야 한다."

관련 부서에 총리의 지시 사항을 타전한 저우자딩은 특별히 베이항 '홍치' 홍위병 조직에 전화를 걸어 총리 지시 사항에 잘 협조해줄 것을 당부하고 총리 판공실로 돌아왔다. 저우자딩은 저우에게 "청두군구 누구와 통화하시겠습니까?"라고 물었다.

"황신팅(黃新廷 황신정) 사령관에게 전화하게."

"그는 이미 자유를 박탈당했습니다."

"그러면 간웨이한(甘渭漢 감위한) 정치위원을 찾아봐!"

"그도 자유를 박탈당했습니다."

"어? 그러면 웨이제(韋杰 위걸) 동지가 책임자인가?"

"웨이제 부사령관이 잠시 책임을 맡고 있습니다."

"그럼, 빨리 웨이제 동지에게 통지하게."

저우자딩은 또 베이징 위수사령관 푸충비(傅崇碧 부숭벽)에게 총리실로 와 업무 지시를 받도록 통지했다. 푸충비가 회의를 주재하고 있어 정치주임 저우슈칭(周述

靑 주술청)이 총리 판공실로 달려왔다. 저우언라이는 저우슈칭에게 "위수사령구는 빨리 조직을 꾸려 근일 내 펑더화이 동지를 인도할 준비를 하게. 그(펑더화이)의 생활과 학습을 책임지도록 하되 전문 인력이 책임을 맡도록 하라. 기차역에서 신병을 인도하되 절대로 홍위병들에게 빼앗기거나 펑더화이 동지를 가해해서는 안 된다. 문제가 있을 때는 즉시 보고하라"고 지시했다.

1966년 12월 27일 밤 8시께 펑더화이가 탄 열차가 베이징역에 도착했다. 베이징 위수사령구에서 파견한 경위처 참모 왕진링(王金嶺 왕금령)과 저우슈칭이 역에서 대기하고 있었다. 이때는 이미 펑더화이가 청두에서 홍위병에 붙잡혀 베이징으로 호송되고 있다는 소문이 광범하게 퍼져 홍위병들이 베이징역에 몰려들어 진을 치고 있었다. 홍위병들은 펑더화이를 끌고 갈 준비를 하고 있었다. 베이징 위수군구 왕진링 등과 홍위병들이 서로 펑더화이 신병을 확보하려고 다툼을 벌여 1시간 동안 팽팽한 대치 상태가 계속되었다. **450**

홍위병 우두머리가 '중앙문혁'의 지시를 받기 위해 전화를 걸었다. 이때 중앙문혁소조와 중앙정치국 위원들이 간담회를 하고 있었다. 전화를 받은 문혁소조 치번위(戚本禹 척본우)는 회색이 만면해 회의 참석자들에게 "펑더화이가 이미 홍위병에게 압송되어 베이징역에 와 있습니다. 어떻게 처리하는 것이 좋습니까?"라고 물었다. 저우언라이가 자리에서 일어나 "이 일은 내가 이미 위수사령구에 조처를 취하도록 했다. 그들이 데려가 펑더화이의 생활과 학습을 책임지도록 했다"고 말했다. 치번위는 "위수사령구가 아니라 '둥팡훙'의 동지가 전화했다"며 다시 의견을 물었다. 저우가 "위수사령구에서 (펑더화이를) 인도하러 안 왔나?"라고 물었다. 저우는 일이 잘 안 풀린다는 생각이 들어 회의장을 빠져나와 급히 위수사령관 푸충비에 전화를 걸었다. 저우는 통화를 하면서 치번위가 중앙의 지시라며 위수사령구에 펑더화이를 홍위병들에게 넘겨주라고 거짓말했다는 사실을 알았다. 저우는 푸충비에게 즉시 병력을 파견해 홍위병들로부터 펑더화이의 신병을 인수하도록 지시했다. 회의장으로 돌아온 저우는 큰 소리로 치번위에게 "치번위 동지, 당신이 이렇게 일을 처리하면 어떠한 악영향이 오는지 아는가? 당신의 권력이 아직도 부족하다고 느끼면 총리직을 빼앗아 가라! 중앙의 대권을 모두 빼앗아 가라!"고 호통을 쳤다.

베이징 위수군구 사령관 푸충비는 28일 새벽에 '중앙문혁소조'로부터 "펑더화이를 베이징 위수군구와 홍위병이 공동 관리하라"는 전화를 받았다. 29일 오전, 저우언라이는 푸충비에게 전화를 걸어 펑더화이의 '감호' 상황을 물은 뒤 펑더화이의 거주지에 대한 비밀을 지키고 안전을 절대 보장할 것을 명령했다.

반당집단으로 몰려 실각한 뒤 울분의 나날을 보내고 있던 펑더화이는 1965년 9월 21일, 마오에게 농촌으로 돌아가게 해달라는 1통의 편지를 썼다. 열흘 전인 9월 11일에 중앙을 대표해 펑전(彭眞 팽진)이 펑더화이를 찾아와 중앙이 쓰촨성의 시난(西南 서남)지역 청두로 가 3선 건설위원회 부 총지휘로 공작하도록 결정했다고 통보했다. 펑더화이는 공산당원으로서 당의 지시에 마땅히 복종하는 게 도리이나 자신은 과오를 범해 다른 사람들이 따를지 우려되는 데다 공업 분야는 문외한으로 차라리 농촌에서 조사연구를 할 수 있도록 해달라는 뜻을 전달했다. 그 후 소식이 없자 마오에게 직접 편지를 쓴 것이다.

마오의 비서가 23일 아침 7시 30분에 펑더화이에게 전화를 걸어 마오가 오전 8시 30분께 접견하겠다는 뜻을 통보했다. 펑더화이가 오전 8시 10분께 이녠탕(頤年堂 이년당)에 도착했을 때 마오가 기다리고 있었다. 두 사람은 루산회의 이후 6년 만에 처음으로 악수를 했다. 마오의 눈이 시커멓고 바짝 여윈 펑더화이의 얼굴과 두 볼에 피어오른 검버섯을 훑고 지나갔다. 마오는 만감이 교차한 듯 "오랫동안 보지 못했다. 당신, 많이 늙었다"고 말했다. 펑더화이는 어색하게 웃으며 "나는 3보전(三寶殿 삼보전: 총노선, 대약진, 인민공사를 일컬음)에 오르지 못해 일없이 지냈다"고 대답했다. 마오가 웃으며 말을 건넸다. [451]

"일찍부터 당신을 기다렸다. 잠을 잘 수 없었다. 어제 오후 당신의 편지를 받았다. 기뻐서 잠을 잘 수 없었다. 당신이라는 사람은 쇠고집이다. 몇 년 동안 편지도 쓰지 않았다. 편지를 쓴 것은 8만언서言書다. 오늘 (류)사오치와 (덩)샤오핑, 펑전 동지가 조금 있으면 온다. 저우 총리는 시아누크(캄보디아 국왕)를 접견하느라 오지 못한다. 우리 함께 이야기하자."

마오는 "현재 전쟁에 대비해 대3선大三線을 건설하고 있다. 비례에 따르면 시난(西南 서남)에 가장 많이 투자하고 있다. 전략적 후방도 대단히 중요하다. 당신이 시난지역에 가는 것이 적당하다. 앞으로 병력을 이끌고 싸워 명예를 회복할 수 있다"고 했다. 펑더화이는 "공업 분야는 문외한이다. 완전 백치다. 정치상으로도 공작하는 데 좋지 않다"고 대답했다. 두 사람은 마당을 거닐며 이런저런 이야기를 하다 마오는 "당신의 문제는 역사가 결론을 내릴 것이다. 루산회의는 역사의 소극 笑劇이었다. 이미 지나갔다. 정신을 진작시켜 앞을 보고 가야 한다"고 다독였다.

오전 8시 40분께 류사오치와 덩샤오핑, 펑전이 잇따라 도착했다. 한담을 나누다 마오가 "펑더화이 동지를 3선에서 일할 수 있도록 하고, 3선 건설 총지휘부를 만들어야 한다. 리징취안(李井泉 이정천)을 총지휘부의 정正, 펑더화이를 부副로 하자. 청쯔화(程子華 정자화)도 추가하고⋯⋯"라고 말했다. 펑더화이는 "내가 공업 분야에서 일하는 것은 무리다. 시간도 없고, 나는 변경에 가서 농사를 지었으면 한다"고 여전히 사양했다. 마오는 "펑더화이 동지는 시난지역으로 가야 한다. 이 것은 당의 결정이다. 동의하지 않는 사람이 있으면 나와 이야기하자. 나는 과거에 적극적으로 펑더화이 동지를 반대했다. 지금은 그를 중심으로 지지한다"고 단호하게 말했다. 마오의 이 말이 펑더화이의 마음을 움직였다. 마오는 계속 말을 이어갔다. [452]

"리리싼 노선 때 제3군단의 간부들은 간장(贛江 감강)을 건너는 것을 반대했다. 펑더화이 동지는 간장을 건너야 한다고 했다. 한마디로 결정하고 곧바로 간장을 건넜다. 장제스의 제1, 2, 3차 포위공격 소탕전 당시 우리(마오와 펑더화이)의 협력은 아주 잘됐다. 반혁명의 '푸텐사변(富田事變 부전사변)' 때 이간계의 편지 3통을 써 주더와 펑더화이, 황궁뢔黃公略 황공략) 3명에게 보냈다. 펑쭝은 즉시 사람을 파견해 이 편지를 보냈고, 제3군단 전적위원회를 열어 '푸텐사변'을 반대하는 선언을 발표했다. 장궈타오의 분열투쟁을 굳건하게 반대했다. 해방전쟁 때 서북전장에서의 업적도 인정받았다. 그렇게 적은 군대로 국민당 후쭝난 등의 강대한 군대도 물리쳤다. 나는 이 일을 항상 생각한다. 나의 선집選集에 당신의 이름을 보존한다. 왜 항상 사람이 잘못을 범하면 반드시 모든 것을 부정해야 하는가?"

마오는 머리를 돌려 곁에 있는 류사오치를 쳐다보며 "(류)사오치와 덩샤오핑 동지는 시난지구 관련 동지들을 소집해 제1차 회의를 열어 이 문제를 명확하게 말하시오. 만약에 어떤 사람이 동의하지 않으면 나를 찾아와 이야기하라고 하시오"
라고 말했다. 이야기는 점심을 먹으며 5시간 동안 계속되었다. 6년 만에 동지들을
만난 펑더화이는 헤어지는 것을 못내 아쉬워하며 자리를 털고 일어나 마오와 참
석한 사람들에게 고별인사를 하고 나왔다.

　우자화위안(吳家花園 오가화원)의 집으로 돌아온 펑더화이는 감격을 이기지 못
해 붓을 들어 마오와 이야기했던 내용들을 기록했다. 펑더화이는 "마오 주석이 나
를 이해했다"고 적었다. 펑더화이는 며칠 뒤 중난하이 저우언라이의 시화팅에서
저우와 부인 덩잉차오(鄧穎超 등영초)의 환대를 받았다. 저우는 "루산의 일은 6년
저편으로 지나갔다. 교훈이 우리를 일깨웠다. 우리는 진지하게 총결해야 한다. 주
석의 말이 맞다. 끝까지 헤어져서는 안 되고, 단결해야 한다. 우리 앞에는 아주 많
은 큰 사업들이 우리가 완성해주기를 기다리고 있다"고 말했다. 펑더화이는 "6년
동안 나는 밤낮으로 아침부터 일하는 것을 기대해왔다. 나는 실제적으로 가만히
있지 못하는 성미가 아닌가!"라고 감개했다. 저우는 3선의 건설 상황 등을 설명하
며 몇 가지 주의사항을 말하고, 인민을 위해 새로운 공헌을 할 수 있도록 해야 한
다며 펑더화이를 격려하고 고무했다.

　펑더화이는 벅차오르는 감회와 뜨거운 열정을 품고 시난지구의 청두 3선 건설
현장으로 달려갔다. 펑더화이는 자신의 여생을 이 지역에서 보내며 모든 것을 던
져 일하겠다고 작정했다. 하지만 펑더화이는 꿈속에서도 갈구했던 공작에 대한
열정과 포부를 펴보지도 못하고, 폭풍처럼 몰아치는 문혁의 격랑에 휩쓸려 홍위
병들에 붙잡히는 신세가 된 것이다. 또다시 굴욕적인 시련과 좌절을 겪을 줄 어찌
알았겠는가. 마오가 '나의 유일한 대장군'이라고 할 정도로 중국 대륙을 누비며
용맹을 떨쳤던 펑더화이가 어린 홍위병들에게 폭행과 온갖 수모를 당하며 베이징
으로 개 끌리듯이 끌려왔을 때 그의 나이 68세였다. 그나마 저우언라이의 배려로
펑더화이는 홍위병들로부터 더 이상의 패악을 당하지 않았지만 베이징 근교 선팡
위안(什仿院 십방원) 감호소에 갇히는 감호 대상자가 되었다. 펑더화이는 이곳에서
뤄루이칭, 황커청(黃克誠 황극성), 완리(萬里 만리) 등 10여 명의 혁명동지들과 사상
개조 교육을 받는 가시밭길을 걸어야 했다. **453**

군부,
일엽편주로 떠돌다

조반파들의 당정기관 권력탈취 투쟁과 고위간부들에 대한 적발비판 대회, 불법 체포 행위 등의 '1월 폭풍'은 군부대도 덮쳤다. 조반파 학생들과 군사학교 조반 파들은 각 군구軍區의 군사시설을 습격하고, 고위 지휘관들을 비난하며 군 지휘 관들을 불법적으로 체포해 비판대회를 여는 등 군부대도 무법지대로 돌변했다. 항일전과 국공내전에서 용맹을 떨쳐 맹장으로 이름난 쉬스유(許世友 허세우) 난징 군구(南京軍區 남경군구) 사령관도 조반파에 붙잡혀 베이징으로 강제 호송되었다. 중앙 전용 숙박과 회의 시설로 베이징군구(北京軍區 북경군구)가 관할하는 징시빈 관(京西賓館 경서빈관)에 끌려온 쉬스유는 마오쩌둥 주석에게 전달해달라며 울분 을 터뜨렸다. **454**

"오늘 조반파들이 나, 쉬스유를 잡아왔다. 나는 한평생 혁명을 해왔다. 전쟁터 에서 총칼이 숲을 이루고 총탄이 빗발쳐도 두려워하지 않았다. 오늘 나를 잡아왔 지만 나는 추호도 겁내지 않는다. 누가 감히 나를 잡으려 한다면 나는 누구를 막 론하고 총을 쏘겠다!"

저우언라이는 쉬스유가 대담하게 말하고, 담대하게 행동하는 성격이라는 것을 잘 알고 있기 때문에 쌍방이 충돌해 사고가 발생할 것을 크게 우려했다. 저우는 급히 베이징 위수군구 사령관 푸충비와 10대 원수 쉬샹첸(徐向前 서향전)을 징시빈관으로 보내 쉬스유 문제를 잘 처리하도록 요청했다. 마오도 '중앙문혁소조'가 관펑(關鋒 관봉)을 징시빈관에 파견해 조반파 설득 공작을 하도록 지시했다. 쉬스유는 쉬샹첸을 보고 감정이 복받쳐 "나는 혁명을 위해 생사를 넘나들었다. 나, 쉬스유가 무슨 잘못을 저질렀나? 중앙이 나를 비판하면 바꿀 수 있다. 왜, 나를 잡아오나? 왜, 나를 욕보이는가?"라고 울부짖었다. 문혁소조는 징시빈관을 둘러싸고 있던 조반파 홍위병들을 설득해 철수시키고 쉬스유를 잡아온 조반파들을 난징으로 돌려보냈다. 소용돌이치는 문혁의 거친 격랑 속에서 군부도 일엽편주의 위태로운 처지에 빠지게 된 것이다.

1967년 1월 6일, 총참모장 대리 양청우(楊成武 양성무)가 쉬샹첸을 만나 마오의 지시를 전달했다. 전군全軍 문화대혁명 조장을 맡아달라는 내용이었다. 쉬샹첸은 아무런 준비도 없었고, 문혁을 점점 더 이해할 수 없어 걱정이 태산인 터였다. 자신은 혁명가와 군인으로서 '복종' 두 글자로 살아왔지만 건강이 좋지 않아 부분적인 공작만 해왔다. 자신의 건강 상태를 마오와 중앙이 잘 알고 있고, 그것도 극심한 혼란을 겪고 있는 상황에서 전군 문혁소조의 공작을 하라는 것은 무리라고 판단했다. 또 자신의 임명이 신임인지, 아니면 다른 원인이 있는지도 석연찮았다. 침묵을 깨고 쉬샹첸이 양청우에게 "나는 오랫동안 병을 달고 살아 간부들도 잘 모른다. 아무래도 이 공작은 내가 감당할 수 없다"며 이런 뜻을 마오에게 전해주기를 바랐다. 양청우는 "안 됩니다. 이것은 장칭이 제의하고 주석이 비준한 것입니다"라고 당황스러워했다. 쉬샹첸은 장칭이 제의했다는 말을 듣고 믿을 수가 없었다. 장칭과는 함께 일한 적도, 개인적인 접촉도 없어 더욱 어리둥절했다. [455]

쉬샹첸은 마오를 만난 자리에서 "주석, 이런 중요한 자리를 실제적으로 떠맡을 수 있는 능력이 없습니다. 다른 유능한 사람을 선발하라"고 고사했다. 마오는 미소를 지으며 "하늘이 무너지지 않는다. 당신이 하라!"고 했다. 일단의 군사학교 조반파들이 군대의 지도기관을 습격하고 고위 지휘관들을 끌고 가 비판대회를 여는 등 극심한 혼란을 겪던 1월 11일, 마오가 정치국 회의에 참석했다. 주더를 비롯한 쉬샹첸, 예젠잉 등 군 혁명원로인 원수들이 잇따라 발언하며 군 내부에서 벌어지는 혼미한 상황을 걱정했다. 이들은 하나같이 군대의 안정을 절대적으로 유지해야 한다고 강조했다. 쉬샹첸은 "군대는 반드시 안정을 확보해야 한다. 그렇지 않으면 지방의 경우 한꺼번에 무너져 통제할 방법이 없다"고 우려했다. 예젠잉도 "군대는 안정을 유지해야 한다. 지방이 혼란하면 혼란할수록 군대는 더욱 안정을 기해야 한다"고 힘주어 말했다. 중앙과 국무원, 군사위원회는 연명으로 통지를 발송해 각 지역의 중요시설에 대해 군사관제를 하고 은행은 인민해방군과 공안기관에서 보호하도록 조처했다.

1월 12일, 새로운 전군 문혁소조가 정식으로 설립되었다. 쉬샹첸이 조장을 맡고, 장칭이 고문, 부조장은 샤오화(蕭華 소화), 양청우, 왕신팅(王新亭 왕신정), 쉬리칭(徐立淸 서립청), 관펑 등 7명이고, 조원은 린뱌오의 부인 예췬(葉群 엽군) 등 9명으로 모두 18명이었다. 해군사령관 샤오진광(蕭勁光 소경광)이 북해함대의 조반파에 붙잡혀 텐진으로 끌려오는 사건이 발생했다. 분기탱천한 쉬샹첸은 해군 문혁소조에 전화를 걸어 단호하게 샤오진광을 즉시 풀어줄 것을 지시해 조반파들이 기가 꺾여 방면했다. 1월 중순에는 천보다와 장칭이 계략을 꾸미며 총정치부 주임이자 문혁소조 부조장인 샤오화 제거에 나섰다. 천보다는 조반파 군중대표를 만난 공개적인 자리에서 "샤오화는 전사가 아니라 토호 같다"고 선동했다. 즉시 샤오화를 타도하는 대자보가 총정치부 기관 건물에 나붙었다. 저우는 이 소식을 듣고 크게 화를 내며 소문을 반박했다. 이 소식이 마오에게까지 알려지자 장칭은 놀라서 대자보를 떼도록 긴급 지시하기도 했다. [456]

1월 19일, 징시빈관에서 열린 군사위원회 간담회는 4대 문제, 즉 크게 이야기하는 대명大鳴, 자유롭게 의견을 교환하는 대방大放, 대자보大字報, 대변론大辯論 등의 군대 내 전개 여부를 논의하는 자리였다. 군부에서는 쉬샹첸, 예젠잉, 녜룽전(聶榮臻 섭영진) 등 3명의 원수와 문혁소조에서는 장칭, 천보다, 캉성, 예췬, 야오원위안(姚文元 요문원) 등이 참석해 격돌을 벌였다. 군 원로 원수들은 군대는 무산계급 독재의 초석으로 군대의 문화대혁명과 지방은 마땅히 구별해야 한다고 주장했다. 서로 간의 주장이 엇갈리며 진전이 없자 장칭이 엉뚱한 문제를 들고 나와 양쪽은 격렬한 공방전을 펼쳤다.

장칭은 샤오화를 거론하며 "샤오화는 류즈젠(劉志堅 유지견: 전 군 문혁소조 조장)의 막후인물이다. 샤오화는 총정치부 주임으로서 문건을 발송하는 데 총정치부와 군사위원회를 연결시키고 있다. 무슨 뜻인가?"라고 묻자, 옆에 있던 예췬이 호주머니에서 미리 준비한 원고를 꺼내놓았다. 예췬은 건너편에 있는 샤오화를 가리키며 "당신은 왜 장칭 동지를 반대하는가? 당신은 린(뱌오) 부주석을 반대하고 문화대혁명을 파괴하고 있다. 오늘 밤에 반드시 전군 군사학교 선생과 학생들 앞에 나아가 당신의 엄중한 잘못을 비판받아야 한다"고 열을 올렸다. 예젠잉이 예췬에게 "예췬 동지에 묻겠소. 린 부주석의 어떤 새로운 지시가 있소?"라고 비아냥거렸다. 예췬은 "누구든지 장칭 동지에 반대하면 나는 그 사람을 반대할 것이다. 수장(린뱌오)도 견결하게 장칭 동지를 지지한다"고 말한 뒤 벌떡 일어나더니 "장칭 동지를 학습하고, 장칭 동지에 대해 경의를 표하자!"고 구호를 외쳤다. 모두들 일어나 함께 구호를 외치자, 샤오화도 구호를 따라 했다.

그러나 예췬이 즉시 "당신은 자격이 없다"며 제지했다. 천보다는 "샤오화, 당신은 대단히 교만하다. 당신 눈에는 장칭 동지도 안중에 없다. 당신은 토호고, 전사가 아니다. 마오 주석과 린 부주석의 전사가 아니다. 당신은 해방군을 개인 군대로 바꾸고, 자산계급 군대로 바꾸어버렸다. 당신의 과오는 대단히 엄중하다"고 비판했다. 장칭이 손으로 샤오화의 코를 가리키며 "오늘 밤 노동자 체육관에서 열리는 10만인 대회에 당신 안 갈 거요?"라고 시비를 걸었다. 회의장에 잠시 침묵이 흘렀다. 샤오화가 말문을 열었다. 샤오화는 "당신들 말 다했소? 내가 발언해도 괜찮겠소? 나는 수십 년간 혁명에 참가했다. 나는 공산주의를 최고의 신앙으로 여겨왔다. 마오 주석은 항상 내가 열렬하게 사랑하는 영수다. 만약 공작 중에 결점이 있고, 잘못이 있으면 나는 인정한다"고 말했을 때 장칭이 말을 끊고 들어왔다.

장칭은 "헛소리하지 마라. 밤에 노동자 체육관에 가 10만 명의 군중 앞에서 말하라!"고 소리쳤다. 예젠잉이 상황이 좋지 않다고 보고, 회의장을 빠져나와 저우언라이에게 보고했고, 저우는 마오에게 회의 분위기를 전했다. 마오는 "이렇게 큰 일을 왜 보고하지 않았나? 빨리 제지하라. 총정치부 주임을 멋대로 비판해도 되는 일인가?"라고 화를 냈다. 저우는 마오의 지시를 예젠잉에게 전달하며 "그들에게 이야기하라. 나의 명령이 아니다. 마오 주석의 명령이다. 샤오화는 대회에 나가 비판받아서는 안 된다고 했다"고 전했다. 회의를 주재하던 쉬샹첸은 예천 등 문혁 소조원들이 발언할 때 모두 원고에 의존하는 것을 보고 사전에 치밀하게 모의해 역할분담을 한 사실을 알았다. 쉬샹첸은 회의를 끝내며 샤오화에 대한 비판을 군사위원회에서 토론한 적이 없기 때문에 회의 내용의 보안을 엄격히 지키고 외부에 발설하지 말도록 주의를 주었다. 그러나 베이징군구 사령관 양융(楊勇 양용)이 간부회의에서 회의 내용을 전달했고, 이 내용을 기록한 총정치부 부주임 위안쯔친(元子欽 원자흠)이 필기장을 조반파들에게 탈취당했다. 장칭의 지시를 받은 베이징군구 전우 문공단戰友文工團의 조반파들이 밤에 샤오화의 집에 쳐들어가 가택수색을 하는 등 난동을 벌였다. 샤오화는 이런 소식을 듣고 시산(西山 서산)의 예젠잉 집으로 달려가 구원을 요청했다. **457**

2월 역류

다음 날인 20일 오전, 군사위원회 간담회가 징시빈관에서 속개되었다. 어젯밤 상황을 알고 있는 장칭이 샤오화가 보이지 않자 음흉스러운 능청을 떨며 "총정치부 주임이 어째서 보이지 않지? 어디로 도망갔나?"라고 이죽거렸다. 이때 샤오화가 회의장에 들어왔다. 쉬샹첸이 "어젯밤 어디 갔었나?"라고 물었다. 샤오화가 조반 파들에게 가택 수색을 당한 사실을 보고했다. 쉬샹첸은 짐짓 샤오화를 혼내는 척 하며 장칭을 겨냥했다. 쉬샹첸은 "겁쟁이 같으니라고! 뭐가 겁나는가? 그들이 당신을 잡아먹기라도 하는가?"며 손으로 탁자를 치는 바람에 찻잔이 바닥으로 굴러 떨어졌다. 천보다는 샤오화가 끌려가지 않은 게 의외란 듯 "당신, 어떻게 도망쳤나?"고 물었다. 천보다는 "보아하니, 어떤 사람이 보호해주었구먼. 누구요?"라고 추궁했다. 줄곧 한마디도 않고 꼬락서니를 지켜보던 예젠잉이 "그가 어제 한밤중에 내가 있는 곳으로 달려왔습디다. 내가 그를 거두어주었소. 숨겨준 죄가 있으면 내가 책임지겠소!"라고 탁자를 손으로 세게 내려치다 다쳤다. 장칭 등은 원수들이 거칠게 대하자, 기가 꺾여 더 이상 샤오화 문제를 거론하지 않았다.

1월 22일, 마오는 군사위원회 확대 간담회를 열어 고위장령들을 접견했다. 많은 고위장령들은 접견에서 조반파들이 군사기관을 공격하는 사건이 여전히 계속되자 매우 분노하며 감정이 격앙되었다. 난징군구 사령관 쉬스유는 "큰 모자를 씌우려고 한다. 우리는 수십 년의 노간부들을 이렇게 대하는 것에 도저히 이해할 수 없다. 우리가 무슨 잘못을 저질렀는가?"라고 분개했다. 제2포병사령부 정치위원 리톈환(李天煥 이천환)은 "우리는 현재 근본적으로 일을 할 수 없다. 주석께서 우리가 공작을 할 수 있도록 해주시고, 잘못이 있다면 자아비판을 할 수 있게 해달라"고 호소했다. 마오는 "조반파를 지지해야 한다. 그들은 소수다. 견결하게 지지해야 한다. 우리의 기본 방침은 혁명 좌파 쪽에 서서 지지해야 한다. 과거에 개입하지 않았다는 것은 기실 거짓말이다"라고 말했다. 마오는 조반파에 대해서도 비판했다. 마오는 "군대 안에서 야오한성과 류즈젠, 쑤전화(蘇振華 소진화) 등이 '펀치스(噴氣式 분기식; 비판 대상자의 상반신을 구부리게 한 뒤 두 사람이 옆에서 손으로 목덜미를 누르고, 팔을 뒤로 꺾어 올리는 사형私刑)'를 4~5시간 동안 당한 것은 인격 모욕이자 비문명적 행위이다"라고 했다. 문혁 당시 '제트기를 탔다'고 하면 조반파나 홍위병들에게 끌려가 사적 고문을 당했다는 것을 뜻했다.

중앙의 고위장령인 샤오화와 양융 등이 잇따라 비판당하고 군부대가 습격당하는 등 혼란 상황은 더욱 악화하고 있었다. 상황이 이런데도 군부의 책임자인 중앙군사위원회 부주석이자 국방부장 린뱌오는 되레 조반파들을 쑤석거리며 혼란을 부채질하고 있었다. 보다 못한 쉬샹첸은 1월 24일 밤에 린뱌오의 집으로 쳐들어가 린뱌오를 압박해 '군대는 전투대 건립을 불허한다', '군대의 혼란을 방치하지 않는다', '이른 시일 안에 조항과 규정을 만든다' 등의 원칙에 대한 동의를 얻어냈다. 이것은 군대 안정화 방침의 '8조 명령'을 만드는 기초가 되었다. 1월 28일, 쉬샹첸은 마오를 찾아가 '8조 명령'의 세부적 내용을 보고했다. 쉬샹첸은 못마땅해하는 마오를 설득해 비준을 받았다. 이에 따라 대혼란기의 군을 어느 정도 안정시키는 데 기여했다. **458**

저우언라이는 2월 8일에 화이런탕(懷仁堂 회인당)에서 '혁명을 틀어쥐고 생산을 촉진하자'는 내용의 군사위원회 간담회를 열었다. 군 원로 쪽에서는 천이, 리푸춘, 예젠잉, 쉬샹첸, 녜룽전, 탄전린 등이, 문혁소조 쪽에서는 천보다, 캉성 등이 참석했다. 양쪽은 격렬한 논쟁을 벌였으나 합의점을 찾지 못해 13일 오후에 다시 회의가 속개되었다. 예젠잉은 천보다를 가리키며 "당신들은 당을 어지럽히고 정부를 어지럽히고 공장을 어지럽혔다. 당신들은 그것도 모자라 이제는 군대를 어지럽히려고 한다. 이렇게 해 당신들은 무엇을 하려고 하는가"라고 맹렬하게 비판했다. 쉬샹첸도 화가 나 탁자를 치며 천보다를 질책했다. 쉬샹첸은 "군대는 무산계급 독재의 초석이다. 당신들이 이렇게 군대를 어지럽히면 이 지주를, 우리들 여기 있는 사람 모두 (보호를) 할 수 없지 않겠나? 콰이다푸(蒯大富 괴대부), 이 인간이 군대를 지휘해보았는가?"라고 따졌다. **459**

캉성은 "군대는 당신, 쉬샹첸 것이 아니다. 당신이 뭐 대단하다고……"라며 비아냥거렸다. 얼굴을 붉히며 헤어진 이들은 16일 오후에 화이런탕에서 다시 간담회를 열어 또 한 차례 격렬하게 충돌했다. 회의 분위기가 더욱 험악해졌다. 탄전린이 장춘차오에게 상하이 '1월 폭풍' 때 상하이시위원회 서기 천페이셴(陳丕顯 진비현)의 권력을 멋대로 탈권한 문제를 들어 강도 높게 비판했다. 장춘차오는 상하이 군중들과 상의해 처리했다고 대꾸했다. 말도 안 되는 소리를 듣고 노기충천한 탄전린은 즉시 장춘차오의 말을 끊고 "무슨 군중인가. 항상 군중은 당의 지도다! 항상 군중은 자기 자신을 해방하고, 자기 자신을 혁명한다. 무슨 헛소리를 하나. 이것이 형이상학이다! 장칭은 나를 반혁명으로 몰고 있다. 장칭은 내 면전에서 말했다. 나는 장칭을 위해 일하지 않는다. 나는 당을 위해 공작한다"고 대갈일성했다. 탄전린은 자리를 박차고 일어나 "당신들끼리 하라. 나는 (공작을) 하지 않겠다"며 회의장을 나가려고 했다. 이때 천이가 "나가지 마시오. 여기서 투쟁을 해야 합니다!"라고 만류했다. 천이는 옌안 정풍운동 때 자신과 저우 총리가 닦달당했다고 분노를 털어놓았다.

천보다와 캉성은 속으로 쾌재를 불렀다. 예민한 옌안 정풍운동을 거론하는 것은 마오에 대한 도전이었기 때문이다. 이들은 천이의 옌안 정풍에 관한 말을 '소설'로 풀어썼다. 회의가 끝난 뒤에 장춘차오 등은 장칭을 찾아가 회의 내용을 보고하고 모함하는, 조작한 자료를 만들어 마오에게 보고했다. 마오는 천이가 옌안 정풍 문제에 관해 언급한 내용을 듣고 곧바로 얼굴 표정이 바뀌면서 "옌안 정풍도 잘못된 것이라고? 또 왕밍이 돌아와서는 되지 않겠는가?"라고 험상궂은 표정을 지었다.

마오의 지시에 따라 2월 25일부터 3월 8일까지 화이런탕에서 간담회인 제7차 '정치국 생활회'가 열렸다. 군부 원로 쪽에서는 군사위원회 부주석이자 부총리 겸 외교부장, 10대 원수인 천이, 부총리 탄전린, 전군 문혁소조 조장이자 10대 원수 쉬샹첸, 부총리 리푸춘, 부총리 리셴녠, 군사위원회 부주석 겸 비서장이자 원수인 예젠잉, 군사위원회 부주석이자 원수인 네룽전 등이 참석했다.

문혁소조 쪽은 장칭, 캉성, 천보다, 예췬, 장춘차오, 야오원위안 등이 참가했다. 군의 안정을 수호하기 위해 저항해왔던 원로 그룹과 조반파를 동원해 군의 권력을 탈취하려는 린뱌오와 장칭 등 문혁소조 그룹은 그동안 수없이 격렬한 투쟁을 벌여왔다. 마오의 지원을 받고 있는 장칭 등 문혁 소조원들의 맹렬한 공격은 독랄했다. 이들은 군 원로들의 저항을 '자산계급 복벽 역류逆流'라며 악다구니로 물고 뜯었다. 이날 회의에서 장칭 등은 노원수 등 원로들의 저항은 문화대혁명의 흐름을 역류시키려는 반혁명 행위라고 규정해 '2월 역류逆流'라고 불렀다. '2월 역류' 사건으로 정치국의 활동이 정지되고 문혁소조가 정치국을 대신하는 등 막강한 권력을 휘두르게 되었다. 린뱌오와 장칭이 권력을 오로지하고, 문혁의 역풍을 맞은 천이, 탄전린, 쉬샹첸, 예젠잉 등 저항 원로들은 직책을 박탈당한 채 정치무대의 뒤안길로 하나둘씩 사라졌다.

'2월 역류'와 관련해 노원수와 원로들의 격렬한 저항 이면에는 추후이쭤(邱會作 구회작) 사건도 한 몫을 했다. 1967년 1월에 인민해방군의 병참 업무를 총괄하는 총후근부總後勤部 부장인 추후이쭤가 조반파造反派들의 비판투쟁에 끌려가 혹독한 '펀치스' 고문을 당해 여러 차례 졸도하는 등 죽음직전까지 몰렸다. 1월 24일, 온갖 폭행과 고문으로 근육이 파열되고 오른쪽 늑골이 부러져 몸 밖으로 노출되는 등 죽음을 직감한 추후이쭤는 감금된 위생부 3층 건물 바닥에 떨어져 있던 담뱃갑을 주워 마오쩌둥과 린뱌오, 예젠잉에게 긴급구원을 요청하는 쪽지 글을 썼다. 글 내용은 이랬다.

"지금 저의 목숨이 위태롭습니다. 주석과 린 부주석, 예 원수님께서 구조해주

시기 바랍니다. 문화대혁명 만세! 마오 주석 만세!"

이 쪽지 글은 식사를 나르는 경호원이 바짓가랑이에 숨겨 린뱌오 쪽에 전달했다. 대노한 린뱌오는 이날 밤에 친필로 "즉시 추후이쭤를 석방하라"고 쓴 수령(手首 친히 내린 명령)에 문혁소조 조장인 천보다(陳伯達 진백달)와 공동서명을 한 뒤, 자신의 부인 예췬(葉群 엽군)에게 건네 현장으로 달려가 신병을 인도하도록 했다. 예췬은 수하들을 거느리고 추후이쭤가 갇혀 있던 총후근부로 가서 수령을 제시한 뒤에 그를 구출할 수 있었다.

당시 린뱌오는 1959년 루산회의 이후 펑더후이가 해임된 뒤에 국방부장과 중앙군사위원회 부주석을 맡아 군사위원회의 일상 공작을 총괄하면서 추후이쭤를 총후근부 부장으로 임명한 바 있었다. 풀려난 추후이쭤가 한밤중이 되어 시산(西山 서산)의 중앙군사위원회 관할 거주지로 돌아오자 기다리고 있던 예젠잉과 녜룽전 등 노원수들은 머리를 빡빡 깎기고 얼굴에 피딱지가 더덕더덕 붙은 채 온몸이 상처투성이인 것을 보고 분노를 터뜨렸다. 예젠잉은 추후이쭤를 직접 부축해 집안으로 들어가면서 "후이쭤야, 고생 많았다"며 눈물을 글썽거렸고, 녜룽전은 "파시스트, 파시스트"라고 노호怒號했다. 다음날 원수 류보청은 지팡이를 짚고 추후이쭤를 찾아와 "내가 눈으로 보지 못하니 손으로 만져보자"며 추의 온몸을 어루만지며 탄식을 금치 못했다. 이때 '독룡안獨龍眼' 류보청은 나머지 한 쪽 눈도 완전히 실명한 상태였다.

조반파들의 이런 추후이쭤에 대한 고문과 폭행은 문화대혁명 초기 중앙 군부의 고위 지도자가 당한 가장 처참한 사건으로, 군부 원로들을 격노케 하면서 '2월 역류'로 폭발하는 주요 도화선의 하나가 되었다. 하지만 추후이쭤는 이후 문화대혁명 기간 중에 린뱌오의 충복이 되어 그의 '4대 금강金剛'의 한 사람으로 권력을 휘두르며 터무니없는 억울한 사건을 날조해 인민들의 원성을 샀다. 1971년에 린뱌오가 소련으로 달아나다가 추락사한 '9·13사건' 뒤, 권력에서 곤두박질한 추후이

쮀는 체포되어 1973년 당적을 박탈당했다. 1981년 1월에 '린뱌오 반혁명집단 주범죄'로 16년의 유기징역을 받았으며 복역 중이던 1987년 9월에 풀려났다.

수난당하는
류사오치

1967년 1월, 왕훙원을 우두머리로 하는 '상하이 노동자 혁명조반 총사령부(工總司 공총사)'가 '1월 탈권' 투쟁을 시작한 지 얼마 안 된 13일 밤에 마오는 인민대회당에서 류사오치를 단독으로 만났다. 류사오치가 침통한 어조로 말했다.[460]

"첫째, 이번 노선의 과오는 나에게 책임이 있다. 많은 간부들은 좋은 사람들이다. 특히 많은 노간부들은 당의 귀중한 자산이다. 주요 책임은 내가 지겠다. 이른 시일 안에 광범하게 간부들을 풀어주어 당이 손실을 덜 받도록 해야 한다. 둘째, 국가주석, 중앙정치국 상무위원과 『마오쩌둥 선집』 편집위원회 주임 직무 등을 사임하고, 아내와 자식들과 함께 옌안이나 고향으로 돌아가 농사를 지으며 살고 싶다."

마오는 류사오치가 이야기하는 동안 깊은 생각에 잠겨 연신 담배만 피웠다. 화를 내거나 어떤 감정도 드러내지 않았다. 면담을 끝낸 마오는 문 앞에서 류사오치를 전송할 때 "잘 학습하고, 몸을 보중하기 바란다"고 작별인사를 했다. 마오의 후계자로 충실하게 마오를 보필했고, 1922년 9월 안위안 탄광 파업 때 마오를 알게 되어 45년 동안 공산혁명을 함께 이끌어온 류사오치와 마오의 이날 만남은 마지막 이별이 되었다. 집에 돌아온 류사오치는 부인 왕광메이(王光美 왕광미)에게 "주석이 나의 잘못을 비판하지 않았다. 대단히 겸손했다. 단지 군중이 발동되었다. 주석 자신도 통제할 수 없다고 말했다"고 전했다. 이즈음 류사오치는 울분과 회한 속에 불면의 나날을 보내고 있었다. 마오를 만나기 전날 밤에도 조반파들이 중난하이에 있는 류사오치의 집 푸루쥐(福祿居 복록거)로 몰려와 대자보를 붙이고 '자본주의를 옹호하는 개(保皇狗 보황구)'라는 등의 욕설을 퍼붓고 가재도구를 내팽개치는 패악을 부렸다. 국가주석의 경비초소는 있으나 마나였다.

류사오치는 홍위병과 조반파들의 잇따른 난동과 관련해 저우언라이에 편지를 보냈다. 류사오치는 "조반파들의 대자보를 보면 나뿐만 아니라 다른 많은 고위급 동지들이 적으로 간주되어 걱정되고 불안하다. 어떻게 해야 하느냐?"며 답답한 심경을 토로했다. 류사오치는 다음 날에 저우가 보낸 짧은 답신을 보고 맥이 풀렸다. 편지에는 "당신은 잘 쉬면서 자신의 감정을 억제하기 바란다. 당신의 의견은 이미 마오 주석에게 보고했다"는 내용뿐이었다.

얼마 뒤 장칭의 사주를 받은 중난하이 정부기관의 조반파가 또다시 류사오치의 집으로 쳐들어왔다. 이들은 다짜고짜 류사오치 부부를 마당으로 내쫓고 사무실과 침실, 실내 곳곳을 돌아다니며 대자보와 큰 표어를 붙였다. 일부의 조반파는 백회가루 통을 들고 마당의 큰 벽돌담에 '류사오치를 타도한다'는 등의 글씨를 쓰고 다녔다. 이들은 국가주석도 안중에 없었다. 오만방자한 행태를 보이며 류사오치와 왕광메이에게 질문을 하고 타도 구호를 외쳤다. 류사오치가 질문에 대답을 하면 "불성실하다, 허튼소리다, 교활한 궤변이다, 악의에 찬 언동이다"라고 비난했다. 대답을 하지 않으면 "이치에 맞지 않아 말을 못한다, 묵비권으로 저항한다"고 트집을 잡는 등 생떼를 부렸다. 어떤 조반파가 "류사오치는 마오 주석에게 머리를 숙여 사죄하라"는 구호를 외치자 조반파들이 그의 머리를 강제로 굽히고 린치를 가하는 '제트기 태우기' 고문도 서슴지 않았다. 조반파는 왜 마오 주석에 반대하느냐며 끈질기게 괴롭혔다. 류사오치는 끓어오르는 분노를 삭이며 "나는 이미 마오 주석에 대해 여러 차례 말했다. 나는 과거에도 반대하지 않았고, 현재에도 반대하지 않으며, 앞으로도 반대하지 않을 것이다. 나는 영원히 마오 주석을 반대하지 않는다!"고 격앙된 목소리로 말했다. **461**

조반파들은 왕광메이를 거칠게 공격했다. 이들은 "동남아를 방문했을 때(류사오치의 국빈 방문) 왜 치파오(旗袍 기포; 다리 옆줄이 터진 중국 여성의 전통의상)를 입고 하이힐을 신고 목걸이를 했는가"라고 말도 되지 않는 질문을 퍼부었다. 왕광메이는 결연하게 "나는 이런 것이 잘못이라는 것을 알지 못했다"고 응수했다. 왕광메이가 당당하게 말하자 화가 난 조반파들은 "자산계급분자 왕광메이를 타도하자"고 일제히 소리쳤다. 이들은 뒤에 있는 조반파들이 비판하는 모습을 볼 수 있도록 한다며 다리가 하나뿐인 화분 받침대 위에 왕광메이를 올려놓고 조롱하며, 욕설을 퍼붓고 모욕을 가했다.

4월 10일, 칭화대학 홍위병들은 왕광메이를 중난하이 푸루쥐 집에서 칭화대학으로 끌고 가 오전 6시 반부터 밤 10시 넘어까지 장장 16시간에 걸쳐 적발비판대회를 열었다. 왕광메이를 질투한 장칭의 사주였다. 장칭은 왕광메이가 국가주석의 부인으로 해외순방을 할 때마다 화려한 스포트라이트를 받는 것을 질투하고 시기해왔다. 홍위병들은 왕광메이에게 치파오를 강제로 입히고 탁구공으로 만든 목걸이를 목에 걸어놓고 욕설을 퍼부으며 모욕을 가하는 등 온갖 행패를 부렸다. 7월 들어서 류사오치에 대한 공격은 더욱 거칠어졌다. 거의 매일이다시피 조반파와 홍위병들이 쳐들어와 비판대회를 열고 류사오치에 대한 폭력도 마다하지 않았다. 이들은 왕광메이를 인근의 다른 건물에 격리시켰다. 방 안에 홀로 감금당한 류사오치는 한집에 있는 아이들도 만날 수 없었다. 곤욕을 치르기는 덩샤오핑도 마찬가지였다.

이처럼 류사오치와 덩샤오핑에 대한 홍위병과 조반파들의 공격은 지난해 8월 7일에 마오가 쓴 '사령부를 포격하라 — 나의 대자보'가 중앙 전회 문 입구에 나붙은 뒤 본격화했다. 린뱌오는 그해 10월 1일의 국경절 제17주년 경축 군중대회에서 "무산계급 문화대혁명 과정에서 마오 주석을 대표로 하는 무산계급 혁명노선과 자산계급 반동노선의 투쟁이 계속되고 있다"고 타오르는 불에 기름을 끼얹었다. 린뱌오의 이런 선동 연설은 류사오치와 덩샤오핑의 노선을 자산계급 반동노선으로 규정했다. 홍위병과 조반파들은 적개심을 불태우며 '류-덩' 공격에 핏발을 곤두세웠다. 장칭은 10월 6일에 베이징 홍위병 제3사령부가 주최해 10만 명이 참석한 '전국 재경 혁명 선생-학생의 자산계급 반동노선에 대한 맹렬한 공격 궐기대회'에서 "나는 무산계급 혁명에 대한 당신들의 이런 두려움 없는 영웅적 행위를 지지한다"고 선동했다. 대회는 '자산계급 운동노선에 대해 맹렬한 공격을 퍼붓자'는 결의문을 채택해 전국에 호소하는 전보를 발송했다. [462]

11월 2일, 중앙조직부가 처음으로 류사오치와 덩샤오핑을 질책하는 대자보를 붙인 것을 신호탄으로 톈안먼 앞거리 곳곳에 류와 덩을 타도하라는 대자보가 홍수를 이루기 시작했다. "류사오치와 덩샤오핑을 타도하는 것은 무산계급 문화대혁명의 제1목표"라고 쓴 대자보가 나붙으면서 전 세계에 류사오치와 덩샤오핑의 실각이 알려지게 되었다. 류사오치와 덩샤오핑 타도의 배후세력은 '중앙문혁소조'였다. 중앙문혁소조 부조장인 장춘차오는 12월 18일에 칭화대학의 홍위병 우두머리인 콰이다푸를 중난하이로 불러 2시간에 걸쳐 밀담을 나누었다. 장춘차오는 "전국적으로 자산계급 반동노선은 여전히 상당할 정도로 발호하고 있다. 지금 더욱 강도 높게 자산계급 반동노선을 비판해야 한다. 중앙에서 제기하고 있는 반동노선의 그 한두 사람이 지금까지 투항하지 않고 있다. 자네들 혁명 소장小將(홍위병)들은 연합해 혁명정신을 철저하게 발휘하여 물에 빠진 개를 때려잡아야 한다. 그들을 완전 매장해야지 중도에서 포기하면 안 된다"고 사주했다. 콰이다푸는 중앙의 한두 사람이 국가주석 류사오치와 당 총서기 덩샤오핑이라는 것을 너무나 잘 알고 있었다.

마오의
탈출

음울한 날씨에 북풍이 몰아치는 12월 25일 오전, 칭화대학 5천여 명의 선생과 학생, 교직원, 노동자들이 칭화위안(淸華園 청화원)을 출발해 호호탕탕한 기세로 거리 시위에 나섰다. 이들은 톈안먼 광장에 도착해 류사오치와 덩샤오핑을 대표로 하는 자산계급 반동노선을 철저하게 타도하자는 결의대회를 열었다. 이들은 집회를 마친 뒤 왕푸징(王府井 왕부정), 시단(西單 서단), 베이징역 등 번화한 시내를 돌아다니며 대자보를 붙이고 전단을 뿌리면서 구호를 외쳤다. 순식간에 베이징의 크고 작은 거리에 '타도 류사오치!', '타도 덩샤오핑!', '류-덩과 끝까지 혈전을 벌이자!' 등의 대자보가 지천으로 나붙었다. 톈안먼 성루에도 빼곡하게 들어찼다.

한 해가 넘어갈 즈음에는 '중앙문혁소조'가 조종하는 류사오치와 덩샤오핑에 대한 타도 광풍이 전국적으로 더욱 거세게 번져 그 누구도 제어하거나 반대할 수 없는 거대한 흐름이 되었다. 정치국 상무위원회는 1967년 3월 21일에 류사오치가 20년대 체포되었을 때의 자료를 '왕광메이 전담 조사반'에 넘겨 중앙문혁소조 부조장 장칭과 고문 캉성, 공안부장 셰푸즈(謝富治 사부치) 등이 통제하는 '류사오치-왕광메이 전담 조사반'을 꾸렸다. 3월 23일, 마오는 중앙문혁 소조원인 치번위가 쓴 '애국주의냐 매국주의냐'의 글을 수정한 뒤에 "읽어보니, 아주 잘 쓴 글"이라고 칭찬했다. 이 글은 실명을 거론하지 않고 "당내 최대의 자본주의의 길을 걷는 당권파"와 "흐루쇼프 같은 야심가와 음모가"라고 썼지만 누가 보아도 류사오치라는 것을 금방 알 수 있었다. 중앙문혁소조는 이 글을 『홍치(紅旗 홍기)』 잡지와 『런민르바오』 등 신문에 실어 류사오치에 대한 비판 강도를 더욱 높여갔다.

1967년 6월 이후, 전국 각지에서 조반파들이 공안기관이나 군부대의 무기고를 습격해 기관총, 수류탄 등의 무기와 탄약을 대량으로 빼앗아 무장하고 극렬한 탈권투쟁에 나섰다. 조반파들은 정부기관과 군부대를 공격하는가 하면 우후죽순처럼 생겨난 조반파 조직들끼리 싸움을 벌이는 등 곳곳에서 유혈충돌이 벌어져 내란 상황을 방불케 했다. 후난성 우한(武漢 무한)에서 4월 19일부터 무장충돌이 잇따르면서 6월 6일에는 창사(長沙 장사)에서 무력투쟁이 벌어져 수많은 사상자가 발생해 사람들을 놀라게 했다. 이어 6월과 7월에는 장시성(江西省 강서성) 간저우(贛州 감주)에서도 유혈충돌을 벌여 많은 사상자가 발생하고, 교통이 두절되는 등 후난과 후베이(湖北 호북), 허난(河南 하남) 등지의 치안 상황이 극도로 악화되어 긴장을 고조시켰다.

후난성의 부성장 저우스자오(周世釗 주세교)는 마오의 후난 제1사범학교 동기동창으로 친한 사이였다. 저우스자오는 무장충돌이 잇따라 발생해 치안 상황이 통제 불능 상황에 이르자, 중앙정부 차원에서 해결하는 방안을 찾기 위해 베이징으로 올라와 마오를 만났다. 저우스자오는 창사에서 6월 6일에 발생한 '6·6참상' 사건을 보고하고 무장투쟁을 막아줄 것을 건의했다. 마오는 "무산계급 문화대혁명은 의식형태 영역에서 진행되는 하나의 대혁명이다. 이것은 광대한 인민 군중에 대해 정치교육을 진행하는 운동이다. 싸움을 하거나 더욱이 무장투쟁을 하는 것이 아니다"라고 소극적 반응을 보였다. [463]

"문제는 현재의 무장투쟁 상황이 상당히 심각하다는 데 있습니다, 주석!"

저우스자오는 마오가 명령해 이런 혼란한 상황을 막아주기를 바랐다.

"무장투쟁 현상은 마땅히 제지해야 한다. 노동자 계급의 내부에 근본적인 이해충돌은 없다. 무산계급 독재 아래에서 노동자 계급의 내부가 분열해 양대 세력이 양립할 수 없다는 이유는 더욱 있을 수 없다."

"후난의 상황은 비교적 복잡합니다. 무장투쟁의 주요 정황이 노동자 계급 내부에 있지 않고, 그리고……"

"나도 알고 있다. 후난의 군중 조직은 대단히 많다. 이런 조직들이 합쳐 양대파를 형성했다. '가오스(高司 고사)'와 노동자 연합인 '궁롄(工聯 공련)'이다. '가오스파'는 후난의 대학생들을 주축으로 한 군중 조직이다. 그중에는 선생들도 있고 중등학교 학생과 소수의 노동자, 기타 군중들이 참여하고 있다. 내가 알기에 (당정)기관의 간부들이 참가해 이 조직의 대다수를 장악하고 있다. '궁롄'은 공장 노동자를 주체로 한 군중조직이다. 조직의 주요 구성원은 노동자들이다. '가오스'의 구성원과 마찬가지로 여기에도 대학생, 중학생과 일단의 기관 간부들이 참가하고 있다. 맞지요?"

저우스자오가 머리를 끄덕이자, 마오는 "가오스파가 됐든 궁롄파가 됐든 이들은 모두 혁명군중 조직이다. 가오스의 군중 기초는 학생이다. 학생은 혁명의 선봉대다. 궁롄파의 군중 기초는 노동자다. 노동계급은 혁명의 지도계급이다. 양자는 각자의 결점과 과오를 말하고 비판해 대동大同을 구하고 조그만 차이(小異 소이)를 인정해야 한다. 두 파는 모두 혁명의 군중 조직으로 혁명의 원칙 아래 대연합을 실현해야 한다"고 말했다.

7월 13일 오후, 마오는 인민대회당에서 린뱌오, 저우언라이, 문혁소조 간담회 구성원과 군사위원회 총정치부 주임 샤오화, 총참모장 대리 양청우 등을 불러 회의를 열었다. 마오는 "문화대혁명의 군중 발동 단계는 지나갔다"면서 "1년은 (문혁을)시작하면서 넓혔고, 2년은 희망을 보면서 기초를 다졌다. (3년차인) 내년에 끝낸다. 이것이 바로 문화대혁명이다"라고 선언했다. **464**

마오는 '문혁'을 3년 안에 끝나겠다는 생각을 이날 처음 밝혔다. 마오의 이런 결심은 류사오치와 덩샤오핑 등 자신이 걸림돌이라고 여긴 '주자파'들의 지도자를 실각시켰고, 당정군 기득세력과 군중들에게 경각심을 일깨운 만큼 소기의 목적을 달성했다고 판단해서였다. 게다가 무장투쟁으로까지 확대되어 극도로 혼란한 무정부적 사회질서를 더 이상 방치할 수 없는 데다가 '문혁의 피로감'을 해소하려고 했다. 마오는 문혁을 3년 안에 끝내려고 했으나 이제는 '문혁'이 그를 놓아주지 않는 부메랑이 되어 무서운 형세로 발전하고 있었다.

마오는 무력투쟁이 격화하고 있는 후베이와 후난을 현장 시찰하겠다고 말했다. 대부분의 회의 참석자들은 마오가 우한에 가는 것을 반대했다. 우한의 무력투쟁 양상이 심각한 상황으로 치닫고 있어 안전을 담보할 수 없었기 때문이다. 당시 우한은 우한군구 사령관 천짜이다오(陳再道 진재도)가 지지하고 있는 당정군, 일부 노동자들이 참여하고 있는 '백만웅사百萬雄師'와 린뱌오와 장칭이 지원하는 조반파 노동자들이 주축인 '노동자 총부總部' 사이에 무장충돌이 밤낮없이 벌어져 긴박한 상황이었다. 마오는 "혼란을 겁내지 않는다. 나는 간다. 양청우는 나와 함께 간다"고 말한 뒤 왕둥싱(汪東興 왕동흥)에게 즉시 전용열차를 준비하도록 지시하고, 베이징군구 부사령관 정웨이산(鄭維山 정유산)이 수행토록 했다. 저우언라이는 마오의 신변 안전을 위해 먼저 우한행 비행기에 몸을 실었다. 마오는 7월 14일 오전 3시에 전용열차로 베이징을 출발해 밤 9시 우한에 도착했다. 마오에게 제일 먼저 눈에 들어온 것은 곳곳에 붙은, 천짜이다오를 타도하자는 큰 표어였다. 우한군구 사령관 겸 후베이성 사령관 천짜이다오는 류보청과 덩샤오핑이 중원 탈환을 위해 다볘산으로 진군했을 때 주력 중의 하나인 제2군단 사령관을 지냈다. [465]

천짜이다오는 성품이 바르고 곧으며 과단성 있게 일을 처리하는 인물로 꼽혔다. 저우언라이가 2월에 우한에 왔을 때 천짜이다오는 3가지 일에 역량을 집중하고 있었다. 하나는 중앙정부의 방침에 따라 혁명을 다잡으며 생산을 촉진하고, 둘째는 생업을 챙기면서 체계적인 혁명대연합을 추진하고, 셋째는 중학교 학생들이 수업을 통해 혁명사상을 고취할 수 있도록 이끌고 있었다. 그런데 우한군구 안팎에 있던 조반파들이 급진적 좌경사상을 퍼뜨리며 가택 수사와 무기 탈취, 무력투쟁 등을 선동했다. 천짜이다오는 3월 21일에 우한의 최대 조반파 조직인 '노동자 총부'에 대해 해산명령을 내리고, 그들이 잡아간 지방간부들을 석방할 것을 촉구하는 '통고'를 공포했다. 이런 우한군구의 조처에 불만을 품은 조반파들은 4월 6일에 시대의 흐름을 거역하는 '3월 역류'라고 반발하고 나섰다. 조반파들은 천짜이다오가 중앙의 '2월 역류' 때 탄전린(譚震林 담진림)처럼 반혁명적 행위를 한다며 '우한의 탄전린'으로 규정하고 타도에 나섰다. 린뱌오와 장칭의 사주를 받은

'노동자 총부' 조반파들은 천짜이다오가 류보청-덩샤오핑 군단의 중원작전에 참여한 것을 들어 '류보청-덩샤오핑' 노선을 싸잡아 공격했다. 이에 맞서 천짜이다오를 지지하는 '백만웅사'가 '노동자 총부'를 공격하는 등 두 파가 시도 때도 없이 무력투쟁을 벌여 우한은 급속히 내란 상황으로 빠져들게 되었다.

이렇게 극도로 혼란한 때 마오가 우한에 온 것이다. 우한에 먼저 내려온 저우는 우한 교외 둥후(東湖 동호)에 있는 공군 초대소 둥후빈관(東湖賓館 동호빈관)의 메이링(梅嶺 매령) 1호를 마오의 숙소로 잡았다. 저우는 둥후빈관 바이화(百花 백화) 1호에 쓰촨성 청두에서 공작을 끝내고 마오에게 보고하러 우한에 온 공안부장 셰푸즈를, 중앙문혁 소조원 왕리를 바이화 2호에 각각 방을 배정했다.

천짜이다오와 우한군구 정치위원 중한화(鍾漢華 종한화)는 마오의 경비를 위해 둥후빈관 별관에 묵었다. 마오는 자신이 생각했던 것보다 상황이 훨씬 복잡하다는 것을 느꼈다. 둥후빈관의 복무원 등 공작원들도 두 파로 쫙 갈라져 서로가 협조를 하지 않아 객실도 엉망진창이었다. 저우가 미리 점검해 마오가 묵을 방을 가까스로 청소하고 복무원들이 공동으로 일할 수 있도록 수습했다.

마오는 18일 밤에 우한군구 사령관 천짜이다오와 정치위원 중한화를 자신이 묵고 있는 방으로 불러 상황을 보고받았다. 이 자리에는 저우언라이, 린뱌오파의 셰푸즈, 해군 제1 정치위원 리쭤펑(李作鵬 이작붕), 장칭파의 왕리, 그리고 마오를 수행한 양청우, 왕둥싱, 정웨이산, 위리진(余立金 여립금) 등이 모였다. 마오는 셰푸즈와 왕리, 위리진에게 "당신들은 더 많은 공작을 해야 한다. (우한)군구를 옹호하도록 조직해야 한다. 타도해서는 안 된다. 성명을 내기 전에 쌍방 모두 회의를 열어 발표해 단결하도록 해야 한다. 모두 노동자다. 이쪽 파가 우右고, 저쪽 파가 좌左냐? 우리 이 초대소도 두 파로 갈라져 있다. 앞으로 모두 합쳐야 한다"고 강조했다. [466]

마오는 천짜이다오와 중한화에게 "현재 주요한 것은 군대와 '백만웅사'에 대한 공작이다. 빨리 바꿔야지 그렇지 않으면 피동적이 된다. 하나, 중앙이 책임이 있다. 둘, 당신들도 책임이 있다. 군대가 '백만웅사'를 지지한 것은 다 아는 사실이다. 이것은 군대의 군중 문제다. '백만웅사'를 나쁘다고 말할 수 없다. 다수는 좋은 사람들이다. 개별적으로 나쁜 사람도 있다"고 했다. 마오가 천짜이다오와 중한화를 배웅하기 위해 회랑으로 나왔을 때 초대소 복무원들이 서성거렸다. 마오는 이들을 불러 천짜이다오, 중한화와 악수하도록 권했다. 마오는 웃으며 복무원들에게 "다시는 당신들의 사령관을 타도해서는 안 된다. 나도 그를 타도하지 않는다"고 말했다. 마오는 천짜이다오에게 "그들(노동자 총부)이 자네를 타도하려 하면, 내가 자네를 타도하지 못하도록 하겠다"고 천짜이다오에게 힘을 실어주었다. 사태가 잘 풀려나가는 모양새를 보였다. 저우언라이는 19일 이른 아침에 베이징으로 돌아갔다.

낙관적인 상황은 하루 만에 뒤집어졌다. 린뱌오와 장칭파인 셰푸즈와 왕리가 사태를 악화시키는 기폭제 구실을 했다. 19일 오전, 셰푸즈와 왕리는 '노동자 총부'의 거점인 우한 수리전력 학원의 총부를 찾아가 조반파의 완장을 차고 무력투쟁을 벌이다가 부상당한 사람들을 위문했다. 이어 열린 대회에서 왕리는 이들을 '강철대오의 무산계급 혁명파'라 부르며 "당신들은 억압을 받고 있다. 타격을 받은 것은 용납할 수 없는 일이다. 이런 현상을 바꿔야 한다"고 선동했다. '노동자 총부' 조반파는 왕리가 연설한 내용을 녹음해 확성기를 탑재한 차를 타고 시내 곳곳을 누비며 틀어댔다. 왕리의 '4가지 지적', "군구가 내건 좌파 지지의 큰 방향이 틀렸다. '노동자 총부'에 대한 억울한 조처를 바로잡아야 한다. 조반파는 혁명좌파다. '백만웅사'는 보수조직이다"라고 한 연설 내용이 확성기를 통해 울려 퍼졌다. 격노한 '백만웅사' 군인들은 왕리를 규탄하는 대자보를 거리 곳곳에 붙이고 타도대회를 열었다.

'백만웅사'의 대표 200여 명은 7월 20일 새벽에 왕리가 투숙하고 있는 둥후빈관 바이화 2호로 쳐들어갔다. 이들은 왕리가 나와 답변할 것을 요구했다. 천짜이다오와 셰푸즈가 나와 이들에게 오후에 접견하기로 약속하는 등 설득해 돌아갈 무렵 또 다른 수백 명의 '백만웅사' 군인들이 몰려왔다. 이들은 흥분한 나머지 상관인 천짜이다오를 구타하고 방 안으로 난입해 숨어 있던 왕리를 붙잡아 군구 앞마당으로 끌고 가 비판대회를 열었다. 이들 '백만웅사' 군인들은 마오가 둥후빈관에 묵고 있다는 사실을 몰랐다. 메이링 1호에 있던 마오가 사건의 자초지종을 보고받고 천짜이다오에게 왕리를 데려오도록 명령했다. 천짜이다오가 왕리를 구출해 둥후빈관으로 돌아왔다.

시시각각 우한으로부터 급박한 상황을 보고받고 있던 베이징의 중앙 지도자들은 바짝 긴장했다. 린뱌오와 장칭은 연명으로 상황을 과장해 겁주는 투의 편지를 마오에게 썼다. "우한의 형세가 좋지 않다. 마오 주석의 안전이 위협받고 있다. 빨리 이동해야 한다"는 내용이었다. 린뱌오와 장칭은 이 편지를 린뱌오의 심복인 중앙군사위원회 총병참부(總後勤部 총후근부) 부장 추후이쭤(邱會作 구회작)에게 준 뒤에 급히 우한으로 내려가 마오에게 전달하도록 지시했다. 저우언라이도 마오의 안전과 만일의 사태에 대비해 다시 우한으로 갔다. 이날 오후, 우한에 도착한 추후이쭤는 마오에게 편지를 전달하고 다른 지방으로 이동할 것을 권유했다. 상황이 심각하다고 판단한 마오도 천짜이다오에 대한 회의와 '백만웅사'의 '폭란暴亂'을 우려해 우한을 떠나기로 결심했다. 문혁의 무력투쟁 상황에서 마오가 몸을 피한 '7·20사건'이었다. **467**

천재일우

마오는 7월 21일 오전 2시, 캄캄한 한밤중에 은밀하게 둥후빈관을 출발해 비행장에 도착한 뒤 오전 11시께 비행기를 타고 상하이로 떠났다. 비행기 탑승을 꺼리는 마오가 이날 비행기를 탄 것은 1958년 이후 9년 만에 처음 있는 일이었다. 당시의 상황이 얼마나 급박했는지를 잘 말해주고 있다. 당일 상하이에 도착한 마오는 24일 밤에 수행한 양청우와 우한 상황에 대해 이야기를 나누었다. 양청우는 당시를 이렇게 회상했다. [468]

"자네는 과거에 천짜이다오를 알았나? 어떤 사람인가?"

"이전에는 몰랐고, 해방 후에 알게 되었습니다. 사람이 좋아 우리와 관계도 좋습니다."

"자네는 우한 사태에 어떤 방법이 있다고 보나? 그(천짜이다오)가 나를 반대하는 것인가?"

"주석, 누구도 반대하지 않습니다. 옛 홍군, 옛 간부, 옛 당원, 일반 인민들 모두 주석을 큰 구원의 별로 보고 있습니다. 군대에 있는 옛 동지들 모두 주석과 혁명을 했습니다."

"그래, 나도 그렇게 생각하네! 천짜이다오도 나를 반대하는 게 아니야. 만약에 천(천짜이다오), 중(중한화)이 나를 해치려고 했으면 우리가 우한을 빠져나올 수 없었을 걸세!"

양청우는 마오가 이틀간 냉철하게 숙고해 우한군구 지도에 대한 비교적 실제에 맞는 해결방법을 찾았다고 회상했다. 양청우는 마오에게 다시 한 번 "그들이 주석에게 반대하지 않는다"고 말하자, 마오는 "맞아! 맞아! 맞아!"라고 흐뭇해하며 잇따라 "맞아!"를 세 번 말했다고 한다.

"천짜이다오는 (지금) 어디에 있나? 중한화, 니우(牛 우) 사단장, 차이(蔡 채) 정치위원은 모두 어디에 있나?"

"정확히 모릅니다."

"자네는 저우 총리에게 천짜이다오, 중한화, 니우 사단장, 차이 정치위원 모두를 (베이징의) 징시빈관(京西賓館 경서빈관)으로 불러 만나도록 하라고 전하게. 천짜이다오에게 세 마디, 하나, 잘못을 자아비판하고 둘, 학습에 유의하고 셋, 안전에 주의하도록 전달하라고 말하게."

마오는 다음 날, 중앙을 대신해 우한군구 당위원회에 보내는 문서를 기초해 전보로 보냈다. 마오는 전보에서 "엄중한 과오를 저지른 간부, 자네들과 광대한 혁명군중을 포함해 천짜이다오 동지를 타도한 사람들에 대해 다시 과오를 범하지 않도록 하고, 진심으로 바르게 고치도록 하라. 아울러 광대한 혁명군중의 양해 아래 일어나 혁명 대열에 참가할 수 있도록 하라"고 지시했다. 그러나 린뱌오와 장칭은 '7·20사건'을 '철두철미한 반혁명 사건'으로 규정하고 천짜이다오를 '괴수'로 지목해 죽이려 했다. 그러나 마오가 전보에서 천짜이다오를 '동지'로 표현해 그의 목숨을 살리는 보호막이 되었다. 천짜이다오는 회고록에서 "만일 마오쩌둥 주석이 쓴 '동지'라는 이 두 글자가 없었더라면 린뱌오 일당이 우리를 죽이는 것은 손바닥을 뒤집는 것보다도 쉬웠을 것"이라고 서술했다. 마오는 1개월 뒤 양청우 등과 얘기할 때 우한에서 '노동자 총부'를 선동해 '7·20사건'을 야기한 장칭파의 왕리를 비판하고, 자아비판을 하도록 지시했다.

1967년 8월 25일 오전 1시, 저우언라이는 상하이에서 온 양청우와 최근 발생한 장칭파의 문혁 소조원 왕리의 '8·7발언'과 관평(關峰 관봉)이 기초해 『홍치』에 실은 '군내의 한 줌(수정자본주의자)을 적발비판하자'는 글 등 일련의 사건에 대한 해결방법에 관해 이야기했다. 저우는 이들의 행태를 비판하면서 극좌 사조의 범람으로 인한 연쇄반응을 우려하고, 관펑이 쓴 글을 마오에게 전달하도록 했다. 왕리의 '8·7발언'은 왕리가 8월 7일 외교부 조반파들에게 국무원 부총리 겸 외교부장인 천이를 적발비판 대회에 끌고 나가 비판하도록 선동한 내용이었다. 왕리의 선동으로 외교부에 대한 '탈권투쟁'이 본격화하고 급기야는 8월 22일 밤에 외교부 조반파와 홍위병들이 치외법권 지대인 영국의 공관에 쳐들어가 방화해 건국 이래 최대의 심각한 외교문제로 비화되었다. 양청우는 이날 오전 상하이로 돌아가 마오에게 저우의 전언을 전달했다. 양청우는 당시를 이렇게 회상했다. [469]

"마오쩌둥 주석은 (보고를) 들으며 연신 담배를 피웠다. 말도 하지 않고 물어보는 일도 없었다. 보고가 끝나자 마오 주석은 '청우야! 자네 피곤하겠다. 먼저 돌아가 쉬어라! 내가 자료를 살펴보고 숙고해보겠다. 일이 있으면 자네를 부르겠다'고 말했다. 다음 날 아침 마오 주석이 '자네가 즉시 베이징에 갈 수 있도록 비행기 편을 알아보고 준비가 되는 대로 다시 오라'고 말했다."

"베이징으로 갈 준비를 끝내고 주석을 찾아갔다. 마오 주석은 나에게 구술을 하며 받아 적도록 했다. 마오는 '왕(왕리), 관(관펑), 치(치번위)는 문화대혁명을 파괴했다. 좋은 사람이 아니다. 자네는 총리 한 사람에게 총리가 책임을 지고 그들을 체포해 보고하라'고 말했다. 마오 주석은 기록을 훑어본 뒤 '자네는 돌아가 이렇게 총리에게 즉시 처리하도록 하라'고 지시했다. 내가 응접실을 나왔을 때 마오 주석이 불러 세웠다. 주석은 '고려할 것이 있다. 치(치번위)는 잠시 놔두고 자아비판을 시키도록 하라'고 했다."

"나는 정오께 베이징에 도착해 곧바로 댜오위타이로 달려가 저우 총리를 단독으로 만나 마오의 결정을 전달했다. 총리는 결심한 뒤 즉시 회의를 열었다. 그날 밤, 댜오위타이에서 총리의 주재로 중앙의 소형 간담회가 열렸다. 천보다와 캉성, 장칭 등이 참석했다. 저우 총리가 오늘의 회의는 마오 주석의 중요 결정을 전달하는 회의라고 말했다. 그(저우)는 한 글자 한 문구씩 마오의 지시를 낭독했다. 뒤이어 왕리와 관펑을 체포해 격리했다. 나중에 마오 주석의 제1차 회의의 지시에 따라 치번위를 체포했다."

문혁 소조원인 왕리와 관펑, 치번위 3명은 문혁이 시작된 뒤 조반파가 극단적 행동을 취하도록 사주하며 온갖 패악을 저지르는 선봉 구실을 했다. 특히 왕리는 우한에서 조반파를 선동해 사태를 악화시킨 장본인이지만 베이징에 돌아온 뒤 장칭과 린뱌오파의 대대적인 환영으로 영웅 대접을 받은 바 있었다. 마오가 이들을 체포해 격리 심사하는 조처를 취하면서 장칭과 문혁소조는 큰 타격을 받았다. 마오가 허겁지겁 우한에서 상하이로 피신한 것은 왕훙원(王洪文 왕홍문)에게는 일생일대의 '벼락출세'의 기회가 되었다. 왕훙원은 이때 30만여 명의 노동자들을 동원해 긴 창과 곤봉으로 노동자들을 무장시켜 트럭, 지게차, 소방차를 타고 다니며 상하이시 혁명위원회 '노동자 혁명조반 총사령부(工總司 공총사)'에 반대하는 세력을 깨부수고 있었다.

마오는 한밤중에 완전무장한 차를 타고 상하이 와이탄(外灘 외탄) 거리를 순시한 적이 있었다. 마오는 노동자들이 손에 긴 창을 들고 무장한 채 안전모를 쓰고 상하이시 혁명위원회 문 앞을 철통같이 경비하고 있는 모습을 보고 상하이 형세가 우한과는 사뭇 다르다는 것을 느꼈다. 노동자 조반파들이 상하이를 완전 장악하고 있다는 것을 확인하고 흐뭇해했다. 마오는 장춘차오에게 상하이 민병民兵을 다시 조직해 10만 명을 무장시키도록 지시했다. 장춘차오는 총기 무장을 타진했으나 마오는 곤봉 등으로 무장하도록 했다. 장춘차오는 마오가 특별히 노동자 조직을 중시한다는 것을 알고 상하이 텔레비전에 노동자들의 프로그램을 방영하도록 지시했다. 마오는 텔레비전에서 왕훙원이 비판대회에서 총결발언을 하는 모습을 인상 깊게 보았다. 장춘차오는 마오가 상하이 노동자 계급에 의존하려는 뜻을 간파하고 왕훙원과 '공총사'를 자신의 출세 수단으로 삼을 계책을 꾸몄다. 장춘차오는 마오에게 왕훙원의 '홍색紅色(공산주의) 경력'을 설명했고, 마오는 대단한 흥미를 보였다. [470]

이를 계기로 왕훙원은 다음 해 국경절인 1968년 10월 1일, 당중앙과 국무원이 초청한 전국 노동자와 노동자 선전대의 대표들이 베이징에 왔을 때 상하이 대표단을 이끌고 중난하이에서 묵게 되었다. 왕훙원은 한밤에 많은 노동자 대표들 가운데 유일하게 마오쩌둥을 단독으로 접견하는 '행운'을 얻었다. 마오의 배려였다. 톈안먼 광장에서 국경절 행사를 끝내고 분열식을 할 즈음 장춘차오는 왕훙원을 톈안먼 성루의 귀빈실로 데리고 갔다. 장춘차오는 마오가 중앙의 소파에 앉아 있는 것을 보고 왕훙원만 남겨둔 채 의도적으로 자리를 피했다. 마오는 왕훙원을 곁에 있는 린뱌오에게 소개했다. 마오는 왕훙원을 접견하면서 그의 이력에 관해 많은 얘기를 들었다.

국경절 참관 행사가 끝난 뒤에 상하이 대표단은 돌아갔지만, 마오는 왕훙원을 베이징에 잔류시켜 10월 13일부터 열리는 확대한 중앙 제8기 12중전회에 참관인으로 참석하도록 지시했다. 마오는 전체회의에서 왕훙원을 표창하고, 120만 명의 노동자가 국면을 장악하고 있는 상하이가 베이징보다 강하다고 말하며 그를 한껏 치켜세웠다. 10월 31일, 마오는 폐막식에서 회의 참석자들 앞에 왕훙원을 다시 일으켜 세웠다. 마오는 "저 사람(왕훙원)이 '공총사' 책임자이고 상하이시 혁명위원회 위원"이라고 소개한 뒤에 왕훙원이 이끈 '안팅사건'을 높게 평가하기도 했다. 왕훙원은 일약 전국적인 유명인사가 되었다. 상하이로 돌아온 왕훙원은 마오와 함께 찍은 사진을 상하이 전람관에 전시해 환골탈태한 자신의 위상을 알리기 시작했다. 마오가 왕훙원을 중시하자 장춘차오는 곧바로 상하이시 혁명위원회 서열을 조정해 자신과 야오원위안의 다음 서열인 3위에 올려 왕훙원은 서열 3위라는 뜻의 "왕라오싼(王老三 왕로삼)"으로 불렸다. 마오의 운명적 지우를 얻은 왕훙원은 나중에 마오의 세 번째 후계자가 되고, 상하이방인 장칭, 장춘차오, 야오원위안과 악명 높은 '4인방四人帮'을 형성해 문혁을 이끌며 정권을 농단하게 되었다.

국가주석의
존엄

1967년 8월 5일, 300만 명에 이르는 홍위병들이 톈안먼 광장에 구름처럼 몰려들어 사람의 바다를 이루었다. 홍위병들은 류사오치-덩샤오핑 타도대회를 열었다. 이 장면은 전국에 방영되었다. 일단의 홍위병들과 조반파들은 중난하이로 몰려가 류사오치와 덩샤오핑에 대한 적발비판 대회를 열었다. 이들은 비판대로 류사오치와 왕광메이를 끌고 나왔다. 류사오치를 2시간에 걸쳐 '제트기를 태우는' 등 고문과 폭행도 서슴지 않아 병고에 시달리던 류사오치의 몸은 만신창이가 되었다. 류사오치는 홍위병과 조반파들에게 필사적인 저항을 하며 절규했다. [471]

"제군들이 나 개인에게 어떤 태도를 취하는가는 중요한 일이 아니다. 그러나 나는 중화인민공화국 주석의 존엄을 지키지 않으면 안 된다. 제군들의 행동은 자기 나라를 모욕하는 것이다. 나도 한 사람의 공인이다. 왜 나에게 얘기를 못하게 하는가? 헌법은 전공민全公民에게 인격권이 침해당하지 않는다고 보장하고 있지 않은가? 헌법을 파괴하는 것은 엄한 제재를 받아야 한다."

이 광경은 류사오치의 어린 자녀들도 보게 되었다. 부모를 비판하도록 강요당해온 자녀들은 눈물을 흘리면서 처참하게 일그러진 모습의 부모를 바라보며 가슴을 쥐어뜯어야 했다. 국가주석에 대한 모욕과 패악은 개인 류사오치뿐만 아니라 국가의 존엄에 대한 모독이자 패륜 행위 그 자체였다. 최소한의 인권마저 팽개친 인민의 존재를 부정한 슬픈 초상이었다. 국가원수인 류사오치의 권위와 위엄은 깡그리 무너지고 말았다. 덩샤오핑 부부도 이날 비슷한 수난을 당했다. 홍위병과 조반파들은 덩샤오핑과 부인 쥐린(卓琳 탁림)을 마당으로 끌어내 격렬하게 비판했다. 조반파들은 덩샤오핑과 쥐린을 강제로 허리를 굽히게 하고 머리 숙여 죄를 인정할 것을 요구하는 등 온갖 욕설을 퍼붓고 모욕을 가하는 행패를 부렸다.

덩샤오핑과 쥐린은 이후 자녀들과 헤어져 중난하이 집에 연금되어 비판을 받으며 린뱌오와 장칭의 감시를 받게 되었다. 베이징대학 기술물리학과 4학년에 다니던 덩샤오핑의 큰아들 덩푸팡(鄧朴方 등박방)은 1968년 8월에 조반파 학생들이 부친 덩샤오핑에 대한 비판을 강요하며 폭력을 휘두르자 이에 대한 항의 수단으로 학교 건물에서 뛰어내렸다. 덩푸팡은 목숨은 건졌지만 척추를 다쳐 평생 장애인이 되었다.

'류사오치-왕광메이 전담 조사반'은 장칭의 직접 통제 아래 1967년 5월부터 1968년 10월까지 '류사오치의 변절 문제' 조사에 전력투구했다. 전담 조사 조장 셰푸즈는 "대반역자 류사오치 사건은 주요 공작 모두를 장칭 동지가 직접 관장한다. 이후 모든 중요 상황 보고와 지시받을 사항은 모두 직접 먼저 장칭 동지에 보고하라"고 조사요원들에게 지시했다.

전담 조사반은 관련자들을 고문해 거짓 자백을 강요하고 자신들의 입맛대로 조서의 일부를 끌어다 왜곡하는가 하면, 기만적인 수법으로 대량의 위증 자료를 만들어냈다. 류사오치에 대한 조사가 얼마나 혹독했는지는 그의 '억울한 날조, 오심 誤審 사건'에 연루된 사건이 2만 2천여 건으로 2만 8천여 명의 연루자가 재판을 받았다는 사실로도 짐작할 수 있다. 장칭 등은 전담 조사반들이 허위로 날조한 위증 자료를 마오에게 보냈다. [472]

마오는 외국의 주요 인사들에게 "류사오치의 문제는 간단하지 않다. 우경적 사상의 문제만이 아니다. 그는 과거 국민당 통치지역에서 최소 4차례 체포된 일이 있었다. 현재 어떤 사람은 그가 적들에게 자수했다고 증언했다. 따라서 1936년 북방국에 있을 때 반역자들의 출옥을 담보했다. 우연한 일이 아니다"라고 말했다.

마오는 류사오치가 1946년 겨울에 미국과 결탁해 반공 동맹군을 조직하고, 미군이 대규모로 출병할 때 공산당을 공격하려고 했다는 내용은 너무도 황당한 일이라 믿지 않았다. 저우언라이는 항일전을 앞두고 류사오치가 난징에서 쑨커(孫科 손과)와 쑹쯔원(宋子文 송자문) 등 국민당 고위인사를 만났다는 자료도 터무니없는 거짓이라고 말할 정도였다.

왕광메이는 9월 13일에 간첩죄로 체포되어 11월 27일 베이징 친청(秦城 진성) 감옥에 갇히는 신세가 되었다. 류사오치와의 생이별은 끝내 영결이 되고 말았다. 류사오치는 이날 헤어지는 부인 왕광메이에게 "우리 어떻게 하든 꽃가마를 탔던 그런 날을 기다립시다"라고 말해 두 사람은 모처럼 웃었다. 류사오치는 "역사는 인민이 쓰는 것"이라며 부인을 위로했다.

류사오치는 왕광메이가 감옥으로 끌려가고 아이들도 모두 중난하이 집에서 쫓겨나 보살피는 사람 없이 홀로 생활하며 홍위병과 조반파들의 모멸적인 박해에 시달려야 했다. 류사오치는 정신적 고통과 병고, 외로움과 물질적 결핍 속에 서서히 '식물인간'이 되어갔다. 가족의 불행도 잇따랐다.

바오터우(包頭 포두) 국방공창國防工廠 부수석기사로 있던 류사오치의 큰아들 류윈빈(劉允斌 유윤빈)은 12월 말에 홍위병들의 비판을 받은 뒤 자살했다. 내몽골자치주에서 일하던 장녀 류아이친(劉愛琴 유애금)은 조반파들에게 비판받고 흠씬 두들겨 맞은 뒤 문혁 당시 비판 대상자를 격리해 가두는 '외양간(牛棚 우붕)'에 장기간 동안 감금되었다. 둘째 아들 류윈뤄(劉允若 유윤약)는 장칭이 1967년 초에 이름을 거명한 뒤 체포되어 8년 동안 감옥살이를 했다. 류윈뤄는 감옥에서 괴롭힘을 당해 병을 얻어 출소했으나 얼마 뒤 사망했다. 류사오치와 함께 생활하다가 쫓겨난 4명의 자녀 중 가장 어린 6세짜리 딸은 보모가 키웠고, 학교에 다니던 3명 중 18세의 딸 핑핑(平平 평평)과 16세 된 아들 위안위안(源源 원원)은 나중에 체포되어 감옥살이를 하는 고초를 겪었다. 류사오치는 하루아침에 집안이 풍비박산하는 참혹한 꼴을 당해야 했다.

1968년 10월 30일에 열린 중앙 확대 제8기 12중전회는 중앙 전담 심사조가 10월 18일에 건넨 '반역자, 내부간첩, 노동계급의 배반자 류사오치 죄행에 관한 심사 보고'를 비준해 통과시켰다. 전회全會는 류사오치를 당에서 영구 제적하고, 당내외의 모든 직무를 철회했다. 전회는 또 류사오치와 관련한 사람들에 대한 반당과 국가배반죄를 계속 청산하는 내용을 선포했다. 전회에서 린뱌오와 장칭파들이 덩샤오핑의 당적 제적을 강력하게 주장했으나 마오의 반대로 무산되었다. 마오는 폐막사에서 이 문제를 특별히 강조했다.

마오는 "덩샤오핑에 대해 모두들 제명하자고 하나 보류해야 한다. 나는 이 사람(덩샤오핑)과 류사오치는 구별해야 한다고 본다. 사실상으로도 구별된다. 나는 이 사람이 다소 보수적이긴 하지만 당신들의 구미에 맞지 않는다고, 덩샤오핑을 바꿔야 한다는 말은 맞지 않는다"고 밝혔다. 이에 따라 덩샤오핑은 직무 정지를 당한 채 심사 대상자가 됨으로써 덩샤오핑 문제는 잠시 잠복 상태로 들어갔다. 473

사실 마오는 덩샤오핑의 됨됨이와 재능을 높이 평가해 그의 곁에 두고 싶어 했다. 그러나 두 사람의 현실 대처 방식이 달라 밀착관계를 이루지 못했다. 마오는 삼면홍기三面紅旗를 적극적으로 추진할 때도 덩샤오핑이 반대하는 것을 안타까워한 적이 있었다. 마오는 "덩샤오핑은 귀머거리다. 회의가 열리면 덩샤오핑은 나한테서 멀리 떨어진 자리에 앉는다. 1959년 이래 6년 동안 나한테 보고공작을 하지 않았다. 서기처는 그(덩샤오핑)가 펑전이나 리푸춘을 장악해 기율을 엄격히 지킨다. 어떤 일이 있어 (내가) 서기처에 말하면 서기처는 나에게 일언반구 이야기를 하지 않았다. 덩샤오핑은 나를 경원한다"고 불만을 터뜨렸다.

마오는 1965년 1월에 열린 중앙공작회의 때 회의를 주재하던 덩샤오핑이 자신에게 "회의에 참석하지 않아도 된다"고 말했다며 크게 노여워한 적도 있었다. 마오는 자신에게 불가근불가원하며 일정한 거리를 유지하는 덩샤오핑을 서운해했지만 아끼는 마음이 앞서 린뱌오와 장칭파의 강력한 당적 삭제 요구를 반대한 것이었다.

조반파와 홍위병으로부터 정신적·육체적으로 시달리고, 병고로 만신창이가 된 몸을 부지한 채 중난하이 집에서 하루하루를 힘들게 연명하던 류사오치는 당적을 영구 제적한 소식을 듣고 크게 분노했다. 하지만 그에게는 이미 항거할 어떤 힘도 없었다. 오르지 울분과 회한을 마음속에 삭이며 하루 종일 말 한 마디도

하지 않은 채 눈을 감고 침묵하는 것만이 유일한 저항이었다. 돌보는 이 없는 류사오치는 폐렴과 당뇨병, 고혈압 등의 합병증으로 1968년 급성 기관지염이 발생해 39도를 오르내리는 고열로 죽음의 문턱에까지 갔다가 가까스로 목숨을 건진 적도 있었다. 정신적으로나 육체적으로 이미 탈진 상태에 이른 류사오치는 침상에서 생활할 수밖에 없는 데다가 수시로 발생하는 폐렴과 당뇨병 등으로 회복 불능의 중환자가 된 지 오래였다. 죽음의 그림자가 그의 곁에 어른거렸다.

류사오치의
고혼

1969년 3월, 중국과 소련의 국경지역 헤이룽장성(黑龍江省 흑룡강성) 전바오다오 (珍寶島 진보도)에서 중소 간에 무력충돌이 발생하는 등 중소관계가 더욱 악화되었 다. 이런 상황에서 중국은 10월 23일과 29일에 잇따라 첫 지하 핵실험과 새로운 수소폭탄 실험을 성공적으로 마쳤다. 이를 전후해 중소와 중미 긴장관계가 고조 되면서 마오는 전쟁 준비 태세를 갖추는 등 고도의 비상 상태에 들어갔다.

10월 14일, 중앙은 베이징에 있는 당정군의 주요 지도자들과 감호 대상자들을 10월 20일 이전에 전국에 분산 소개하는 통지를 발동했다. 저우언라이가 베이징 에 남아 공작을 총지휘하고, 마오를 비롯한 지도자들을 전국 각 지역에 분산 배 치했다. 이때 류사오치와 덩샤오핑도 각각 허난성 카이펑(開封 개봉)과 장시성 난 창(南昌 남창)으로 옮기게 되었다. 중환자인 류사오치는 17일 밤에 산소 호흡기를 끼고 링거를 꽂은 뒤 들것에 실려 1명의 의사와 2명의 간호사, 2명의 전담 조사반 원 등의 호송 아래 군용기에 태워져 카이펑으로 이송되었다. 밤 9시 30분에 카이 펑 비행장에 도착한 류사오치는 곧바로 시 혁명위원회가 관리하는 감호시설에 수감되었다. [474]

애초 중환자인 류사오치의 카이펑 이송은 '미필적 살인행위'나 마찬가지였다.

류사오치는 병세가 더욱 나빠졌으나 베이징에서 수행한 의사와 간호사들은 나 몰라라 하며 11월 6일에 모두 돌아갔다. 현지 군부대의 의료진이 돌보도록 했으나 있으나 마나였다. 12일 오전 1시께 병세가 악화되어 혼수상태에 빠졌다.

당직 간호사가 형식적 치료만 했을 뿐 의료진은 5시간 40여 분이 지난 뒤에야 나타났다. 류사오치는 끝내 회생하지 못하고 12일 오전 6시 45분에 심장박동이 멈추었다. 71세를 일기로 한원恨怨을 가슴에 묻은 채 눈을 감았다. 죽음은 극비에 부쳐졌고, 주검은 13일 비밀리에 카이펑 화장터에서 한 줌의 재로 변했다. 류웨이황(劉衛黃 유위황)이라는 이름으로 화장했다. 유골은 카이펑 화장터 유골 안치소에 보관되어 있었다.

1970년 12월, 미국의 저명한 신문기자 에드거 스노가 마오에게 류사오치를 실각시킬 결심을 언제부터 했는지를 물은 적이 있었다. 마오는 "23조 때"라고 말했다. 23조는 '농촌사회주의 교육운동 중 목전에 제기된 일단의 문제'를 가리킨다. 이 23조의 결정은 사회주의 교육운동이 시작된 1963년 초가 된다. 마오는 이때부터 류사오치를 제거하기로 마음을 먹은 것이다. 장칭 등 '4인방'이 체포된 뒤에 류사오치의 부인 왕광메이는 12년의 억울한 옥살이를 끝내고 1978년 12월 22일에 출소했다. **475**

"류사오치 동지는 위대한 마르크스-레닌주의자이고, 공산주의를 위해 평생을 분투한 무산자계급 혁명가다. 과거 류사오치 동지를 중상모략, 모함, 위조한 자료와 모든 사실에 맞지 않는 주장은 완전히 무너졌다."

1980년 2월 29일 밤, 텔레비전에서 십수 년 만에 '류사오치 동지'를 호칭하는 아나운서의 목소리가 전국으로 퍼져나갔다. '문혁' 중 최대의 '억울한 날조 오심 사건'인 류사오치에 대한 평판(平反 평반: 복권) 내용을 보도했다.

류사오치 추도대회는 5월 17일에 베이징 인민대회당에서 장중하게 거행되었다. 추도사를 마친 덩샤오핑은 왕광메이의 손을 꼭 잡고 "좋은 일입니다. 이겼습니다! 울지 마십시오!"라며 위로했다.

장칭이 갇혀 있던 친청(秦城 진성) 감옥 관계자에 따르면 장칭은 이날 라디오 방송에서 류사오치의 복권 소식을 들었다. 중앙이 전국에 국기를 반기로 게양하고,

모든 문예활동을 중지한 채 류사오치를 추도하는 날, 장칭은 감옥에서 큰 목소리로 경극의 노래를 부르며 연기 흉내를 내기도 했다고 한다. 5월 19일, 류사오치의 유골은 왕광메이와 자녀들이 유언에 따라 칭다오(青島 청도) 앞바다에 뿌려졌다. 바닷물에 흩날린 유골은 '만파안식萬波安息'을 찾아 세상사의 시비곡직과 애증도 한바탕 꿈인 양 파도에 실려 굼실굼실 사라져갔다. 파도에 흩뿌려지는 재가 된 유골이 그때를 떠올렸다. 류사오치가 1942년 옌안을 찾아갈 때였다. 1941년 9월회의 이후, 중앙과 마오는 당시 화중(華中 화중)에서 공작하고 있던 류사오치에게 옌안에서 열리는 제7차 전국대표대회에 참석하도록 지시했다.

당시 마오는 소련과 코민테른을 업고 있는 왕밍 등 '28인의 볼셰비키' 파들과 사상논전을 벌이며 버거운 싸움을 하고 있었다. 이론 무장이 된 뛰어난 지원자가 필요했다. 마오는 류사오치를 마음속에 두고 있었다. 마오는 류사오치를 긴급 호출했다.

장쑤성 북쪽지역 푸닝(阜寧 부녕)의 단자강(單家港 단가항)에 있던 류사오치가 옌안으로 가기 위해서는 3천 리에 이르는 130여 겹의 일본군 봉쇄선을 뚫어야 했다. 류사오치가 1942년 3월 19일 단자강을 출발하기 전에 마오는 그의 안전을 위해 반드시 무전기를 휴대하고 무장한 호위대를 동행할 것을 주문했다. 마오는 "(류)사오치를 호위하는 무장 경호반은 반드시 능력 있는 골간에서 골라 뽑고 훈련을 하도록 지시"하는 등 각별한 관심을 쏟았다. 마오는 또 펑더화이에게 전보를 보내 "화중에서 화베이(華北 화북)에 이르는 길에 대한 적들의 봉쇄 상황과 안전 보증 상태"를 조사하도록 지시했다.

마오는 류사오치가 경유하는 지역의 홍군에게 전통을 보내 그의 경호에 만전을 기하도록 명령했다. 이처럼 마오가 류사오치의 신변 안전을 위해 홍군에게 전보를 보낸 것만도 10여 통에 이를 정도로 그를 극진하게 생각했다. [476]

류사오치가 10월 9일에 북방국과 팔로군 총사령부가 있는 산시성(山西省 산서성) 랴오(遼 요)현에 도착했을 때 옌안의 『제팡르바오(解放日報 해방일보)』는 류사오치가 쓴 '논論 당내투쟁'의 글 전문을 실었다. 마오는 직접 이 글을 실으며 편집자 글을 썼다. 마오는 편집자 글에서 "이 글은 류사오치 동지가 1941년 7월 2일에 화중국 당교黨校에서 연설한 내용으로 이론적으로나 실제적으로 당내투쟁에 관한 중대 문제를 해결한 해법이다. 모든 동지들의 필독을 바란다. 현재 정풍 학습 전개가 심화되고 있는 기간에 특별히 발표하니 전당 동지들은 유의해 연구하고 토론하기 바란다"며 그의 글을 높게 평가했다.

마오는 또 이 시기의 연설에서 여러 차례 류사오치가 쓴 『논 공산당원의 수양』 등의 저서를 거론하며 "아주 잘 쓴 글"이라고 칭찬했다. 9개월에 걸쳐 1943년 1월 1일 옌안에 도착한 류사오치는 다음 날 양자링(楊家嶺 양가령) 대강당에서 성대하게 열린 신년 단배회團拜會에서 융숭한 환대를 받았다.

류사오치는 1945년 제7차 전국대표대회부터 1966년 중앙 제8기 11중전회 때까지의 '중공 제1대 집체 지도'에서 '제2인자'로 확고하게 자리매김하면서 마오의 굳건한 신뢰를 받았다. 중국공산당 역사에서 마오쩌둥의 주석 직무를 담당한 사람은 류사오치가 유일했다. 류사오치는 마오가 충칭회담과 소련 방문, 그리고 1953년 말 항저우에서 신헌법 기초 공작을 주재할 때 세 번에 걸쳐 중앙 주석 직무대리를 했다. **477**

1961년 9월 24일, 마오가 우창(武昌 무창)에서 영국의 버나드 로 몽고메리 원수를 접견할 때였다. 몽고메리가 "당신의 후계자는 누구냐?"고 물었다. 마오는 "분명하다. 류사오치다. 그는 우리 당의 제1부주석이다. 나의 사후에는 바로 그다"라고 대답했다. 몽고메리는 "류사오치 다음은? 저우언라이인가?"고 물었다. 마오는 "류사오치 이후의 일은 내가 상관할 바가 아니다"라고 대답했다. 이렇게 해 류사오치가 마오의 후계자라는 것이 서방세계에 널리 알려졌다. 마오와 류사오치는 그런 관계였다. 좋은 역사든 나쁜 역사든 서로가 몸을 섞으며 흘러가는 게 현실인지도 모른다. 하지만 류사오치는 더 나은 세상을 위해 인민들이 훌륭한 역사를 써 나가기를 굳은 신념으로 믿었고, 간절히 바랐다.

주더,
난타당하다

린뱌오의 '제1호 명령'에 따라 전군이 전쟁 대비에 들어가면서 덩샤오핑은 1969년 10월 22일에 베이징을 떠나 장시성(江西省 강서성) 난창南昌으로 이송돼 부근의 한 공장에서 노동 단련을 하게 되었다. 저우언라이는 평소 자신의 후계자로 여기는 덩샤오핑의 능력과 재능을 아껴 많은 관심과 배려를 해왔다. 주자파의 '제2과녁'으로 찍혀 실각했지만 마오는 그의 당적 삭제를 유보시켰다. 덩샤오핑에 대한 마오의 믿음과 기대를 알고 있는 저우는 덩샤오핑을 보호하기 위해 장시성 혁명위원회 주임 청스칭(程世淸 정세청)에게 직접 전화를 걸었다.

저우는 "마오 주석은 제9차 전국대표대회에서 덩샤오핑의 문제는 다른 사람과 다르다고 말했다. 덩샤오핑은 그곳에 내려가 농촌에서 단련을 한다. 60세가 넘었다(당시 덩샤오핑은 65세였음). 몸이 별로 좋지 않다. 노동력을 감당할 수 없다. 잘 살펴주기 바란다"고 부탁했다. 저우는 "현재 지방 상황은 대단히 복잡하다. 현지 군중들이 덩샤오핑 부부를 알아볼 수 있다. 혹시 어떤 사람들이 그들을 찾아와 번거롭게 할 수 있다. 당신들 성 혁명위원회는 그들(덩샤오핑 부부)의 안전을 보호해야 한다. 당신들은 많은 관심을 갖고 그들을 많이 도와주어야 한다"고 특별히 당부했다. **478**

성 혁명위원회 주임 청스칭은 린뱌오 계열의 사람이었지만 총리 저우언라이가 직접 전화한 만큼 소홀히 할 수 없었다. 청스칭은 애초 덩샤오핑 부부의 절대 안전을 위해 조반파와 홍위병들이 괴롭히지 못하도록 간저우(贛州 감주)의 소형차 부품공장에 보낼 계획으로 이런 내용을 저우에게 보고했다. 저우언라이는 간저우가 난창에서 비교적 멀고, 교통이 불편한 산간지대로 생활 조건도 좋지 않아 난창 부근에 거처를 마련해줄 것을 부탁했다. 저우언라이는 "집은 2층집을 구해 2층에는 덩샤오핑 부부가 거주하고 아래층은 (덩샤오핑을 보호하는) 공작원들이 지낼 수 있도록 하면 좋다. 제일 좋은 것은 대문 하나에 마당 하나가 딸린 독채다. 마당에서 활동할 수 있고 안전을 보증할 수 있어 좋다"고 안전에 각별한 신경을 썼다. 성 혁명위원회는 난창시 교외의 신젠(新建 신건)현 왕청강(望城崗 왕성강)에 있는 난창 보병학교 교장의 사택이었던 건물을 물색했다. 성 혁명위원회는 덩샤오핑 부부가 이곳에서 멀지 않은 농기구 수리공장에서 노동 단련을 하도록 배려했다. 덩샤오핑 부부는 저우의 도움으로 조반파나 홍위병들에게 시달리지 않고 비교적 안온한 생활을 하며 때를 기다릴 수 있었다.

린뱌오와 장칭이 홍위병과 조반파를 사주해 주더(朱德 주덕)를 비판하는 대자보를 붙이고 공격하다가 마오가 '공개 비판투쟁(批鬪 비투)'을 하지 못하도록 지시하자 주더에 대한 공격은 한풀 꺾였다. 앙앙불락하며 기회를 엿보던 린뱌오와 장칭은 1969년 4월 1일부터 열리는 제9차 전국대표대회를 앞두고 '주더 타도'를 위한 잰 발걸음을 놓기 시작했다.

이들은 수도 종합대학과 단과대학 조반파 학생들로 반동분자를 적발해내어 비판하는 '추투병단(揪鬪兵團)'을 꾸려 주더의 고향인 쓰촨성 이룽(儀隴 의룡)현으로 가 '조반造反'을 펴도록 지시했다. 또 전국에 일단의 조반파를 파견해 주더를 공격할 '자료 포탄'을 찾도록 선동했다. [479]

캉성은 1968년 7월에 별도로 제8차 중앙위원과 후보 중앙위원의 분류 명단을 만들어 류사오치와 덩샤오핑 등 89명을 '특무特務(간첩)', '반도', '외국 내통 분자', '반당분자'로 나누었다. 또 주더와 천윈 등 29명을 '과오 또는 이력 조사 대상자'로 분류하고 이외에도 '직무 정지자' 7명, 환자 3명, 사망자 28명, 기타 37명 등 구체적으로 성향 분석과 신변 분류 작업을 마쳤다. 이런 분류 작업은 다가오는 제9차 전국대표대회에서 중앙위원과 후보 중앙위원 61퍼센트 이상을 장악하기 위한 사전 정비 작업이었다.

공안부장 셰푸즈(謝富治 사부치)는 장칭과 캉성의 지시에 따라 공안부에서 700명의 인력을 뽑아 개인 경력을 철저하게 조사해 청산하는 조직을 꾸렸다. 셰푸즈는 이들 조사원들에게 "자료를 철저하게 조사하는 것은 죽어도 회개하지 않는 한 줌밖에 안 되는 주자파의 반혁명 범죄행위를 철저하게 가려내기 위한 것"이라고 명확하게 말했다. 린뱌오와 장칭의 당정군 권력 '탈취' 방침 아래 이들은 잇따라 주더 등 14명의 당과 국가 지도자들을 모함하는 자료를 정리하고, 44명의 중앙과 지방 당정군의 책임자들을 음해하는 400여 건의 자료를 추려냈다.

그러던 11월 어느 날, 베이징 거리에 갑자기 '중공중앙 비상위원회' 이름의 전단이 몇 장 뿌려졌다. 전단에 서명한 사람들은 새로운 중국공산당 중앙위원회가 성립되었다고 밝혔다. 린뱌오와 장칭 등은 이런 소식을 듣고 긴장은 고사하고 몹시 흥분하며 기뻐 날뛰었다. 이들은 당과 국가 지도자들을 적발비판 투쟁하는 것과 관련 있는 만큼 하늘이 준 절호의 기회로 대규모 타도의 불쏘시개로 여겼다.

공안부장 셰푸즈가 직접 물샐틈없는 수사망을 펼치며 일망타진을 호언했다. 12월 10일, 공안부는 수사에 들어가 중국과학원 철학사회과학부 경제연구소의 실습연구원 저우周 아무개 여성을 체포해 자백을 받아 배후를 밝혀냈다. 저우 아무개 연구원은 강압에 못 이겨 주더, 국가 부주석 둥비우, 중앙군사위원회 부주석 예젠잉, 부총리 리셴녠, 부총리 리푸춘, 부총리 천이 등 수십여 명의 중앙과 지방의 지도자들이 '중국(마르크스-레닌)공산당'을 만들었다고 자백했다. 진술 내용은 이렇다. **480**

"비밀 대표대회는 지난 1967년 7월 15일을 전후해 위안중즈(原中直 원중직) 기관 9호 소강당에서 비밀리에 소집되었다. 대표들은 사전에 개회 시간과 장소를 알고 있었다. 대회는 오전 9시 30분에 시작했다. 회의장에는 마르크스와 레닌의 초상화가 걸려 있었다. 먼저 대회에 참석한 사람은 주더, 천이, 예젠잉, 쉬샹첸, 리셴녠, 리푸춘, 류닝이(劉寧一 유영일), 둥비우, 녜룽전 등이었다. 이밖에 총참모장 대리 양청우, 위리진(余立金 여립금), 샤오화, 베이징군구 위수사령관 푸충비, 자오이민(趙毅敏 조의민), 류샤오(劉曉 유효), 류장성(劉長勝 유장승) 등이 모두 주석대에 앉았다.”

“대회대표 성원 보고에 따르면 각계 각 부문에서 선출된 200여 명의 대표들이 참석했다. 비밀대회는 주더가 회의를 주재했고 개막사를 했다. 천이가 대회에서 현재의 형세와 임무에 대한 보고를 했다. 회의가 끝나기 전에 주더가 총결을 했다. 회의에서 당중앙을 결성했는데 ‘중국(마르크스-레닌)공산당’이라고 했다. 지도자는 주더가 ‘괴뢰 총서기’, 천이가 중앙의 부서기 겸 국방부장, 리푸춘이 총리가 되었다. 상무위원은 주더, 천이, 리푸춘, 쉬샹첸, 예젠잉, 허룽 등 9명이다. 중앙위원은 왕전, 샤오화, 우슈취안(伍修權 오수권) 등 16명이다.”

진술 내용으로만 보면 린뱌오와 장칭 집단의 인사들만 빼고 중앙의 주요 지도자들이 모두 끼다시피 했다. 어마어마한 대형 사건이었지만 누구도 믿지 않는 허술하기 짝이 없는 황당한 조작사건이었다. 하지만 린뱌오는 ‘중국(마르크스-레닌)공산당’이 ‘외국과 내통하고, 정변을 일으키려 했다’는 2개의 큰 모자를 씌워 눈엣가시로 여기는 주더를 제거하려고 백방으로 손을 뻗쳤으나 만사휴의였다.

여기저기에 뿌려진 가공한 ‘중국(마르크스-레닌)공산당’의 전단이 주더의 손에도 들어왔다. 주더는 이 전단을 보다 가가대소했다. 웃음을 잃다시피 한 주더가 큰 소리로 웃자 곁에 있던 부인이 화들짝 놀라 연유를 물었다. 주더는 웃음을 거두며 딱하다는 듯이 말했다.

“세상이 넓다보니 온갖 기묘한 일이 생깁니다그려. 지금 중국에 괴이한 일이 너무 많아요. 그들은 이제 낯가죽도 모두 벗어버렸어요. 중국에 ‘마르크스-레닌당’이 나타났다고 새빨간 거짓말까지 합니다. 내가 서기고, 천라오쭝(천이)이 나의 조수 겸 국방부장이라고 합니다. 또 상무위원회, 중앙위원회, 총리, 부장 등등 원로들의 이름을 줄줄이 늘어놨어요.”

이처럼 린뱌오와 장칭은 제9차 전국대표대회를 앞두고 당의 찬탈과 권력탈취를 노리면서 주더의 ‘9대 진입’을 막으려 온갖 수단과 방법을 가리지 않았다. 린뱌오와 장칭의 지시에 따라 광저우 군구사령관 황융성(黃永勝 황영승)은 대거 인력을 동원해 허위 당안黨案을 조사한다는 이름 아래 국민당이 주더를 모함한 광범한 자료를 수집해 공격 자료로 활용했다.

한 예로 주더와 천이가 난창기의 실패 후에 패전 부대를 이끌고 1927년 11월에 간난(贛南 감난)으로 가 주더의 동기생인 국민혁명군 제16군단 군단장 판스성(范石生 범석생)에게 의탁해 위기를 모면한 적이 있었다. 린뱌오와 장칭은 황용성이 보낸 이 자료를 근거로 주더가 판스성에 투항한 적이 있다며 마오에게 보고했다. 마오는 당시 실제 내막을 잘 알고 있었다. 이들은 주더와 천이를 '반역자'로 몰아붙이려 했으나 사실과 너무 달라 미수에 그쳤다.

이들은 또 1968년 10월 13일 베이징에서 열린 중앙 제8기 12중전회에서 주더가 '2월 역류'로 매도한 군 원로들에 우호적 발언을 하자 우파셴과 장춘차오가 주더를 집중 비판했다. 우와 장은 주더를 "일관되게 마오 주석을 반대한 야심가이자 황제를 꿈꾸는 자"라고 맹공격을 퍼부었다.

주더 제거에 혈안이 된 린뱌오는 역사적 사실을 조작하는 것도 마다하지 않았다. 장시성 징강산(井岡山 정강산) 혁명박물관에 '린뱌오와 마오가 징강산에서 부대를 합류'하는 장면의 유화를 크게 그려 걸어놓았다. 박물관 해설원은 관람객들에게 "1928년 봄, 린뱌오 동지가 난창기의 부대를 이끌고 징강산에 와 이곳에서 위대한 영수인 마오 주석을 만났다"고 설명했다. 난창기의 부대를 이끌고 마오 부대와 만난 '주더'를 '린뱌오'로 바꿔치기한 것이다. 마오와 주더의 부대 합류 이후 '주-마오(朱毛 주모: 주더와 마오)' 시대를 열어 홍군 투쟁의 상징이 되었는데도 린뱌오는 '주-마오'를 '마오-린(林 임: 린뱌오)'이란 호칭으로 바꾸어 부르도록 했다. 481

쿠바의 중국 대리 대사인 가르시아가 장시성 징강산의 혁명박물관에 들른 적이 있었다. 그는 중국 역사를 잘 알고 있을 뿐만 아니라 베트남 대사를 지냈기 때문에 징강산 부대 합류 사실을 훤히 꿰고 있었다. 가르시아는 해설원의 설명을 듣고 어이가 없었다. 그는 장시를 떠날 때 중국 외사 관계자들에게 역사 왜곡을 바로잡을 것을 건의했다. 가르시아는 상하이에 도착한 뒤 중국 외교부 관계자들에게도 이런 사실을 알렸다.

가르시아는 "중국뿐만 아니라 전 세계에서 '주-마오 부대 합류'를 다 알고 있다. 주더 장군이 난창기의 군대를 이끌고 징강산에 올라 부대를 합류시켰다. 린뱌오 부주석이 아니다. 이런 사실은『마오쩌둥 선집』과 스노가 쓴『중국의 붉은 별』에도 기록되어 있다"고 말했다. 그는 "마땅히 역사적 사실을 존중해야 한다. 멋대로 사실을 왜곡하는 것은 중국공산당과 마오 주석의 위대한 이미지를 훼손하는 행위"라고 개탄했다. 그러나 린뱌오는 우이독경이었고 국가적 망신도 모르쇠였다. 문화대혁명 시대에 볼 수 있었던 '블랙 코미디'였다.

저우와
인간 사냥꾼들

린뱌오와 장칭 등 인간 '하이에나'들이 '인간 사냥'을 하는 그런 혼돈의 동란 시대에 저우언라이는 원로와 노간부들 보호에 온갖 지모를 짜내며 안간힘을 쏟고 있었다. 저우언라이는 베이징군구 위수사령관 푸충비(傅崇碧 부숭벽)에게 린뱌오와 장칭 등에 쫓기고 있는 원로와 노간부들에 대한 보호를 부탁했다.

푸충비는 베이징군구 위수사령관이었지만 린뱌오나 장칭에 대항할 만한 힘이 없었다. 새 발의 피였다. 자칫 잘못하면 자신의 목숨 또한 어느 한순간에 날아갈지 모를 그런 험악한 시국이었다. 린뱌오와 장칭은 나는 새도 떨어뜨리는 그런 위세를 떨치며 행동부대인 홍위병과 조반파를 떡 주무르듯이 했다. 저승사자가 따로 없었다. 푸충비는 저우의 간곡한 부탁을 헤아려 원로와 노간부들 보호에 나섰다. 푸충비는 어떤 때는 교묘하게, 어떤 때는 그렇지 못해 장칭 패거리로부터 의혹의 시선을 받으며 위험한 곡예를 펼쳐야 했다.

저우언라이는 어느 날 깊은 밤에 푸충비를 중난하이로 불렀다. 저우는 지치고 피곤에 찌든 얼굴이었지만 눈빛은 형형했다. 저우는 푸충비에게 이름을 쓴 종이 한 장을 내밀며 "여기 (명단에 적힌) 동지들이 공격을 받고 있다. 조반파의 나쁜 인간들이 그들을 붙잡아 적발비판 대회를 열 수 있다. 그들을 안전하게 보호할 대책을 강구해보라"고 말했다. 푸충비가 종이에 적힌 명단을 살펴보니 리징취안(李井泉 이정천)과 왕런중(王任重 왕임중) 등 30여 명의 부장(장관)급 이상 고위간부들이었다. 푸충비는 잠시 생각하다가 "(부대의) 동쪽 높은 지대에 병영의 막사가 있습니다. 비교적 외진 곳으로 조용한 편입니다. 우선 그들을 그곳으로 이송시키는 게 어떻겠습니까?"라고 저우의 의견을 구했다.

푸충비는 지도의 한 지점을 저우가 볼 수 있도록 손으로 가리켰다. 저우언라이는 "좋을 것 같네. 절대 비밀을 지켜야 한다. 한 올이라도 소문이 새어 나가서는 안 된다. 빨리 조처하라"고 재촉했다. 푸충비는 궁여지책이었지만 이렇게라도 할 수 밖에 없음을 알고 머리를 끄덕였다. 저우언라이는 "그들이 식사는 스스로 해 먹도록 하고 포커를 할 수 있도록 배려해주기 바란다"고 부탁했다. **482**

푸충비는 3대의 차량과 수십 명의 정예 경위병들을 은밀하게 동원해 구체적 임무를 준 뒤, 동트기 전에 30여 명의 노 고위간부들이 사는 집을 찾아가 이들을 집결 장소로 안전하게 호송하도록 지시했다. 이들 노 고위간부들은 새벽녘에 들이닥친 군인들을 보고 홍위병들이 가택 수사를 나온 줄 알아 혼비백산했으나, 경위병들의 설명을 듣고 안도의 숨을 내쉬며 그들이 몰고 온 차를 타고 피신했다.

이들은 애초 영문을 몰라 어리둥절했으나 위수지역 병영 막사에 도착한 뒤 푸충비가 찾아와 자세히 설명해 전후 사정을 알 수 있었다. 얼마 뒤 푸충비는 '중앙문혁'으로부터 호출을 받았다.

푸충비는 댜오위타이(釣魚臺 조어대)의 회의 장소에 들어서자 곧 싸늘한 분위기를 느낄 수 있었다. 회의실에는 저우언라이를 비롯해 캉성, 천보다, 장칭, 장춘차오, 야오원위안 등이 있었다. 푸충비가 이들에게 경례하자마자 천보다의 불호령이 떨어졌다. 푸젠(福建 복건) 어투로 천보다가 뭐라고 소리쳤으나 정확히 알아들을 수 없었던 푸충비가 귀를 곤두세웠다. 천보다가 물었다.

"당신은 그들을 어디에다 감추었나?"

천보다가 왜장을 치며 압박하자 푸충비는 시치미를 떼고 모르쇠로 나왔다.

"사람들이라니요?"

장칭이 일어서며 악을 써댔다.

"푸충비, 당신 멍텅구리인 척하지 마라. 그들은 자본주의의 길을 걷는 당권파들이다. 항상 반혁명을 하는 그자들을 어디로 빼돌렸나?"

"모르는 일입니다."

"당신은 위수사령관이다. 당신이 어떻게 모른다고 말할 수 있나?"

두 눈이 금붕어처럼 툭 튀어나온 야오원위안(姚文元 요문원)이 화가 난 두꺼비가 왝왝대듯이 큰 소리로 따져 물었다.

"나는 정말로 모릅니다."

'개똥군사' 캉성이 안경 밑으로 훔쳐보던 음험한 눈에서 흉악스러운 눈빛이 섬광처럼 뿌려졌다. 캉성은 손으로 차 탁자를 잇따라 내려치고는 험악한 말투로 추궁했다.

"그들이 어디로 갔는지 당신은 알고 있어!"

천보다는 협박하고 을러대며 물었다.

"감쪽같이 속이려고 하지 마! 우리는 일찍이 알고 있었다. 누가 당신을 시켜 그들을 빼돌렸는지 말해! 누구야?"

푸충비는 물 한 잔을 마시고 담배를 꺼내 태우며 머릿속으로 재빨리 위기 탈출 방법을 따져보았다. 역시 이들이 열 뻗쳐 소리치게 하고 '나 잡아 잡수' 하며 침묵으로 일관하는 것이 제일 좋은 생각이라고 여겼다. 묵묵부답으로 대응했다. 머리 꼭대기까지 화가 난 캉성이 큰 소리로 외쳤다.

"당신은 그들을 혁명군중에게 넘겨야 한다! 홍위병 소장小將들에게 넘겨!"

"누가 당신에게 이런 일을 시켰는지 반드시 말해야 한다."

장칭이 이렇게 말하고 푸충비 쪽으로 걸어가 1보 남짓한 거리에서 손으로 푸충비의 코를 가리키며 큰 소리로 떠들었다.

"푸충비, 당신 말해야 돼! 누가 당신에게 시켰어?"

"위쪽에서."

푸충비는 장칭이 강하게 몰아치자 자신도 모르게 '위쪽'이라는 두 글자를 내뱉었다.

"어느 위쪽? '중앙문혁'? 웃기는 소리 하네!"

캉성은 음험한 냉소를 흘렸다. 푸충비는 다시 담배 한 대를 꺼내 입에 물고 난 감해했다. 푸충비는 저우언라이가 시켰다고 말할 수도 없었다. 야수처럼 이빨을 드러내고 발톱을 치켜세우며 흉포하게 위협하는 이들과 맞서 싸울 수 없어 진퇴양난이었다. 장칭이 무지막지하게 고함을 질러대며 협박했다. **483**

"푸충비! 당신은 완고한 보황파처럼 그런 반혁명분자들을 보호하려 한다. 그들을 보호하면 절대로 말로가 좋을 수 없다!"

푸충비가 궁지에 몰려 진땀을 흘리고 있을 때 저우언라이가 문서를 뒤적이며 "이렇게 우리가 토론해야 할 많은 문건이 있다. 우선 문건부터 토론합시다!"라고 분위기를 잡아 아슬아슬하게 위기를 모면할 수 있었다. 다음 날 회의가 계속되자 장칭은 푸충비를 끈질기게 물고 늘어졌다. 이때 마오의 판공실에서 마오가 푸충비를 찾는다고 전화가 오는 바람에 장칭의 악다구니에서 벗어날 수 있었다. 장칭은 회의장을 빠져나가는 푸충비의 등에 대고 "절대로 그냥 넘어갈 수 없다. 돌아온 뒤에 분명하게 말해야 한다. 분명하지 않으면 절대로 가만있지 않을 것이다"라고 쏘아붙였다. 회의장을 나온 푸충비의 이마에는 얼마나 긴장했는지 굵은 땀방울이 알알이 솟구쳤다.

푸충비의
역전

푸충비는 마오의 집무실로 들어갔다. 마오는 짙은 후난 발음으로 "충비 동지, 식사했느냐?"고 물었다.

"식사했습니다, 주석."

"앉아, 앉아. 오늘 자네를 오라고 한 것은 베이징 상황을 알고 싶어서네. 무력 충돌은 그쳤는가?"

마오가 담뱃불을 붙인 뒤 천천히 한 모금을 깊게 들이마셨다가 자연紫煙을 뿜어냈다.

"베이징 상황이 호전은 되었습니다만 두 파 간의 싸움은 여전합니다. 제어할 수가 없습니다."

"주더 동지의 대자보는 붙어 있나?"

"있습니다. 어떤 사람들은 주 총사령관을 타도하자고 합니다."

"좋지 않아. '주마오 주마오(朱毛朱毛 주모주모: 주더와 마오)', 주더와 마오쩌둥은 떼려야 뗄 수 없어. 자네 손에 있는 것이 무엇인가?"

"막 나온 만화입니다. 오늘 오후 처음 보았습니다."

"내가 봐도 되겠나?"

푸충비는 컬러로 그린 풍자만화 '백축도百丑圖'를 마오에게 건넸다. 그림은 가마에 류사오치와 덩샤오핑이 앉아 있고 혁명원로들이 가마꾼으로 분장해 가마를 메고 있는 모습이었다. 탄전린은 양손에 선혈이 뚝뚝 떨어지고, 뤄루이칭은 입에 칼을 물고 있는 모습이었다. 푸충비는 '중앙문혁'이 홍위병들을 시켜 만화를 그린 것을 알고 있었다. 마오는 '백축도'를 펼쳐보다가 얼굴이 굳어지더니 담뱃불을 끄면서 "이렇게 함부로 공산당을 풍자하다니!" 하며 분노를 터뜨렸다. 마오는 곁에 있던 비서에게 "자네는 즉시 천보다에게 전화해 이 '백축도'는 우리를 욕하는 것으로 당장 수거하라"면서 "이런 짓거리를 해서는 안 되고, 우리를 풍자하는 것들이 여기저기 마구 돌아다니게 해서는 안 된다"고 말했다. 마오는 비서가 전화를 하러 나가자 푸충비에게 다시 물었다. **484**

"홍위병들은 아직도 간부들을 (적발해) 비판하고 있는가?"

"대단히 사납게 비판합니다."

"어떤 사나운 방법인가?"

푸충비는 고양이 허리 모양으로 등을 구부리고 두 팔을 뒤로 해 올리는 시늉을 하며 홍위병들이 '제트기 태우는' 린치 모습을 재연해 보였다.

"이렇게 하고 또 목에다가 철로 만든 팻말에 이름을 써서 겁니다. 또 손을 X자로 꺾어 포갭니다."

마오는 아미를 찌푸리면서 또 물었다.

"당년에 자네들이 토호를 타도하기 위해 투쟁대회를 할 때의 그런 모습인가?"

"그때는 그래도 '제트기를 태우는' (고문 같은) 짓은 하지 않았습니다. 머리에 큰 모자를 씌워 조리돌림을 합니다."

"그래, 맞아! 이렇게 하는 것은 좋은 것이 아냐. 좋은 사람을 나쁜 사람으로 만들고, 몸이 아픈 사람은 죽게 하는 거야!"

푸충비는 마오가 이렇게 이야기하자, (마오가) 확실한 상황을 잘 모르고 있다는 것을 알고, 제트기를 태우는 고문 등의 방식에 동의하지 않으리라고 여겨 대담하게 몇 가지 사례를 보고했다. 푸충비는 부총리 겸 외교부장인 천이의 부인 장첸(張茜 장천)이 아픈데도 조반파들이 그녀를 거리로 끌고 나가 조리돌림한 사실을 이야기했다. 또 단중앙團中央의 '3후(三胡 삼호)'인 후야오방(胡耀邦 호요방)과 후커스(胡克實 호극실), 후치리(胡啓立 호계립)도 조반파에 끌려 나가 적발비판 대회에서 비판을 받았고, 후야오방은 고열 속에서도 비판을 받은 사실을 보고했다.

마오는 매우 진지하게 들으면서 몇 명의 성위원회 서기와 부장(장관)들의 이름을 거론하며 "그들은 어떠냐?"고 묻기도 했다. 엉거주춤하던 푸충비는 확신을 갖고 저우언라이가 노 고위간부들을 보호하기 위해 자신을 시켜 이송시킨 사실을 마오에게 보고했다. 마오는 조금도 주저하지 않고 "잘했다! 총리가 배려를 잘했다! 자네도 잘했네!"라고 했다. 마오의 이 한 마디로 푸충비는 천근만근의 무게로 자신을 짓누르던 걱정거리가 싹 가셔 날아갈 것같이 홀가분했다. 힘을 얻은 푸충비가 한마디 보탰다.

"주석! 만약에 그들을 보호하지 않으면 홍위병들이 그들을 비판해 죽일 수도 있습니다!"

"자네들이 한 것이 맞아!"

마오는 비서에게 "중앙문혁에 말해 사람들을 죽이지 않도록 하라!"고 지시했다. 푸충비는 깜짝 놀라 "주석, 제가 말했다고 해서는 안 됩니다"라고 말했다.

"자네는 무얼 겁내나?"

"노老동지들을 이송시킨 일로 제가 비판을 받아 죽을 지경입니다."

푸충비는 억울한 듯한 어조로 마오에게 하소연했다.

"누가 자네를 비판하나?"

푸충비는 입을 벌려 하마터면 '장칭'이란 이름을 꺼낼 뻔했다. 장칭과 마오는 부부가 아닌가. 푸충비는 얼른 말을 바꾸어 치번위 등이 비판했다고 둘러댔다.

"그들을 두려워하지 말게!"

다음 날 밤에 푸충비는 장칭의 비서로부터 장칭이 있는 쪽으로 오라는 전화 전갈을 받았다. 푸충비는 장칭이 또 한바탕 난리법석을 떨 것으로 보고 잔뜩 긴장해 장칭의 방으로 들어갔다. 한데 장칭은 푸충비를 보더니 엄청 반가운 기색을 하며 "충비 동지, 빨리 이쪽으로 와 앉으라"고 간살을 떨었다.

"어젯밤에 주석이 찾아서 갔는데 무슨 얘기를 했소?"

"별 얘기 없었습니다."

"그럴 리가?"

"주석이 현재 베이징의 두 파 간에 벌어지고 있는 무장투쟁에 대해서 물었습니다."

"어디의 무슨 무장투쟁?"

장칭은 본능적인 반감을 드러냈다.

"주석께서 거리 시위에 대해서도 물었습니다. 제가 알고 있는 사실을 보고 드렸습니다."

"다른 얘기는 없었소?"

"없었습니다."

"좋아, 갑시다. 8호층에 그들이 지금 기다리고 있소."

'중앙문혁' 전체 구성원들이 회의실에 대기하고 있었다. 캉성은 원래 맨 먼저 공격을 펴는 사람이 아니었으나 오늘은 전례를 깨고 푸충비를 공격하는 데 선봉장으로 나섰다.

"어제의 이야기가 아직 끝나지 않았다. 오늘은 당신이 명확하게 이야기해야 한다. 명확하게!"

푸충비는 어제의 푸충비가 아니었다. 마오라는 최고의 '백'이 있는데 무얼 두려워하겠는가. 느긋하게 소파에 앉으며 군모를 벗었다. 캉성의 질문에도 급할 필요가 없었다. 보다 못한 장칭이 여러 차례 화를 내며 앙칼지게 소리쳤다.

"캉라오(康老 강로: 캉성에 대한 존칭)가 지금 당신에게 묻지 않았나? 당신, 빨리 말해."

푸충비는 회의장에 있는 모든 사람들을 한 번 쭉 훑어보고 여유 있는 품새로 "무엇이 명확하지 않은가?"라고 반문했다.

"이런 투로 해서는 안 된다. 당신은 완고한 보황파가 아닌가?"

천보다가 위협적으로 을러댔다. 푸충비는 찻잔을 들어 향을 음미하며 천보다의 물음에 개의치 않았다.

"누가 당신에게 이렇게 하라고 시켰나?"

참다 못한 천보다는 사나운 표정과 말투로 다시 추궁했다.

"위에서 시켜서 했소."

"위에서? 어떤 위쪽?"

푸충비는 세월아 네월아 하는 식으로 연신 차만 마셔댔다. '개똥군사' 캉성이 화가 나 어쩔 줄 몰라 노호했다. 저우언라이는 가슴이 철렁 내려앉아 푸충비를 쳐다보았다.

"당신 말해, 꼭 말해야 돼! 말하지 않으면 끝장을 보지 않을 수 없다!"

푸충비는 화가 치밀어 찻잔을 탁자에 세게 내려놓으며 큰 소리로 말했다.

"말하라고? 내가 무엇을 말해? 당신들이 주석을 찾아가 물어보시오!"

회의실 분위기가 한순간 긴장에 휩싸였다. 천보다가 초조한 목소리로 물었다.

"주석에게 물어보라고? 왜, 주석에게 물어?"

"주석이 시켰소이다! 나는 위에다 말하면 돼. 당신들은 나보고 말하라고 할 수 없소. 주석을 찾아가 물어보시오!"

"동지들, 모두 흥분하지 말고 천천히 이야기합시다."

저우언라이가 분위기를 진정시키고 나섰다. 형세가 불리하다고 판단한 장칭이 서둘러 의제를 바꾸었다. 회의가 끝난 뒤 가슴이 철렁했던 저우는 푸충비를 자신의 차에 태웠다. 댜오위타이로 가는 차 안에서 근엄한 얼굴의 저우가 푸충비에게 "자네, 오늘 어떤 짓을 한 것인가?"라고 물었다. 푸충비는 자초지종을 설명하며 "주석이 총리를 칭찬했습니다. 총리가 잘 처리했다고 말했습니다"라고 전했다. 저우는 그제야 안도의 숨을 내쉬었다.

1968년 여름, 문화대혁명은 이미 만 2년이 지나고 있었다. 햇수로는 3년차였다. 전국 각지에서 무장투쟁은 갈수록 치열하게 벌어졌다. 군대 기관과 부대에 대한 조반파들의 공격이 잇따르고 무장 장비를 탈취하는가 하면 장병들을 살상하는 사례도 늘어갔다. 또 무장대들이 국가은행과 창고, 상점 등을 털고, 공공건물과 인민들의 집에 방화하며 철로와 우편운송을 방해하는 등 무법천지로 돌변했다. 국가행정도 마비되어 인민들의 생활이 극단적인 어려움에 처하게 되었다. 보다 못한 중앙, 국무원, 중앙군사위원회, 중앙문혁이 공동으로 7월 3일에 무력투쟁 중

지를 명령하는 '포고'를 공포했다. **485**

1. 즉시 무장투쟁을 중지하고 거점에서 철수한다. 먼저 철로교통의 각 거점에서 철수한다.

2. 무조건적이고 신속하게 류저우(柳州 유주: 무장투쟁이 극심한 광시성 도시) 철로국 전선全線의 철로교통 운수를 회복시킨다. 모든 방해와 경험 교류(홍위병들의 지역이동)를 중단하고 운송수단의 원활한 소통을 보증한다.

3. 무조건적으로 약탈해 간 물자를 돌려준다.

4. 무조건적으로 약탈해 간 인민해방군의 무기와 장비를 반환한다.

5. 모든 외지인과 (홍위병들의) 도시 간 교류하는 청년들은 즉시 본 지구나 본 단위로 돌아간다.

6. 확실한 증거에 의한 살인 방화, 교통운수 파괴, 감옥 공격, 국가기밀 절도, 사설 방송 등은 현행 반혁명분자로 반드시 법에 따라 처리한다.

약발이 먹히지 않자 중앙, 국무원, 군사위원회, 문혁은 공동명의로 7월 24일에 다시 무장투쟁을 엄금하는 '포고'를 공포했다. 이런 가운데 마오는 베이징 조반파 학생들의 우두머리를 직접 만나 엄중 경고하기로 했다. 문화대혁명이 시작된 이래 장칭과 '중앙문혁'의 지지와 지원을 받고 있는 베이징의 대학교 조반파 조직들은 전국 각 지역과 결탁하기 위해 인원을 파견해 연락소를 설치하고 문혁을 선동하며 온갖 풍파를 다 일으켰다. 각 지역 조반파들이 베이징에 설립한 '베이징 연락소'는 1967년에 이미 수천 개에 이를 정도였다. 이것이 무장투쟁이 그치지 않는 중요 원인이었다. 이때 베이징 각 대학의 조반파 학생 우두머리인 베이징대학 여강사 녜위안즈, 칭화대학 콰이다푸, 베이징 사범대학 탄허우란(譚厚蘭 담후란), 베이징 항공학원 한아이징(韓愛晶 한애정), 베이징 지질학원 왕다빈(王大賓 왕대빈) 등 5명을 '5대 영수'라고 불렀다.

이들이 대규모 무장투쟁을 지휘해 유혈사태가 끊이지 않고 이런 행위는 전국에 악영향을 끼쳤다. 7월 27일, 마오는 이런 악순환의 고리를 끊기 위해 무장투쟁이 가장 심한 칭화대학의 칭화위안(淸華園 청화원)에 '수도 노동자 마오쩌둥 사상 선전대'를 파견해 교내 양파 학생들의 무장투쟁을 제지하고, 무기를 회수하는 등 학생 선무 공작을 펴도록 했다. 2만 8천~2만 9천 명의 노동자 선전대가 칭화위안에 진입하자, 콰이다푸 등은 무장 학생들을 동원해 이들을 공격했다.

쌍방은 치열한 무장투쟁을 벌여 노동자 선전대원 5명이 숨지고 수백 명의 노동자들이 부상당했다. 이 소식을 듣고 격분한 마오는 인민대회당에 녜위안즈 등 홍위병 '5대 영수'를 직접 면담할 수 있도록 긴급 호출 지시를 내렸다. 7월 28일 새벽 3시 30분에 시작되어 오전 8시까지 4시간 30분에 걸친 마오와 '5대 영수'의 면담 자리에는 린뱌오, 저우언라이, 천보다, 캉성, 장칭 등이 배석했다. **486**

'혼세마왕' 홍위병
용도폐기

마오의 면담은 일찍이 전례가 없었다. 마오는 사회 혼란의 주범이 된 홍위병과 조반파의 무장투쟁을 강력하게 근절할 방침이었다. 노동자들이 사망하자 도피했다가 면담 자리에 늦게 참석한 콰이다푸가 '노동자 선전대'의 막후 검은 세력을 거론하자, 마오는 "홍위병을 진압하도록 한 막후의 검은 세력은 나야!"라며 호되게 질책했다. 마오는 "자네들은 어떻게 할 작정인가? 대학의 무장투쟁은 해결되어야 해! 자네들은 (문화대혁명을) 2년 동안 해오면서 첫째, 투쟁하지 않았고 둘째, 비판하지 않았고 셋째, 개혁하지 않았다. 투쟁은 해왔지만 자네들은 단지 무장투쟁만 했다"고 일갈했다.

마오는 "자네들은 군중을 이탈했다. 군중들은 내전을 좋아하지 않는다. 어떤 사람들은 광시(廣西 광서)의 포고는 광시에만 적용되고 베이징에는 적용되지 않는다고 한다. 현재 우리가 산시(陝西 섬서)에 포고를 내리면 산시만 적용된다고 한다. 그럼 전국에 통고를 내리겠다. 어떤 지방을 막론하고 열거한 죄를 범한 자는 모두 반혁명분자로 처리하겠다. 해방군을 공격하고 교통시설을 파괴하면, 나는 그들을 소멸시키겠다! 이것은 토비고 국민당이야! 중무기로 교통시설을 파괴하면 병력을 동원해 포위 소탕전을 벌이겠다!"고 강경하게 말했다.

마오는 마지막으로 "현재 학생들의 결점은 어디에 있는가? 학생들의 가장 심각한 결점은 바로 농민을 이탈하고, 노동자를 이탈하고, 군대를 이탈했다. 공농병工農兵을 이탈한 것은 바로 생산자를 이탈한 것이다"라고 '5대 영수'들을 매섭게 질타했다. 홍위병의 '용도폐기' 선언이나 마찬가지였다.

8월 8일, 마오는 중앙문혁 간담회 구성원과 우더(吳德 오덕) 등을 접견했을 때 대학교 문제 해결 방안에 대해 이렇게 말했다.

"학생들에게 기대서 문제를 해결하려고 해서는 안 된다는 것은 역대로 이와 같았다. 학생들은 하나, 공업을 파악하지 못하고 둘, 농업을 파악하지 못하고 셋, 교통을 파악하지 못하고 넷, 병兵을 파악하지 못한다. 그들은 단지 소란만 떨 뿐이다. '5대 영수'에 대해 군중들은 그들을 믿지 않는다. 노동자, 농민, 병사들은 그들을 불신한다. 학생들도 그들을 불신한다. 그들이 속한 파의 대부분도 그들을 불신한다. 단지 몇백 명이 간신히 통제하고 있다. 어떻게 해야 하나? 학생들이 인민을 위해 어떤 좋은 일을 하지 않았다. 어떻게 해야 군중의 신임을 얻을 수 있겠는가? 20년, 30년 좋은 일을 할 때 비로소 군중의 신임을 받을 수 있다."

마오는 8월 19일에도 중앙문혁 간담회 구성원들과 이야기하면서 또 대학교의 해결 방안을 거론했다. 마오는 "교원과 학생, 노동자들 가운데의 적극분자에 의존하되 그들에게 전적으로 의존해서는 안 된다. 어떤 학교는 투쟁, 비판, 개혁(鬪批改 투비개)을 하지 않고 내전內戰(내부 싸움)에만 몰두하고 있다"고 부정적 견해를 보였다.

마오는 특히 학생들 가운데 (문혁)운동을 방관하고 있는 소요파逍遙派들의 동향에 주의를 기울여야 한다고 했다. 소요파들이 시일이 갈수록 점점 늘어나 이제는 다수가 되었다, 이들 소요파들은 내부 싸움을 반대하며 무장투쟁을 원하지 않는다는 사실을 알아야 한다고 강조했다. 운동의 흐름과 민심의 소재를 파악하라는 얘기였다.

마오는 "올해 하반기에 (운동을) 정돈하고, 교육도 마찬가지다. 그럴 때가 되었다"고 말해 새로운 운동 방향을 시사했다. 이것이 당정黨政 기관의 간부, 지식분자, 학생들을 농촌이나 공장에 보내 노동 단련을 하게 하는 '샤팡(下放 하방)'과 학생들을 변경지역의 산간지대나 농촌으로 보내 현장 경험을 쌓도록 하는 '상산샤샹(上山下鄕 상산하향)' 운동이었다. 문혁의 추동 세력은 이제 홍위병에서 '노동자 선전대'로 바뀌고 있었다.

마오는 8월 22일에 야오원위안이 쓴 '노동자 계급의 지도 아래 성실하게 투쟁, 비판, 개혁하자'라는 제목의 글을 비준하면서 '노동자 계급은 반드시 모든 것을 이끌어가자'라고 제목을 고쳐 『홍치紅旗』 잡지에 게재하게 했다. 마오는 글을 고치면서 "우선적인 임무는 3자 결합(해방군 군구 대표, 군중 조반조직, 당정 간부를 일컬음)의 혁명위원회 건립이다. 이것은 대비판과 대체적으로 계급 대오를 정리하는 임무와 결합해야 한다"고 했다.

마오는 또 문혁의 선전이 너무 지나치다고 지적하고 '문화대혁명'의 글자 앞에 관용적으로 쓰고 있는 '역사상 일찍이 없었던'이라는 수식어를 삭제하도록 지시했다. 마오는 비준 글에서 "이후 '역사상 전례가 없다'는 수식어를 써서는 안 된다. 역사상 최대의 몇 차에 걸친 문화대혁명은 불을 발명하고, 증기기관차를 발명하고 마르크스-레닌주의를 건립했다. 우리의 혁명이 아니다"라고 썼다. 마오는 얼마 뒤에 여러 차례 문혁은 "공산주의 운동사상의 선구적인 일"이라거나 "마르크스-레닌주의의 새로운 발전"이라는 종류의 어법 사용을 반대했다. [487]

마오를 지키는 위병이자 문화대혁명의 '전위대'였던 홍위병은 9월부터 시작한 '하방', 즉 기관의 간부나 학생들이 지방에 내려가 노동자, 농민과 함께 노동하는 현장학습을 하게 되었다.

홍위병들은 12월부터는 변경지역의 산간지역이나 농촌으로 들어가 농민들과 생활하며 단련하는 '상산하향' 운동에 참가했다. 마오를 비롯한 린뱌오와 장칭의 노회한 극좌파 집단의 꼭두각시로 '우귀사신牛鬼蛇神(마귀와 요귀, 온갖 악인으로 수정자본주의를 일컬음)'을 척결하는 선봉으로 나서 온갖 패악을 저질렀던 홍위병은 세상을 어지럽히고 재난을 가져다주는 '혼세마왕混世魔王'으로 낙인이 찍혀 시나브로 역사의 무대에서 사라져갔다.

마오가 8월 19일 발언에서 "때가 되었다"고 한 것은 마오의 심경을 잘 드러내고 있는데, 이것은 지난해(1967년) 1월 상하이시에서 기존 성시省市위원회의 권력을 탈취한 '1월 폭풍'으로 새로운 권력기관을 구성한 '혁명위원회'를 일컬음이었다. 상하이발 '1월 폭풍'으로 전국 각 지역에서 하나둘씩 혁명위원회가 구성되면서 1968년 9월 1일 당시 타이완을 제외한 29개성, 자치구, 직할시에 모두 혁명위원회가 건립되어 새로운 통치기구로 자리매김했다.

문혁이 시작된 지 2년여 만에 마오가 주장한 '당권파'와 '수정자본주의자'들이 장악하고 있는 중앙과 지방의 당정조직을 '혁명파'들이 탈권투쟁을 벌여 완전 장악하게 되었다. 『런민르바오』와 『제팡쥔바오』는 9월 7일에 혁명위원회 구성 완료를 기념하는 '무산계급 문화대혁명의 전면 승리 만세'라는 제목의 공동 사설을 실었다. 이들은 사설에서 '(혁명위원회의 구성으로) 전국이 붉게 물들었다'는 상징적 의미를 내세워 "그것(혁명위원회)은 모든 운동이 전국적인 범위 안에서 투쟁과 비판, 개혁의 단계에 들어선 것을 상징한다"고 밝혔다.

토고납신의
물갈이

1968년 10월 13일, 중앙 확대 제8기 12중전회가 마오의 주재로 열렸다. 이 회의는 1966년 8월의 중앙 제8기 11중전회에서 문화대혁명을 공식 결정한 이래 2년여 만에 열린 첫 번째 중앙 전체회의였다. 전회에 참석한 133명 중 중앙위원과 중앙 후보위원은 단지 59명에 불과했다. 참석자의 절반에도 못 미치는 숫자였다.

제8차 전국대표대회의 중앙위원은 애초 97명이었으나 문화대혁명 과정에서 타도되거나 비판을 받아 현직에서 물러난 사람이 57명이나 되었기 때문이다. 회의가 성원 정족수에 미달해 중앙 후보위원에서 10명을 추려 중앙위원으로 임명해 겨우 회의를 열 수 있었다. 문화대혁명이 할퀴고 간 참상이 얼마나 심했는가를 단적으로 보여주는 사례라 하겠다.

저우언라이는 개막사에서 "이번 전체회의는 우리 당의 제9차 전국대표대회를 앞두고 준비공작을 하기 위해 열렸다"고 밝혔다. 저우는 전체회의의 의사일정을 1)제9차 대표를 어떤 원칙과 방법으로 선출하고 2)당장黨章 초안 수정을 하며 3)형세 분석과 4)전담 심사 보고 등 4가지를 집중 토의하기로 했다고 선포했다.

회의가 후반에 들어서면서 린뱌오와 장칭 등은 연합해 '2월 역류'에 대해 맹렬하게 비판했다. 분조分組회의에 참석한 원로 원수들인 천이, 쉬샹첸, 녜룽전, 예젠잉 등이 집중적으로 포위공격을 받았다. 린뱌오는 전체회의에서 "2월 역류는 중앙 제8기 11중전회 이후 발생한 첫 번째의 가장 심각한 반당사건으로 자본주의 복벽(부활)의 예행연습"이라고 신랄하게 비판했다. 마오도 폐막식에서 이 문제를 언급했으나 린뱌오의 시각과는 사뭇 달랐다. **488**

"이 일(2월 역류)은 작은 문제라고 할 수도 있고, 큰 문제라고 할 수도 있다. 그렇게 대단한 문제라고 말할 수 있고, 뭐가 대단하냐고 말할 수도 있다. 일종의 아주 자연스러운 현상이다. 그들이 다른 의견을 갖고 있기 때문에 말을 할 수 있다. 그들도 공개적으로 말할 수 있다. 어떤 비밀도 아니다. 몇 사람이 함께했다. 모두 정치국 위원이고, 부총리다. 일부는 군사위원회 부주석도 있다. 당내 생활에서 허가할 수 있는 일이다."

회의가 끝난 뒤에 캉성은 '2월 역류'의 자료를 엮어 제9차 전국대표대회에 사용할 것을 제기해 장칭의 지지를 받았으나 마오가 동의하지 않아 없었던 일이 되고 말았다. 회의에서 관심의 초점이 된 '문화대혁명'의 평가와 관련해 비상한 주목을 끌었으나 마오는 매우 긍정적인 결론을 내렸다.

마오는 전회에 발표한 '공보公報'에서 "이번 무산계급의 문화대혁명은 무산계급 독재를 공고히 하고 자본주의의 복벽을 방지해 사회주의를 건설하는 데 전적으로 필요한 것이며, 대단히 적시에 이루어졌다"고 높게 평가했다. 이 회의에서 류사오치는 영원히 당적이 박탈되었고, 모든 직무가 철회되었다. 덩샤오핑은 마오의 보호로 당적 박탈은 보류되었으나 모든 직무가 철회되어 심사 대상자가 되었다. 회의 기간에 『홍치(紅旗 홍기)』잡지가 '무산계급의 새로운 피 수혈―당 정비 공작에서의 하나의 중요 문제'라는 사설을 발표했다.

조반파들의 권력탈취 과정에서 타도된 당정 간부들의 빈자리를 메우는 것이 시급한 과제로 떠올랐기 때문이다. 마오는 당을 개선하고 정비하기 위해서는 '묵은 공기를 뱉어버리고 신선한 공기를 마셔야 한다(吐故納新 토고납신)'는 특유의 물갈이 이론을 내세웠다.

마오는 "사람은 동맥과 정맥이 있어 심장을 통해 혈액순환을 하게 된다. 또 폐를 통해 호흡을 한다. 이산화탄소를 내뱉고 신선한 산소를 받아들인다. 묵은 공기를 뱉어버리고 신선한 공기를 마셔 몸의 혈액순환을 원활하게 하는 것이다. 이처럼 무산계급의 당도 '토고납신'을 할 때 생기발랄할 수 있다"는 논리였다.

마오는 문혁을 통해 새롭게 떠오른 신진기예의 인물, 즉 새로운 피를 수혈해 활력이 넘치는 당으로 개조하려는 바람을 갖고 있었다. 하지만 권력을 농단하고 있던 린뱌오와 장칭은 자파 세력을 강화하는 절호의 기회로 삼아 경쟁적으로 세력 확대에 나섰다. 이에 따라 함량 미달인 조반파의 골간들이 대거 당에 진입해 심지어는 하루아침에 지도직에 오르는 폐해가 잇따랐다. 이를 계기로 동반자 관계를 유지했던 린뱌오와 장칭은 경쟁적 관계로 바뀌면서 치열한 권력다툼을 벌이게 되었다.

1969년 1월 3일, 마오는 군사위원회 판사조辦事組에 보낸 문건에서 "2월 역류에 관련한 노老동지와 그 가족들에 대한 비판을 하지 말고 그들과의 관계를 잘 유지할 것"을 지시했다. 마오는 2월 19일의 문혁 간담회에 '2월 역류'로 정치무대를 떠났던 원수들과 국무원 부총리를 지냈던 원로들을 복권시켜 정치활동을 재개하도록 해 회의에 참석시켰다.

이날 회의에는 천이, 리푸춘, 리셴녠, 쉬샹첸, 녜룽전, 예젠잉 등이 실각한 지 2년 만에 공식회의에 참석했다.

마오는 "당신들 몇 사람의 원수들은 국제문제를 연구하는 공작을 했으면 한다. 천이가 수장을 하고 쉬샹첸과 녜룽전, 예젠잉이 참가하도록 하라"고 지시했다. 마오는 또 국무원 부총리를 지낸 리푸춘과 리셴녠 등에게는 경제개발 5개년 계획 등 경제 분야에서 공작하도록 했다. 마오는 1969년 4월 1일부터 24일까지 베이징에서 12년 만에 열리는 제9차 전국대표대회를 앞두고 준비 작업을 독려하며 회의 '보고'에 최대의 관심을 쏟았다.

마오는 2월 7일에 문혁 간담회를 열어 린뱌오를 '보고' 집필의 수장으로 하고 집필진은 천보다와 장춘차오, 야오원위안으로 구성해 천보다가 팀장을 맡도록 했다. 구체적 내용은 린뱌오와 상의해 작성하도록 지시했다. 마오는 '보고' 작성이 지지부진하자 화를 내며 린뱌오파 천보다와 장칭파 장춘차오, 야오원위안이 각각 별도로 작성하도록 지시했다.

마오는 보고에 담을 대강의 내용에 대해 "총괄적으로 말하면 모순을 제기하고, 무산계급과 자산계급 투쟁, 왜 문화대혁명을 해야 하는지, 군중운동을 방해하는 것들이 상당히 심각하다는 것 등"을 지적하도록 지시했다. 마오는 최종적으로 장춘차오와 야오원위안이 작성한 보고를 채택하고 천보다가 기초한 보고를 폐기했다. 천보다의 보고는 린뱌오의 입김이 크게 작용했다. 린뱌오파 우파셴(吳法憲 오법헌)은 이렇게 회상했다. **489**

"천보다가 (보고를) 쓸 때 날마다 린뱌오의 집으로 찾아와 어떻게 쓸지를 린뱌오와 상의했다. 린뱌오가 큰 줄거리를 말해주어 천보다는 전적으로 린뱌오에게 의지했다. 주석이 천보다의 보고를 부정하자 린뱌오는 대단히 기분이 좋지 않았다. 보고를 린뱌오와 천보다가 상의해 썼기 때문이다. 장춘차오 등이 기초한 보고가 채택되자 린뱌오는 '어떻게 썼든지 간에 나, 린뱌오는 한 자도 고치지 않을 것'이라고 말했다. 제9차 전국대표대회 때 린뱌오는 회의에서 원고를 읽기만 했다."

마오는 4월 1일에 열린 제9차 전국대표대회 개막식에서 "나는 우리 대회가 충분히 잘 진행되어 단결의 대회가 되고 승리의 대회가 되기를 희망한다"고 밝히고 공산당 성립 이래의 역대 전국대표대회를 회고한 뒤에 이렇게 말했다.

"제8차 전국대표대회에서 현재까지의 경과는 비교적 명확하다. 정치노선이나 조직노선, 사상 방면에서 모두 뚜렷하다. 이로 인해 우리는 이 (제9차 전국대표대회) 제1차 대회를 충분히 단결하는 대회로 이룰 수 있다. 이런 단결의 기초 위에서 우리는 승리할 수 있겠는가? 이 대회를 승리의 대회로 이룰 수 있겠는가? 대회 이후 전국에서 더욱더 큰 승리를 이룰 수 있겠는가? 나는 그럴 수 있다고 본다. 단결의 대회와 승리의 대회를 열 수 있고, 대회 이후 전국에서 더욱더 큰 승리를 얻을 수 있다."

마오가 이처럼 단결과 승리를 강조한 것은 근 3년간 계속되고 있는 문혁을 의식했기 때문이다. 마오는 문혁의 지도사상인 '무산계급 독재 아래 계속혁명의 이론'의 잘못된 이론과 실천을 더욱 합법화시켜 제9차 전국대표대회의 정치노선으로 확고하게 자리매김하려는 뜻을 내포하고 있었다. 린뱌오는 제8차 중앙위원회를 대표해 8개 부문으로 나누어 정치 보고를 했다.

1) 무산계급 문화대혁명에 관한 준비

2) 무산계급 문화대혁명에 관한 과정

3) 성실한 투쟁과 비판, 개혁을 잘 수행하는 데 관하여

4) 무산계급 문화대혁명에 관한 정책

5) 우리나라 혁명에 관한 최후 승리

6) 당의 정돈과 건설에 관하여

7) 우리나라와 외국에 관한 관계

8) 전당과 전국 인민이 단결해 더욱더 큰 승리 쟁취 등

4월 2일부터 시작한 분조회의에서 본격적으로 정치 보고와 당장 개정에 대해 토론을 벌였다. 당장 개정에서 가장 참석자들의 눈길을 끈 것은 '린뱌오 동지는 마오쩌둥 동지의 친밀한 전우이자 후계자'라는 규정이었다. 이와 관련해 당시 중앙 판공청 부주임 장야오츠(張耀祠 장요사)는 이렇게 회고했다. **490**

"1968년 10월 17일, 중앙 제8기 12중전회에서 당장을 토론할 때였다. 장칭이 이렇게 제기했다. '린뱌오 동지는 대단한 무산계급 혁명가의 풍격을 지녔다', '그는 그렇게 겸손하다. 마땅히 당장에 넣어야 한다', '후계자로서 당장에 써넣어야 한다'. 장칭은 한발 더 나아가 '반드시 써야 한다!'고 강조했다. 1968년 10월 27일, 당장을 토론할 때 장칭은 린뱌오를 마오 주석의 후계자로 당장에 기입해야 한다는 뜻을 견지했다. 장칭은 1969년 4월 중앙의 당장 개정 토론회에서 '린뱌오의 이름을 기입해야 한다. 그래야만 다른 사람이 넘겨다볼 수 없고 전국 인민이 마음을 놓을 수 있다'고 말했다. 장춘차오가 찬성했다. 장춘차오는 '이렇게 당장에 기입해야 마음을 놓을 수 있다'고 말했다."

"주석은 린뱌오의 이름을 당장에 기입하느냐 여부에 관한 문제를 밤에 고려했다. 주석은 마지막으로 '이왕에 대다수 동지들이 모두 동의한다면 린뱌오를 써넣어라!'고 말했다."

마오는 4월 14일에 제9차 전국대표대회 제2차 회의를 주재하며 상하이 '1월 폭풍'의 주역 왕훙원을 저우언라이 등 9명의 발언자에 포함시켜 상하이 노동자계

급의 대표로 발언할 수 있도록 배려했다. 마오의 이례적인 이런 조처는 왕홍원을 후계자의 일원으로 마음속에 두고 있었기 때문이다. 마오는 왕홍원을 몇 차례밖에 만나지 않았기 때문에 능력 여부를 확인하기 위해 제9차 전국대표대회 이후 자신의 곁에 두기로 결정한 것이다. 제9차 전국대표대회는 당장에 린뱌오를 미래 권력의 후계자로 정해 기입하는 공산당 역사상 전무후무한 진풍경을 보였고, 1958년에 삭제한 '마오쩌둥 사상'을 다시 당장에 삽입하고 4월 24일에 폐막했다.

회의가 끝난 4일 뒤인 4월 28일, 마오의 주재로 중앙 제9기 1중전회가 열려 새로 출발하는 중앙 지도기구를 구성하는 정치국 위원을 선출했다. 이날 무기명투표로 선출한 25명의 정치국 위원에는 린뱌오와 장칭파의 주요 인물들이 거의 모두 진입했다. 중앙위원 투표자 277명의 전표全票를 얻은 사람은 마오, 린뱌오, 저우언라이, 캉성 등 4명이었다. 천보다는 275표, 황융성은 274표, 장칭은 270표를 얻었다.

린뱌오파 우파셴과 린뱌오의 부인 예췬이 장칭파 장춘차오와 야오원위안보다 많은 표를 얻어 뽑혔다. 당의 주석 부인 장칭과 부주석 부인 예췬의 정치국 위원 선출은 공산당 역사상 공전절후한 희대의 코미디가 되었다. 야합의 산물이었다. 정치국 상무위원에는 마오, 린뱌오, 저우언라이, 캉성, 천보다 5명이 선출되었다. 마오가 중앙위원회 주석으로 다시 당선되었으며, 린뱌오가 부주석으로 선출되었다. 투표 결과 린뱌오파와 장칭파인 중앙문혁 소조파가 정치국 위원의 과반수 이상을 차지했다. 린뱌오파가 장칭파를 압도하는 양상을 보여 두 파 간의 권력쟁탈전은 더욱 심화하는 모습을 보이기 시작했다.

마오는 중앙 제9기 1중전회에서도 계속 단결과 문화대혁명의 당위성을 강조했다.

"나의 말은 항상 하는 말이다. 모두들 알고 있는, 새로운 말이 아니다. 단결이다. 단결의 목적은 더욱 큰 승리를 쟁취하기 위한 것이다. 우리가 말하는 승리는 무산계급 지도를 보증하면서 전국의 광대한 군중이 단결해 승리를 쟁취하는 것이다. 사회주의 혁명은 계속해야 한다. 이 혁명은 끝나지 않았으며 현재 예를 들면 투쟁과 비판, 개혁을 계속 추진해야 한다."

"보건대, 무산계급 문화대혁명은 하지 않으면 안 된다. 우리의 기초는 공고하지 않다. 내가 관찰한 바에 따르면 상당히 큰 다수 공장의 우두머리, 지도권은 진정한 마르크스주의자에게 있지 않다. 노동자 군중의 수중에 있지 않다. 무산계급 독재를 공고히 해 공장, 농촌, 기관, 학교에서 구체적으로 실천할 수 있도록 하나의 목표를 위해 단결해야 한다."

마오는 또 한 달 전인 3월 2일과 15일, 중국 헤이룽장성 전바오다오(珍寶島 진보도)지구의 중소 국경에서 발생한 대규모 무장충돌 사건을 언급하며 전쟁 준비 강화 지시를 내리기도 했다. 이런 분위기 속에서 새 정치국은 이날 군사위원회를 새롭게 구성했다. 마오가 군사위원회 주석을 맡고, 린뱌오, 류보청, 천이, 쉬샹첸, 녜룽전, 예젠잉이 부주석에 임명되었다.

실제적으로 일상 업무를 담당하는 군사위원회 판사조辦事組 조장에는 린뱌오파의 두 팔인 총참모장 황융성, 부조장에는 공군사령관 우파셴을 임명했다. 제9차 전국대표대회의 권력 지형도를 보면 정치국 상무위원 5명 중 마오와 저우언라이를 제외하면 천보다를 비롯해 린뱌오와 장칭 집단에 양다리를 걸치고 있는 캉성 등 린뱌오파가 '2.5명'으로 우세를 나타냈다.

정치국 위원 중 린뱌오파는 린뱌오의 부인 예췬을 비롯해 황융성, 우파셴, 리쭤펑, 추후이쭤 등 5명이다. 장칭파는 장칭을 비롯해 장춘차오, 셰푸즈, 야오원위안 등 4명이다. 행정과 군 원로 그룹은 주더를 비롯해 둥비우, 류보청, 리셴녠, 예젠잉 등 5명이며, 새로 중앙위원에 진입한 군부의 쉬스유와 천시롄(陳錫聯 진석련)이 있었다.

정치국 위원 16명 가운데 장칭과 예췬 등 12명이 '새로운 피'로 수혈한 인물로 문화대혁명을 통한 대폭적인 물갈이가 이루어졌다. 후계자로 당장에 기입한 '미래권력' 린뱌오파가 대거 약진해 권력의 중추를 장악하게 되었고, 장칭을 우두머리로 한 문혁파가 바짝 추격하는 형세였다. 여기에 세력은 미약하지만 저우언라이를 축으로 하는 행정실무파와 '2월 역류'에서 복권한 원수들을 포함한 원로 그룹들이 느슨한 연대를 형성하며 제3의 세력을 구축해 '3분 양상'을 보였다.

야심만만한 미래권력의 독주를 그냥 눈 뜨고 지켜볼 장칭파가 아니었다. 이들

또한 '대권의 꿈'을 안고 하루가 다르게 부풀어가는 권력욕을 주체하지 못했다.

린뱌오와 장칭은 공동의 적으로 여겼던 류사오치와 덩샤오핑의 당권파를 무너뜨린 이후에는 서로에 대한 적으로 돌아섰다. 제9차 전국대표대회 이후 권력이 재편되면서 이리와 승냥이가 권력이란 먹을거리를 놓고 으르렁대면서 전운이 감돌기 시작했다. 장칭의 군사軍師 장춘차오는 린뱌오파의 오른팔인 총참모장 황융성에 대해 "아무것도 모르는 무지막지한 자"라고 노골적으로 비아냥거렸다. 그런가 하면 린뱌오는 측근 참모인 장칭파에서 투항한 천보다와 황융성, 우파셴 등과 회의할 때 "장춘차오와 야오원위안은 무명 소졸로 천둥에 개 뛰어들듯이 뛰어든 자들로 어떤 큰일을 도모할 수 없는 일개 조그만 기자 나부랭이에 불과하다"고 일축했다.

두 파가 낮이나 밤이나 죽자 사자 물고 뜯는 형국이 빈번해지면서 서로를 용납하지 못하는 빙탄불상용 관계로 치닫고 있었다. **491**

제13장

후계자의 최후

미래권력
린뱌오

마오는 제9차 전국대표대회가 끝난 뒤인 1969년 5월 31일에 가벼운 마음으로 지방 순시를 하기 위해 전용열차로 베이징을 떠나 우한(武漢 무한)으로 내려갔다. 마오는 공군 초대소인 '7·20사건' 당시의 둥후빈관 메이링 1호에 묵었다. 마오는 둥후빈관 회랑에서 응접실과 서재, 침실 곳곳에 자신의 화상畵像과 어록이 붙어 있는 것을 보고 모두 떼어내도록 지시했다.

어느 날 마오는 린뱌오가 자신과 관련해 "(마오 주석의) 한마디가 만 마디에 필적한다"고 말한 데 대해 공작원에게 "사람의 한마디 말이 어떻게 만 마디 말에 상당할 수 있는가? 한마디는 한마디일 뿐이다. 만 마디가 될 수 없다. 맞먹을 수가 없다. 더욱이 그렇게 많은 것과 필적할 수 없다. 나의 한마디가 어떻게 그렇게 큰 힘을 발휘할 수 있나? 그러면 신이 아닌가? 이것은 유물주의가 아니고, 변증법도 아니다"라고 씁쓸해했다.

또 한 번은 마오가 제9차 전국대표대회의 기록영화를 보았을 때였다. 스크린에 여러 차례 자신의 장면이 나오는가 하면 대표들이 장시간 환호하는 모습이 비쳤다. 마오는 화가 나 기록영화를 보다가 퇴장하면서 "어떻게 한 사람이 늘 자신의 영화를 보는가? 나의 장면이 너무 많다. 아무런 의미가 없다!"고 불만을 터뜨렸다. 마오는 공작원에게 "린뱌오가 나를 숭배하는 '4가지 위대함(위대한 스승, 지도자, 통솔자, 조타수)'은 아주 혐오스럽다"고 불쾌해했다. 마오는 린뱌오가 그동안 인민들에게 자신을 숭배하도록 부추긴 것들에 대해 점점 싫증을 느끼고 역겨워하며 비판하기 시작했다. 새로운 조짐이었다.

6월 12일, 중앙은 마오의 비준에 따라 '마오 주석 형상形象(이미지) 선전에 관해 주의해야 할 몇 가지 문제'의 문건을 하달했다. 문건은 "현재 국내 선전에서 형식을 추구하고 과장과 낭비를 초래하고 있다. 이후부터 중앙의 비준 없이 마오 주석의 얼굴이 들어 있는 휘장 제작을 할 수 없다. 각 신문은 평시에 마오 주석의 초상을 1면에 쓸 수 없으며, 충성운동에 사용할 수 없다. 봉건적인 건축을 건립할 수 없다. 밥 먹기 전에 (마오) 어록을 읽고 마오 주석 초상에 대한 예를 행하는 등의 형식적인 활동을 해서는 안 된다" 등의 내용이었다. 마오는 자신을 숭배하는 개인숭배에 뒤늦게 헛구역질을 하며 린뱌오의 권력에 대한 탐욕을 은연중 경계하는 모습을 드러냈다.

1970년 3월 8일, 마오는 오랫동안의 고려 끝에 중앙에 제4기 전국인민대표대회와 헌법 개정에 관한 의견을 개진하면서 국가주석직을 설치하지 않을 것을 제의했다. 국가주석은 류사오치가 1968년 10월에 당에서 영구 제적되고 모든 직책이 철회된 이후 공석으로 남아 있었다.

마오는 1959년 대약진운동 등 '3면 홍기'의 실패와 관련해 국가주석 자리를 류사오치에 물려주고 2선으로 후퇴한 바 있었다. 마오는 우한에 있었고, 린뱌오는 쑤저우(蘇州 소주)에 머물며 정치국 회의에 참석하지 않았다. 저우언라이는 정치국 위원으로 회의에 참석한 린뱌오의 부인 예췬에게 정치국 위원들이 '국가주석 직제를 설치하지 않기로 한 마오의 의견과 제의를 찬성한다는 뜻을 린뱌오에게 전해줄 것을 요청했다. 린뱌오는 3월 9일에 예췬을 통해 황융성과 우파셴에게 "국가주석 직제 설치를 찬성한다"는 뜻을 전달했다.

3월 17일부터 20일까지 열린 중앙과 지방 당정군 책임자들이 참석한 중앙공작회의에서 대부분의 참석자들은 마오의 국가주석 직제를 설치하지 않는다는 제의에 찬성했다. 린뱌오는 비서를 통해 마오의 비서에게 전화를 걸어 "마오 주석이 국가주석을 맡아야 한다"는 뜻을 마오에게 전달하도록 했다. 마오가 명확하게 국가주석직을 설치하지 않겠다는 뜻을 밝혔지만 린뱌오는 여전히 국가주석을 두어야 한다고 주장했다. 이런 마오와 린뱌오의 이견은 문혁 이후 중대한 문제에서 공개적으로 처음 나타난 것으로 비상한 주목을 끌었다.

마오는 4월 초에 레닌 탄생 100주년을 기념하는 신문에 실을 글을 비준하면서 글 가운데 '마오 주석은 당대 가장 위대한 마르크스-레닌주의자다', '마르크스-레닌주의를 참신한 단계로 제고시켰다', '마오쩌둥 사상은 제국주의가 전면 붕괴로 가고, 사회주의가 전 세계 승리의 세계로 나아가는 마르크스-레닌주의다', '마오쩌둥은 당대의 레닌이다' 등의 글귀를 삭제했다. [492]

마오는 "내가 삭제한 몇 단락은 모두 쓸데없는 것으로 다른 사람들의 반감을 사는 것들이다. 이런 유의 말을 쓰지 말라고 내가 수도 없이 말했으나 들은 척도 하지 않는다. (이게) 무슨 도리인지 모르겠다. 중앙의 각 동지는 연구하기 바란다"고 비준 글을 썼다. 마오가 삭제한 이런 내용의 문장은 린뱌오가 마오를 개인숭배하는 데 사용했던 글들이었다. 저우언라이는 마오의 비준 글을 즉시 정치국 범위 안에서 열람하도록 했다. 쑤저우에 있던 린뱌오도 마오의 비준 글을 보았으나 침묵으로 일관했다. 1주일이 지난 4월 11일 밤에 린뱌오는 돌연 침묵을 깨고 비서를 통해 정치국에 전화를 걸어 린뱌오의 세 가지 의견을 전달했다.

1. 이번 전국인민대표대회에서 국가주석에 관한 문제에 대해 린뱌오 동지는 여전히 마오 주석이 (국가주석을) 겸임해야 한다고 건의한다. 이렇게 해야 당내, 당외, 국내, 국외 인민의 심리 상태에 적합하다. 그렇지 않으면 인민의 심리 상태에 부적합한 것이다.

2. 부주석 문제에 관하여 린뱌오 동지는 설치해도 되고 안 해도 되고, (부주석을) 많이 두어도 되고, 적게 두어도 된다는 견해다. 큰 문제가 아니다.

3. 린뱌오 동지는 그 자신이 부주석의 직무를 맡는 것이 적당하지 않다고 여기고 있다.

저우언라이는 다음 날 정치국 회의를 주재해 린뱌오가 제기한 의견을 토론에 부쳤다. 상당수의 정치국 위원들이 린뱌오의 의견, 즉 마오가 국가주석을 맡아야 한다는 데 동의했다. 저우언라이는 이런 토론 결과를 마오에게 보고했다. 마오는 보고를 받은 당일인 4월 12일에 "내가 이 일을 다시 할 수 없다. 이 의견은 타당하지 않다"고 밝혔다. 마오의 이런 의견 표시는 린뱌오가 제의한 '세 가지 의견'에 대한 명확한 거부 의사의 답신이었다.

4월 하순, 지방에 있던 마오와 린뱌오는 거의 비슷한 시기에 베이징으로 왔다. 마오는 정치국 회의에서 자신이 국가주석을 맡는 것은 맞지 않으며, 국가주석을 세울 필요가 없다고 세 번째 거부 의사를 분명히 했다. 마오는 린뱌오가 있는 자리에서 "(삼국시대 오나라의) 손권은 (위나라의) 조조에게 황제가 되라고 권했다. 조조는 손권이 나를 화롯불 위에 놓고 구워 죽이려고 한다고 말했다. 나는 당신들에게 내가 조조가 되게 하지 않기를 권한다. 당신들도 손권이 되지 말라"고 당부했다. **493**

마오가 이처럼 견결한 뜻을 밝혔음에도 린뱌오는 뒤에서 계속 반대 논조를 펼쳤다. 당의 주석과 부주석이 엇박자를 놓았다. 이것은 대단히 비정상적 상태로 일종의 도전이었다. 5월 중순, 린뱌오는 우파셴에게 "국가주석을 세워야 한다. 국가주석을 세우지 않으면 국가에 머리가 없는 것이다. 명분이 정당하지 않으면 말도 이치에 맞지 않는다"고 강조했다.

린뱌오가 왜 이렇게 국가주석직 설치에 목을 매고 있는 것일까? 린뱌오의 부인 예췬은 7월에 우파셴에게 몰래 내막을 털어놓았다. 예췬은 "만약에 국가주석을 세우지 않으면 린뱌오는 어떻게 하나? 어디로 가야 하나?"라고 하소연했다고 한다. 린뱌오가 국가주석직 설치에 다 던지는 이유가 바로 여기에 있었다. 7월 중순, 린뱌오파는 린뱌오와 예췬의 지시에 따라 중앙 헌법 개정 기초위원회 회의 기간에 다시 국가주석직 설치를 요구하는 '외침'을 토해냈다.

마오는 이 소식을 듣고 "국가주석을 두는 것은 형식적인 것으로, 위인설관爲人設官식 설치는 안 된다. 여기서 말한 위인설관, 즉 어떤 사람을 위해 설치한다는 것은 바로 '어떤 사람이 국가주석을 하고 싶다'는 뜻과 같은 말이다"라고 일갈했다. 장칭은 린뱌오와 동반자 관계일 때는 자신이 직접 나서 린뱌오를 당장에 후계자로 넣어야 한다고 주장했다. 하지만 죽기 살기로 권력을 다투고 있는 지금의 처지에서는 린뱌오파의 국가주석 설치 주장은 자파 세력의 약화를 의미해 반대를 해야 했다. 게다가 마오의 반대 속내를 간파한 장칭은 마오를 업고 린뱌오파를 공격할 절호의 기회라고 판단했다. 장칭은 린뱌오파의 권력 독주를 막고 자파 세력을 넓히기 위한 정면승부에 나섰다.

7월 하순, 마오가 베이징을 떠나 남방지역으로 간 지 얼마 안 되어 린뱌오파와 장칭파가 한바탕 예봉을 겨루며 풍파를 일으켰다. 8월 1일 건군절을 앞두고 신문에 실을 사설 내용을 놓고 린뱌오의 책사로 변신한 천보다와 장칭의 '지낭智囊'으로 통하는 장춘차오가 일합을 겨루었다.

천보다는 원고 가운데 '위대한 영수 마오 주석이 직접 창건하고 지도한, 마오 주석과(毛主席和 모주석화) 린뱌오 부주석이 직접 지휘한 중국인민해방군'이라고 쓴 글에 대해 '마오 주석과(毛主席和)'의 4글자를 삭제할 것을 주장했다. 이에 대해 장춘차오는 삭제해서는 안 된다며 팽팽하게 맞섰다.

저우언라이는 이틀 뒤 마오 접견을 위해 외빈을 대동하고 상하이에 갔을 때 천보다와 장춘차오의 다툼을 이야기하며 마오의 지시를 청했다. 마오는 정치국에서 이미 토론을 거친 문제로 개의하지 않겠다고 말했다.

저우언라이는 마오의 의견을 정치국 위원들에게 전달했다. 마오는 이 문제에 개의하지 않겠다고 했으나 사실은 그렇지 않았다. 마오는 판공청 주임 왕둥싱(汪東興 왕동흥)에게 "쟁론을 벌인 두 가지 의견에 나는 모두 찬성하지 않는다. 창건자가 지휘할 수 없는 게 가능한가? 창건자는 나 혼자만이 아니다. 많은 사람이 있다!"며 천보다가 자신을 뺀 데 대해 괘씸하게 여겼다.

이것은 마오가 나중에 여러 차례 언급한 데서 엿볼 수 있다. 마오는 1969년 10월 전쟁 대비와 관련해 린뱌오가 갑자기 국가의 중대사인 '제1호 명령'을 발동하면서 중앙 지도자들을 지방에 소개할 때 사전에 마오에 알리지 않은 사실을 대단히 불쾌해했다.

마오는 불편한 속내를 털어놓지 않고 계속 린뱌오를 관찰해오다 린뱌오의 수하인 천보다가 '마오 주석과(毛主席和 모주석화)'를 빼버렸으니 어찌 마음이 편할 수 있었겠는가? 이 역시 마오는 마음속에 켜켜이 쌓아놓고 린뱌오를 더욱 의심하기 시작했다. **494**

마오는 린뱌오가 더욱더 높은 지위와 더욱더 많은 권력을 바라고 있다는 야심을 꿰뚫어 보고 있었던 것이다. 헌법 개정 문제는 제4기 전국인민대표대회를 준비하는 의제 중 중요한 과제로 마오를 주임, 린뱌오를 부주임으로 하는 헌법기초위원회를 꾸렸다. 중앙 제9기 2중전회를 개회하기 10일 전인 8월 13일 오후에 캉성 주재로 헌법 초안에 대해 토론을 벌였다. 초안의 서론 부분에 "우리 사상을 지도하는 이론의 기초는 마르크스주의, 레닌주의, 마오쩌둥 사상이다. 마오쩌둥 사상은 전국의 모든 공작의 지도방침이다"라는 글귀가 있었다.

장춘차오는 "이미 '이론의 기초'라는 구절이 있는 만큼 뒤의 구절인 '마오쩌둥 사상은 전국의 모든 공작의 지도방침이다'는 쓸 필요가 없다"고 말했다. 장춘차오는 또 "'천재적으로 창조적으로 마르크스-레닌주의를 발전시켰다'는 서술은 풍자적 글귀"라며 뺄 것을 요구했다.

이에 대해 린뱌오파의 우파셴은 "천재적으로, 전면적으로, 창조적으로 마르크스-레닌주의를 발전시켰다는 것은 중앙 제8기 11중전회 공보公報와『마오 주석 어록』의 재판 머리말에 실어 인정한 것이다. 이것을 부정하려는 것인가?"라며 공격했다. 우파셴은 또 "(이것은) 어떤 사람이 마오 주석의 위대한 겸손과 마오쩌둥 사상을 평가절하하는 것을 방지하기 위해 필요하다"고 강조했다.

회의가 끝난 뒤 황융성은 전화를 걸어 이런 사실을 베이다이허에서 휴양하고 있는 예췬에게 보고했다. 예췬은 전화에서 "린 부주석(린뱌오)이 소식을 듣고 매우 기뻐했다. (린뱌오가) 우 땅딸보(우파셴은 키가 작고 뚱뚱함)가 끝내주게 공격을 잘 퍼부었다고 칭찬했다"고 말했다.

예췬은 14일에 저우언라이 주재의 정치국 회의에서 헌법 수정 초안에 대한 협의 결정을 앞두고 천보다와 황융성에게 각각 전화를 걸었다. 예췬은 전화에서 "(마오에 대한) '천재'와 '4가지 위대함' 방면에 관한 어록을 준비해 정치국 회의에서 장춘차오 등과 계속 투쟁할 것"을 지시했다. 그러나 장칭파의 꾀주머니 장춘차오가 이들의 의표를 찔러 이 문제를 다시 거론하지 않아 헌법 초안은 순조롭게 넘어갔다. 린뱌오는 황용성과 우파셴 등에게 암암리에 "아주 조심해야 한다. 이 일은 끝나지 않았다. 루산회의(곧 열릴 중공중앙 제9기 2중전회를 말함) 때 크게 투쟁해야 한다"고 신신당부하며 투쟁을 고취했다.

린뱌오는 마오 숭배를 내세워 국가주석직을 헌법에 명기할 경우 국가주석을 지낸 마오가 여러 차례 주석을 겸하지 않겠다고 밝힌 만큼 당장에 후계자로 명기된 자신의 차지가 될 것으로 확신했다. 린뱌오는 국가주석이 되어야 명실상부한 후계자가 될 수 있다고 여겨 여기에 모든 것을 걸고 '임전 태세'를 갖춘 것이다. 또 한 차례의 격렬한 정치적 풍파를 예고하고 있었다.

중앙 제9기 2중전회가 1970년 8월 23일 오후 3시에 장시성 루산(盧山 여산) 강당에서 개막되었다. 원래의 의제는 제4기 전국인민대표대회에 제출할 헌법 초안 개정과 국민경제의 연도계획, 전쟁 준비 공작에 대한 토론이었다. 여기에 마오가 제의한 국내외 형세 문제를 추가해 논의하기로 했다. 회의에서 토론할 분임조를 지구별로 6개조로 구성했다. 회의 개막 전에 마오, 린뱌오, 저우언라이, 천보다, 캉성 등 5명의 정치국 상무위원이 소회의실에서 간담회를 열었다.

마오는 저우와 캉성에게 "당신들 중 누가 먼저 발언을 하겠느냐?"고 물었다. 마오의 말이 끝나자마자 린뱌오가 돌연 "제가 할 말이 좀 있습니다"라고 말했다. 저우와 캉성이 "그럼, 좋습니다. 당신이 먼저 발언하시오"라고 했다. 정치국 상무위원들은 린뱌오가 무슨 이야기를 하려고 하는지 내용을 몰랐다. 상무위원들이 회의 의사일정을 논의할 때 아무런 이야기가 없었기 때문이다. 마오가 린뱌오를 보며 "당신들 셋이서 이야기하라"고 말했다. 이때 회의 시작을 알리는 벨이 울렸다. 마오가 개회를 선포했고 린뱌오가 제일 먼저 발언에 나섰다. **495**

"어제 오후 주석이 상무위원회를 소집해 이번 회의에 대해 중요 지시를 했다. 요 몇 개월 동안 주석은 헌법에 대한 문제와 전국인민대표대회(전인대)의 문제 모두에 큰 관심을 보였다. 헌법 개정과 '전인대'의 소집 문제는 모두 주석이 제의한 것이다. 나는 대단히 필요하고, 대단히 시의에 적절하다고 본다. 국내외의 아주 좋은 형세에서 '전인대'를 열고 헌법을 개정하는 것은 무산계급 문화대혁명의 성과를 공고히 하고, 무산계급의 독재를 공고히 하고 강화하는 것이다. 반제반수反帝反修(제국주의와 수정주의에 반대) 투쟁은 국제공산주의 운동에 대해 모두 깊은 영향을 미쳤다."

"마오쩌둥 동지는 당대에 가장 위대한 마르크스-레닌주의자다. 마오쩌둥 동지는 천재적으로, 창조적으로, 전면적으로 마르크스-레닌주의를 계승하고 지키면서 발전시켜 마르크스-레닌주의를 하나의 참신한 단계로 제고했다. ─마오쩌둥 동지는 광대한 노동 인민의 근본 이익을 대표하고, 마오 주석은 우리 당, 정부, 국가, 군대의 창건자다. ─우리의 오늘 승리의 결정적 요소는 바로 마오 주석이다."

"내가 이번에 이 헌법 초안을 연구한 결과 이렇게 하나의 특징으로 표현할 수 있다. 바로 마오 주석이 위대한 영수이고 국가원수이며, 최고 통수의 지위가 확실하고, 마오쩌둥 사상이 전국 인민의 지도사상으로 확실하다는 것이다. 이 점은 매우 중요하고, 아주 중요하다. ─마오 주석의 이런 지도는 우리 승리의 각종 요소 중에서 결정적 요소다. ─이런 지도 지위는 국내외의 극단적 반혁명분자를 제외하고는 인정하지 않을 수 없다. ─우리의 공작이 전진이냐 후퇴냐, 승리냐 실패냐 모두가 마오 주석이 중앙의 지도 지위를 공고히 하느냐, 공고히 하지 못하냐에 달려 있다."

"우리는 마오 주석을 천재라고 말한다. 나는 여전히 이런 관점을 견지하고 있다. ─이번 헌법 안은 마오 주석의 지도 지위를 규정하고, 마오쩌둥 사상이 지도사상이라는 것을 규정한다. 내가 가장 흥미를 느끼고 가장 중요하게 여기는 것은 바로 이 점이다."

중앙 판공청 주임 왕둥싱은 이렇게 회상했다. [496]

"린뱌오는 되풀이해 이런 관점을 1시간 30분 동안 이야기했다. 그는 분명히 준비를 했다. 그가 이야기할 때 연설대에 놓인 원고를 보고 이야기했다. 린뱌오의 연설은 형세나 다른 새로운 문제에 대해서는 말하지 않았다. 비록 연단 아래에서는 뜨거운 박수소리가 터져나왔지만 주석대에 앉아 있던 마오 주석은 (린뱌오의 연설을) 들으면서 점점 참지 못하고 불쾌한 모습을 분명하게 드러냈다. 저우 총리와 캉성도 근심스러운 기색이었다. 천보다는 아주 진지하게 듣고 있었다."

린뱌오가 연설을 끝냈을 때 이미 오후 4시 30분이 지나고 있었다. 마오가 저우언라이와 캉성에게 "당신들 말하시오!"라고 퉁명한 목소리로 말했다. 저우는 "(경제)계획 문제는 (배포한) 인쇄물에 있고 자료도 모두 있다. 발언하지 않겠다"고 말했다. 캉성도 "헌법 설명은 이미 모두에게 인쇄물을 배포했다. 이야기하지 않겠다"고 했다. 마오는 산회를 선포했다.

이날 밤에 저우언라이는 각 조 소집인이 참석한 정치국 확대회의를 열어 헌법 초안과 (경제)계획 문제를 토론하도록 안배했다. 우파셴이 "린뱌오 부주석의 개막식 연설은 매우 중요하다. 각 조는 먼저 학습 토론을 해야 한다"며 린뱌오 연설 녹음을 다시 틀어줄 것을 요구했다. 우파셴의 요구가 회의에서 통과되었다.

마오와 린뱌오의
힘겨루기

린뱌오는 우파셴이 정치국 회의에서 자신의 발언 녹음을 다시 틀어줄 것을 제기한 소식을 듣고 매우 흡족해했다. 린뱌오는 예췬을 산에 있던 아들 린리궈(林立果 임립과)에게 보내 우파셴이 "또 공을 세웠다"고 칭찬하는 말을 전하도록 했다.

천보다와 우파셴은 이날 밤 회의에 앞서 린뱌오와 예췬이 지시한 내용을 협의한 뒤 엥겔스, 레닌, 마오 및 린뱌오에 대한 '천재'라는 어록 자료를 만들어 다음 날 정오에 인쇄해 자파인 예췬, 해군 제1정치위원 리쭤펑, 총병참부(總後勤部 총후근부) 부장 추후이쭤에게 배포했다. 린뱌오파의 오른팔인 총참모장 황융성은 베이징에 있다가 8월 29일 루산회의에 참석했다. 이들은 또 국가주석직을 설치하는 헌법 초안 조문을 준비했다. 이런 것들은 전부 마오와 저우언라이를 속이며 몰래 이루어졌다.

8월 24일 오전 8시에 마오와 린뱌오를 제외한 중앙 제9기 2중전회의 전체 참석자들이 루산 강당에서 린뱌오의 연설 녹음을 듣고 오전 11시 30분에 산회했다. 참석자 중 어떤 사람이 린뱌오의 연설 녹음 내용을 인쇄해 모든 사람에게 배포해줄 것을 요구했다. 참석자들은 박수로 지지를 표시했다.

저우언라이는 왕둥싱에게 마오의 지시를 받아오도록 했다. 왕둥싱이 이런 내용을 마오에게 말했다. 마오는 "그들이 모두 인쇄 배포를 동의한다면 나는 의견이 없다. 자네가 인쇄해 배포하라!"고 했다. 이날 오후에 있을 각 조의 토론을 앞두고 예췬은 우파셴 등과 협의해 각 조에서 토론할 때 린뱌오 연설을 지지하기로 행동 통일을 하는 전략을 짰다.

각 조 토론 때 린뱌오파인 천보다, 우파셴, 예췬, 리쭤펑, 추후이쭤는 각각 화베이(華北 화북), 시난(西南 서남), 중난(中南 중남), 시베이(西北 서북)조 등에서 일제히 린뱌오 연설을 옹호하고, '천재' 어록을 선전, 설명하면서 국가주석직 설치를 요구하는 공세를 펴기로 했다. 이들은 또 '어떤 사람'이 마오 주석을 반대한다고 강렬하게 선동해 사람들의 마음을 휘어잡을 수 있도록 했다.

오후 3시에 천보다(陳伯達 진백달)는 화베이조에 참석해 발언을 했다. [497]

"린 부주석(린뱌오)이 어제 발표한 것은 대단히 좋고, 매우 중요하며, 의미심장한 연설로 절대적으로 옹호한다. 린 부주석은 이번 헌법에서 마오 주석의 위대한 영수, 국가원수, 최고통치자의 지위를 확고히 하고, 마오쩌둥 사상을 전국 인민의 지도사상으로 확고히 해야 한다고 말했다. 이 점은 대단히 중요하고, 매우 중요하다. 이렇게 쓸 수 있는 것은 많은 투쟁을 통해서 이루어졌으며, 투쟁의 결과라고 말할 수 있다.—현재 '어떤 사람'은 뜻밖에도 '마오쩌둥 동지가 천재적으로, 창조적으로, 전면적으로 마르크스-레닌주의를 계승하고 보위하며 발전시켜왔고, 마르크스-레닌주의를 하나의 참신한 단계로 제고했다'는 이 말을 풍자적이라고 허튼소리를 하고 있다."

"'어떤 사람'은 마오 주석의 겸손을 이용해 마오쩌둥 사상을 평가절하하려는 망령된 생각을 하고 있다.—'어떤 사람'은 세계상에 근본적으로 천재가 없다고 말하며, 그 사람은 자기 스스로가 천재라고 생각하고 있다. 우리는 엥겔스가 여러 차례 마르크스를 위대한 천재라고 칭한 것을 알고 있다. 그(마르크스)의 저작은 천재적인 저작이다. 레닌은 여러 차례 마르크스가 천재라고 칭찬했다. 스탈린도 마르크스와 레닌이 천재라고 한 바 있다. 우리도 스탈린을 천재라고 칭했다. 천재를 부정한다고 마르크스와 레닌을 전반적으로 부정할 수 있겠는가? 더욱이 당대의 가장 위대한 천재를 단박에 없애버리겠다고 말해서는 안 된다. 내가 보기에 이런 천재를 부인하는 사람은 역사를 모르는 바보 같은 자에 지나지 않는다."

여기서 '어떤 사람'은 장춘차오를 지목한 것으로, 장칭파를 정면 조준했다. 천보다는 다른 사람의 발언에 끼어들면서 "어떤 반혁명분자는 마오 주석이 국가주석을 하지 않겠다는 말을 듣고 기뻐서 어쩔 줄을 몰라 했다"고 장칭파를 은연중 '반혁명 집단'으로 수위를 높여 강도 높게 비난했다.

천보다가 발언할 때 푸젠화(福建話 복건화; 복건성 말)로 말해 다른 사람들이 알아듣지 못하자, 푸젠 말을 아는 사람들이 통역을 했다. 천보다가 '기뻐서 어쩔 줄을 모르다(手舞足蹈 수무족도; 너무 기뻐 덩실덩실 춤추다)'를 말할 때는 손짓발짓으로 춤추는 형용을 하며 통역하는 웃지 못할 촌극도 벌였다.

예췬도 중난(中南 중남)조 발언에서 분전했다. 예췬은 "린뱌오 동지는 많은 회의에서 마오 주석이 가장 위대한 천재라고 말했다. 마오 주석은 마르크스나 레닌이 아는 것보다 많고 이해하는 것도 많다. 이런 모든 것을 철회해야 하는가? 견결하게 철회할 수 없다. 목에 칼이 들어와도 철회할 수 없다!"고 입에 게거품을 물었다.

시난(西南 서남)조에 참석한 우파셴은 "이번 헌법 개정 토론에서 '어떤 사람이' 마오 주석이 천재적이고, 창조적이고, 전면적으로 마르크스-레닌주의를 계승하고 보위하며 발전시킨 것을 '풍자적인 것'이라고 말했다. 나는 이 말을 듣고 치가 떨렸다. 이것은 중앙 제8기 11중전회가 인정했고, 린 부주석이 『마오 주석 어록』 재판再版의 머리말에서 인정한 것이다. 어떻게 쓰지 않을 수가 있는가?"라며 핏대를 올렸다.

우파셴은 "(이것을) 인정하지 않는 것은 바로 중앙 제8기 11중전회의 결정을 뒤집고, 린 부주석이 쓴 '(마오의 어록) 재판 머리말'을 뒤집어엎는 것이다. ―천재에 관한 표현법은 마르크스, 엥겔스, 레닌, 스탈린 모두가 이렇게 논술했다. 마오 주석은 마르크스와 레닌에 대해서 이렇게 논술했다. 린뱌오 부주석이 마오 주석을 천재라고 논술한 것은 한 번이 아니고 여러 차례였다"고 강조했다.

우파셴은 이어 마오, 린뱌오 및 마르크스, 엥겔스, 레닌, 스탈린의 천재에 관한 어록을 읽었다. 우파셴은 "모두들 이 어록을 들어보면 어떻게 천재가 아니라고 말할 수 있겠는가? ― '어떤 사람이' 마오 주석의 위대한 겸허를, 위대한 마오쩌둥

사상을 평가절하하려는 것을 경계하고 방지해야 한다"고 목청을 돋우었다. **498**

중난(中南 중남)조에 낀 리쭤펑도 뒤질세라 "본래 린 부주석은 일관되게 마오쩌둥 사상이 위대한 공적이라는 것을 선전해왔다. 당장에도 인정하고 있다. 그런데 '어떤 사람이' 헌법상에 린 부주석을 거론하는 것을 반대하고 있다. 당내에 한 줄기의 바람이 불고 있다. 어떤 바람인가? 마르크스를 반대하는 바람이고, 마오 주석을 반대하고, 린뱌오 부주석을 반대하는 바람이다. 이런 바람이 불게 해서는 안 된다. 그런데 '어떤 사람이' 바람을 불러일으키려고 생각하고 있다"고 의혹을 제기했다.

추후이쭤도 시베이(西北 서북)조에서 "마오 주석 사상에 대한 태도에서 린뱌오 부주석은 '마오 주석이 천재고, 마오쩌둥 사상은 마르크스-레닌주의를 전면적으로 계승하고 보위하며 발전시켰다'고 말했다. 이것은 그(린뱌오)가 여전히 견지하고 있는 하나의 관점이다. 왜 이번 전회에서 그가 또 이 문제를 이야기했는가? '어떤 사람이' 이런 표현법을 반대했기 때문이다. ―이것은 바로 창끝을 마오 주석과 린뱌오 부주석에게 들이대는 것이다"라고 왜장을 쳤다. 베이징에 있던 황융성도 이들과 비슷한 서면 발언 원고를 보내왔다. 이처럼 린뱌오파의 총공세는 천편일률적인 판박이 발언이었다. 주도면밀한 각본에 따라 총력전을 펼친 것이다.

8월 25일, 마오는 정치국 회의가 열리기 전에 각각 린뱌오와 저우언라이를 찾아 이야기를 나누며 국가주석직 설치를 반대하고 자신이 국가주석을 맡지 않을 것임을 다시 한 번 밝혔다. 마오는 이날 정치국 확대회의에서 "국가주석 설치 문제를 다시 거론하지 마라! 내가 일찍 죽기를 바라면 나를 국가주석에 세워라! 누가 (국가주석) 설치를 견지한다면 그 사람이 맡도록 하라! 어쨌든 나는 하지 않는다"고 강경하게 말했다.

마오는 린뱌오에게 "나는 자네도 국가주석을 하지 않기를 권한다. 누가 (국가주석 회복을) 고수하면 그 사람을 시켜라!"고 볼멘소리를 했다. 이날 천보다가 발언한 화베이조의 토론 상황을 모은 '젠바오(簡報 간보: 속보)'가 인쇄되어 각 조에 배포되었다. 젠바오에는 "린 부주석의 연설은 이번 중앙 제9기 2중전회에 대해 가장 큰 지도 의의를 지니고 있다"고 쓰여 있었다. 젠바오에 실린 글은 극렬한 용어로

선동하면서 험악하게 성토했다. 선혈이 뚝뚝 떨어졌다. **499**

"(모두들 천보다의 발언을 들은 뒤) 우리 당내에 '어떤 사람이' 우리의 위대한 영수 마오 주석이 당대의 가장 위대한 천재라는 것을 부인하려는 망상을 갖고 있다는 것을 알고 가장 크고 가장 강력한 분노를 표시한다. 이런 인간은 야심가와 음모가로 극단적인 반동분자이며, 진짜로 반혁명 수정주의분자다. 류사오치 없는 류사오치 반동노선의 대리인이고, 제국주의 수정주의의 주구이며 악당이고 반혁명분자다. (우리는) 마땅히 군중 앞에 끌고 나가 본때를 보이고 마땅히 당적을 박탈하고 마땅히 철저하게 비판하고 마땅히 갈기갈기 찢어 죽여야 한다. 전당이 모두 처형하고, 전국이 함께 토멸해야 한다."

삽시간에 회의 분위기가 험악하게 바뀌어 팽팽한 긴장감이 고조되었다. 또다시 멀쩡하던 루산 하늘에 뇌성벽력이 치며 먹구름이 잔뜩 몰려오고 있었다. 린뱌오파의 우파셴과 리쭤펑, 추후이쭤 등이 '천재' 어록을 들고 각 조에서 선동적 발언으로 들쑤셔놓자 일단의 중앙위원과 후보 중앙위원들은 연명으로 마오쩌둥을 국가주석으로 옹호한다는 편지를 써 마오와 린뱌오에게 보냈다.

린뱌오파의 국가주석직 설치와 '천재론'의 선동적인 돌연한 공세는 애초 루산회의 의제를 모두 삼켜버리고 장칭파에 대해 광기적 비판의 창끝을 겨누어댔다. 25일 정오께 놀란 장칭은 불안해 허둥대는 장춘차오와 야오원위안을 데리고 마오가 있는 곳으로 달려갔다. 젠바오를 통해 회의 중 생긴 엄중한 비정상적 현상을 날카롭게 살피고 있던 마오는 장칭 등의 보고를 들은 뒤 중대 결단을 내렸다. 마오는 이날 오후에 왕둥싱을 불러 각 조 소집인이 참가하는 정치국 상무위원회 확대회의를 즉시 소집하는 통지를 보내도록 지시했다.

천재론

마오는 회의에서 현재 각 조의 토론이 원래의 세 가지 회의 의제에 맞지 않는다고 지적한 뒤 국가주석직 설치 문제를 다시 거론하지 말 것을 지시했다. 마오는 린뱌오에게 "나는 자네도 국가주석이 되지 않기를 권하네!"라고 말했다. 화가 치민 마오는 만약에 계속 이렇게 한다면 나는 산을 내려가겠다, 자네들이 분란을 일으키면 당중앙 주석도 사퇴하겠다고 경고했다.

회의는 마오의 의견에 따라 전회 각 조 회의는 즉시 린뱌오의 연설에 대한 토론을 중지하고 제6호 젠바오를 회수하도록 했다. 회의는 또 책임을 물어 천보다 등이 자아비판을 하도록 결정했다. 마오의 한마디로 고삐 풀린 망아지처럼 제멋대로 날뛰던 린뱌오파는 졸지에 심대한 타격을 받고 비틀대기 시작했다. 8월 26일, 예췬, 우파셴, 리쭤펑, 추후이쭤 등은 각 조에서 자신들이 한 발언을 기록한 원고를 회수하느라 난리법석을 떨었다.

예췬은 몰래 젠바오를 만드는 조組에 들어가 자신이 중난조에서 발언한 기록을 찢어버리는가 하면, 추후이쭤는 자신의 발언 부분을 가위로 잘라버리는 등 '증거 인멸'에 진땀을 흘렸다. 황용성도 루산에 온 뒤 자신의 발언 원고를 불태워 없앴다.

저우언라이와 캉성은 26일과 27일에 우파셴, 리쭤펑, 추후이쭤와 이야기를 나눈 뒤에 우파셴이 자아비판을 하도록 했다. 28일 밤, 우파셴은 이런 내용을 린뱌오에게 보고했다. 린뱌오는 "당신은 잘못을 하지 않았다. 자아비판을 하지 마라"고 지시했다. 예췬은 여러 차례 우파셴에게 전화를 걸어 위로하면서 "긴장할 필요가 없다. 아직 린뱌오와 황용성이 있다! 린뱌오, 황용성을 연루시키지 않으면 된다. 큰 솥에 밥이 있으면 작은 솥은 해결된다"고 겁먹지 말 것을 당부했다.

8월 31일, 마오는 천보다가 논술한 '천재' 어록에 대한 의견을 표시하는 '피스(批示 비시)' 글인 '나의 약간의 의견'이란 제목의 글을 써 인쇄해 회의 참석자들에게 배포했다. 이 글은 700자에 이르는 단문이지만 문혁 이래 많지 않은 마오의 이론적인 글로 평가받고 있다. 마오의 나이 77세였다. **500**

이 자료(엥겔스와 레닌, 마오쩌둥을 천재로 칭했던 몇 개의 어록을 가리킴)는 천보다 동지가 쓴 것으로 많은 동지들을 기만했다. 하나, 여기에는 마르크스의 말이 없다. 둘, 단지 엥겔스의 한마디, 『루이 나폴레옹 정변기』에서 (나오는 말을) 찾아 썼다. 이 책은 마르크스의 주요 저작이 아니다. 셋, 레닌의 5조를 끌어다 썼다. 그중 다섯 번째에 시련을 겪으면서 전문 훈련과 장기 교육을 받아야 하고, 아울러 서로 충분하게 잘 조화롭게 어울리는 영수, 이것이 레닌이 열거한 4개의 조건이다. 다른 사람들은 놓아두더라도 우리 중앙위원들에게 충분한 조건을 갖고 있는 사람들은 그리 많지 않다.

예를 들면 나와 천보다, 이 천재 이론가와는 30여 년 동안 함께 일해왔다. 일단의 중대 문제에서 종내 협력을 이루지 못했다. 더욱더 협력이 잘 이루어졌다고 말할 수 없다. ─이번에 그(천보다)는 협력을 아주 잘 이루었다. 갑자기 기습을 해 (여기저기에) 불을 놓고 다니며 선동했다. 천하가 어지럽지 않을까봐 걱정하고, 루산을 폭파해 평지로 만들고, 지구가 도는 것을 정지시키려 하는 기세다. 나의 이 말은 우리 천재 이론가의 마음(어떤 마음인지 나는 모른다. 대개 양심이 있다. 결코 야심이 아니다)이 넓다는 것을 형용한다. 무산계급의 천하를 어지럽게 하고, 루산을 폭파해 평평하게 하고, 지구를 멈추려고 한다. 내가 보기에 그렇게 되지 않을 것으로 본다.

루산에 올랐던 한 옛날 사람이 이렇게 말했다. 기杞나라 사람이 하늘이 무너지지 않을까 걱정했으나 기나라는 아무런 일도 없었다. 우리는 그런 기나라 사람을 배워서는 안 된다. 마지막으로 말하면 그(천보다)가 대단히 바쁘게 움직였지만 확실히 아무런 도움이 안 된다는 것이다. 내가 말하는 주요한 것은 천재가 아니라 사회에서 실천하는 것이다. 나와 린뱌오 동지는 의견을 교환해 우리 두 사람은 견해가 일치했다.

이것은 역사가와 철학자들의 쟁론이 끊임없이 이어지는 문제다. 즉 일반적으로 말해서 영웅이 역사를 창조하느냐, 아니면 노예들이 역사를 창조하느냐, 사람의 지식(지식 범위에 속함)이 선천적으로 타고난 것이냐, 아니면 후천적으로 생겨난 것이냐, 유심론적 선험론이냐, 아니면 유물론적 반영론이냐, 우리는 단지 마르크스-레닌주의 입장에 서서 결코 천보다의 헛소문이나 궤변에 뒤섞여서는 안 된다. 동시에 우리 두 사람(마오와 린뱌오)은 이러한 마르크스주의의 인식론 문제에 대해 우리 스스로가 계속 연구해야 한다고 여기고 있다. 연구가 끝났다고 여기지 않는다. 동지들에게 바란다. 우리는 이런 태도를 취해 단결하고 더욱더 큰 승리를 쟁취해야 한다. 마르크스를 이해한다고 떠들면서 실제적으로 근본 마르크스와 같은 그런 사람들을 알지 못해서는 안 된다.

마오는 자신의 정치비서 출신이자 이론가로 꼽히는 천보다를 '천재 이론가' 운운하고 비비꼬면서 박살을 냈다. 천보다가 앞으로 어떻게 될지는 명약관화했다. 권력을 쥐락펴락했던 중앙문혁 조장에, 당 서열 4위인 천보다는 권력의 천길만길 낭떠러지로 굴러떨어지게 되었다. 마오는 천보다 등 린뱌오파의 선동질이 린뱌오와 긴밀하게 관계를 맺고 있다는 것을 알면서도 린뱌오는 건드리지 않았다. 린뱌오가 문화대혁명 이래 '부총수'로 마오를 열렬히 지지한 데다가 제9차 전국대표대회의 당장黨章에 '후계자'로 규정되어 있고, 린뱌오파가 꾸민 루산의 풍파를 쉽게 정리할 사안이 아니었기 때문에 신중한 태도를 견지한 것이다. 하지만 실질적으로 린뱌오는 치명적인 타격을 받았다.

9월 1일, 마오는 각 조 소집인이 참석한 정치국 확대회의를 열어 루산회의에서 잘못을 저지른 사람들이 자아비판을 해야 한다고 밝혔다. 마오가 실명을 거론한 천보다는 말할 것도 없고, 우파셴, 예췬, 리쭤펑, 추후이쭤 등이 줄줄이 자아비판을 했다.

린뱌오파의 몰락을 예고한 중앙 제9기 2중전회의 폐막식이 9월 6일 오후에 열렸다. 마오와 린뱌오, 저우언라이에 이어 당내 서열 4위였던 천보다는 주석대에서 사라졌다. 전회는 '중화인민공화국 헌법 개정 수정 초안'을 통과시키고, 국무원이 제출한 전국 계획회의와 1970년 국민경제계획에 관한 보고, 군사위원회의 강화한 전쟁 준비 공작에 관한 보고를 각각 비준했다.

전회는 또 천보다에 대한 심사 진행을 선포했다. 천보다에 대한 본격적인 조사를 벌여 응징하겠다는 뜻이다. 천보다의 정치생명은 이로써 끝나고 말았다. 마오는 폐막 연설에서 단결을 역설한 뒤 격한 감정으로 이렇게 말했다. **501**

"루산을 폭파해 평평해지지 않는다. 지구도 여전히 이렇게 돌아간다. 극단적으로 말하면 그런 느낌이라는 것이다. 그(천보다)가 루산을 폭파해 평평하게 한다고 말하면 나도 그의 말을 듣지 않을 것이다. 그는 지금 인민을 대표하고 있는가? 나는 십수 년 이전에 인민을 대표하지 않았다. 그들(린뱌오파)은 인민을 대표하는 상징이 국가주석을 맡는 것이라고 여기고 있다. 나는 십수 년 이전에 (주석직을) 맡지 않았다. 어찌 십수 년 이래 인민을 대표하지 않은 게 아니겠는가? 누구도 인민을 대표하고 싶으면 그 사람이 하면 된다. 나는 안 하겠다. 그가 루산을 폭파해 평평하게 한다고 해도 나는 안 한다. 천보다는 무슨 방법이 있는가?"

린뱌오는 "이번 회의의 전 진행 과정은 주석이 직접 지도한 것이다. 회의 과정에서 나타난 문제는 주석이 대단히 날카롭게 발견해 순리적으로 해결했다. 이 회의는 단결의 회의가 되었고 승리의 회의가 되었다"고 얼버무렸다. 린뱌오는 예췬과 우파셴에게 "잘못은 천보다에게 미루고 (천보다에게) 속았다고 강조하라"고 지시하고 위기를 넘겨 때를 기다리기로 했다.

회의가 끝난 뒤 얼마 안 되어 장칭은 린뱌오로부터 전화 한 통을 받았다. 예췬이 찾아뵙겠다는 내용이었다. 장칭은 득의만만했다. 예췬이 방문하는 것은 사죄를 뜻했고, 권력투쟁에서 일단 자신이 유리한 고지에 섰다는 것을 의미했기 때문이다.

도광양회 계략을 구사한 린뱌오는 호화 진사陳謝 사절단을 꾸렸다. 예췬을 필두로 린뱌오 수하의 '4대 금강金剛'으로 불리는 인민해방군 총참모장 황융성, 공군사령관 우파셴, 해군 제1정치위원 리쭤펑, 총병참부 부장 추후이쭤 등이 찾아가 머리를 숙였다. 예췬은 "이번에 우리는 천보다에게 속아 과오를 저질렀다. 린 부주석(린뱌오)이 여러 차례 우리를 비판했다. 주석의 가르침을 저버렸다. 장칭 동지에게 사죄드린다. 린 부주석이 우리에게 꼭 장칭 동지를 찾아가 사과드리라고 말했다. 장칭 동지가 용서해주기를 바란다"고 죽는 시늉을 했다.

장칭은 승자로서의 거드름을 한껏 피우며 점잖게 이들을 타일렀다. 이들 이리와 승냥이의 언사는 겉으론 화해 분위기를 연출했으나 속내는 더욱더 타도해야 할 대상으로 원한과 복수심이 부글부글 끓었다.

마오의 철퇴,
벼랑 끝에 서다

루산회의에서 '천재론'을 내세우며 국가주석 부활에 다 던지기를 하다 된서리를 맞은 린뱌오파는 천보다, 우파셴, 예췬 등이 줄줄이 자아비판을 했으나 마오는 더욱 옥죄어갔다. 린뱌오는 분노가 치밀었으나 이렇다 할 움직임을 보이지 않고 사태 추이를 관망하고 있었다. 이런 린뱌오에 불만을 품은 마오는 한발 더 나아갔다.

1970년 11월 중순, 마오는 중앙이 발표한 '천보다 반당 문제 전달에 관한 지시'를 비준하는 글에서 "중앙 제9기 2중전회에서 천보다는 돌연 기습을 해 불을 놓고 다니며 선동하고, 헛소리로 동지들을 기만하는 아주 나쁜 수단으로 당을 분열시키는 음모 활동을 벌였다"고 호되게 비판했다. 마오는 또 자신이 쓴 '나의 약간의 의견'을 당내와 (군의) 사단장급 이상의 영도소조 또는 핵심소조에 인쇄, 배포해 당의 고위급과 중급 간부들이 루산회의의 상황을 이해할 수 있도록 하라고 지시했다. 이에 따라 천보다를 비판하고 당의 기풍을 바로잡는다는 '비진정풍批陳整風'운동이 펼쳐졌다.

마오는 12월 18일에 자신의 서재에서 『중국의 붉은 별』을 쓴 스노와 개인숭배, 문화대혁명의 문제에 대해 폭넓은 의견을 나누었다. **502**

마오: 지금은 다르다. (개인)숭배가 지나치고 대단히 형식적이다. 예를 들면 '네 가지 위대하다'는 것을 들 수 있다. 위대한 스승, 위대한 영수, 위대한 통솔자, 위대한 조타수라고 한다. 혐오스럽다. 모두 없애버리고 '선생(스승)' 하나만 남겨 놓았다. 나는 예부터 선생이다. 현재도 여전히 선생이다. 다른 것은 모두 버렸다.

스노: 과거에는 이러한 것이 필요했나?

마오: 과거 몇 년은 개인숭배를 하는 게 필요했다. 현재는 필요 없다. 열기를 식혀야 한다.

스노: 나는 사람들이 마오쩌둥에 대한 개인숭배를 말하는 것은 한 개인이 국가 역량을 인격화하는 것으로 이해한다. 문화대혁명이 진행되는 이 시기에 마오쩌둥과 그의 선생은 하나의 표상이고, 투쟁의 끝이다.

마오: 이것은 류사오치를 반대하기 위한 것이었다. 과거는 장제스를 반대하기 위한 것이었고, 나중에는 류사오치를 반대하기 위한 거였다. 그들은 장제스를 내세웠다. 우리 곁에도 한 사람을 세워야 한다. 천두슈를 세우는 것은 안 된다. 취추바이도 안 된다. 리리싼을 세워도 안 되고, 왕밍도 세워서는 안 된다. 그럼, 어떻게 할 것인가? 반드시 한 사람을 세워서 왕밍을 타도해야 했다. 왕밍이 타도되지 않으면 중국혁명은 승리할 수 없었다. 우리 당은 재난이 많았다.

스노: 현재는 어떤가?

마오: 별다른 것은 없다.

스노: 좀, 괜찮다는 것인가?

마오: 그렇다. 당신이 말한 좀, 괜찮다는 말에 찬성한다. 당신이 어찌어찌해 좋아졌다고 말하면 찬성하지 않는다. 투쟁에는 두 가지가 있다. 하나는 진보이고, 하나는 퇴보다. 나는 문화대혁명의 두 가지를 찬성하지 않는다. 하나는 거짓말로, 입으로는 '글로 투쟁을 하고, 무력으로 투쟁해서는 안 된다'고 한다. 실제적으로 아래에서는 사람의 다리를 걸어찬 뒤에 발을 거두어들인다. 사람들은 너, 왜 나를 걸어찼냐?고 한다. 그는 또 나, 차지 않았어. 봐라, 내 발이 여기 있지 않느냐?고 한다. 거짓말이다. 뒤에서는 긴 창을 들고, 총과 박격포로 싸움을 한다. 또 하나는 내가 대단히 좋아하지 않는 것인데 포로로 잡아 학대하는 것이다. 홍군과 인민해

방군은 이렇게 하지 않았다. 그들은 포로를 우대했다. 때리지 않고, 욕하지 않고, 돈 주머니를 수색하지 않고, 노잣돈을 주어 집으로 돌아가게 했다. 총살하지 않았다. 장교들도 모두 총살하지 않았고, 장군같은 고위군관들도 총살하지 않고, 무장을 해제시켰다. 왜 학대하는가? 나는 예부터 이런 규칙을 세웠다.

마오는 개인숭배가 주자파 우두머리라고 규정한 류사오치를 제거해 수정주의의 출현을 반대하고 막기 위한 당의 상징으로 필요했으나, 류사오치가 제거된 만큼 형식화하고 있는 개인숭배는 필요 없다는 얘기였다. 문혁에 대해서는 내전 양상으로 번지고 있는 무력투쟁과 비인간적 폭력행위에 대해 반대의 뜻을 분명히 했다.

중앙은 마오와 스노의 대화를 문건으로 정리해 당의 기층지부에 인쇄, 배포해 전체 당원들에게 학습하도록 했다. 마오의 개인숭배를 주도하며 문혁을 이끌고 있던 린뱌오의 위상이 점점 흔들리고 있었다. 린뱌오는 루산회의 이후 요양을 내세워 거의 베이다이허(北戴河 북대하)에 칩거하면서 돌파구를 찾고 있었다.

마오는 린뱌오의 오른팔인 총참모장 황융성을 우두머리로 한 린뱌오파가 주축인 군사위원회 판사조의 움직임을 예의 주시했다. 마오는 군사위원회가 개최한 '비진정풍' 좌담회가 1971년 1월부터 1개월간 열렸으나 황융성 등이 천보다를 비판하지 않고 (본인 스스로) 자아비판을 하지 않자 군사위원회 판사조를 정면 비판하고 나섰다.

2월 19일, 마오는 "'비진정풍' 전개의 중점은 천(천보다)을 비판해야 그 뒤에 비로소 기풍을 바로잡을 수 있다. 1개월이 지났으나 군사위원회 좌담회(중앙군사위원회가 개최한 '비진정풍' 좌담회)에서 배울 게 없다. 근본적으로 천보다를 비판하지 않고 있다"고 매섭게 질타했다.

마오는 두 달 전인 12월 16일, 제38군 당위원회가 천보다를 반당행위로 고발한 보고서 비준에서 "그(천보다)는 베이징군구에 직무가 없고, 중앙도 그를 베이징군구 소속의 군정 문제에 위탁한 일도 없는데 어떤 이유로 천보다가 베이징군구와 화베이지구의 태상황이 되었는가?"라며 황융성 등의 비호를 꾸짖었다. 마오는 얼마 있다가 황용성과 리쭤핑의 이름을 거론하며 베이징군구의 천보다 비판회의(통칭 화베이 회의)에 참가하도록 지시한 뒤 상황을 지켜보고 있었다. 503

마오의 비판에 놀란 군사위원회 판사조는 마오에게 "우리는 '비진批陳(천보다 비판)'의 중요성에 대한 인식 부족으로 '비진정풍' 때 천보다 비판에 중점을 두지 못했다. 이것은 엄중한 과오"라는 내용의 자아비판을 서면으로 제출했다. 마오는 이에 대한 비준 글에서 "자네들 몇몇 동지들은 천보다를 비판하는 문제에서 왜 항상 피동적인가. 재촉하지 않으면 움직이려 하지 않는다. 이 문제는 잘 생각해 절차에 따라 피동적 위치에서 주동적으로 바뀌어야 한다. 왜 늘 인식이 부족하다고 하나? 원인이 어디 있는지 마땅히 연구해야 한다"고 질책했다.

마오는 황용성 등이 솔직하고 명쾌하게 자아비판을 하지 않으려는 이면에는 린뱌오가 직접 연계하고 있기 때문이라고 여겼다. 마오가 다시 질타하자 황용성 등은 어쩔 수 없이 2월 22일에 군사위원회 각 총부와 각 군의 병과 및 관련 군사부문 책임자들이 참석한 회의에서 자아비판을 했다. 황용성과 리쭤핑, 추후이쭤 3명은 서면으로 자아비판을 했으나, 장쑤성 쑤저우(蘇州 소주)에 머물고 있던 린뱌오는 한마디의 의견 표시도 하지 않았다. 린뱌오는 다시 요양을 구실로 베이다이허로 날아가 침묵 모드로 상황을 예의 주시했다.

3월 29일, 저우언라이는 마오의 지시에 따라 황용성 등 군사위원회 판사조 구성원들과 함께 린뱌오가 있는 베이다이허 별장을 방문해 마오의 천보다 비판에 대한 일련의 지시와 중앙이 준비하고 있는 '비진정풍 보고회' 소집 등에 관해 보고했다. 저우는 훗날 이와 관련해 "(내가 린뱌오를 찾아)간 목적은 마오 주석이 곧 소집할 '비진정풍 보고회'에 린뱌오가 참가해 몇 마디 말을 하면 그(린뱌오)에게 궁지에서 벗어날 수 있는 기회를 주기 위한 조처를 전달하기 위한 것"이었다고 술회했다. 504

저우언라이는 베이다이허에서 이틀 동안 린뱌오와 잇따라 담화를 나누었다. 린뱌오는 겉으로 천보다에 대한 비판에 "완전 동의한다"라고 했다. 또 최근 서면으로 자아비판한 황용성과 리쭤핑, 추후이쭤 문제에 대해서도 "잘했다"라고 말했으며 우파셴과 예췬에 대한 서면 자아비판 요구에 대해서도 "완전 동의한다"고 말했다. 하지만 곧 열리는 중앙의 '비진정풍 보고회' 참석에 대해서는 함구했다.

마오는 베이징으로 돌아온 저우로부터 린뱌오와의 베이다이허 면담 상황을 들은 뒤 크게 분노했다. 마오는 곁에 있던 린뱌오파의 황융성, 우파셴, 리쭤펑, 추후이쭤를 호되게 질책했다. 마오는 "너희들은 이미 벼랑 끝에 서 있다! 뛰어내리느냐, 떠밀리느냐, 또는 되돌아가느냐의 문제에 있다. 되돌아가느냐 하는 것은 전적으로 너희들 스스로에 달려 있다!"고 호통을 쳤다.

쿠데타 모의하는
'연합함대'

중앙은 4월 15일부터 29일까지 베이징에서 천보다를 비판하고 기풍을 바로잡는 '비진정풍 보고회'를 열었다. 마오는 보고회에 군사위원회 부주석 천이와 쉬샹첸, 녜룽전 등 3명의 원수들이 참가하도록 지시했다. 천이는 병원에 입원하고 있어 참석하지 못했다.

보고회는 군사위원회 판사조의 황융성, 우파셴, 예췬, 리쭤펑, 추후이쭤 등 5명의 자아비판을 청취했다. 정치국의 위탁을 받은 저우언라이는 총결발언에서 황융성 등이 정치적으로 노선상의 과오를 범했고, 조직상으로 종파주의의 과오를 저질렀다고 비판했다.

저우언라이는 4월 19일에 회의 기간 중 베이징에 온 린뱌오에게 회의 문건과 마오의 관련 지시 내용을 송부하고 회의에서 발언해줄 것을 요청했다. 린뱌오는 발언하지 않을 것임을 견결하게 밝히고 회의 참석 여부에 대해서는 어떤 의견도 말하지 않았다.

린뱌오는 루산회의 이래 전개되고 있는 '비진정풍'과 특히 오른팔인 총참모장 황융성을 마오가 비판한 데 대해 앙심을 품었다. 공개적인 장소에서도 노골적으로 불만을 토로했다. 중앙이 '비진정풍'을 끝냈을 즈음에 노동절인 '5·1절'을 맞게 되었다.

이날 밤 톈안먼에서 기념행사가 열렸다. 마지못해 행사에 참석한 린뱌오는 2인자로서의 당당한 기세와 모습은 온데간데없고 풀이 죽어 있었다. 린뱌오는 성루에서 마오와 시종 한마디의 말도 하지 않다가 간다는 말도 없이 자리를 떠 이를 본 주변 사람들이 의아해하기도 했다. 린뱌오는 쫓기는 심정의 강박관념에 사로잡혀 있었다. 린뱌오는 이때 마오에 대한 결정적 타격과 권력탈취를 골똘하게 강구하고 있었다.

린뱌오가 천재라고 아끼던 아들 린리궈(林立果 임립과)는 베이징대학 물리학과를 졸업하고 23세 때인 1967년 3월 공군에 입대해 공군사령관 우파셴의 안배로 공군사령부 당위원회 판공실 비서가 되었다. 린리궈는 공산당에 가입하지 않았다가 4개월 뒤 우파셴의 소개로 입당했다.

우파셴은 1969년 10월에 린리궈를 공군사령부 판공실 부주임 겸 작전부 부부장이란 요직에 임명했다. 우파셴은 이후 아예 공군의 지휘권을 린리궈에 넘기다시피 했다. 말도 안 되는 엄청난 권력 이양이었다. 군 입대 이후 2년 반만의 초고속 승진이었다. 공군 안에서 불만이 많았지만 누구도 내놓고 불평을 토로하지 못했다.

그러나 뒤에서는 "1년에 병사, 2년 만에 당원, 3년 만에 부부장, 4년 만에 태상황太上皇(황제의 아버지. 배후인물이란 뜻)"이라며 비아냥거리는 풍자가 널리 퍼졌다. 린뱌오 가족이 비행기를 타고 소련으로 달아나다가 1971년 9월 13일 몽골 운두르한에서 추락사하면서 "5년 만에 염라대왕을 만나다"라는 한마디 풍자가 더 늘어났다. [505]

린리궈의 이런 수직상승 출세는 주위에 사람들을 불러 모았다. 린리궈는 공군사령부 판공실 부주임 저우위츠(周宇馳 주우치), 부참모장 왕페이(王飛 왕비) 등과 함께 린뱌오에 충성하는 별동대로 '조사연구 소조'라는 조직을 사령부에 만들었다. 이 조직은 나중에 이들이 일본 영화 「야마모토 이소로쿠(山本五十六 산본오십육: 일본 연합함대 사령관으로 전사)」와 「아, 해군(啊, 海軍)」을 보고 감명을 받아 린리궈가 "우리도 연합함대다, 우리도 에타지마(江田島 강전도: 일본 해군 군사학교가 있는 곳) 정신이 필요하다"며 '연합함대'로 이름을 바꾸었다.

린리궈는 1971년 2월에 쑤저우에서 린뱌오, 예췬과 몰래 협의해 이 조직을 만 일에 대비한 조직으로 키우기로 하고 항저우와 상하이 일대에서 활동했다. 3월 21 일, 린리궈는 상하이에서 연합함대의 주요 구성원인 저우위츠, 공군사령부 부처 장 위신예(于新野 우신야), 7341부대 정치부 부처장 리웨이신(李偉新 이위신) 등과 함께 쿠데타 계획을 짜기 시작했다. 이들은 대부분 30대의 젊은 장교들이었다.

린리궈는 형세를 분석하면서 "현재 수장(린뱌오)의 (대권) 계승은 3종류가 있 다. 하나는 평화적인 계승이다. 5~6년을 기다려야 하는데 변화는 대단히 크다. 수장의 지위가 꼭 보장된다고 말하기 어렵다. 두 번째는 후계자 지위를 빼앗길 수 있다. 수장이 실각할 수 있다. 세 번째는 사전에 (대권을) 계승하는 것으로 방 법은 B-52(린리궈 등이 마오를 가리키는 암호명)를 제거하는 것이다. 무장기의를 해 야 한다"고 밝혔다.

린리궈는 사전 대권 계승 방법과 관련해 "지금 형세로 볼 때 수장이 먼저 계획 을 요구할 것"이라며 위신예에게 "이 일은 나와 수장이 이미 이야기를 나누었다. 당신이 먼저 계획을 짜라"고 말했다. 이들은 쿠데타 계획을 짜면서 '쿠데타 작명 作名'을 논의했다. 린리궈는 무장기의를 뜻하는 '우치이(武起義 무기의)'와 발음이 같은 '571'로 정하는 것이 좋겠다고 제의했다. 이들은 이틀 뒤 쿠데타 계획 강령 을 만들고 암호를 '571공정工程' 기요紀要라고 명명했다. **506**

쿠데타 계획서인 '기요'는 중앙 제9기 2중전회 이래 '정국이 불안'하고 '군대 가 압력을 받고 있다', '상대방의 목표는 후계자를 바꾸는 데 있다'고 서술했다. 또 '속수무책으로 생포되는 것보다 죽을 각오로 임하는 것만 못하다(破釜沈船 파 부침선)'며, 군사행동으로 먼저 선수를 쳐 기선을 제압한다(先發制人 선발제인)', '상층부 집회를 통해 일망타진한다' 등의 결의를 다졌다.

'기요'는 또 '특별한 수단을 이용'해 '폭격, 543(암호로 일종의 로켓포를 일컬음), 자동차 사고, 암살, 납치, 도시유격대 소분대' 등으로 '전국 정권을 탈취'하거나 '할거 국면' 등을 제시하고, '소련의 힘을 빌려 국내외 다른 역량을 견제한다'는 등의 의견을 제기하기도 했다.

린리궈는 '기요'의 '지휘부' 건립 계획에 따라 3월 31일 심야에 상하이에서 장텅자오(江騰蛟 강등교), 왕웨이궈(王維國 왕유국), 천리윈(陳勵耘 진려운), 저우젠핑(周建平 주건평) 등이 참석한 '3국 4방회의'를 열었다. 이 회의에서 난징은 저우젠핑, 상하이는 왕웨이궈, 항저우는 천리윈을 각각 우두머리로 하는 난징, 상하이, 항저우 거점을 설치하고, 장텅자오가 '3거점'을 연락하며 협력 총괄 지휘하면서 '협동작전'을 펴도록 결정했다.

루산의 일
끝나지 않았다

1971년 4월 9일, 자정이 가까운 시간에 저우언라이와 총참모부 부부장 슝샹후이(熊向暉 웅향휘)가 중난하이에 있는 마오의 집 응접실로 들어서고 있었다. 이날 낮 12시 15분에 미중 관계의 정상화와 미국 대통령 리처드 닉슨의 중국 방문을 협상하기 위해 중국에 비밀리에 온 미국 대통령 안보담당 보좌관 헨리 키신저와 밤늦게 끝낸 제1차 회담 결과를 보고하러 온 것이다.

키신저의 비밀 방문 이틀 전인 4월 7일, 중국은 일본 나고야에서 열린 제31회 세계탁구대회 마지막 날에 신중국 건국 후 국교 관계가 없는 미국 탁구선수단을 초청한다고 미국 선수단에 전달했다. 미 국무부는 이날 이런 사실을 공식 발표해 세계를 깜짝 놀라게 했다. '핑퐁 외교'로 불린 미국과 중국의 비밀 교섭은 그동안 물밑에서 진전된 바 있었다. [507]

저우가 키신저와의 회담 결과를 보고하려 하자, 마오는 손을 흔들며 "그것은 급한 일이 아니다"며 보고를 받는 대신 슝샹후이에게 "자네는 총참모부 부부장을 맡고 있나"라고 물었다. 슝샹후이는 "예"라고 대답했다. 마오는 짙은 후난 발언으로 물었다.

"그, '참모총장(원래는 총참모장)' 이름이 뭐야?"

"황융성입니다."

슝샹후이는 왜, 뻔한 것을 물어보고 엉뚱하게 '총참모장'을 '참모총장'으로 부르는지 의아하게 생각했다.

"자네, 황융성을 잘 아나?"

"총참모부에 근무한 이후 회의할 때 알게 되었습니다."

마오는 슝샹후이에게 황융성이 천보다 비판 소회의를 열어 발언한 내용과 루산회의를 언급했는지의 여부 등에 대해 자세하게 물었다. 마오는 시거를 피우며 깊은 생각에 젖어 있다 왼손으로 차 탁자를 치면서 돌연 목소리를 높여 "그들(황융성 등)의 자아비판은 거짓이다. 루산의 일은 아직 끝나지 않았다. 아직 근본적으로 해결되지 않았다. 여기에 '음모'가 있다. 그들은 배후가 있다"고 목소리를 높였다. 실내 분위기는 갑자기 얼어붙은 듯했다. 마오가 말한 그들의 배후가 누구이겠는가? 바로 린뱌오를 거론한 것이 아닌가? 저우언라이는 분위기를 누그러뜨리기 위해 황융성 등이 비판 교육과 자아비판을 통해 과오를 고칠 것이라며 좋은 말로 말했다. 하지만 마오는 머리를 절레절레 흔들며 견결하게 말했다.

"그렇지 않다. 당신이 잘못을 범한 것은 양모陽謀고, 그들은 음모陰謀다. 그들의 자아비판은 가짜고, 음모다. 슝샹후이 같은 간부도 알지 못하는데 음모가 아닌가? 나는 예부터 당내에 공개적인 반대파를 허락해왔다. 절대로 숨기는 반대파를 허락하지 않았다. 황융성 그들은 음모를 꾀하고, (당을) 분열시키려 하고 있다. 그들은 숨기는 반대파다. 음모와 분열을 꾀하는 것은 수정주의다. 진정한 마르크스주의자는 단결을 말하고 광명정대하다. 황융성, 그들이 광명정대한가? 완전히 그렇지 않다. 결론적으로 말해 루산(廬山 여산)의 일은 근본적으로 끝나지 않았다."

마오는 슝샹후이에게 비서가 있는지 여부를 물었다. 슝샹후이는 비서가 없어 직접 보고서를 쓰고 기초 문건 등을 챙긴다고 말했다. 마오는 자신도 문건을 담당하는 비서 한 명이 있지만 글을 쓸 때 비서에게 시키지 않는다고 했다.

공산당원은 첫째, 손을 움직이고 둘째, 입을 움직인다. 손과 입을 움직이는 것은 머리를 쓰게 하는 것이다. 현재 일부 고위직에 있는 사람이나 미관말직에 있는 사람들이 자신의 손과 입을 움직이려 하지 않고, 머리를 쓰려고 하지 않는다. 무슨 일이든지 비서에게 시킨다. '비서 독재정치'를 한다.

어떤 사람은 자신의 부인을 자기 판공실 주임으로 임명하고 있다. 이것은 공산당의 기풍이 아니고 국민당의 작풍이다. 마오가 비판한 자신의 부인을 판공실 주임으로 임명한 사람은 바로 린뱌오가 아닌가? 린뱌오에 대한 마오의 공격이 임박했음을 보여주는 언사였다. 마오와 후계자로 당장에 기록된 린뱌오의 관계는 이미 돌아올 수 없는 다리를 건넌 형국을 보여주고 있었다.

마오는 말을 마친 뒤에 비로소 저우로부터 키신저와의 제1차 회담 결과를 보고받았다. 저우언라이와 슝샹후이가 마오의 집을 나왔을 때는 오전 2시를 훌쩍 넘기고 있었다. 저우는 슝샹후이와 함께 호텔로 가면서 마오가 했던 이야기를 절대로 외부에 발설하지 말도록 신신당부했다.

마오는 지방의 당정군 책임자들에게 중앙 제9기 2중전회에서 있었던 상황을 명확히 이해시키고 소상한 내용을 알리기 위해 남쪽 지역을 순시하기로 결정했다. 마오는 비꼬는 어투로 "천보다가 화베이 지역을 주유하며 곳곳에서 유세하고 있다. 나도 그의 방법을 배워 남쪽으로 내려가 각로各路의 제후(지방의 당정군 책임자)들을 만나 유세하러 가겠다"고 말했다.

8월 15일 오후 1시, 78세의 마오는 전용열차를 타고 베이징을 떠나 16일에 남순南巡의 시발점인 후베이성의 성도 우한(武漢 무한)에 도착했다. 마오는 9월 중순까지 20여 일 동안 창사, 난창, 항저우, 상하이 등지를 돌면서 후베이, 허난, 후난, 광둥, 광시, 장쑤, 푸젠, 저장(浙江 절강)성과 상하이의 주요 지도자들을 만나 담화를 나누었다. 마오는 곳곳에서 공산당 노선투쟁의 역사와 루산회의의 문제 등을 이야기했다. 마오는 되풀이해 이들 책임자에게 말했다. 508

"우리 당은 이미 50년의 역사를 지녔다. 큰 노선투쟁이 10차례 있었다. 10차례 노선투쟁에서 어떤 사람들은 우리 당을 분열시키려 했으나 모두 분열하지 않았다. 이 문제는 연구할 가치가 있다. 1970년 루산회의는 그들(린뱌오, 천보다 등)이 갑자기 기습하고 지하활동을 했다. 왜 공개하려 하지 않았나? 보건대 마음속에 음모가 있었다. 그들은 먼저 속이고 나중에 돌연 기습했다. 5개 상위에서 3개를 속여 몇 명의 대장을 제외하고는 정치국의 대다수 동지들을 속였다. 그런 대장은 황융성을 포함해 우파셴, 예췬, 리쭤펑, 추후이쭤다. 그들이 이렇게 하는 데는 목적이 있다! 내가 보기에 그들의 돌연한 기습과 지하활동은 계획적·조직적이고 강령이 있다. 강령은 국가주석 설치이고 바로 '천재'를 말함이다."

"어떤 사람이 급히 국가주석이 되려고 생각한다. 당을 분열하고 급하게 권력을 탈취하려고 한다. 린뱌오는 그 발언을 하면서 나와 상의하지 않았다. 내가 볼 수 있도록 하지 않았다. 그들은 할 말이 있으면 먼저 말하지 않는다. 대개 무엇을 파악하면 성공한 것으로 여기는 것 같다. 그러나 그렇게 말해서는 안 된다. 또 허둥지둥해서는 안 된다. 이번 루산회의는 단지 천보다가 문제를 제기하고, 린뱌오를 거론하지 않고 개인적인 결론을 내리지 않았다. 그는 당연히 일단의 책임이 있다. 이런 사람을 어떻게 처리하나? 교육의 진정한 방법은 '징전비후懲前毖後(지난날의 잘못을 후일의 거울로 삼음)와 치병구인治病救人(남의 잘못을 지적하여 고치도록 함)'이다."

마오는 이런 이야기도 했다.

"천보다는 화베이를 주유하며 곳곳에서 유세를 한다. 나의 이번 (순시는) 바로 그의 방법을 배운 것이다. 나는 당의 주석이고, 군사위원회 주석이다. 내가 곳곳에서 유세를 할 수 있지 않나? 중앙에 젊은이들을 배양해야 한다. 예를 들면 리더성(李德生 이덕생: 베이징군구 사령관)과 지덩쿠이(紀登奎 기등규: 중앙정치국 후보위원), 화궈펑(華國鋒 화국봉: 후난성 성장) 같은 사람들이다. 노장은 안 된다. 상하이의 왕훙원(王洪文 왕홍문: 상하이 혁명위원회 부주임) 동지를 당신들은 잘 아는가, 이해하는가? 이 동지는 어떤가?"

마오는 남쪽 지역을 돌며 해당 지역의 당정군 책임자들과 이야기를 나누면서 "마르크스주의를 해야 하고 수정주의를 해서는 안 된다, 단결을 하고 분열을 해서는 안 된다, 광명정대하게 하고 음모와 모략을 해서는 안 된다"고 거듭 강조했다. 마오의 '남순담화' 내용은 그가 지정한 전달 범위와 그를 수행한 판공청 주임 겸 경호국장인 왕둥싱이 베이징의 저우언라이에게 전송한 것 이외에 다른 사람들에게는 일괄적으로 엄격하게 비밀을 지키도록 했다.

허베이성 발해만의 휴양지 베이다이허에 있던 린뱌오와 예췬 등은 온갖 수단과 방법을 다해 남순 중인 마오의 행적과 담화 내용을 파악하기 위해 총력을 기울였다. 마오는 남순 도중에 비정상적이고 의심스러운 징후들을 날카롭게 감지했다.

　마오가 난창에서 장시성 책임자로부터 보고받을 때 세 가지 내용에 대해 비상한 관심을 가졌다. 하나는 지난 7월에 '연합함대'의 일원인 저우위츠가 두 차례에 걸쳐 몰래 장시에 내려와 활동했다는 점이다. 둘째는 루산회의 기간에 예췬이 확실하게 "국가주석을 세우지 않으면 린뱌오는 어디로 가나?"라고 말했다는 내용이었다. 셋째는 린뱌오의 딸 린리헝(林立衡 임립형)이 "우리 집안사람들(린뱌오 집안)과 내왕하면 머리가 떨어지는 좋지 않은 일이 있을 것이다"라고 했다는 경고였다.

　마오를 수행한 경호대장 장야오츠(張耀祠 장요사)는 이런 이야기를 들은 뒤에 "마오는 눈을 가늘게 뜨고 멀리 창밖을 바라보며 한마디의 말도 안 했다"고 회상했다. 마오는 항저우에 있을 때 잇따라 예췬과 린리궈 등과 관련한 일단의 의심스러운 정황을 포착하고 더욱더 경각심을 갖게 되었다. **509**

남순담화

린뱌오 등이 애타게 마오의 '남순담화' 내용을 파악하려고 동분서주하던 9월 5일, 린리궈에게 광저우(廣州 광주) 부대 공군 참모장 구퉁저우(顧同舟 고동주)로부터 밀보가 날아들었다. 마오가 창사에서 이야기한 내용이었다. 구퉁저우는 마오의 대화 내용 전달에 관한 비밀 엄수의 기율을 깨고 이날 밤 베이징에 있는 위신예와 저우위츠에게 전화를 걸어 대화의 중요 내용을 전달했다. 저우위츠는 6일에 위신예가 정리한 마오의 담화 내용을 갖고 베이다이허에 머물고 있는 린뱌오를 찾아가 전달했다.

구퉁저우는 또 마오의 담화 내용을 장장 50쪽의 문건으로 정리한 후에 자신의 부인 장야칭(張亞青 장아청)을 시켜 치료한다는 핑계를 대고 베이징으로 날아가 저우위츠와 린리궈에게 전달하도록 했다. 9월 6일 새벽 6시, 우한군구 정치위원 류펑(劉豐 유풍)도 마오의 당부를 어기고 마오가 우한 둥후빈관에서 담화한 내용을 조선군사대표단과 함께 우한을 방문한 리쭤펑에게 상세하게 전달했다.

린뱌오는 잇따라 마오의 '남순담화'의 주요 내용을 파악한 뒤에 마오를 순시 도중에 살해하고 쿠데타를 일으키기로 결심했다. 9월 7일, 린리궈는 '연합함대'에 '1급 전투 준비' 지령을 내렸다. 연합함대 구성원은 주로 30대의 청년장교였지만 마오에 반감을 갖고 있던 50대의 난징군구 정치위원 장텅자오(江騰蛟 강등교)는 린뱌오와 린리궈에게 충성 맹세를 하고 상하이에서 마오를 제거하는 '제1선 지휘'의 책임을 맡았다. 장텅자오는 9월 8일에 린리궈의 지시에 따라 베이징 시자오(西郊 서교) 비행장으로 날아와 린리궈를 만났다.

시자오 비행장에는 린리궈의 아지트가 있었다. 린리궈는 한 장의 종이를 꺼내 장텅자오에게 건넸다. 종이에는 붉은 연필로 "(린)리궈, (저우)위츠 동지가 전달하는 명령에 따라 집행하기 바란다"고 씌어 있었다. 장텅자오는 린뱌오가 직접 쓴 글이라는 것을 확인한 뒤 이 종이를 다시 린리궈에게 돌려주었다. 이것이 린뱌오가 반혁명 무장 쿠데타를 직접 명령한 증거로 제시되고 있는 '9·8수령手令(친히 내린 명령)'이다. **510**

이 린뱌오의 '수령'이 적힌 종이는 나중에 '쿠데타 모의'가 들통 나 '연합함대' 구성원인 저우위츠와 위신예, 리웨이신이 헬리콥터로 소련을 향해 달아날 때 휴대하고 있었다. 이들이 탄 헬리콥터가 강제 착륙했을 때 저우위츠가 증거를 없애기 위해 이 종이를 찢어버렸다. 그러나 나중에 현장조사관들이 주위에서 찢어진 종이를 수거한 뒤 복원해 법정에 증거로 제시했다.

장텅자오는 린뱌오가 쓴 '수령'을 본 뒤 린리궈에게 "정의를 위해, 혁명을 위해, 견결하게 한다"고 충성 맹세를 했다. 린리궈는 대단히 기뻐하며 "당신은 상하이로 내려가 제1선을 지휘해주시오. 이 임무는 대단히 중요합니다. 반드시 잘 처리해주기 바랍니다"라고 당부했다. 린리궈, 장텅자오, 왕리, 저우위츠 등 4명은 이날 밤에 마오를 모해하는 방법을 자세하게 연구하며 상의했으나 의견 일치를 보지 못해 9일 오전까지 논의를 계속했다. 린리궈는 세 가지 방안을 제시했다. **511**

1. 화염방사기와 로켓 발사기로 마오가 탄 전용열차를 공격한다.
2. 고사포를 수평으로 쏴 마오가 탄 열차를 공격한다.
3. 상하이에 주둔하고 있는 공4군空四軍의 정치위원 왕웨이궈(王維國 왕유국)가 마오를 접견할 때 휴대한 총으로 열차 안에서 쏜다.

그러나 이 세 가지 방안은 현실성이 없다는 이유로 모두 부결되었다. 저우위츠가 일본군이 장쭤린을 열차에서 폭살한 것처럼 철로를 폭파해 마오를 제거하는 방법을 제시했다. 마오의 전용열차가 반드시 쑤저우 쉬팡(碩放 석방)철교를 지나는 만큼 철교를 폭파하는 게 좋다고 말했다.

장텅자오는 "만약 이 방법을 택하면 리스잉(李世英 이세영)이 적임자"라고 했다. 리스잉은 쉬팡에 주둔하고 있던 제15사단 사단장이었다. 이들은 또 폭격기로 열차를 폭격하는 방안과 전용열차가 정차하는 부근의 기름탱크를 폭파해 화재로 혼란한 틈을 타서 마오를 제거하는 등 마오가 순시 중인 남쪽 지역인 '남선南線'에서의 방안을 논의했다. 린리궈 등은 또 베이징 등 지역의 '북선北線' 계획을 짜면서 고위 지도자들이 거주하는 중난하이와 댜오위타이를 공격해 저우언라이, 주더, 예젠잉, 녜룽전, 쉬샹첸, 류보청 등 혁명원로와 문혁파 장칭, 장춘차오, 야오원위안 등을 제거하는 방안도 연구했다. 하지만 갑론을박하며 결론을 내리지 못해 유야무야되고 말았다.

9월 8일, 린뱌오 집단이 마오를 제거하기 위한 방안을 놓고 이처럼 긴박하게 움직이고 있을 때 남쪽 지역을 순시하던 마오는 아무런 낌새를 차리지 못하고 항저우로 갔다. 항저우의 경비를 총괄하고 있던 사람은 이곳에 주둔한 공5군空五軍 정치위원 천리윈(陳勵耘 진려운)이었다. 마오의 호위 경비를 책임지고 있었다.

천리윈은 '연합함대' 일원이어서 마오가 호랑이굴로 들어온 꼴이 되었다. 마오는 이날 밤 이상한 조짐으로 보이는 몇 가지 정보를 보고받았다. 항저우에서 어떤 사람이 비행기 정비를 하고 있고, 마오를 비난하는 사람이 전용열차가 정차하는 항저우 젠차오(筧橋 견교) 비행장 지선으로 가는 길을 방해하려 한다는 것 등이었다. 이런 상황은 과거에는 없었던 일이었다.

마오는 판공청 주임 겸 경호국장인 왕둥싱을 불러 열차를 이동할 것을 지시했다. 마오의 전용열차는 상하이 쪽 사오싱(紹興 소흥) 방면으로 방향을 꺾어 9일 새벽에 사오싱의 한 열차 지선에 정차했다.

마오는 9월 10일 정오께 왕둥싱을 불러 천리윈에게 연락하지 말고 상하이로 가도록 지시했다. 왕둥싱은 "주석, 그들에게 연락하지 않으면 안 됩니다"라고 말했

다. 마오가 왕둥싱에게 물었다. [512]

"왜 그런가?"

"주석은 일반인이 아닙니다. 올 때 통지했으면 갈 때도 통지해야 합니다. 노상의 안전과 지방의 보위를 위해섭니다."

"그럼, 천리원을 열차에서 볼 필요는 없다. 전송할 필요가 없다고 하게."

"그럼 안 됩니다. 상대방을 경계하게끔 할 수 있습니다."

"자네의 뜻은……."

"난핑(南萍 남평)으로 가서 천리원을……."

마오는 왕둥싱의 말을 끊고 "또 하나, 공5군 군단장 바이쭝산(白宗善 백종선)도 보자고 하라. 왜 이번에 만날 수가 없었나?"고 물었다. 왕둥싱은 "바로 통지하겠다"고 대답했다. 마오는 난핑에서 이들을 만났다. 마오는 바이쭝산과 악수하면서 "왜 나를 보러 오지 않았나?"라고 묻자 곁에 있던 천리원이 급히 "그날 당직이었다"고 대신 설명했다. 마오는 이들에게 다른 지방에서처럼 루산회의의 진상을 밝히고 단결을 강조했다.

면담이 끝나자 왕둥싱이 마오에게 "상하이 어디에 정차할까요?"라고 물었다. 마오는 "상하이 교외 훙차오(虹橋 홍교) 비행장 전용선에 정차하고 구자화위안(顧家花園 고가화원)에 진입하지 말 것"을 지시했다.

왕둥싱이 "상하이에 있는 왕훙원에게 통지할까요?"라고 묻자, 마오는 "그래, 자네가 전화를 걸어라"고 말했다. 마오의 전용열차는 10일 오후 1시 40분께 사오싱에서 항저우로 되돌아 오후 2시 50분께 항저우역에 정차했다. 천리원은 마오가 항저우에 도착했을 때 마오와 악수하려고 하거나 마오에게 접근하는 것을 꺼렸다. 어디가 켕겨서 그런지 표정이 대단히 부자연스러웠다. 나중에 왕둥싱은 천리원이 말한 이때의 상황을 이렇게 회상했다. [513]

"(마오가 항저우에 도착한) 9월 8일 밤, (연합함대 일원인) 위신예가 항저우에 도착했다. 위신예는 천리원을 찾아가 모종의 임무를 주었다. 단, 위신예는 무슨 일이 일어났는지 몰라 약간의 의혹을 갖고 있었다. 위신예는 마오가 항저우에 와서 한 이야기가 어떤 내용인지를 천리원에게 물었다. 천리원은 마오와의 담화 내용을 위신예에게 보고했다. 위신예는 천리원에게 항저우와 상하이, 난징 사이에서 마오 주석을 살해할 것이라고 말했다. 우리가 파악한 정보에 따르면 천리원은 위신예를 접대하는 방에 걸려 있던 마오 주석의 초상을 보고 (마음의 동요를 일으켜) 근심스러워했다고 한다. 나중에 '연합함대' 구성원의 진술과 우리가 조사한 자료에 따르면 그들은 다양한 방법으로 마오 주석을 모해할 준비를 했다."

위신예가 천리원에게 준 임무는 항저우에서 개조한 소련제 비행기 일류신-10으로 마오의 전용열차를 폭격하기 위해 비행기에 폭탄을 적재하는 것이었다. 9월 9일, 위신예는 상하이에서 왕웨이궈에게 "우리가 비행기로 폭격할 때 비행기에 있는 무기뿐만 아니라 고사포를 다시 배치해 열차에서 뛰어나오는 사람들을 포격해야 한다"고 말했다. 위신예와 왕웨이궈가 모의할 때 왕웨이궈는 "만약 마오의 전용열차가 구자화위안에 정차하면 어떻게 하느냐"고 물었다. 위신예는 "당신이 '교도대'를 부근에 매복시켰다가 기관총으로 경호대의 앞뒤를 차단해 먼저 경호대를 소멸시키고 돌진하면 된다"고 응답했다. 위신예와 왕웨이궈는 지형으로 볼 때 항저우보다 상하이에서 손을 대는 것(마오 살해)이 한결 유리하다고 여겼다.

위신예는 그날 오후에 비행기로 베이징 시자오(西郊 서교) 비행장에 도착해 린리궈에게 상세한 상황을 보고했다. 시자오 비행장의 일반 사무실과 곁에 있는 공군학원에는 이들의 거점이 있었다. 린리궈는 곧바로 베이다이허에 있는 린뱌오와 예췬에게 진전 상황을 보고했다.

린리궈와 저우위츠는 장텅자오에게 "북쪽 지역(北線 북선)은 왕페이(王飛 왕비)가 지휘하고 남쪽 지역(南線 남선)은 당신이 지휘하니 빨리 남쪽으로 내려가라"고 지시했다. 왕페이는 공군사령부 부참모장으로 '연합함대'의 핵심이었다. 애초에 왕페이는 베이징 상공이 비행금지 구역이기 때문에 탱크로 중난하이와 댜오위타이로 밀고 들어갈 계획이었다. 어떤 사람은 로켓포로 중난하이를 가격하는 방안을 제시하기도 했다. 이들은 합당한 타격 방안을 찾지 못한 채 설왕설래하며 시간만 보냈다.

미수에 그친
마오 암살

베이다이허에 있던 린뱌오는 예췬을 시켜 전화를 통해 황융성, 우파셴, 리쭤펑, 추후이쭤 등과 (인력) 동원 문제를 긴밀하게 상의했다. 9월 10일에 예췬과 황융성은 5차례 전화 통화를 했다. 그중 두 차례는 장장 90분과 135분 동안 통화한 것으로 드러났다.

린뱌오는 황융성에게 보낸 편지에서 "융성 동지, 대단히 당신이 그립다. 어떤 때라도 항상 낙관적이고 몸을 보중하기 바란다. 일이 있을 때는 왕페이 동지와 만나 상의하기 바란다"고 적었다. 예췬은 우파셴과 통화하면서 'B-52(마오에 대한 암호)'의 상황에 대해 물었고, 우파셴은 항저우에서 마오와 천리윈 등과 나눈 대화 내용 등을 상세하게 보고했다. 514

마오의 전용열차는 9월 10일 오후 3시 35분에 항저우를 떠나 오후 6시 10분께 상하이에 도착했다. 왕둥싱은 상하이의 현지 경호부대를 전부 외곽 방위로 철수시키고, 마오의 경호요원으로 항상 수행하는 경호단 간부 100명을 열차 주위에 배치했다.

열차가 정차한 지점에서 150미터가량 떨어진 곳에 훙차오 비행장의 항공용 연료 저장고가 있었다. 왕둥싱은 만일의 사태에 대비해 이곳을 경호원들에게 철통

같이 감시하도록 지시했다. 난징군구 사령관 쉬스유와 왕훙원이 마오를 면담하고 진장판뎬(錦江飯店 금강반점)으로 식사하러 떠난 뒤에 '연합함대'의 핵심 왕웨이궈가 찾아와 마오를 면담하려고 기다렸다. 그러나 마오는 끝내 왕웨이궈를 만나주지 않았다.

마오의 전용열차는 11일 오후 1시 12분에 상하이를 출발해 오후 5시 35분께 난징에 도착해 15분간 정차했다. 난징군구 사령관 쉬스유가 환송 나왔으나 마오는 "만나지 않겠다. 누구도 안 만난다. 쉬겠다"고 해 왕둥싱이 쉬스유를 대신 만났다.

난징을 출발한 전용열차는 밤 9시 45분 벙부(蚌埠 방부)에 도착해 5분을 쉬고, 12일 0시 10분 쉬저우(徐州 서주)에서 10분간 정차했다. 전용열차가 새벽 5시 지난(濟南 제남)역에 도착해 50분간 쉬는 동안 왕둥싱은 베이징군구 사령관 리더성, 지덩쿠이, 우더(吳德 오덕) 등에게 전화를 걸어 마오가 펑타이(豊臺 풍대)역에서 면담하겠다는 내용을 전달했다.

마오는 펑타이에서 이들을 면담하면서 "검은 손은 천보다 한 사람만 아니다. 또 다른 검은 손이 있다"고 의미심장한 말을 했다. 마오는 면담이 끝난 뒤 리더성을 별도로 불러 제38군을 베이징 북쪽 교외의 난커우(南口 남구)에 배치하도록 명령했다. 어떤 이상한 낌새를 챘는지 마오는 만약의 사태에 대비해 병력 이동 명령을 내린 것이었다. 유비무환이었다. 마오는 오후 4시가 넘어 베이징에 도착해 안전하게 중난하이로 돌아갔다. [515]

린리궈 등이 마오를 살해하려던 계획은 말짱 헛일이 되고 말았다. 린뱌오 집단은 허둥대기 시작했다. 상하이에 있던 왕웨이궈는 린리궈와 저우위츠에게 전화를 걸어 "마오가 상하이를 떠나 북상했다"는 소식을 전했다. 린리궈는 "완전히 끝났다!—수장首長(린뱌오)이 맡긴 중요 임무를 완수하지 못했다. 수장은 목숨을 나에게 맡겼다. (수장에게) 뭐라고 말할 수 있겠나!"라며 탄식했다.

린리궈 등은 '기요'에서 "현대판 진시황제를 타도하자!"고 담대하게 외쳤지만 허술한 쿠데타 계획으로 우물쭈물하다가 힘 한 번 써보지도 못한 채 제풀에 무너지고 말았다. 9월 11일 밤, 린뱌오와 예췬, 린리궈는 광저우로 내려가 마오에 항거할 계획을 세웠다.

이들은 광저우에서 별도의 분할국가인 '중앙'을 세워 "만약 무력으로 소련과 연합하면 남북에서 협격을 벌일 수 있다"고 여겼다. 공군사령부 부참모장 왕페이는 급히 이런 계획에 따라 남쪽으로 내려갈 명단을 짰다. 여기에는 린뱌오 일가를 제외하고 황융성, 우파셴, 리쭤펑, 추후이쭤 등을 포함했다.

왕페이는 광저우로 갈 몇 대의 비행기 중 256호 트라이던트 비행기를 베이다이허에서 멀리 떨어지지 않은 산하이관(山海關 산해관) 비행장에 준비시켜 몰래 떠날 채비를 해놓았다. 이 비행기는 린뱌오 일가가 전용으로 쓰도록 준비한 것이었다. 이 일은 극비로 추진해 린뱌오의 딸 린리헝(林立衡 임립형)조차도 몰랐다. **516**

허베이성(河北省 하북성) 발해만 연안 베이다이허(北戴河 북대하) 서쪽 해변 모래 사장에서 2킬로미터 남짓 떨어진 롄펑산(聯峰山 연봉산) 자락의 소나무 숲에 2층으로 지은 조그만 집이 있다. 린뱌오와 예췬이 거주하는 중앙요양소 62호러우(樓루; 원래는 96호러우)다.

1971년 9월 12일, 날이 어둑어둑할 무렵에 린뱌오와 예췬은 (광저우로 달아날) 인원을 이동하고 배치하느라 몹시 분주했으나 겉으론 평온해 보였다. 린뱌오와 예췬은 막 린리궈로부터 베이다이허에 돌아왔다는 전화를 받고 속임수를 썼다.

이들은 이날 밤에 딸 린리헝과 애인 장칭린(張淸霖 장청림)의 약혼식을 한다고 밝혔다. 예췬은 비서와 공작원들에게 사람들을 초청해 식사는 하지 않지만 사탕과 차 등을 준비하고 영화를 볼 수 있도록 하라고 지시했다. 이렇게 해 공작원들의 주의를 딴 곳으로 돌려 자신들의 음모를 숨겼다.

소련으로 탈출하는 린뱌오

밤에 예췬은 린리헝 등과 「행복」이라는 영화를 보았다. 린리궈가 밤 8시가 넘어 비행기로 산하이관 비행장에 도착해 9시께 부모들이 거주하고 있는 곳으로 달려왔다. 린리궈는 누나 린리헝에게 꽃다발을 주며 축하 인사를 건넸다. 린리헝은 어머니 예췬과 사이가 좋지 않아 예췬은 항상 린리헝을 따돌렸다.

애초 린리헝은 부모가 달아날 준비를 하고 있다는 것을 눈치채지 못했다. 린리헝은 이때 비로소 가족들이 무언가 자신을 속이고 있다는 낌새를 느꼈다. 영화를 보다가 예췬이 나갔다. 린리헝도 슬그머니 뒤를 따라 나섰다. 린리헝은 린뱌오의 방 바깥에서 린뱌오와 예췬, 린리궈가 이야기하는 소리를 들었다. 어렴풋하게 어느 지방으로 간다는 소리가 들렸다. 린리헝은 이 말을 듣고 매우 긴장해 곧바로 린뱌오의 안전을 경호하는 제8341부대 부단장 장훙(張宏 장굉)과 제2대대 대대장 장쭤서우(張作壽 장작수)에게 신고했다. 이때가 밤 9시 20분 안팎이었다.

장쭤서우는 즉시 베이징의 중앙경호국 부국장 장야오츠(張耀祠 장요사)에게 전화를 걸어 이런 내용을 보고했다. 장야오츠는 곧바로 경호국장 왕둥싱에게 전화를 걸어 "상황이 대단히 긴급하다"며 처리 방안을 물었다. 왕둥싱은 전화로 저우언라이를 찾았다. 저우는 인민대회당에서 회의를 열어 제4기 전국인민대표대회

에 보고할 '정부공작 보고' 초안에 관한 토론을 주재하고 있었다. 저우가 왕둥싱에게 물었다. [517]

"믿을 만한 보고인가?"

"믿을 만합니다."

"당신이 즉시 전화를 걸어 장흥에게 알리고 새로운 정황이 있으면 곧바로 보고하시오."

왕둥싱은 장야오츠와 함께 자신의 사무실에 대기했다. 장흥이 전화로 왕둥싱에게 린리헝이 신고한 린리궈의 운전병이 말했다는 새로운 정보를 보고했다. 린리궈가 베이징에서 타고 온 전용 비행기가 지금 산하이관 비행장에 있다는 내용이었다. 왕둥싱은 즉시 저우에게 보고했다. 저우는 회의장을 빠져나와 둥다청(東大廳 동대청)의 조그만 방으로 옮겨 베이다이허 문제를 처리하기 시작했다.

저우는 토론회에 참석한 공군사령관이자 린뱌오의 측근인 우파셴을 불렀다. 저우는 우파셴에게 비행기 한 대가 베이다이허로 갔는지를 물었으나 모르고 있었다. 저우는 공군 비행통제실에 전화해 상황을 파악하도록 우파셴에게 지시했다. 이때 장흥은 산하이관 비행장에 비행기 한 대가 있고, 조종사 등 승무원들이 휴식 중이며 비행장 관리는 해군에서 하고 있다는 내용을 왕둥싱에게 보고했다. 밤 11시 30분께 저우는 직접 베이다이허의 예췬에게 전화를 걸었다. [518]

"린 부주석은 잘 지내고 있지요?"

"아주 잘 지내고 있습니다."

저우언라이는 예췬에게 베이다이허에 전용기가 있는지를 물었다. 예췬은 저우를 속이기 위해 모른다고 했다가 잠시 뒤에 "비행기가 있는데 우리 아들(린리궈)이 타고 온 것이다. 아이 아버지(린뱌오)가 내일 날씨가 좋으면 상공을 한 번 비행하겠다고 말했다"며 거짓말을 했다. 저우가 물었다.

"다른 곳으로 갑니까?"

"원래는 다롄에 가려고 했는데 날씨가 조금 찹니다."

"밤에 비행하는 것은 안전하지 않습니다."

"우리는 밤에 비행하지 않아요. 내일 날이 밝거나 오전에 날씨가 좋으면 비행할 겁니다."

"비행하지 말아요. 안전하지 않습니다. 꼭 기상 상태를 잘 파악해야 합니다. 필요하다면 내가 베이다이허로 린뱌오 동지를 보러 가겠습니다."

저우가 베이다이허에 가겠다고 말하자, 깜짝 놀란 예췬은 저우에게 올 필요가 없다고 권했다.

"총리가 베이다이허에 오면 남편이 긴장해 더욱 불안합니다. 오지 마세요."

저우는 베이징군구 사령관 리더성을 공군사령부 작전상황 당직실에 파견해 임시 지휘를 하도록 지시했다. 저우는 또 자신이 믿는 양더중(楊德中 양덕중)이 우파셴을 수행해 베이징 시자오 비행장으로 가 상황을 파악하도록 했다.

양더중을 파견한 것은 우파셴을 감시하기 위한 조처였다. 저우는 정치국 후보위원이자 군사위원회 행정소조원인 지덩쿠이가 베이징군구를 감독하도록 지시했다. 린뱌오는 예췬의 보고를 받고 저우가 베이다이허에 올 것으로 지레짐작했다.

린뱌오는 "나도 쉴 수 없다. 오늘 밤 잠을 잘 수 없다. 빨리 준비하라. 우리는 곧바로 떠난다"고 서둘렀다. 예췬도 당황해하며 "빠르면 빠를수록 좋다"고 화답했다. 갑자기 집안이 부산해지자 공작원들은 왜 이렇게 빨리 떠나는지를 아리송해했다. 린뱌오는 차가 문 앞에 대기하자 곧바로 올라탔다. 예췬은 공작원들에게 딸 린리헝을 찾아오라고 했다. 하지만 린리헝은 부대에 신고하러 갔다가 돌아올 생각이 없어 귀가하지 않았다. 린뱌오의 요양소 경비를 선 제2대대 초병 근무자는 대대에 "린뱌오 거소가 대단히 혼란하다. 물건을 옮기는 사람들로 북적댄다"고 보고했다.

예췬과 린리궈가 잇따라 차에 탔다. 린뱌오는 린리궈와 경호비서에게 "비행기로 (소련의) 이르쿠츠크까지 가는 데 얼마나 걸리는가?"를 물었다. 린리궈가 "얼마 걸리지 않습니다"라고 대답했다. 린뱌오는 한때 광저우로 내려가 '분할 국가'를 세워 마오에게 항거할 꿈도 꾸었으나 지금은 그저 목숨 보존이 우선이라고 판단했다. 소련으로 탈출하는 것 이외에는 아무런 생각이 없었다.

운전병 옆 좌석에 경호비서가 타고 뒷좌석엔 린뱌오, 예췬, 린리궈, 공군사령부 처장 류페이펑(劉沛豊 유패풍)이 탔다. 차가 검문 초소를 막 지나려 할 때 초병이 막아섰다. 예췬이 운전병에게 돌진하라고 명령했다. 경호비서는 운전병에게 차를 세우라고 말했다. 운전병은 차의 속도를 조금 줄여 달리기 시작했다. 이때 경호비서가 문을 열고 차에서 뛰어내렸다. 린리궈가 총을 쏘았다. 린뱌오가 있는 곳으로 차를 몰고 온 장훙과 장줴서우 등이 이 장면을 목격했다.

이들은 차를 타고 추격에 나섰다. 린뱌오의 훙치(紅旗 홍기) 승용차는 시속 100킬로미터로 달릴 수 있어 장훙과 장줴서우가 탄 지프의 느린 속력으로는 따라잡지 못해 점점 거리가 벌어졌다. 맹렬한 속도로 달려 산하이관 비행장에 도착한 린뱌오와 예췬 등은 중형 제트기 트라이던트 256호 비행기의 트랩이 치워져 조종석에 걸쳐진 사다리를 타고 황급히 기내로 올라갔다.

린뱌오와 예췬은 황망하고 긴장한 나머지 린뱌오는 모자를 땅바닥에 떨어뜨렸고 예췬은 스카프를 날려 보냈다. 비행기에는 원래 2명의 조종사가 있었으나 1명만 있었고, 항법사와 통신사 등은 탑승하지 않았다. 린리궈와 류페이핑은 총을 들고 "빨리, 빨리, 빨리 비행기 시동 걸어!"라고 마구 소리쳤다.

황급히 시동을 걸어 활주로로 향하다가 오른쪽 비행기 날개가 급유차 뚜껑에 부닥쳐 날개에 달린 유도등 마개 유리가 깨졌다. 린뱌오 등이 탄 비행기는 칠흑같은 밤의 적막을 뚫고 9월 13일 0시 32분에 활주로를 달리다가 하늘로 날아올랐다. 비행기는 기수를 서북방향으로 돌려 곧 어둠 속으로 사라졌다. 이것이 충격적인 린뱌오 도주의 '9·13사건'이다. [519]

저우언라이는 레이더로 상공을 감시하면서 비행 방향을 계속 추적해 무선으로 호출했지만 응답이 없었다. 저우는 또 전국에 항공 금지령을 하달하는 한편, 모든 비행장을 폐쇄시키고 비행을 금지시켰다. 중난하이에 있던 마오는 저우의 보고로 린뱌오가 달아난 상황을 신속하게 파악하고 있었다.

이후 마오는 안전을 고려한 저우의 조처로 중난하이에서 비밀리에 인민대회당 남쪽 118호실로 거소를 옮겨 상황을 보고받았다. 왕둥싱이 마오에게 후속 상황을 보고하려 할 때 시자오 비행장 지휘통제소에 나가 있던 우파셴의 전화가 걸려왔다. 우파셴은 왕둥싱에게 린뱌오가 탄 비행기가 30분 전에 이륙해 북쪽으로 기수를 돌려 장자커우(張家口 장가구) 일대에서 허베이 상공을 지나 내몽골 쪽으로 진입하고 있다고 보고했다.

우파셴은 비행기의 진로를 강제로 가로막을지 여부에 대해 지시를 청했다. 왕둥싱은 "내가 즉시 마오 주석에게 지시를 받겠다. 당신은 자리를 뜨지 마라"고 말한 뒤 마오에게 달려갔다. 왕둥싱은 이런 내용을 마오와 저우언라이에게 보고하면서 강제로 비행 항로를 막거나 격추시킬지 여부에 대해 지시를 청했다.

마오는 신중한 태도를 취했다. 마오는 한참을 생각하다가 말문을 열고 "린뱌오는 우리 당중앙의 부주석이다. 비가 오려는 것과 (과부가 된) 어머니가 시집가는 것은 막을 수 없다(天要下雨, 娘要嫁人, 不要阻攔(천요하우, 낭요가인, 불요조란).' 모두 어쩔 수 없는 일이다. 가도록 놔두게!"라고 말했다.

저우언라이도 마오의 의견에 동의했다. 왕둥싱은 우파셴에게 린뱌오가 탄 비행기의 진로를 막지 말라는 마오의 뜻을 전달했다. 이 비행기는 13일 오전 1시 55분에 몽골 국경을 넘으면서 레이더망에서 사라졌다. **520** 저우언라이는 비밀 전화로 전국의 대군구에 전화를 걸어 완곡하게 린뱌오가 도주한 사실을 알렸다. 저우는 "루산회의에서 제일 먼저 연설한 그 사람이 부인과 아들을 데리고 나라를 배반하고 도망갔다! 비행기를 타고 몽골인민공화국 방향으로 달아났다. 각 부대는 즉시 1급 전쟁 준비 태세에 들어가 모든 발생 가능한 일에 대처하라"고 명령했다.

9월 13일 오전 3시께 베이징 사허(沙河 사하) 비행장에서 한 대의 헬리콥터가 갑자기 깜깜한 밤하늘로 날아올라 동북방면으로 날아가고 있었다. 왕둥싱은 공군사령부로부터 긴급전화를 받고 이 헬리콥터의 실체를 파악했다. 헬리콥터 3685기에는 '연합함대'의 핵심요원인 공군사령부 판공실 부주임 저우위츠, 부처장 위신예, 제7341부대 정치부 부처장 리웨이신과 정·부 조종사 2명 등 5명이 타고 있었다. 이들 3명은 긴급임무라며 당직 헬리콥터 조종사를 속인 뒤에 몽골 울란바토르로 갈 것을 명령했다.

왕둥싱은 곧장 마오와 저우언라이에게 상황을 보고했다. 마오와 저우는 이구동성으로 "공군에 비행기를 출격시켜 헬리콥터의 항로를 차단하라"고 명령했다. 전투기들이 긴급 발진해 상공에서 헬리콥터를 찾아 나섰으나 하늘이 온통 먹물을 뿌려놓은 듯 깜깜한 데다 헬기가 비행등을 켜지 않아 목표물을 찾지 못했다.

헬기 조종사 천슈원(陳修文 진수문)은 이들로부터 속았다는 것을 알고 항공 연료가 충분했지만 기름이 거의 떨어져 착륙해 급유를 해야 한다고 속임수를 썼다. 하지만 저우위츠는 착륙을 허락하지 않았다. 저우위츠는 린뱌오가 울란바토르에 도착했다며 겁내지 말고 몽골 국경을 넘으면 된다고 조종사를 강박했다.

조종사 천슈원은 속으로 헬기가 크게 요동치도록 조종해 흔들리는 틈을 이용해 항로를 바꿀 심산이었다. 날이 밝아오면서 헬리콥터 위로는 전투기들이 헬기를 찾아 날아다니고 있었다. 천슈원은 헬기가 요동을 치도록 조종하는 순간 재빨리 나침반을 부수고 항로를 바꾸었다.

저우위츠가 항로가 바뀐 것을 알고 추궁했다. 천슈원은 전투기가 수색하고 있어 발견되지 않기 위해서는 저공비행으로 항로를 헷갈리게 하며 비행해야 한다고 꾸며댔다. 저우위츠는 나침반이 부서진 것도 따졌다. 천슈원은 고장이 났다고 대충 얼버무렸다. 저우위츠는 감각적으로 항로가 바뀌었다는 것만 알 뿐 헬기가 어디로 가고 있는지는 알 수 없었다. 그러나 천슈원은 목측 판단으로도 항로의 정확한 진로 방향을 알고 있었다. 521

천슈원은 베이징으로 되돌아가고 있었다. 천슈원은 베이징 교외 화이러우(懷柔 회유) 지역의 빈터 공중에서 5바퀴를 돈 뒤 착륙했다. 화가 난 저우위츠는 권총으로 천슈원을 사살했다. 천슈원의 옆에 있던 부조종사 천스인(陳士印 진사인)의 얼굴에 피가 튀었다. 천스인은 얼른 총에 맞아 죽은 척하며 쓰러졌다. 그렇게 해 목숨을 건질 수 있었다.

저우위츠 등 세 명은 산 위로 달아나려 했으나, 뛰어보았자 벼룩이란 것을 알고 자살하기로 결정했다. 이들은 갖고 있던 린뱌오의 '수령手令' 문건과 린뱌오가 황융성에게 보낸 편지 등을 찢어 날려 보냈다. 나중에 현장조사반이 찢어진 문건들을 수거해 복원시켰다. 이 문건은 린뱌오의 쿠데타 음모 지시를 밝혀내는 결정적 증거물이 되었다.

세 명은 하나, 둘, 셋을 세면서 동시에 권총 자살을 하기로 했다. 저우위츠와 위신예는 자살했으나 리웨이신은 죽는 게 두려워 하늘을 향해 총을 쏘았다. 리웨이신은 달아나려 했으나 이때는 벌써 민병들이 추격해 오고 있어 잡히고 말았다.

린뱌오,
초원의 재가 되다

9월 14일 오전 8시 30분, 몽골 주재 중국대사관에 몽골 정부 외교부로부터 한 통의 전화가 걸려왔다. 전화 내용은 몽골 외교부 차관 올턴 빌리가 중국대사를 만나고 싶다는 이야기와 중국 비행기 한 대가 몽골에 추락한 사실을 통보했다. 이날 낮 12시 20분에 몽골 주재 중국대사가 중국 외교부에 비행기 추락 사실을 보고했다. 린뱌오가 탄 비행기로 추정했다.

외교부장 대리 지평페이(姬鵬飛 희붕비)는 곧바로 당중앙에 보고했다. 린뱌오 도주 문제를 처리하느라 이틀 동안 꼬박 한숨도 자지 못한 저우언라이는 보고를 받고 왕둥싱에게 "대단히 중요한 소식을 받았다. 마오 주석에게 보고하라"고 내용을 알려주었다. 왕둥싱은 당시의 상황을 이렇게 회상했다. [522]

"마오 주석은 인민대회당 베이징청(北京廳 북경청)에 있었다. 나는 베이징청으로 뛰어가 이 소식을 마오 주석에게 보고했다. 주석은 조금 생각하더니 '이 소식은 믿을 만한 것인가? 어째서 (비행기가) 초원에 추락했는가? 기름이 떨어졌나? 아니면 비행장으로 착각했나?'라고 물었다. 나는 주석에게 '비행기가 어떤 상황인지는 현재로서는 정확히 모릅니다. (몽골 주재) 대사가 현지조사를 준비하고 있습니다. 지금 비행기가 어떤 원인으로 추락했는지는 모릅니다'라고 대답했다. 주석은 또 '비행기에서 살아 남은 사람은 없냐?'고 물었다. 나는 '이런 상황은 모두 뚜렷하지 않습니다. 소식을 기다리고 있습니다'라고 말했다."

현장조사를 벌인 중국대사관과 몽골 정부는 사고 원인에 대해 같은 의견을 보였다. 이들 양국 관계자들은 린뱌오 등이 탄 트라이던트 256호가 9월 13일 오전 2시께 몽골 운두르한 지역 서북쪽으로 70킬로미터 떨어진 초원에 추락한 것으로 확인했다. 비행기에 타고 있던 린뱌오, 예췬, 린리궈와 조종사 등 9명 모두 사망했다.

사고 원인은 랜딩기어 등을 가동하지 않은 채 불시착을 시도하다가 화재로 비행기가 폭발해 발생한 것으로 조사 결과 밝혀졌다. 일대 '효웅梟雄' 소리를 듣던 린뱌오는 반당집단의 반도이며, 매국적 등의 오명을 쓰고 가족과 함께 비행기 추락으로 처참하게 죽었다. 며칠 뒤 린뱌오의 수족으로 '4대 금강'으로 불렸던 해방군 총참모장 황융성, 공군사령관 겸 부참모장 우파셴, 해군사령관 겸 부참모장 리쮜펑, 총병참부장 겸 부참모장 추후이쮜 등의 처리 문제가 논의되었다.

마오는 저우언라이에게 "10일간 지켜보면서 그들이 솔직하게 진술하면 관대하게 처리하라. 노동자들이다. 과오를 범한 것을 인정하고, 과오를 고칠 것을 인정하고, 진술을 (솔직하게) 하면 그것으로 되었다"고 말했다. 그러나 황융성 등은 정확한 진술을 거부하고 증거 자료 등을 불태우다가 적발되었다.

저우는 이들 4명을 격리 심사 대상자로 결정한 뒤 체포했다. 중앙은 1973년 8월 20일에 '린뱌오 반혁명 집단의 죄상 심사 보고'를 승인하고 린뱌오를 비롯해 천보다, 예췬, 황융성, 우파셴, 리쮜펑, 추후이쮜의 당적을 영원히 박탈한다고 결정했다. **523**

명참모
예젠잉

린뱌오가 소련으로 달아나다가 추락사한 '9·13사건'으로 충격과 심대한 타격을 받은 사람은 마오쩌둥이었다. 마오가 수정주의를 반대하고 막기 위한 '반수방수反修防修'를 목적으로 발동한 문화대혁명 과정에서 린뱌오는 마오의 충실한 협력자로 충성을 바쳤다.

당장黨章에 후계자로 기록된 린뱌오가 어느 날 갑자기 국외로 도망가다 죽었으니 마오의 위신과 권위는 땅에 떨어질 수밖에 없었기 때문이다. 게다가 5년 동안 지속되고 있는 문혁도 이론적으로나 실천적으로 파산을 맞게 되는 중요한 변곡점이 되었다. 깊은 충격을 받은 78세의 마오는 눈에 띄게 노쇠 현상을 보였다. 마오는 감기에 걸렸다가 기관지염으로 전이되고 급기야는 폐렴을 앓게 되면서 건강이 급속히 나빠졌다.

마오는 '9·13사건' 이후에 예정되어 있던 건국절 경축 행사를 취소해 죽을 때까지 톈안먼 성루에 오르지 못했다. 마오는 다음 해 1월에 쇼크 충격으로 죽음 문턱에 이르렀다가 살아나기도 했다. 거동이 불편해져 실내에서는 부축을 받으며 생활해야 할 정도로 '9·13사건'은 마오에게 깊고도 넓고 크게 영향을 미쳤다.

저우언라이는 군부를 장악했던 린뱌오가 사라지면서 혼란을 방지하고 군권을 확립하기 위해 린뱌오의 죽음을 확인한 9월 14일 밤, 마오에게 10대 원수인 예젠 잉(葉劍英 엽검영)이 군사위원회 일상 업무를 주재할 수 있도록 적극 추천했다. 덩 샤오핑과 예젠잉은 문혁에 비판적이었지만 마오는 정무에서 덩샤오핑, 군무에서 예젠잉의 능력을 높이 평가해 아껴왔다. 마오가 승낙하자 중앙은 10월 3일에 예 젠잉이 군사위원회 부주석의 신분으로 업무를 주재하도록 결정했다. 524

이때 예젠잉은 74세였다. 예젠잉은 이날 집에 돌아온 뒤 비서에게 "내가 다시 군복을 입고 군대를 관장할 줄은 생각지도 못했다. 지금 관장하게 되는구나!"라며 감개무량해했다. 예젠잉이 다음 날 군대 고위간부회의를 주재했다. 예젠잉은 회 의에 참석한 원수들과 장군들에게 린뱌오가 달아나다 죽었다는 내용을 설명했다.

이들은 자신들의 귀를 의심하고 믿으려 하지 않았다. 회의장이 순간 깊은 정적 속에 빠져들자 어떤 사람이 갑자기 "들었습니까? 린 대머리(린뱌오)가 죽었습니 다! 린 대머리가 죽었다!"고 외쳤다. 모두들 화들짝 놀라 정신을 차리고 회의 중인 것도 잊어버린 채 환호하면서 기뻐했다. 어떤 노장군은 너무 기뻐한 나머지 흥분 해 그 자리에서 혼절하기도 했다.

예젠잉은 원수 중에서 당정군 고위 지도자 자리에 진입한 시기가 비교적 늦은 편이었다. 1966년 70세 때 중앙 서기처와 정치국에 들어갔다. 1973년에 개최된 제10차 전국대표대회에서 당중앙 부주석에 당선되었다. 예젠잉은 문혁 동란 중에 '2월 역류' 등으로 실각하는 등 여러 차례 어려움을 겪었다. 하지만 예젠잉은 '4인 방'을 척결하고 중앙의 2세대 지도자 덩샤오핑 지도체제를 구축하는 등 중국 현대 사의 큰 물줄기를 바꾸는 데 주도적 구실을 했다.

야전보다는 주로 군사위원회의 참모장으로 군 생활을 하면서 '명참모'라는 소 리를 들어 1955년 유일한 '참모' 군사 경력의 원수가 되었다. 외유내강형으로 대 인관계가 원만해 국공합작 시절에는 저우언라이를 도와 국공 협상에 참여하고, 미국과 국교 정상화 비밀협상 과정에 참가하기도 했다.

1960년 당시, 북베트남 국가원수 호치민(胡志明 호지명)이 베이징에서 마오와 회담한 적이 있었다. 호치민이 마오에게 예라오(葉老 엽로)가 베트남에 오도록 배 려해줄 것을 요청했다. 마오는 '예라오'가 누구인지 몰라 기이하게 여겨 호치민에게 "예라오가 누구인가?"라고 물었다. 호치민은 "예젠잉 원수!"라고 말했다. 마오는 "아이고, 당신은 지금 베트남 주석이다. 그를 '예라오'라고 불러서는 안 된다"고 했다. 호치민은 "아닙니다. 예라오는 나의 옛날 영도입니다. 언제라도 나는 그를 존경해 '예라오'라고 부를 겁니다"라고 말했다. 호치민의 인품도 그러하지만 예젠잉의 인간 됨됨이를 말해주는 일화다. 이들은 1930년대에 깊은 친분을 나눈 바 있었다.

예젠잉은 1897년 4월 28일에 광둥성 메이(梅 매)현 옌양바오(雁洋堡 안양보)의 빈한한 소상인 집안에서 태어났다. 원래 이름은 예이웨이(葉宜偉 엽의위)였다. 1919년, 윈난 강무학교를 졸업한 예젠잉은 쑨원을 따라 민주혁명에 투신했다. 1921년에 대총통 쑨원의 수행원으로 광시성으로 갔다가 해군 육전대陸戰隊(해병대) 대대장이 되었다. 1924년, 황푸군관학교 창설에 참여해 교수부 부주임에 임명되었다. 1924년 5월에 광둥군 제2사단 참모장이 되었고, 1925년에는 광둥군벌 천지융밍 토벌작전에 참여했다. 1926년 7월, 북벌전쟁에 참여해 국민혁명군 제1군 총예비대 지휘부 참모장으로 있다가 신편 제2사단 사단장 대리에 임명되었다.

1927년 4월 12일, 장제스가 쿠데타를 일으키자 반장反蔣 무장폭동을 벌이다 실패한 뒤에 우한으로 가 국민혁명군 제4군 참모장이 되었다. 7월, 비밀리에 공산당에 가입했고 난창기의에 참여했다. 기의가 실패하자 12월 11일에 장타이레이, 예팅과 함께 광저우 기의를 벌였다. 1929년에 모스크바로 가서 동방노동자 공산주의대학(중산대학) 특별반을 마치고 1930년에 귀국했다.

1931년 초, 루이진 소비에트 지구에 들어간 예젠잉은 혁명군사위원회 위원 겸 총참모부장(총참모장)을 맡았다. 홍군 제1방면군 참모장을 거쳐 1934년 10월 장정에 참여해 혁명군사위원회 제1종대 사령관, 중앙종대 부사령관 겸 혁명군사위원회 제1국장을 역임했다. 1935년 7월에는 홍군 전적위원회 총지휘부 참모장에 임명되었다. 그해 9월 9일에 장궈타오가 북상을 거부하고 천창하오(陳昌浩 진창호)에게 우로군을 남하시키라는 밀명을 전보로 보냈을 때였다. 예젠잉은 전보를 미리 챙겨 곧바로 마오에게 보고해 홍군 제1방면군 주력이 무사히 북상하는 데 결정적 기여를 했다. 마오는 예젠잉이 긴박했던 이때 민첩하게 업무를 처리함으로써 당과 혁명을 위해 큰 공을 세웠다고 누차 칭찬했다.

예젠잉은 항일전쟁이 터진 뒤인 1937년 8월에 8로군 참모장이 되었고, 1941년 2월에는 혁명군사위원회 참모장에 임명되어 마오와 주더를 도와 항일전쟁을 벌였다. 1945년 6월에 개최된 제7차 전국대표대회에서 중앙위원에 당선되었고, 8월에는 혁명군사위원회 위원과 부총참모장에 임명되었다. 1945년 12월, 충칭 정치협상회의에 참석했다. 예젠잉은 1947년 4월에 중앙이 국민당군 후쭝난에 쫓겨 중앙을 3갈래로 쪼개 달아날 때 중앙후방위원회 서기로 양상쿤 등 젊은 층을 이끌고 산시 서북쪽으로 들어가 투쟁했다.

예젠잉은 베이핑이 해방된 뒤인 1948년 12월에 베이핑시 군사관제위원회 주임 겸 시장이 되었다. 신중국 건국 후 잇따라 광둥성 인민정부 주석 겸 광저우 시장, 광둥군구 사령관 겸 정치위원, 화난(華南 화남)군구 사령관 등을 역임했다. 예젠잉은 1959년 9월 중앙군사위원회 상무위원, 1966년 1월 군사위원회 부주석, 5월에 중앙 서기처 서기, 군사위원회 비서장에 임명되어 군사위원회의 일상 업무를 주재했다. 예젠잉은 그해 8월에 개최된 중앙 제8기 11중전회에서 정치국 위원에 임명된 바 있었다.

예젠잉은 '4인방' 천하였던 1976년 9월, 마오가 죽기 직전 비非 '4인방'으로는 유일하게 마오의 임종의전에 참석한 고굉지신股肱之臣이었다. 공산당에서 예젠잉이 없는 마오와 덩샤오핑은 어떤 모습이었을까 하는 이야기가 나올 정도로 이들에 대해 많은 영향을 미쳤다. 덩샤오핑은 예젠잉을 생전에 '따꺼(大哥 대가: 큰형)'로 극진하게 대했다고 한다.

중앙은 예젠잉의 군사위원회에 대한 일상 업무 주재를 결정하면서 린뱌오파 일색이었던 군사위원회 판사조를 없애고 '중앙군사위원회 판공회의'를 만들어 운영하도록 했다. 10월 4일, 마오는 새로 만든 군사위원회 판공회의 구성원을 회견하는 자리에서 "린뱌오와 천보다의 음모 활동은 오래되었다. 그들의 반당 목적은 권력탈취다. 문혁에서 몇 명의 원로 원수들을 못살게 한 것은 린뱌오의 짓이다"라며 책임을 린뱌오에게 떠넘겼다. 마오는 "개인숭배는 내가 스노에게 말했던 것처럼 당신들 미국에서도 한다. 당시에는 조금 필요했다. 그런데 그렇게 많았다! 나, 마오는 당의 주석으로 일할 때 주석이라고 부르면 대단히 편하게 들린다. 무슨 '네 가지 위대'하다고 하면 혐오스럽다! (마오를 떠받드는) 최고봉 문제는 1966년 7월에 린뱌오에게 경고했는데도 듣지 않고 그렇게 썼다"고 린뱌오를 비난했다. [525]

마오, 잠옷 걸치고
천이 장례 참석

린뱌오 사건이 발생한 지 2개월이 되는 11월 14일, 마오는 베이징에서 열린 쓰촨성 청두지구 좌담회에 참석한 장궈화(張國華 장국화)와 량싱추(梁興初 양흥초) 등을 불러 이야기를 나누었다. 마오는 "그때 누구도 그(린뱌오)가 반혁명을 할 것이란 것을 알지 못했다. 부통수副統帥(부통솔자)이고 후계자였다!"고 말했다.

마오는 루산회의 때 쓴 '나의 약간의 의견'과 관련해 "당시는 제목이 없었고 일단의 문제는 그냥 넘어갔다. 중심은 주석문제였다. 나는 그냥 접어두려 했다. 그 사령부(린뱌오 집단)가 내가 국가주석을 맡아야 한다는 것은 가짜고, 린(린뱌오)이 주석이 되어 후계자가 되어야 한다는 게 진짜다. 일단의 사람들이 진심으로 내가 주석이 되어야 한다는 것과 린뱌오가 (주석을) 해야 한다는 것과는 다르다"고 했다. 마오가 이야기하는 중에 예젠잉이 들어오자 '2월 역류'에 대해 말했다. **526**

"자네들은 다시는 저 사람(예젠잉)을 '2월 역류'라고 말해서는 안 된다. 2월 역류는 어떤 성질인가? (그것은) 그들(예젠잉 등 혁명원로들)이 린뱌오, 천보다, 왕리, 관펑, 치번위 등에 맞선 것이다. 노원수들이 화가 나서 불평을 터뜨린 것이다. 그들은 당의 회의에서 공개적으로 크게 소란을 일으켰다. 결점은 있다. 말다툼을 할 수 있다. 나와 이야기하면 괜찮다. 그때는 우리도 잘 몰랐다. 왕(리), 관(펑), 치(번위) 등의 (음모)가 폭로되지 않았다. 몇 년이 지나면서 비로소 뚜렷이 알게 되었다."

마오는 '9·13사건'으로 인한 정신적 충격과 노년의 질병에 시달려 육체적으로 몸이 급격하게 쇠약해지면서 혁명투쟁을 함께했던 옛 동지들에 대한 정이 더욱 그립고 기대는 마음이 생겨났다. 비바람을 뚫고 풍찬노숙하면서 대륙을 누비며 남정북전하고, 환난을 같이했던 혁명동지들이 그래도 가장 의지할 만하고 믿을 만하다는 생각이 강렬해진 것이다.

그래서 마오는 '9·13사건' 이후 제일 먼저 저우언라이가 중앙의 일상공작을 주재하도록 결정했다. 저우언라이는 나라의 위난을 맞아 병을 달고 살면서도 초인적 의지력을 발휘해 린뱌오파가 파괴한 국정운영 정상화 작업에 총력을 쏟았다. 저우는 문혁 중에 린뱌오와 장칭파의 발호로 파탄으로 치닫고 있던 '좌' 편향의 과오를 극복하기 위해 경제, 정치, 조직, 외교 등 영역에서 파괴되었던 정책과 폐단을 하나하나씩 제거하며 새로운 전기 마련에 박차를 가했다.

마오가 저우언라이의 제의로 예젠잉에게 군사위원회 판공회의를 주재하도록 한 것도 이런 일환의 하나였다.

역시 세찬 바람이 불어봐야 어떤 풀이 억센 풀인지를 알 수 있는 법이었다. 마오는 '9·13사건' 이후에 문혁 과정에서 타도된 옛 동지들을 자연스럽게 떠올렸고, 그들에 대한 복권과 정치적 명예를 회복시켜주는 조처를 취하는 마음을 갖게 되었다.

1972년 1월 초, 마오는 저우언라이와 예젠잉에게 "2월 역류라는 시련의 시간이 지나갔다. 근본적으로 아무런 일이 아니었다. 다시 2월 역류를 말하지 않겠다"고 밝혔다. 마오는 "지금 나는 일이 있다. 당신들이 천이(陳毅 진의) 동지에게 가서 (2월 역류에 대한 나의 뜻을) 전달해주기 바란다"고 부탁했다. 저우와 예젠잉은 일을 명확하게 처리하려고 천이에게 전달할 문건 내용을 정리해 예젠잉이 마오 앞에서 읽고 승인을 받았다. 527

천이는 문혁 중에 조반파들로부터 '반당, 반사회주의, 반마오쩌둥 사상', 이른바 '3반 분자三反分子'로 몰려 혹독한 시련을 당했고, '2월 역류'로 실각하는 등 숱

한 좌절을 겪었다. 울분의 나날을 보내던 천이는 1970년 초 대장암에 걸려 암 치료를 하느라 1년여 동안 301병원에 입원하고 있었다. 1971년 12월 26일, 천이는 마오의 생일을 축하하는 '장수면'을 먹은 얼마 뒤에 병이 악화되어 위독한 상태였다.

예젠잉은 천이가 임종을 앞둔 1972년 1월 6일 오후 4시 20분께 병실을 찾았다. 예젠잉은 '2월 역류'를 바로잡고 명예를 회복시킨다는, 마오가 전달한 내용의 문건을 읽어 내려갔다. 천이는 2월 역류라는 '정치적 부담'을 떨치고 그날 밤 11시 55분에 숨을 거두었다. 70세였다.

1월 8일, 마오는 정치국이 보낸 장례식 문건을 비준하면서 천이가 죽은 것을 알았다. 천이의 장례식은 그가 이미 당과 국가의 지도자가 아니었기 때문에 군사위원회가 주관하고 규모는 군의 원로 등이 참석하는 500명 안팎의 조촐한 행사로 치르기로 했다.

장례식장은 바바오산(八寶山 팔보산) 혁명열사 묏자리였다. 마오는 1월 10일 오후에 갑자기 비서에게 "지금, 몇 시인가?"라고 물었다. 비서가 오후 1시 반이라고 대답했다. 마오는 즉시 "차를 준비하라. 천이 동지의 추도회에 참가하겠다"고 말했다. 비서는 곧바로 차를 준비시키고 마오가 추도회에 참석한다는 뜻을 판공청 주임과 관련 지도자들에게 통보했다. 마오는 잠옷 차림이었다. 비서들은 중산복으로 갈아입히려고 했으나 그냥 잠옷 위에 은회색 외투만 걸친 채 차를 탔다.

저우언라이는 마오가 천이 추도회에 참석한다는 통보를 받고 군 원로 1급 규모의 장례 규모를 당과 국가 지도자의 1급 규모로 급을 올려 대규모로 치르기로 결정했다. 저우는 판공청에 지시해 모든 정치국 위원, 후보위원과 전인대, 전국정협, 국방위원회 위원들이 장례식에 참석하도록 했다.

저우는 또 쑹칭링과 쿠데타로 추방되어 베이징에 체류 중인 캄보디아 국왕 노로돔 시아누크, 외교관 등이 참석해줄 것을 요청했다. 10일 오후 3시, 마오는 천이의 장례식이 거행되기 전에 도착했다. 마오는 천이의 부인 장첸(張茜 장천)의 부축을 받으며 휴게실로 들어갔다. 저우언라이, 덩잉차오, 리더성 등이 자리를 함께했다. 장첸이 마오에게 "주석, 어떻게 오셨습니까?"라고 물었다. 마오는 "나도 천이 동지를 추모하기 위해 왔소. 천이 동지는 좋은 사람이고, 좋은 동지입니다!"라

고 말했다. 마오가 관심 있게 천이 자녀들의 근황에 대해 물었다. **528**

"아이들은? 들어오라고 하시오."

마오는 천이의 자녀들이 들어오자 일일이 악수하며 그들을 위로했다.

"천이 동지는 좋은 사람이다. 공로를 세웠다."

장첸이 말했다.

"천이 동지는 26세 때 처음으로 주석을 만났습니다. 그때부터 어른께서 이끌어주시고 지도해주어 정확한 혁명의 길로 나아갈 수 있었습니다. 이렇게 해 우리는 일가를 이룰 수 있었습니다."

"그는 중국혁명을 위해, 세계혁명을 위해 공헌했소. 이것은 이미 결론이 난 일이오."

이때 저우언라이가 끼어들었다.

"인민을 위한 복무에 노력하고, 전투를 견지하고, 공작을 했으며……."

마오가 머리를 끄덕이며 "인민을 위해 복무하고……"라고 말하면서 자녀들에게 이것저것 물었다. 마오는 "천이 동지와 나는 여러 차례 쟁론을 벌였다. 그것은 별게 아니었다. 그(천이)와 샹잉은 다르다. 샹잉은 중앙의 노선을 따르지 않아 신사군 9천 명이 무너졌다. 당연히 나중에 9만 명으로 발전했다. 천이 동지는 중앙의 노선을 집행해 단결을 시켰다. 만약에 린뱌오의 음모가 성공했다면 그(린뱌오)는 우리 모두를 제거했을 것"이라고 말했다.

마오는 장례식에 참석한 시아누크와 이야기하면서 "린뱌오가 9월 13일에 비행기를 타고 소련으로 달아나다가 운두르한에서 추락사했다"며 외국 원수에게는 처음으로 린뱌오가 죽었다는 사실을 밝혔다. 마오는 "린뱌오는 나를 반대했지만 천이는 나를 지지했다"고 말했다.

마오는 장례식에 참석한 중앙 지도자들에게 '2월 역류'는 천이 등 노동지들이 린뱌오와 왕리, 관펑, 치번위 등에 맞선 것이라며 '2월 역류'의 성질을 다시 한 번 강조하고 천이 등 노동지들의 '2월 항쟁'이라며 높이 평가했다.

장례식이 거행되기 직전에 마오는 검은 완장을 달라고 해 공작원이 마오의 왼팔에 채워주었다. 당과 국가 지도자, 각계 인사, 간부, 전사 등 1천5백 명이 참석한 가운데 장례식이 성대하게 열렸다. 마오는 선홍색 당기로 덮은 천이의 유골함에 세 번 절을 했다. 마오의 생애 중 마지막 장례식 참석이었다.

★

제14장

홍도여황

캉성의
교토삼굴

장칭은 강력한 라이벌이었던 후계자 린뱌오가 사라지자, 재빨리 린뱌오의 권력 공백을 자파 세력으로 확장하면서 '대권'의 꿈을 향해 날개를 활짝 펼쳤다.

최대 권력집단이었던 마오자완(毛家灣 모가만; 린뱌오의 주택지역 이름으로 그의 계보를 통칭함)은 반당집단으로 몰려 하루아침에 공중분해되고 말았다. '철의 삼각지'로 불리던 중난하이와 마오자완, 댜오위타이 등 권력 삼각지대의 한 축인 마오자완이 멸문지화를 당해 폐족이 된 것이다. 이제 남은 세력은 그동안 제3의 권력집단으로 문혁의 광풍에 휘말려 힘겹게 지탱하고 있는 중난하이(中南海 중남해; 저우 등 혁명원로들의 거주 지역)의 저우 등 혁명원로들 뿐이었다.

장칭은 1966년 문혁을 발동하면서 마오가 있는 중난하이를 떠나 댜오위타이(釣魚臺 조어대)로 집을 옮겨 별도의 둥지를 틀었다. 이곳에는 장칭파인 캉성과 장춘차오, 야오원위안 등 문혁 소조원들이 집단 거주하고 있었다.

장칭이 가장 두려워하는 덩샤오핑은 장시성 난창에서 노동 단련으로 귀양살이를 하고 있었다. 이때 중앙의 권력 서열은 마오, 저우언라이, 캉성, 장칭 등 순이었다. 유일한 당의 부주석 린뱌오가 소련으로 달아나다가 죽었다는 소식이 1개월 뒤인 1971년 10월 중순께부터 일반 인민들에게 조금씩 알려졌다.

중앙이 12월부터 린뱌오를 비판하는 '비림批林운동'을 펼치면서 베이징에서는 "장칭이 당 부주석이 될 것이다!"라는 소문이 나돌기 시작했다. 장칭은 57세로 마오보다 스물한 살, 저우언라이와 캉성보다는 열여섯 살 아래로, 노쇠한 중앙 지도층에서는 연부역강한 나이였다. 게다가 누구도 대적할 수 없는 '마오쩌둥의 부인'이라는 비장의 무기를 지니고 있었다.

장칭은 툭하면 "마오 주석을 대표해 여러분께 인사를 드립니다"라는 식으로 '마오＝장칭'의 권위를 내세워 '비장의 무기'를 한껏 활용해 다른 지도자들을 압도했다. 한데 무슨 연유인지 장칭 진영의 사악한 꾀주머니 '개똥참모' 캉성이 '장칭 홍도여황紅都女皇(붉은 도시의 여황제) 만들기' 캠프에서 사라졌다.

캉성은 린뱌오가 추락사한 어느 날, 자신이 살던 댜오위타이를 떠나 베이징 옛 구러우(鼓樓 고루) 큰길 서쪽의 샤오스차오(小石橋 소석교) 골목 어귀로 이사를 갔다. 캉성이 댜오위타이에 집은 그냥 놓아두었지만 칭병하고 떠난 것은 괴이쩍은 일이었다.

권력의 화신으로 온갖 악행을 저지른 노회한 캉성으로서는 당 서열 3위인 데다가 장칭이 '우화등선'할 수 있는 권력 상승의 기회였기 때문이다. 캉성은 실제로 암 초기 증상을 보여 사람들은 그러려니 했다. 하지만 캉성은 병도 병이지만 속내는 장칭 진영에서 벗어나 일정한 거리를 두려고 한 것이었다. 피비린내 나는 권력투쟁에서 산전수전을 다 겪은 동물적 감각이 작동했든, 죽음을 감지한 회개로 선한 마음으로의 회귀가 되었든, 사후를 대비한 교토삼굴狡兔三窟을 위한 음험한 간지奸智가 발동했든, 캉성은 장칭과 장춘차오가 은폐한 좋지 않은 이력과 권력찬탈의 음모를 저우언라이에게 몰래 폭로했다. **529**

캉성은 임종을 앞둔 1975년 초 겨울, 입원 중인 저우를 찾아가 1시간 동안 단독 면담을 하면서 이런 비밀스러운 내용을 털어놓았다고 한다. 그러고 나서 캉성은 3주 뒤에 세상을 떠났다. 캉성이 평생 척결 대상으로 투쟁을 벌였던 정적 저우언라이에게 장칭 등의 비밀을 폭로한 이유에 대해서는 지금도 미스터리로 여겨진다.

어떤 사람들은 "사람이 죽어갈 때는 말이 선하다"고 했는가 하면, 또 어떤 사람들은 "죽어가면서도 독랄한 계략이다"라고 엇갈린 반응을 보였다. 캉성은 고종명

考終命했지만 '4인방'이 척결된 뒤에 공산당에서 부관참시라 할 수 있는 영구적인 당적 박탈을 당했다. 교토삼굴로도 막을 수 없는 인과응보였다.

어쨌거나 캉성은 칭병을 빌미로 자라가 목을 안으로 집어넣듯 광풍이 몰아치는 권력투쟁 현장에서 발을 뺐고, 문혁의 기수 장칭은 풍장구를 치며 진군했다. 권력투쟁의 전선은 이제 두 갈래로 극명하게 갈렸다. 장칭의 타도 대상은 저우언라이를 주축으로 한 혁명원로와 국무원 실무파 집단이었다.

1972년 1월 11일, 『런민르바오』는 '수도에서 천이 동지 장례식 성대하게 치러, 위대한 영수 마오 주석 장례식 참석'이라는 표제의 기사에서 장칭의 정치적 위상을 약여하게 드러냈다. 기사는 장례식에 참석한 중앙 지도자들을 열거하면서 '위대한 지도자 마오 주석'과 '중앙정치국 상무위원 저우언라이'에 이어 세 번째로 '중앙정치국 위원 장칭'이라고 소개했다.

당 서열 3위인 캉성이 병으로 참석하지 못하자 『런민르바오』는 거침없이 장칭을 당 서열 '3호 인물'로 보도한 것이다. 장칭은 천이의 사망으로 정적 한 명이 줄어든 셈이 되어 쾌재를 불렀으나, 2개월 뒤인 3월 26일에 수족으로 부렸던 유력한 정치 동반자 한 명을 잃었다. 정치국 위원으로 국무원 부총리 겸 공안부장, 베이징시 혁명위원회 주임 셰푸즈(謝富治 사부치)가 병사한 것이다.

장칭 진영의 돌격대장은 '좌 춘차오, 우 원위안', 즉 자신이 배양한 상하이방의 장춘차오와 야오원위안이었다. 이들은 문혁으로 발딱 일어서 정치국 위원으로 진입해 권력의 정상권에 합류했다.

장춘차오는 당의 부주석 또는 국무원 총리를 노리고 있었다. '해서파관' 비판으로 수직상승한 야오원위안은 숙청당한 문혁 조장 천보다가 맡고 있던 여론을 쥐락펴락하며 당의 선전을 총괄하는 언론을 장악해 '문文 총참모장'이 되었다. 여기에 상하이 '1월 폭풍'의 주역 왕훙원이 괄목상대로 몸집을 불려가고 있었다.

이들은 곧이어 '4인방'을 결성하게 된다. 장칭 진영은 중앙 지도자들이 '마르크스를 보러 갈 날이 얼마 남지 않았기 때문에' 중국 미래의 권력이 자신들의 수중에 떨어질 것을 추호도 의심하지 않았다. 장칭은 일찍이 제9차 전국대표대회 전에 "국가의 전반적 지도를 장악할 능력이 있는 데 많은 사람들이 나를 이해하지 못한다"고 말한 바 있었다.

　장칭은 마오 사후의 '홍도여황'을 꿈꾸는 야무진 권력탈취의 야욕을 드러내기 시작한 것이었다. 장칭 진영의 대척점에 있는 저우언라이는 장칭파의 이런 권력탈취 음모를 깨기 위해 예젠잉을 군사위원회 부주석에 포진시킨 데 이어 마오의 '2월 역류' 명예회복을 계기로 덩샤오핑의 복권을 추진하는 등 혁명원로와 국무원 실무파들을 빠르게 결집하고 있었다.

마오와
닉슨

1972년 2월 21일 오전 11시 30분, 미국 대통령 전용기 '공군 1호기'가 베이징 상공을 선회하다가 공항에 착륙했다. 곧바로 트랩을 내려온 미국 대통령 리처드 닉슨과 환영을 나온 저우언라이가 악수하는 모습이 전 세계에 보도되어 세상을 깜짝 놀라게 했다. 20여 년 동안 국교가 없던 세계 최대의 자본주의 국가 미국과 세계 최대의 인구를 보유한 사회주의 국가 중국이 국교 정상화의 새로운 시대 개막을 알렸기 때문이다.

마오는 닉슨의 역사적인 중국 방문을 9일 앞두고 있던 2월 12일 새벽에 갑작스러운 쇼크로 혼수상태에 빠졌다. 순간적으로 호흡이 끊겼다. 기겁한 의료진이 심폐소생술 등 긴급 응급처치로 마오는 가까스로 목숨을 건졌다. 이에 따라 마오와 닉슨의 회담은 애초 불투명한 상태였다. 나중에 마오가 만나겠다는 뜻을 밝혀 중미 정상회담이 열리게 되었다. 닉슨은 이날 오후 2시 40분께 마오가 있는 중난하이를 방문해 1시간 정도 회담을 했다. 닉슨은 회고록에서 마오와의 첫 만남을 이렇게 서술했다. [530]

그(마오)의 몸이 대단히 허약해 보였다. 내가 (방 안에) 들어갈 때 비서의 부축을 받으며 일어났다. 악수할 때 마오는 "말을 잘하지 못하게 되었다"며 미안해했다. 피부에 주름살은 없었으나 누런 피부색은 거의 담황색을 띠었다. 그의 얼굴은 인자해 보였으나 표정이 없었다. 차게 보이는 두 눈은 날카로운 빛을 뿜었다. 그의 두 손은 노쇠한 사람답지 않게 뻣뻣하지 않고 부드러웠다. 그러나 나이는 속이지 못하는 듯했다. 중국인들은 우리의 만남을 단지 15분으로 안배했다. 마오는 완전히 이야기 속으로 빠져 1시간 정도 이어졌다. 나는 저우언라이가 자주 시계를 보는 것에 신경이 쓰였다. 마오는 이미 피곤한 기색을 보이기 시작했다.

마오와 닉슨은 정상회담에서 세계정세와 중미관계의 새로운 형세 변화 등에 관해 폭넓은 의견을 나누었다. 닉슨이 "주석의 저작이 전국을 감동시켰고 세계를 바꾸었습니다"라고 덕담을 건네자, 마오는 "세계를 바꾼 게 아니라 단지 베이징 부근의 몇 개 지방을 바꾸었을 뿐입니다"라고 겸손해했다. 저우언라이와 장칭은 닉슨 부부 등을 초청해 2월 24일 밤 베이징에서 혁명투쟁을 형상화한 발레 무용극 「홍색낭자군紅色娘子軍」을 함께 관람했다. 장칭은 이날 처음으로 외교 행사에 참석했다. 장칭은 '무산계급 문화혁명의 기수'로 미국 대통령에게 중국의 혁명극을 보여주었다는 데 대단한 자부심을 느꼈다. 닉슨은 장칭에 대한 인상을 이렇게 술회했다. [531]

"나는 사전에 우리가 준비한 자료를 통해 장칭이 이데올로기적으로 열광하고, 나의 이번 방중을 극력 반대했다는 사실을 알고 있었다. 그녀는 마오의 부인이라는 점을 충분히 이용해 자신의 개인 파벌을 옹호하고 있다는 것을 알고 있었다. 장칭은 우리가 무용극을 보기 전에 나에게 미국 작가들의 작품을 읽었다는 것을 말했다. 그녀는 『바람과 함께 사라지다』를 재미있게 읽었고 영화도 보았다고 했다. 마오쩌둥과 저우언라이는 나와 이야기할 때 자유롭게 유머가 있고 따뜻한 마음으로 이야기했는데 장칭은 조금도 그런 게 없었다. 장칭의 말에는 가시가 있어 사람을 압박해 대단히 불쾌했다. 그날 밤에 그녀는 한 번 나를 돌아보면서 도발적인 어투로 당신은 왜 일찍 중국에 오지 않았느냐고 물었다."

2월 25일 밤, 닉슨은 인민대회당에서 답례 만찬을 베푸는 자리에 장칭을 초대하지 않았다. 장칭은 만찬이 시작되기 전인 이날 밤 6시 30분께 닉슨이 대기하고 있던 인민대회당으로 예고도 없이 찾아와 면담을 요구했다. 닉슨 부부는 예의상 장칭을 만났으나 장칭은 한가한 이야기만 늘어놓았다. 이때 저우언라이 등 많은 손님들이 연회장인 신장청(新疆廳 신강청)에서 기다리고 있었다.

닉슨이 손목시계를 계속 들여다보자, 장칭은 만찬 연회 시작 시간이 지난 것을 알고 그때서야 자리에서 일어났다. 장칭은 연회에 참석하지 않고 인사한 뒤 인민 대회당을 떠났다. 장칭은 미국의 대통령 부부가 베푼 답례 만찬에 중국의 '퍼스트 레이디'인 자신을 빼놓은 데 화가 치밀어 올랐다. 장칭은 저우에게 잔뜩 불만을 품었다. 장칭은 이 사건을 계기로 퍼스트레이디에 걸맞은 국제적 지명도가 필요 하다는 것을 절감했다.

장칭은 마오가 세계적으로 유명하게 된 데는 스노가 쓴『중국의 붉은 별』이라 는 책이 큰 몫을 했다는 것을 잘 알고 있었다. 장칭은 자신을 알릴 수 있는 '제2의 스노'가 필요하다고 느꼈다. 장칭은 작가들의 영향력은 '무관의 제왕'으로 큰 위 력을 갖고 있다는 것을 알았다.

장칭은 자신을 서방세계에 널리 알리기 위해서는 전기傳記가 필요했고, 이 전 기를 써줄 마땅한 작가를 찾는 일이 시급하다고 생각했다. 장칭이 처음 선택한 작 가는 영국 국적의 중국인 혼혈로 중국 이름은 한수인(韓素音 한소음)이었다. 장칭 보다 세 살 아래인 한수인은 철도 엔지니어 중국 아버지와 벨기에 출신 어머니 사 이에서 태어났다. 장칭은 한수인을 마음에 두고 장춘차오에게 자신의 뜻을 전달 했다. 장춘차오는 한수인을 만나 장칭의 전기를 써줄 것을 부탁했다. 한수인은 일 반 인민들이 장칭을 좋아하지 않는다는 것을 잘 알고 있어 거절했다.

한수인은 저우언라이의 조수인 외교부 부부장 차오관화(喬冠華 교관화)의 부인 궁펑(龔澎 공팽)과 옌징(燕京 연경)대학 동창이었다. 한수인은 궁펑의 초청으로 1956년 5월에 신중국을 방문해 처음으로 저우언라이를 만나 잇따라 8차례에 걸 쳐 인터뷰해 이즈음『저우언라이촨(周恩來傳 주은래전)』을 완성했다. **532**

장칭의 자서전

1972년 2월 28일, 중국과 미국은 상하이에서 국교 정상화 공동 코뮤니케를 발표함으로써 중미관계가 정상화 궤도에 들어섰다. 7월 19일, 미국의 보잉 여객기 한 대가 베이징 공항에 착륙했다. 당시로서는 보기 드물게 현대적인 젊은 여성들이 하이힐을 신고 트랩을 천천히 내려오고 있었다.

중미 수교 이후에 첫 번째 미국 여성 대표단의 중국 방문이었다. 그중에 34세의 여교수로 프린스턴대학에서 중국 근현대사를 가르치는 역사학자 록산 위트케가 있었다. 위트케는 중국의 현대 여성운동을 이해하고 '중국 여권女權운동에 관한 책을 쓰기 위한 준비'로 방문했다고 했으나, 사실은 장칭을 취재하기 위한 것이 목적이었다.

위트케는 중국 현대 여성운동의 지도자인 저우언라이의 부인 덩잉차오와 주더의 부인 캉커칭(康克淸 강극청)을 만난 뒤에 여성운동과 관계없는 장칭 면담을 요구했다. 중국 정부는 장칭이 미국 여성 대표단과 만나는 것을 극력 꺼려 보안을 유지한 채 극소수의 외사부문 관계자들이 대표단을 안내했다. 장칭이 제멋대로 행동하고 허풍을 떨며 설칠 경우 누구도 말릴 수 없었기 때문이다.

하지만 위트케가 면담을 요구한 사실이 나중에 알려질 경우 후유증을 감당하기가 만만찮아 저우언라이는 마지못해 장칭에게 "만약 당신이 이틀 사이에 컨디션이 좋으면 이 사람(위트케)을 만나볼 수 있는데 시간은 1시간 정도다. 만나고 싶지 않으면 안 만나도 된다"는 내용의 문건을 보냈다.

장칭은 광저우로 휴양을 떠날 준비를 하다가 위트케의 이력을 보고 자신이 물색하고 있던 '제2의 스노'라고 판단해 야오원위안과 함께 8월 12일 오후에 인민대회당 장쑤청(江蘇廳 강소청)에서 그녀를 만났다.

두 사람은 서로 '꿍꿍이속'이 맞아떨어져 장칭은 자서전 집필을 요청했고 위트케는 바라던 바라 곧바로 승낙했다. 저우는 이들의 만남을 1시간 정도로 잡았으나 두 사람은 첫 대면에 무려 6시간 동안이나 이야기를 나누었다. 장칭은 광저우로 휴양을 가면서 위트케를 동반하기로 했다. [533]

저우언라이는 극구 말렸으나 장칭은 외사관계자를 통해 "문예 이야기만 하고 다른 문제에 대해서는 말하지 않겠다. 내 일이다. 당신들은 관여하지 말라"며 막무가내로 위트케를 데리고 갔다. 위트케는 8월 25일부터 8월 31일까지 7일 동안 60시간에 걸쳐 장칭의 성장 과정과 상하이의 여배우 시절, 공산당 가입과 옌안행, 마오와의 결혼, 문혁을 통해 권력의 정상에 이르기까지 생애 전반에 관해 인터뷰를 했다.

베이징으로 돌아온 장칭은 7명의 공작원을 동원해 3일에 걸쳐 녹음한 내용을 풀어 글로 정리하도록 한 뒤 내용을 보았으나 눈에 차지 않았다. 장칭은 야오원위안에게 원고 수정 지원을 요청했고, 야오는 떡 주무르듯 주물러 자서전 원고를 완성했다. 장칭은 당의 허락을 받기 위해 인쇄한 원고를 저우와 정치국 위원인 장춘차오, 야오원위안에게 각각 1부씩 송부했다.

저우는 이 인쇄본을 마오에게 보내면서 급히 제동을 걸어야 한다는 의견을 전달했다. 마오의 동의를 받은 저우는 관련 회의에서 "마오 주석의 지시를 청한 바 기록물을 위트케 여사에게 보낼 필요가 없다. 이 일과 관련한 모든 공작을 즉시 중지시킨다. 모든 기록, 녹음, 자료는 깨끗하게 정리하고 봉인한다. 절대로 이 자료를 외부로 유출해서는 안 되며, 이미 유출된 자료는 추적해 회수해야 한다"고 강조했다.

미국으로 돌아간 위트케는 비록 장칭이 꾸린 공작원들이 정리한 기록과 녹음한 내용을 복제한 녹음테이프를 건네받지 못했지만 인터뷰하며 기록한 자료를 바탕으로 자서전을 쓰기 시작했다. 한수인은 장칭 자서전을 쓰고 있던 위트케와 관련해 이렇게 회상했다. **534**

"1973년 4월, 내가 미국 뉴욕에 갔을 때 옌징대학 동창생 황화黃華가 유엔 주재 대표를 맡고 있었다. 황화가 나에게 위트케가 나를 만나고 싶다는 뜻을 전했다고 알려주었다. 나는 동의했고 위트케를 만나 '중국의 일반 인민들은 장칭을 그리 좋아하지 않는다. 당신은 조심해야 한다'고 말해주었다. 위트케는 '장칭이 제멋대로 횡포하게 날뛴다는 것을 알고 있다. 그녀(장칭)의 주변에서 돕는 사람들은 장칭을 자희태후慈禧太后(청조 말 서태후), 야오원위안을 태감太監(환관의 우두머리)으로 생각하고 있었다'고 말했다. 그러나 위트케는 '장칭이 중국에서 극히 중요한 인물이 될 것이다!'라고 말했다."

위트케는 장칭이 반당과 반혁명 집단인 '4인방'의 우두머리로 체포되어 감옥에 수감된 1년 뒤인 1977년에 미국에서 장칭의 전기 『Comrade Chiang Ching』, 즉 『장칭 동지(江靑同志; 강청 동지)』를 펴냈다. 위트케는 책을 내자 중국 정부가 황화黃華를 통해 출판 금지를 요청했고, 그 대가로 금전을 제공하겠다는 제의를 해왔다고 폭로했다.

위트케가 쓴 이 책은 영국 출판사가 잇따라 찍어내는 통에 많은 서방 신문과 잡지들이 추려 싣거나 전재하면서 급속히 번져갔다. 장칭이 수감되었지만 서방에서는 중국의 주요 인물로 눈길을 끌었기 때문이다. 앞서 문화대혁명 중기 때 홍콩에서 출판된 『홍도여황紅都女皇(붉은 도시의 여황제)』은 위트케가 쓴 『장칭 동지』와는 다른 책으로 마오쩌둥 사후에 장칭이 '홍도紅都(붉은 도시, 즉 중국)'를 주무르며, 중국의 '여황女皇(여황제)'이 될 것을 고취한 내용의 책이라고 한다.

마오는 이 책을 홍콩에서 긴급 입수해 본 뒤 장칭에게 "각자 제 갈 길을 가자. 정치국에서 내쫓겠다"며 분노를 터뜨리는 등 대갈일성했다고 한다. 이 책은 현재 찾아볼 수 없고 저자가 밝혀지지 않아 지금까지 베일에 싸여 있다고 한다.

장칭의 '여황의 꿈'은 1972년에 들어 점점 가시화하는 듯했다. 그해 1월에 마오는 돌연한 쇼크에 빠져 죽음의 문턱에까지 이르는 등 남은 삶이 헤아릴 수 있을 만큼 지척에 있었다. 4월에는 저우언라이가 신체검사 결과 암에 걸린 사실이 밝혀져 그의 목숨도 풍전등화였다. 암 치료를 받고 있던 당 서열 3위의 캉성도 명재경각命在頃刻이어서 서열 4위 장칭은 미래의 당 주석을 예약한 듯 보였다.

2인자
수업

저우언라이가 '9·13사건' 이후에 린뱌오에게 박해를 받아 숙청되었던 당정군 인사들에 대한 복권을 마오에게 진언해 잇따라 명예회복이 된 이들이 정치무대에 복귀하고 있었다. 저우가 공을 들였던 국무원 부총리이자 정치국 위원이었던 천윈은 장시성 석유화학공장 기계창에서 '노동 단련'을 하다가 마오의 비준을 받아 1972년 4월 하순에 베이징으로 돌아왔다.

천윈은 린뱌오를 비판하고 당의 기풍을 바로잡자는 '비림정풍批林整風'에 참가하는 등 공식적 활동에 나섰다. 7월 21일, 천윈은 마오에게 편지를 보내 공작에 참여할 것을 요청했고, 마오는 '동의한다'는 답신을 보냈다. 8월 3일, 장시성 신젠(新建 신건)현 농기구 트랙터 수리공장에서 '노동 단련'을 하던 덩샤오핑도 린뱌오가 죽은 뒤 마오에게 두 번째 편지를 보내 공작 참여를 요청했고, 마오는 이런 지시 글을 내렸다. [535]

총리가 읽어본 뒤에 왕 주임汪主任(왕둥싱 중앙판공청 주임)에게 보내 인쇄해 중앙의 각 동지에게 배포하기 바란다. 덩샤오핑 동지가 과오를 범한 것은 엄중하다. 단, 마땅히 류사오치와는 구별해야 한다.

1. 그(덩샤오핑)는 중앙 소비에트 지구에서 핍박을 받았다. 덩(鄧 등), 마오(毛 모), 셰(謝 사), 구(古 고) 4명의 죄인(덩샤오핑, 마오 동생인 마오쩌탄, 셰웨이쥔(謝唯俊 사유준), 구바이(古柏 고백)를 일컬음) 중의 하나로 마오파의 우두머리다. 그(덩샤오핑)를 핍박한 자료는 『두 가지 노선』과 『6대 이래』의 두 책에 보인다. 그를 핍박한 사람은 장원텐(張聞天 장문천)이다.

2. 그는 이력에 문제가 없다. 즉 적에게 투항한 적이 없다.

3. 그는 류보청 동지를 도와 싸우는 데 힘을 보탰다. 전공을 세웠다.

이밖에 건국 후 좋은 일도 했다. 예를 들면 대표단을 이끌고 (소련에 가) 모스크바에서 담판할 때 그는 소련 수정주의에 굴복하지 않았다. 나는 이런 일을 과거에 여러 차례 언급했다. 지금 다시 한 번 말한다.

마오가 전력을 기울인 문혁에 비판적인 '류사오치, 덩샤오핑 자산계급 사령부'의 2인자이자 '당내 제2호 자본주의 길을 걷는 당권파'로 찍혀 당적 박탈 직전까지 몰렸던 덩샤오핑을 복권하는 조처를 내린 것이다. 마오가 덩샤오핑의 재능을 얼마나 아끼고 신뢰하는지를 잘 보여주는 사례였다.

저우언라이는 이런 기회를 십분 활용해 마오의 '지시 글'을 정치국 위원들에게 회람시켰다. 저우는 또 장시성 당위원회에 덩샤오핑의 감시와 '노동 단련'을 해제시키고, 덩이 자유롭게 돌아다니며 조사연구를 할 수 있도록 편의 제공을 하라고 지시했다. 덩샤오핑은 이듬해인 1973년 2월, 장시성으로 '유배'당한 지 3년 4개월 만에 베이징으로 돌아왔다. 저우는 중앙 지도자의 핵심이었던 천원과 덩샤오핑의 복권뿐만 아니라 당정군의 고위간부들에 대한 '해방'에 적극 발 벗고 나섰다.

『런민르바오』는 4월 24일자에 저우언라이가 심사 결정한 '징전비후, 치병구인(懲前毖後 治病救人; 과거의 잘못을 교훈삼고, 병을 고쳐 사람을 구한다)'이라는 제목의 사설을 실어 문혁 기간에 숙청된 사람들에 대한 폭넓은 복권을 주장했다. 사설은 "적아모순敵我矛盾과 인민 내부의 모순, 이 두 종류는 서로 다른 모순으로 엄격하게 구분해야 한다. 극소수 혁명 대오에 잠입한 계급의 적들과 여러 차례 고치지 않거나 구제할 수 없는 사람을 제외하고는 모든 과오를 범한 동지, 노간부, 신간부, 당내외 동지뿐만 아니라 모두 '단결-비판-단결'의 공식에 따라 교육 위주의 방침을 채택한다. 장티푸스병이 면역력을 얻는 것처럼 과오를 범한 사람들이 진실하게 과오를 고치고, 과오로부터 교훈을 얻으면 면역력이 생겨 더욱더 공작을 잘할 수 있다"고 밝혔다. 7월 31일 밤, 국방부가 주최한 '8·1건군절' 경축 연회에 실각했던 천원과 리푸춘, 천짜이다오(陳再道 진재도) 등 일단의 노간부들이 참석해 비상한 관심을 끌었다.

'1월 폭풍'의 주역으로 상하이에 있던 왕홍원이 9월에 장춘차오로부터 한 통의 전화를 받았다. 베이징에 올라와 학습하며 다른 공작을 하게 되었다면서 간단한 생활용품과 의복을 챙겨 곧바로 출발하라는 내용이었다.

왕홍원은 돌연한 이야기라서 이유를 제대로 묻지도 못한 채 전화기를 놓았다. 왕홍원은 상하이시 고위간부들인 쉬징셴(徐景賢 서경현)과 마톈수이(馬天水 마천수), 왕슈전(王修珍 왕수진) 등과 상의했다. 쉬징셴은 "왕라오(왕홍원에 대한 존칭)가 학습하러 가는 이번 중앙의 방침은 분명히 마오 주석의 결정임이 틀림없다. 마오 주석은 제9차 전국대표대회 때 공농工農(노동자, 농민)의 적극적 분자에서 간부를 발탁해야 한다고 말한 바 있다"며 왕홍원의 베이징행은 마오의 발탁이라고 분석했다. 왕슈전이 "야, 라오왕이 중앙정치국에 들어가게 되었다"고 큰 소리로 떠들자, 왕홍원은 "쉬!" 하며 급히 왕의 말을 제지했다. 마톈수이는 머리를 끄덕이며 "린뱌오 집단이 무너진 뒤 중앙의 사람이 적어졌다. 왕홍원 동지가 가면 돌아오지 못할 것이다"라고 했다. 쉬징셴의 말대로 마오는 왕홍원이 사회주의 국가의 성골인 '공농병工農兵(노동자, 농민, 군인)'을 두루 경험한 이력을 높이 샀다. 이때 왕홍원은 38세였다.[536]

9월 7일, 베이징 공항에 내린 왕홍원은 이후 마오의 후계자가 되어 저우언라이를 비롯해 혁명원로 등 정치국 위원들을 압도하는 수직상승의 '벼락출세'를 하게 된다. 왕홍원 자신을 비롯해 누구도 생각하지 못한 일이었다. 왕홍원은 상하이방의 장춘차오와 야오원위안을 추월해 중앙의 당 부주석에 오르게 된다.

저우언라이는 왕홍원에게 댜오위타이에서 장춘차오, 야오원위안과 함께 살 수 있도록 조처했다. 마오는 왕훙원이 정치국 소형회의뿐만 아니라 중앙이 처리하는 각종 회의와 심지어는 극비 회의에도 참석해 토론하도록 지시했다. 왕훙원은 이렇게 후계자 수업을 받는 학습을 하면서 중앙 공작에 참가했다. 판공청은 왕훙원에게 마르크스, 엥겔스와 마오쩌둥의 저작 등을 보내 학습하도록 했다. 상하이방들은 자신들의 출세가 걸려 있는 만큼 왕훙원을 적극 돕기 위해 상하이시 위원회 '집필실'의 주력인 샤오무(肖木 소목)를 파견해 학습을 지도하도록 했다.

저우-장칭,
'비림정풍' 격돌

저우언라이는 중앙의 일상적인 공작을 수행하며 간부 정책과 경제정책 등 각종 국가정책을 어느 정도 정상화하는 초보적 효과를 거두었다. 저우는 이런 토대에 기반해 전국적으로 폭넓게 번지고 있는, 즉 린뱌오를 비판하는 '비림정풍' 운동을 문혁 세력 장칭과 장춘차오 등의 극좌 경향을 비판하고 제거하기 위한 계기로 십분 활용했다.

1972년 8월, 저우는 "극좌사조는 세계적 (경향성을) 띠고 있다. 중국에도 극좌사조가 있다. 우리 코앞에서 벌어지고 있다. 각 단위의 극좌사조는 모두 린뱌오가 방임해서 일어났다. (극좌사조는) 공허하고 극단적이고 형식주의로 헛되게 무산자계급의 정치 우선을 외쳤다. 대단히 추상적인 것으로 마오쩌둥 사상을 위반하는 것이다. 이 문제에 관해 우리가 잘 처리하지 않으면 또다시 과오를 범할 수 있다"고 강조했다.

저우는 "(비림정풍)운동은 정책과 업무에 뿌리내리도록 해야 한다. 무산계급의 정치 우선의 '우선'은 어디에 있어야 하는가? 바로 업무에 있어야 한다"고 부연 설명했다. 극좌사조에 대한 비판이 교육, 과학, 문학, 출판 등 영역으로 점차 번지면서 당내외 간부와 군중들의 절대다수가 옹호하고 국내 상황도 호전되는 양상을

보였다. 537

그동안 문혁의 쌍두마차였던 장칭 집단과 린뱌오 집단은 정치적 야심을 채우기 위해 극좌사조를 선동하고 부추겨왔다. 따라서 저우언라이의 극좌사조 비판은 장칭 집단의 비판을 뜻했다. 11월 말에 당 중앙연락부와 외교부가 극좌사조와 무정부주의를 철저하게 비판해 마오의 혁명 외교노선을 더욱 잘 관철하고 집행할 수 있도록 전국 외사공작회의를 개최한다는 보고를 당중앙에 제출했다.

저우언라이는 11월 30일에 이 보고를 동의한다고 비준했다. 그동안 좌불안석으로 지켜보던 장칭과 장춘차오, 야오원위안은 벌떼처럼 일어나 반격에 나섰다. 장춘차오는 12월 1일에 "현재의 주요 문제가 극좌사조인가? 비림批林(린뱌오 비판)은 극좌와 무정부주의를 비판하는 일인가?"라며 저우언라이의 비준 글에 물음을 제기했다. 장칭도 비준 글에서 "응당 린뱌오 매국적의 '극우'를 비판함과 동시에 무산계급 문화대혁명의 승리에 중점을 두어야 한다"고 말했다. 장칭은 그동안 린뱌오를 '극좌'라고 비판하다가 돌연 '극우'로 180도 방향 전환을 했다.

문혁 8년 동안 이런 꼴 저런 꼴 온갖 풍상을 다 겪어 단련된 저우언라이는 이들과의 정면충돌을 피해 형식상 양보하는 태도를 보였다. 하지만 저우는 우회적 방식을 택해 극좌사조와 무정부주의 퇴치의 고삐를 늦추지 않았다.

문제는 마오였다. 마오는 임종유탁에서 밝혔듯이 자신이 평생에 걸쳐 한 두 가지 일 중 하나로 '문혁'을 들었다. 12월 5일, 『런민르바오』사의 사장 왕뤄수이(王若水 왕약수)는 저우언라이가 얼마 전에 『런민르바오』 등 언론기관이 극좌사조를 비판한 의견에 "대단히 동의한다"는 내용의 편지를 마오에게 보냈다. 마오는 12월 중순에 자신의 사무실에서 저우언라이와 장춘차오, 야오원위안 등이 참석한 소규모 회의를 열었다.

문혁에 목을 매고 있는 마오는 "내가 보기에 이 편지는 옳지 않다. 린뱌오 노선의 실질은 '극우'다. 수정주의, 분열, 음모와 위계, 당과 국가를 배반했다"고 말했다. 마오는 그동안 여러 차례에 걸쳐 '극좌사상'에 반대한다는 견해를 피력한 바 있었고 린뱌오 노선을 '극좌'로 비판하기도 했었다. 그러던 마오가 마음을 바꾸어 린뱌오를 '극우'라고 규정해 장칭 집단의 손을 들어주었다. 마오는 극좌사조에 대한 비판을 허용할 경우에 문혁의 지도사상에 큰 영향을 미칠 것을 우려해 저우의 견해에 반대한 것이다. 마오는 저우와 장칭 집단에 대한 상호견제를 통해 권력 균형의 국정운영 방식을 꾀하고 있었다.

부활하는
덩샤오핑

1973년 4월 12일 밤, 톈안먼 건너편에 있는 인민대회당에서 저우언라이가 주재한 캄보디아 국왕 노로돔 시아누크의 환영 만찬 연회가 시작되기 직전이었다. 연회에 참석한 중국 고위 지도자들 중에 5척 단구의 수척한 노인이 눈길을 끌었다. 문혁 초기인 6년 전에 모든 권력을 박탈당하고 타도당했던 '당내 제2호 자본주의 길을 걷는 당권파'로 지목된 전 중앙 총서기 덩샤오핑이었다.

68세의 덩샤오핑이 국무원 부총리의 신분으로 연회에 참석한 것이다. 연회장에 있던 중국 주재 외교관과 기자들은 깜짝 놀랐다. 연회장은 금방 발칵 뒤집혔다. 각국의 기자들뿐만 아니라 외교관들은 후다닥 자리를 박차고 앞을 다투어 바깥으로 뛰어나가 가까운 우체국으로 뛰어 들어갔다. 이들은 "덩샤오핑이 부활했다!"는 빅뉴스를 타전했다.

기자들은 덩샤오핑을 "혈혈단신, 침묵을 지키다", "유럽인들의 눈과 같은 큰 눈으로 장내의 모든 사람들을 훑어보았다", "고독한 그(덩샤오핑)의 모습은 추호도 난감해하거나 불안을 느끼는 것 같지 않았다" 등으로 묘사했다. 앞서 덩샤오핑은 2월에 저우가 백방으로 힘써 중앙으로부터 베이징으로 오라는 통보를 받았다. 복권이었다. 장시성으로 '유배'당한 지 3년 4개월, 정치무대에서 추방당한 지

6년 만이었다. 덩샤오핑은 장시를 떠날 때 "20년이 된 것 같다!"고 감개했다. 문혁의 광풍은 덩샤오핑을 거꾸러뜨리지 못했고, 더욱이 그를 굴복시키지 못했다. 덩샤오핑은 이렇게 회고했다. [538]

"린뱌오와 '4인방'은 항상 나를 죽이려 했다. 마오 주석이 나를 보호해주었다. 나는 낙관주의자다. 문제는 어느 날 해결할 수 있다고 믿고 있었다. 나는 오랫동안 마오 주석의 지도 아래에서 일을 해왔다. 나 개인의 마음속에는 주석에 대한 희망을 갖고 있었다. 나는 마오 주석이 나를 이해할 것으로 믿었다. 사실이 증명했다. 1973년 그(마오)는 또 나를 다시 데려와 매우 빨리 대단히 중요한 임무를 맡겼다."

저우언라이는 3월 9일에 '중공중앙 덩샤오핑 동지의 당 조직 생활과 국무원 부총리 직무 회복에 관한 결정'을 마오에게 보냈다. 장칭과 장춘차오 등이 격렬하게 반대했으나 마오의 "동의"한다는 뜻을 꺾지 못했다. 3월 10일, 중앙은 정식으로 덩샤오핑의 직무 복귀를 결정해 덩이 다시 정치무대에 서게 되었다.

마오가 금기시하는 문혁의 한 귀퉁이를 허문 것이다. 저우언라이는 1973년 5월에 제10차 전국대표대회 준비를 주제로 한 회의를 주재했다. 저우는 단결과 승리의 대회를 강조하고 덩샤오핑 복권과 관련해 흥분된 목소리로 말했다. 저우는 "중앙의 덩샤오핑 동지의 직무에 관한 문건은 대표적 문건으로 절대다수의 동지들이 만족해하고 있다. 샤오핑 동지가 회의에 출석했다. 같은 상황으로 다른 일부의 사람들이 회의에 참석한다"고 밝혔다. 여기서 '다른 일부의 사람들'은 문혁 기간 중에 박해당한 일단의 노간부들로 이들이 복권되어 앞으로 열릴 제10차 전국대표대회에 참석하는 것을 의미했다.

마오는 이 해 상반기에 탄전린과 허창궁(何長工 하장공) 등 문혁에서 핍박받은 많은 노간부들을 복권시켜 직무 복귀 조처를 내렸다. 이처럼 마오는 스스로 '문혁의 모순'을 극복하지 못하고 있었다. 마오는 문혁에서 나타난 많은 혼란 현상을 해결하기 위한 조처를 내리면서도, 또 한쪽에서는 문혁을 부정하는 데 대해 걱정하고 있었다.

마오는 제10차 전국대표대회를 앞두고 린뱌오 집단의 붕괴로 사라진 후계자를 비롯한 정치국 위원 등 지도층의 인원 충원과 인적 쇄신 문제 등에 대해 몇 가지 잣대를 고려하고 있었다. 후계자는 노동자와 농민 계급에서 젊은 간부를 직접 발탁할 심산이었다.

'4인방'
결성

1972년 7월, 마오는 "외국인들은 우리가 현재 나이가 너무 많다고 말한다. 젊은 층에 희망을 걸어야 한다. 우리가 죽은 뒤 수정주의로 변하면 어떻게 하나? 나의 의견은 젊은이들이 공산당의 부주석과 군사위원회 부주석을 맡도록 해야 한다는 것이다. 젊은이들은 30세에서 40세의 연령대로 노동자와 농민 속에서 나와야 한다. 노년과 중년도 필요하다. 당신들은 곳곳을 돌아다니며 많이 찾아봐야 한다. 가방끈이 짧아도 지식분자들이 돕도록 하면 된다"고 말한 바 있었다.

이런 기준에 따라 왕훙원과 우구이셴(吳桂賢 오계현), 니즈푸(倪志福 예지복) 등이 새로운 지도부 진입에 우선적 고려 대상이 되었다. 마오는 이들 중에 중앙위원이자 상하이시위원회 서기, 상하이 혁명위원회 부주임인 왕훙원을 가장 중시했다. 왕훙원은 40세로 농민, 노동자, 군인의 이력을 지녔고, 상하이 노동자 조반파의 우두머리였다. 마오는 왕훙원에 대해 큰 기대를 걸고 1972년 9월에 이미 베이징으로 불러들여 후계자 수업을 시키고 있었다.

마오는 1973년 7월 17일에 양전닝(楊振寧 양진영)과의 회견에서 '유법(儒法; 유가와 법가)투쟁'에 관한 문제를 이야기했다. 마오는 "궈라오(郭老 곽로; 궈모뤄 '郭沫若 곽말약'에 대한 존칭)의 역사 시기 구분 문제에 대해서는 나도 찬성한다. 그러나 그는 『십비판서十批判書』 안에 유가를 존숭하고 법가에 반대하는 관점을 갖고 있다. 법가의 도리는 현재를 중시하고 옛것을 경시한다. 사회가 앞으로 발전하는 것을 주장하고 후퇴 노선을 반대한다. 전진하려 한다"고 말했다. 8월 5일, 마오는 장칭에게 중국 역사의 '유법투쟁' 상황을 이렇게 설명했다. 539

"역사에서 능력을 발휘하거나 성공한 정치가는 모두 법가다. 그들 모두 법치를 주장하는데 현재를 중시하고 옛것을 경시한다. 유가들은 온통 인의도덕을 말한다. 옛것을 중시하고 현재를 경시하는 주장을 해 역사의 흐름에 역행한다."

마오가 제10차 전국대표대회를 앞두고 중국 역사의 '유법투쟁'을 거론한 것은 현실생활에서 문화대혁명을 회의하고 부정하는 데 대한 대응방책이었다. 마오의 최대 관심사는 여전히 문혁에 미련을 두면서 문혁이 "사회 발전을 추동하고 역행에 반대한다"는 것을 주창하는 것이었다. 제10차 전국대표대회를 앞두고 꺼져가는 문화대혁명의 불씨를 되살리기 위한 마오의 안간힘이었다.

제10차 전국대표대회의 주석단 부주석 인선 문제를 놓고 뜻하지 않은 파란이 일었다. 저우언라이는 8월 21일 밤에 정치국 회의를 열어 마오쩌둥의 의견에 따라 제10차 중앙위원회 주석과 부주석 인선을 논의했다. 주석단 주석으로 마오에 대해서는 이론의 여지가 없었다. 문제는 부주석 인선이었다. 부주석으로 저우언라이, 왕훙원, 캉성, 예젠잉 4명이 올라왔다.

난징군구 사령관 겸 정치국 위원 쉬스유(許世友 허세우)가 "내가 보기에 부주석은 한 명이면 된다!"고 제의했다. 한 명은 저우언라이였다. 나중에 쉬스유는 "저우언라이, 캉성, 예젠잉 등 세 명이면 충분하다"고 말했다. 벼락출세한 왕훙원이 당중앙 핵심에다가 제10차 전국대표대회 준비공작까지 참여하는 게 못마땅했기 때문이다. 쉬스유의 제의는 많은 노간부들의 의견을 반영한 것이었다.

정치국은 중앙과 지방의 책임자가 참석하는 회의를 다시 열어 논의하기로 했다. 8월 23일 밤, 저우언라이는 회의를 소집해 마오가 발탁한 왕훙원의 중앙 공작 상황을 설명하면서 동의해주기를 바랐다. 쉬스유가 여전히 불복해 여러 차례 설왕설래가 이어졌다. 장춘차오가 "주석의 의견에 반대한다"며 쉬스유를 질책했다. 쉬스유는 "당신이 뭐 대단하냐!"며 장춘차오를 질타했다. 마오는 이미 제10차 전국대표대회의 정치 보고는 저우언라이가, 당장 개정 보고는 왕훙원이 하도록 결정했다. 왕훙원에 대한 쉬스유의 거부는 결국 마오에 대한 불만이자 문혁에 대한 비판으로, 회의 참석자들의 분위기를 대변한 것이다. **540**

　1973년 8월 24일 밤에 공산당 제10차 전국대표대회가 베이징에서 개막되었다. 마오가 개막식을 주재하며 주석단 지도자 구성원들의 명단을 통과시켰다. 주석은 마오쩌둥, 논란이 되었던 부주석은 저우언라이, 왕훙원, 캉성, 예젠잉, 리더성이 선출되었다. 총서기인 비서장에는 장춘차오가 뽑혔다. 마오는 저우가 정치 보고를 하고 왕훙원이 개정한 당장 보고를 끝내자 산회를 선언했다. 인민대회당을 가득 메운 1천2백여 명의 참석자들이 기립해 단상의 마오가 일어나기를 기다리며 박수를 쳤다. 그러나 마오는 일어나지 못했다. 간호장 우쉬쥔(吳旭君 오욱군)은 이렇게 회상했다. **541**

　"마오 주석의 몸이 좋지 않았다. 다리가 불편해 걸을 때 안전하지 않았다. 걷는 데 힘이 들어 숨이 찼다. 대회가 개막되었을 때 주석이 참석했고, 대표들이 열렬하게 박수를 쳤다. 분위기는 상당히 좋았다. 나중에 산회를 했을 때 내가 보니 주석이 두 손으로 회의 탁자를 짚고 일어서려 했다. 그(마오)는 스스로 일어날 수 있을 것으로 생각했다. 나는 곧바로 사람을 불러 마오 주석을 부축해 의자를 뒤로 빼고 안전하게 일으켜 세우도록 말했다. 이때 단상단하에서 박수를 치며 환호하는 소리가 10분 정도 계속되었다. 나는 주석의 다리가 떨리고 있다고 추측하고 부축하는 사람에게 주석을 자리에 앉히도록 했다."

　"주석도 거리낌 없이 의자에 앉아 미동도 하지 않았다. 단상 아래의 대표들이 여전히 힘차게 마오 주석을 향해 환호했다. 총리가 손을 들어 대표들이 빨리 퇴장하라고 흔들었으나 대표들은 떠나려고 하지 않았다. 마오 주석은 '당신들이 안 가면 나도 안 가겠다'고 말했다. 나는 주석이 다시 일어나는 것은 대단히 힘들 것으로 판단했다. 대표들이 불편한 주석의 몸 상태를 알게 해서도 안 되었다. 나는 총리에게 '마오 주석이 눈으로 각 대표들을 전송하려고 한다'고 하자고 건의했다. 총리는 나의 의견을 받아들였다."

　저우언라이는 얼른 마이크를 잡고 "주석께서 여러분을 전송하시겠다고 합니다. 각 통로를 따라 신속하게 퇴장해주시기 바랍니다"라고 말하자 대표들이 출구로 나가기 시작했다. 웃음을 지으며 대표들을 전송하던 마오는 대표들이 다 나간 뒤 부축을 받으며 일어나 회의장을 떠났다.

8월 28일 대회에서 정치 보고와 당장 개정 보고, '중국공산당 장정章程'을 통과시켰다. 대표들은 이어 무기명투표 방식으로 제10차 중앙위원들을 뽑았다. 새로 당선된 195명의 중앙위원과 124명의 후보 중앙위원 중에는 마오, 저우언라이, 예젠잉, 주더, 둥비우, 천윈 등 혁명원로 그룹 이외에 제9차 전국대표대회에서 실각했던 덩샤오핑, 왕자샹, 탄전린, 우란푸(烏蘭夫 오란부), 리징취안, 쑤전화(蘇振華 소진화), 양융(楊勇 양용), 랴오청즈(廖承志 요승지), 타오루자(陶魯笳 도로가), 예페이(葉飛 엽비) 등이 진입했다.

저우언라이는 제1차 중앙위원회에서 "노동자, 농민, 현역 군인 및 기타 노동인민이 전체 67퍼센트를 차지하고, 기타는 33퍼센트에 그치고 있다. 다수가 혁명간부이고 이들의 다수가 군인이다"라고 제10차 전국대표대회 중앙위원들의 성향을 밝혔다. 문혁 때 숙청당했던 노간부들이 새로 진입했지만 적지 않은 문혁 조반파들이 중앙위원에 진출했다. 중앙 제10기 1중전회는 마오를 중앙위원회 주석, 5명의 부주석에 저우언라이, 왕훙원, 캉성, 예젠잉, 리더성을 선출했다. 또한 전회는 정치국 위원 21명과 정치국 후보위원 4명을 뽑았다. 정치국 상무위원에는 주석과 5명의 부주석 이외에 주더, 둥비우, 장춘차오 등 3명이 새로 들어갔다. 장칭파의 주요 인물들이 정치국에 모두 진입해 장칭과 왕훙원, 장춘차오, 야오원위안 4명은 '4인방'을 결성하고 저우언라이와 덩샤오핑을 공격하며 본격적인 탈권투쟁에 나섰다.

마오의 발탁으로 하루아침에 당 서열 3위에 오른 왕훙원은 후계자 수업을 받고 있었지만 세상물정 모르는 도련님이란 뜻의 '궁쯔꺼(公子哥 공자가)'로 불렸다. 왕훙원은 놀고 술 마시는 것을 좋아해 술고래라는 '술통(酒桶 주통)'으로도 통했다. 술이 있으면 반드시 마시고(有酒必喝 유주필갈), 주량이 두주불사형이라 술을 마시면 끝장을 봐야 했다. 밤새워 포커와 마작을 하거나 낚시, 사냥, 영화 보는 것을 좋아했다. 안하무인의 '궁쯔꺼' 왕훙원은 댜오위타이에서 중난하이, 심지어는 멀리 떨어진 위취안산 예젠잉 집 근처까지 누비며 사냥을 하기도 했다.

왕훙원은 상하이시 당위원회에서 보내준 신식 엽총을 들고 다니며 군용 비행장에서 사냥을 하는가 하면 밤에는 지프의 라이트를 켜놓고 가을에는 꿩, 겨울에는 토끼 사냥에 열을 올렸다. 1973년 9월 12일, 마오는 프랑스 대통령 조르주 퐁피두와의 회견에 왕훙원을 배석시킨 것을 시작으로 1974년 5월 말까지 16차례에 걸쳐 외국 원수 등 외빈을 접견하는 자리에 저우와 왕을 참석시켜 전 세계에 후계자의 '이름 알리기'에 적극 나섰다. [542]

마오는 1973년 12월에 전국의 8대 군구 사령관을 맞바꾸는 인사를 단행했다. 군구 사령관들은 해당 지역에 뿌리를 내리면서 문혁으로 붕괴된 당 조직 대신 정치권력을 휘둘러 당나라 때 절도사처럼 막강한 권한을 갖고 '독립왕국'을 형성해 가고 있었다. 마오는 지역 간 군구 사령관을 맞바꾸어 지역에 대한 지배권을 약화시키면서 이들의 권력을 견제하려는 조처였다.

마오는 의도적으로 왕훙원의 권위 확립을 위해 왕을 시켜 8대 군구 사령관들을 호명해 임명장을 직접 건네도록 지시했다. 왕훙원은 난징군구 사령관 쉬스유(許世友 허세우)와 광저우군구 사령관 딩성(丁盛 정성)이 서로 군구를 맞바꾸게 됨에 따라 제일 먼저 쉬스유를 호명해 임명장을 전달하려 했다. 단상에서 왕훙원이 "쉬스유"라고 호명하자 단상 아래에 있던 쉬스유는 얼굴을 들어 천장을 쳐다보면서 못 들은 척했다. 왕훙원이 목소리를 높여 "쉬스유"라고 다시 이름을 불렀다. [543]

왕훙원의 호명이 끝나자마자 쉬스유는 앞에 있는 찻잔을 바닥에 내팽개쳐 찻잔 깨지는 소리가 장내의 정적을 깨뜨렸다. 왕훙원은 순간 당황하며 난감해했다. 저우언라이가 재빨리 왕훙원이 갖고 있는 군구 사령관의 명부를 낚아채 이름을 호명했다. 군구 사령관들이 큰 목소리로 복명했다. 저우언라이가 "쉬스유"라고 불렀다. 쉬스유는 좀 전에 왕훙원에게 했던 태도와는 정반대로 큰 목소리로 복명한 뒤 일어나 단상의 주석대를 향해 공손하게 경례했다. 벼락출세한 왕훙원에 대한 군부 원로들의 거부반응을 엿볼 수 있는 사례였다.

'비림비공'
저우를 겨누다

1973년 말, 저우언라이는 덩샤오핑이 중앙과 군사위원회 지도공작을 맡도록 하는 중앙의 통지를 기초해 발 빠르게 전당全黨과 전군全軍, 전국全國에 알렸다. 이때 덩샤오핑은 당정군 3요직의 책임자로 당과 국가의 중요 정책 결정에 참여하고 있었다.

1974년 새해 벽두에 장칭 등이 장악하고 있는 중앙의 핵심 당 기관지 2개 신문과 1개 잡지(兩報一刊 양보일간)인 『런민르바오』, 『제팡쥔바오』, 『훙치(紅旗 홍기)』는 공동 발표한 사설에서 "'존공반법尊孔反法(공자를 떠받들고 법가에 반대)'사상 비판을 계속 전개하자"와 "공자 비판은 린뱌오 비판의 하나의 구성 부분이다"라고 주장했다. 이는 '린뱌오 비판'을 '공자 비판'과 연계시켜 저우언라이 비판을 겨냥한 논지 전개였다. 또다시 심상치 않은 한 해를 예고하는 신호탄이 되었다. [544]

장칭은 제10차 전국대표대회 이후에 전문 집필진을 조종해 '비공批孔(공자 비판)'과 '비유批儒(유가 비판)'의 글을 잇따라 실어 창끝을 저우언라이에게 들이밀기 시작했다. 이 글들은 "당내 기회주의 노선의 우두머리는 공자를 우러러 모시고 공자사상을 그들의 반혁명 활동의 정신적 무기로 이용한다. 제멋대로 '공맹의 도'를 선양해 마르크스주의의 근본 원리를 반대하고, 우경 투항의 기회주의 노선을 추진한다"고 비판한 바 있었다.

1974년 1월 12일, 왕훙원과 장칭은 연명으로 마오에게 편지를 보내 베이징대학과 칭화대학이 편찬한 '린뱌오와 공맹의 도'라는 자료를 전국에 배포할 것을 건의했다. 이 자료는 린뱌오의 가택 수사에서 압수한 물품 속에 있던 공자와 맹자의 어록을 들어 "중용의 도를 주장하고 계급투쟁 철학을 반대했다"는 등으로 린뱌오와 '공맹의 도'를 한데 엮어 비판해 편찬한 것이다. 마오는 전국 배포를 동의했다.

중앙은 1월 18일, 그해 제1호 문건으로 전국 배포를 지시한 '통지'에서 "이 자료로 계속 심도 깊게 린뱌오 노선의 극우적 실체를 비판하고, 계속적으로 '존공반법'사상에 대한 비판을 전개하면 사상과 정치노선 방면의 교육을 강화하는 데 큰 도움이 될 것"이라고 기술했다.

'통지' 중에는 '비림비공批林批孔(린뱌오와 공자 비판)'의 표현법은 없었다. '린뱌오와 공맹의 도' 편집에 참여한 칭화대학 당위원회 서기이자 혁명위원회 주임 츠췬(遲群 지군)은 장칭에게 보낸 편지에서 "직접 '비림비공'을 틀어쥐고, 부대와 국가기관의 정치사상 건설을 틀어쥐고, 교육혁명과 지식청년들의 '상산하향' 등의 큰일을 틀어쥐어야 한다"고 자문했다.

장칭은 춘제(春節 춘절: 설) 기간인 1월 23일에 집필진 츠췬 등에게 "당신들 모두가 나의 포砲 부대다. 나는 당신들을 내보내 나 대신 포를 쏘기 바란다"고 격려했다. 장칭의 주도로 설 연휴 기간인 1월 25일 오후에 베이징 수도체육관에서 당 중앙 직속기관과 국무원 각 조직에서 1만여 명이 참가한 '비림비공' 동원대회가 열렸다. 장칭은 대회에 앞서 츠췬 등에게 연설할 때 많은 부분을 저우언라이 공격에 할애할 것을 노골적으로 주문했다.

대회에는 저우언라이와 예젠잉 등 주요 지도자들이 참석했다. 츠췬과 셰징이(謝靜宜 사정의) 등의 연사들은 "당내에서 이제까지 매번 기회주의의 우두머리들은 모두 공맹지도孔孟之道를 널리 추진했다. 수정주의는 여전히 당면한 주요 위험 요인이다"라며 선동적 연설을 이어나갔다. 장칭과 야오원위안은 이들이 연설하는 동안 수시로 끼어들어 "공자 비판을 비준하지 않는 것은 린뱌오 비판을 비준하지 않는 것이다", "절충주의를 반대해야 한다", "무릇 중용지도를 주장하는 사람은 기실 대단히 악랄한 사람이다" 등등 선동적 추임새를 넣었다.

장칭 등이 말한 '절충주의'와 '중용지도' 등은 예로부터 저우언라이를 지목하는 상징어였다. 츠천 등은 또 "비림비공과 실제적으로 연계되는 문제는 '뒷거래' 문제다. (부당한 방법으로 일을 처리하는 등의) '뒷거래'는 바로 마르크스주의에 대한 배반행위다"라며 예젠잉 등 혁명원로들을 비판했다. **545**

이때 예젠잉의 아들이 공군 조종사가 되고, 딸이 베이징 외국어학원에 들어간 것을 '뒷거래'로 빗댄 것이다. 예젠잉의 자녀는 문혁 초기 비판을 받아 감옥에 수감되는 박해를 받다가 예젠잉이 복권된 뒤에 풀려났다. 장칭은 현장에서 직접 저명한 역사가이며 철학자, 시인, 유학자인 궈모뤄를 거명해 비판하기도 했다. 궈모뤄는 한 시에서 장칭 등 '4인방'을 일일이 풍자적으로 촌평한 적이 있었다. **546**

정치 건달의 으뜸 왕훙원, 곡학아세 저질 문인의 으뜸 야오원위안, '개똥군사'의 으뜸 장춘차오, 일자무식 빈 깡통의 으뜸 장칭 등…….

사람들은 적절한 비유라며 '4인방'을 궈모뤄가 '작명'한 빗댄 말로 비아냥거렸다. 왕훙원은 비록 중앙의 부주석으로 존귀한 몸이 되었으나 본질적으로 '문혁' 조반造反에서 몸을 일으킨 용맹한 자일 뿐 정치 수준이 낮아 큰 국면을 이끌어갈 인물로는 걸맞지 않는다는 뜻풀이였다.

야오원위안은 문단의 이단아로 타인을 해코지하는 비평을 일삼는 '정치 몽둥이'로 좌경노선의 여론 선전을 추진하는 데는 장기가 있으나, 정치적 재간은 형편없다는 비판이었다.

장칭은 문혁파의 지도적 인물이지만 지식이나 교양이 없어 입을 단속하지 않고 습관적으로 소동을 벌이며 생떼를 잘 부리고 자신을 과시해 남의 이목을 끌어 대중을 현혹시키거나, 주석 부인이라는 특수 신분에 기대어 일을 성사시키기는커녕 오히려 망치는 인물이라고 비아냥거렸다.

장춘차오는 함부로 지껄이거나 웃지 않는 등 소홀치 않은 면이 있어 이들 3명보다는 정치 경험이 풍부한 편이다. 붓놀림이 빠르고 '이론 수준'이 야오원위안보다 높고 지모가 있어 꿍꿍이셈이 뛰어나 권모술수가 노회하다고 평했다. 장춘차오는 '좌경'을 추진하는 담력과 기백이 있어 문혁 발동의 공격수이자 전면 탈권의 창시자라는 칭호를 붙여주었다. 장춘차오는 문혁 노선의 적극 지지자로 저우언라이와 덩샤오핑을 '좌' 쪽에서 제거해야 할 인물로 거론하며 격렬하게 반대하고 있었다.

이들 '4인방'은 일사불란하게 '뒷거래'를 들고 나와 사안이 다른 '비림비공'에 불을 지폈다. 이들은 인민들이 당 간부들의 부당한 '뒷거래'에 불만을 갖고 있는 점을 이용해 중앙과 지방의 당정군 간부들을 숙청하려는 술책이었다. 궁극적으로는 '비림비공'의 창끝을 문혁 때 숙청되었던 당정군 간부들을 복권시키고 '탈문혁' 정책을 추진하는 저우언라이를 정조준해 '비림비공'을 '제2차 문혁'으로 끌어올려 타도 공세를 본격화할 속셈이었다. 이때 저우언라이는 방광암 증상이 심해지면서 연일 혈변을 쏟아 병원에 입원해 충분한 휴식을 취하며 암세포 억제 치료를 받아야 할 처지였다.

그러나 저우언라이는 장칭 등 '4인방'이 '비림비공'으로 문혁을 활성화시켜 공격하고 있기 때문에 쉴 형편이 아니었다. 저우는 이미 자신의 목숨이 얼마 남지 않았다는 것을 알고 있었다. 저우는 자신이 쓰러지기 전에 '4인방'을 견제하고 맞서 싸울 수 있는 사람들의 입지를 확고하게 만들어주어야 한다는 생각으로 더욱 광범한 일에 전념해 건강을 크게 해쳤다. 저우언라이가 염두에 둔 사람 중 한 사람이 덩샤오핑이었다. 덩샤오핑이 당정군에 막 복귀했기 때문에 덩의 권력기반을 넓혀주고, 당내외와 국내외에 덩샤오핑의 성망과 권위를 높이는 작업이 중요하고 필요했다. 저우는 이런 조건과 환경을 만들어주는 데 총력을 쏟고 있었다.

덩샤오핑,
유엔총회 입성

장칭은 '1·25비림비공' 대회가 끝난 뒤에 츠천과 셰징이 등이 녹음한 연설 내용을 수정해 전국 각 지역에 보내 방송할 심산으로 대회 자료 등을 마오에게 보내면서 면담을 요청했다. 마오는 장칭이 제멋대로 대회를 소집하고 각 지역에 자료를 보내려는 데 큰 불만을 터뜨리고 면담 요청을 거절했다.

저우언라이는 대회에서 장칭이 거론한 '뒷거래'와 관련해 마오에게 "비림비공운동 중에 '뒷거래' 문제를 '단지 연구'하는 것은 너무 좁은 것으로 부정은 결코 여기에 그치지 않는다. '뒷거래'는 분석하고 별도로 구별해 처리할 때 효과를 거둘 수 있다"고 보고했다. 2월 25일, 마오는 예젠잉이 '1·25대회'가 끝난 뒤에 보낸 편지의 답신에서 이렇게 자신의 의견을 밝혔다. **547**

예젠잉 동지, 이 일은 대단히 크다. (뒷거래 문제는) 지부에서 베이징에 이르기까지 수백만 명에 영향을 미친다. 뒷문으로 들어간 사람 중에도 좋은 사람이 있고, 앞문으로 들어간 사람 중에도 나쁜 사람이 있다. 현재 형이상학이 창궐하고 있다. 편면성이다. 비림비공이 또 뒷거래 문제와 뒤섞이면 희석될 수 있다. 샤오세(小謝소사; 셰징이)와 츠천 연설은 결점이 있다. 배포가 적당치 않다. 내 의견은 이렇다.

저우언라이는 2월 16일에 츠췬과 셰징이를 불러 "마오가 '형이상학 창궐'이라고 말한 것은 장칭을 비판한 것"이라는 뜻을 전달했다. 심리적 압박을 받은 장칭은 부득불 마오에게 자아비판을 하지 않을 수 없었다. 장칭은 "제가 어리석은 짓을 했습니다. 주석에게 죄송합니다! 이후로는 학습에 노력해 형이상학과 편면성을 극복하겠다"고 스스로를 비판한 뒤 마오 면담을 또다시 요청했다. 3월 20일, 마오는 장칭에게 편지를 보내 이렇게 말했다.

보지 않는 것이 좋다. 과거 여러 차례 당신과 이야기했지만 당신은 실천하지 않았다. 많이 만나봐야 무슨 이로움이 있겠는가? 마르크스-레닌 서적에도 있고 내 책에도 있다. 당신은 연구하지 않는다. 나는 중병인 몸으로 81세. 이해할 수가 없다. 당신은 특권이 있지만, 내가 죽으면 당신은 어떻게 할 생각인가? 당신도 큰일은 토론하지 않고 작은 일만 날마다 (나에게) 보고하는 사람이다. 잘 생각하기 바란다.

장칭의 기획에 따라 '량샤오(梁效 양효; 츠췬 등이 이끌고 있는 베이징대학과 칭화대학의 비판 전문 집필진 필명)'는 나중에 '공구孔丘(공자) 그 사람'이란 글에서 "말로는 인의를 내세우고 입으로는 중용을 떠나지 못한다. 중병으로 병상에 있는 노魯나라의 대리 재상"이라며 공자를 비방하고 중상했다. '량샤오'는 공자 비판과 관련해 "역사에 역행하고 복벽의 역류를 반격하는 것으로 큰 의의가 있다"고 공언했다. 공자를 빗대 저우언라이를 비판한 것이다. 장칭은 이 글이 생동감이 있다고 칭찬하며 『훙치』 잡지와 『런민르바오』 등에 싣도록 했다.

장칭 등 '4인방'은 4월에 열리는 유엔총회 제6차 특별회의에 참석하는 중국 대표단 단장 인선에 촉각을 곤두세웠다. 특히 하마평에 오르내리는 덩샤오핑의 선출에 강력 반발했다. 강력한 권력쟁투 상대인 덩샤오핑이 복권되어 당정군의 핵심 지도층에 진입한 데 이어 세계무대인 유엔총회에 나가 중국을 대표해 연설하면 그의 권위와 입지가 크게 강화될 것이 불 보듯 뻔했기 때문이다.

3월 20일, 마오는 외교부 부부장 왕하이룽(王海容 왕해용)에게 덩샤오핑을 중국

대표단 단장으로 임명하는 것이 좋겠다는 뜻을 저우에게 전하고, 먼저 외교부에서 논의하도록 하라고 지시했다. 외교부는 22일 덩샤오핑을 단장으로 하고, 차오관화(喬冠華 교관화)와 황화黃華를 부단장으로 하는 인선 보고를 저우에게 제출했다. 24일에 저우는 마오에게 '보고'를 보내 승인을 받았다. 그러나 장칭은 이날 밤에 왕하이룽 등 외교부 관계자들을 집으로 불러 인선안의 '보고'를 회수해 다시 단장을 선정해야 한다고 윽박질렀다.

장칭은 24일 밤에도 잇따라 왕하이룽에게 전화를 걸어 외교부 인선 보고 철회를 종용하다가 거부당하자 악담을 퍼붓기도 했다. 저우언라이가 26일 밤에 정치국 회의를 주재할 때도 장칭은 계속 소란을 떨며 반대했다. 장칭은 절대 다수의 정치국 위원들이 덩샤오핑의 유엔 참석을 지지해 고립무원의 처지에 빠지자 "의견을 보류한다"며 불편한 심기를 감추지 않았다.

마오는 다음 날 장칭에게 편지를 보내 "덩샤오핑 동지의 출국은 나의 의견이다. 당신은 반대하지 않는 것이 좋다. 조심하고 신중하게 생각해 나의 제의에 반대하지 마라"고 경고했다. 마오가 나서자 장칭은 마지못해 생떼를 접었다. **548**

'4인방'의 격렬한 반대를 뚫고 덩샤오핑이 유엔총회에 참석하게 된 것은 국내외의 중대한 사안으로 복권된 지 얼마 안 된 덩샤오핑에게는 중앙의 지도자로서 위상을 강화하고 공고하게 다지는 절호의 기회였다. 저우언라이는 중병에 시달리고 있는 자신을 대신할 덩샤오핑이 이른 시일 안에 당정군을 장악할 수 있도록 권위를 높여주기 위해 덩샤오핑의 출국에도 각별한 신경을 썼다.

저우는 특별기인 민간항공기의 비행 안전을 위해 여러 차례 직접 점검하는가 하면 출국 행사도 성대하게 치르도록 지시했다. 저우는 덩샤오핑이 비행기 트랩에 오를 때 외국 원수들에 준하는 붉은 카펫을 깔도록 하는 등 중국 외교 의전상 최고의 예우를 갖춰 그의 위망을 높이는 데 세심한 배려를 아끼지 않았다.

저우언라이는 4월 6일 오전 7시께 대표단이 출국할 때는 통증으로 잠을 이루지 못했지만 아픈 몸을 이끌고 직접 베이징 서우두(首都 수도) 비행장으로 달려가 수천 명의 군중들과 함께 대표단 일행을 환송했다. 4월 6일, 덩샤오핑은 유엔 제6차 특별회의에서 중국 정부를 대표해 마오의 '3개의 세계론'과 대외정책에 대해 연

설했다. 마오는 '3개의 세계론'을 이렇게 구분한 바 있었다. **549**

"미국과 소련은 제1세계다. 미국과 소련은 원자탄을 보유하고 비교적 부유한 나라다. 제2세계는 유럽, 일본, 오스트리아, 캐나다로 그렇게 부유하지 않다. 그러나 제3세계보다는 부유하다. 우리는 제3세계다. 제3세계는 인구가 대단히 많다. 아시아에서 일본을 제외하면 모두 제3세계다. 전 아프리카는 모두 제3세계다. 라틴아메리카도 제3세계다. 중국은 제3세계에 속한다. 중국은 정치와 경제 각 방면에서 부국과 대국이 아니라 일단의 비교적 가난한 국가와 함께할 것이다."

덩샤오핑은 마오와 저우의 기대에 부응해 세계 각국 대표들과 보도진의 집중적인 주목을 받아 첫 국제무대에서 강렬한 인상을 심었다. 외신들은 "저우언라이 총리의 친밀한 동료", "저우언라이의 가장 좋은 대리인", "줄곧 가장 중대한 공작을 해온 제1류의 고참 지도자", "중국에서 가장 영향력 있는 인물 중의 한 사람" 등으로 덩샤오핑을 높이 평가했다.

저우언라이는 4월 19일에 덩샤오핑 일행이 귀국할 때도 병든 몸을 이끌고 공항에 나가 성대한 환영 행사에 참석했다. 저우는 3월 중순부터 매일 100밀리리터의 혈뇨가 나오는 등 건강이 급격하게 나빠져 의사들이 입원해 수술받을 것을 건의했으나 계속 거부하고 하루에 10여 시간 동안 일하는 등 초인적인 의지로 업무를 수행했다. 하지만 누적된 피로를 이기지 못하고 6월 1일 중난하이에서 그리 멀지 않은 인민해방군 301병원에 입원해 곧바로 수술을 받았다.

저우는 이때부터 숨질 때까지 1년 7개월 동안 생사를 넘나드는 투병 생활을 하면서도 당의 지도자와 총리로서 자신의 직무에 마지막 불꽃을 사르며 혼신의 힘을 쏟았다. 저우가 병원에 입원해 수술받을 것을 거부한 것과 관련해 저우가 세상을 뜬 몇 년 뒤 부인 덩잉차오(鄧穎超 등영초)는 신변 공작원에게 이렇게 말했다. **550**

"그때 (저우)언라이는 줄곧 (덩)샤오핑의 일에 마음을 놓지 못했다. 그는 장칭, 그 사람이 (자신이) 입원했을 때 그 틈을 타 샤오핑에게 손을 쓸까봐 걱정했다. 따라서 부득불 공작 현장에서 떠날 수 없었다."

4인방
'조각'에 뛰어들다

장청은 저우언라이가 입원한 지 얼마 안 된 6월 중순에 "역사상의 '유법투쟁'은 줄곧 지금까지 이어져 내려오고 있다. 즉 복벽復辟(폐위된 황제가 다시 제위에 오르는 것, 반대세력의 부활)과 반복벽, 전진과 후퇴의 투쟁이다. 현재도 있다. 없다고 말할 수 없다"고 분란을 암시했다. 장청은 또 "지금의 글은 현대의 '유儒(유가)'를 거의 거론하지 않는다. 현재는 유가가 없는 것인가? 린뱌오와 천보다 이외에도 많은 유가들이 있다. 그렇지 않다면 이렇게 큰 운동을 벌일 필요가 없다"고 강조했다.

6월 17일, 장청은 텐진(天津 천진)으로 달려가 몇 군데의 공장과 농촌, 부대를 돌아다니며 "현대의 큰 유가를 끄집어내자", "당 안에 있는 큰 유가를 비판하자"고 선동하면서 아주 노골적으로 저우언라이를 공격했다. 4인방은 '비림비공'의 공간을 적극 활용해 주공周公(기원전 12세기 서주西周의 성왕을 보필한 명재상으로 공자가 존경하는 이상적인 인물)까지 끄집어내 비판하면서 '주공 = 저우' 등식으로 몰아붙여 저우에게 맹공을 퍼부었다.

노쇠 현상으로 건강이 좋지 않던 마오는 봄에 백내장까지 걸려 휴양하면서, 7월 17일 중난하이 수영장 마오의 거처에서 정치국 회의를 소집했다. 병원에 입원해 있던 저우언라이도 수술한 몸을 이끌고 회의에 참석했다. 마오는 회의에서 엄숙한 어투로 장칭과 왕훙원, 장춘차오, 야오원위안을 비판했다. 마오는 이렇게 장칭에게 경고했다. **551**

"장칭 동지, 당신 주의하시오! 다른 사람들이 당신에 대해 할 말이 있지만 얼굴을 맞대놓고 말하는 게 거북해 말하지 않는다는 것을 당신은 모르오? 두 개 공장을 세우지 마시오. 하나는 '강철공장(鋼鐵工廠 강철공장; 완고하다는 뜻)'이고, 또 하나는 '모자공장(죄를 뒤집어씌우거나 딱지를 붙이는 것)'이오. 사람에게 큰 모자를 씌우는 것은 좋지 않소. 주의하시오!"

장칭은 조금도 지지 않고 맞은편에 앉아 있는 덩샤오핑을 쳐다보며 "하지 않겠어요! 강철공장은 샤오핑 동지에게 보내겠습니다!"라고 대거리를 했다. 장칭은 마오가 얼마 전에 덩샤오핑에 대해 두터운 신뢰를 표시한 것을 잘 알고 있어 반은 비위를 맞추고 반은 원망스러운 투로 마오에게 대꾸한 것이다. 장칭은 마오가 자신을 비판한 완고하다는 뜻의 '강철공장'과 마오가 덩샤오핑을 칭찬한 과묵하면서 속이 꽉 차 있다는 뜻의 '강철공장'의 함의가 다르다는 것을 전혀 몰랐다. 화가난 마오가 말했다.

"여러 사람 앞에서 말하시오!"

"되었습니다!"

장칭은 조금도 위축되지 않았다.

"쿵라오얼(孔老二 공노이; 공자를 비하하는 말)은 말은 믿을 수 있어야 하고, 행동은 결과가 있어야 한다고 했소!"

마오는 공자의 말을 따다 쓴 뒤 좌중을 둘러보며 이렇게 말했다.

"들었소? 그(장칭)는 나를 대표하지 않고, 그녀 자신을 대표합니다."

마오는 어투를 누그러뜨리며 말했다.

"그녀에게는 양면성이 있어요. 좋은 면도 있고, 그리 좋지 않은 면도 있습니다!"

"그리 좋지 않다면 고치겠어요!"

장칭이 서둘러 말했다.

"당신은 고쳐지지 않아!"

마오의 어투가 다시 높아졌다.

"지금 강철공장을 문 닫겠습니다."

장칭이 한발 물러섰다.

"(공장을) 문 닫으면 되었소."

장칭은 또다시 "모자점……" 하며 마오의 옆에 앉아 있는 저우언라이를 흘끗 쳐다보더니 "영화 「중국」이 대단히 나쁩니다! 그러나 한간漢奸(친일파로 매국노)이란 모자를 아직 씌우지 않았는데 누가 했는지 잘 모르기 때문에……"라고 뜸을 들였다. 마오는 무슨 얘기인지 어리둥절했다. 이 영화는 중국에 온 외국 기자가 촬영해 만든 것으로 저우가 허락한 것이었다. 장칭은 그것을 걸고 넘어진 것이다. 곁에 있던 저우가 미소를 지으며 "이 일은 저도 책임이 있습니다"라고 설명한 뒤 화제를 바꾸어 장칭이 동원한 '1·25비림비공' 대회 상황을 말했다. 마오는 장칭이 저우언라이를 공격한 것을 알고 있었다. 마오는 장칭을 손으로 가리키며 "이 사람은 부딪치면 튀어오른다"며 우물가의 어린이처럼 항상 아슬아슬하다는 뜻으로 말했다.

장칭이 또 뭐라고 중얼거리자 마오는 손으로 제지하며 "한마디로 말하면 그녀 (장칭)는 자신을 대표한다"고 볼멘소리로 말했다. 장칭이 말할 때 마오를 가탁하지만 자신과는 무관하다는 것을 다시 강조한 것이다. 마오는 "그녀(장칭)는 상하이 방이다! 자네들은 조심해야 한다. 4명이 소종파宗派(파벌)를 만들어서는 안 된다!"며 실명은 거론하지 않았지만 곁에 있는 왕훙원과 장춘차오, 야오원위안이라는 것을 회의에 참석한 사람들은 다 알고 있었다. 마오가 당내 고위 지도자 회의에서 '4인방' 문제를 지적한 것은 처음 있는 일이었다. 이날 정치국 회의는 마오와 장칭이 마치 여염집 부부싸움을 하는 것처럼 진행되어 쇠잔해가는 마오와 꼬박꼬박 말대꾸하며 설쳐대는 장칭을 극명하게 대비시켰다. 마오는 서둘러 회의를 끝내고 심야에 전용열차를 타고 우한으로 내려갔다. 마오는 우한에 머물면서 백내장 수술을 받았다.

10월 4일, 우한에 있던 마오는 기밀 담당 비서를 시켜 베이징의 왕훙원에게 전화를 걸어 덩샤오핑을 국무원 제1부총리에 임명하겠다는 뜻을 전달하도록 했다.

당시 마오와 저우가 병마에 시달리고 있어 당의 업무는 왕훙원, 국무원의 공작은 덩샤오핑이 전담하다시피 했다. 마오가 덩샤오핑을 제1부총리에 임명하려는 것은 암 수술 이후 극도로 건강이 악화되고 있는 저우언라이의 만일의 사태에 대비한 포석이었다.

왕훙원은 마오의 지시를 당중앙 부주석인 저우와 예젠잉, 정치국 위원들에게 알리지 않고 장칭과 장춘차오, 야오원위안에게만 통보했다. 이날 이후 4인방은 마오의 지시에 저항하는 모의를 꾸미며, 1975년 1월에 10년 만에 열리는 제4기 전국인민대표대회에 대비한 '조각組閣'에 적극 개입해 덩샤오핑 공격을 본격화하기로 했다.

마오의 인사 복안을 알고 있는 장칭은 서둘러 10월 6일 밤에 저우언라이가 입원하고 있는 병원으로 찾아가 병색이 짙은 그를 압박해 전국인민대표대회의 인사 안배와 해방군 총참모장 인선 문제를 제기하며 자신의 뜻을 관철시키려 했다. [552]

전국인민대표대회 주비籌備 전에 기선을 제압하기 위한 선제공격이었다. 악다구니 장칭은 심신이 지칠 대로 지친 저우언라이를 강박하며 2시간 동안 '설전'을 벌였지만, 저우는 추호의 흔들림 없이 장칭의 '의견'을 무력화시켰다. 장칭은 자신이 병원에 오기 전에 저우와 덩샤오핑이 만나 한 차례 단독 담화를 나눈 사실을 몰랐다.

저우와 덩샤오핑은 또다시 이틀 뒤에 저우가 입원한 병원에서 전국인민대표대회 인사에 대해 의견을 조율했다. 10월 11일, 중앙은 마오의 의견에 따라 정식으로 제4기 전국인민대표대회에 관한 통지를 발표했다. 누가 '조각'할 것인지 인사 문제를 놓고 공개적인 권력투쟁이 벌어지게 되었다.

천군만마

4인방은 제4기 전국인민대표대회 이후에 덩샤오핑이 제1부총리가 되어 국무원이 '저우-덩샤오핑 체제'가 되는 것을 극력 저지하기로 했다. 10월 13일, 장칭은 국내의 움직임을 담은 '국내 동태動態 최종 대장'을 보다가 원양 화물선인 '펑칭(風慶 풍경)호 사건' 보도를 보았다. 보도 내용은 "배를 만드는 것보다 사는 게 낫고, 사는 것보다 빌리는 게 낫다고 하는 것은 '서양 노예 철학'이다"라고 비판한 것이었다.

장칭은 "옳다구나!" 하고 환호했다. 저우와 덩샤오핑을 공격할 최고의 무기가 되었기 때문이다. 펑칭호는 중국이 해운 수송력 강화와 자립화를 위해 건조한 1만 톤급 화물선이었으나, 엔진과 레이더 등 장비의 성능이 선진국에 비해 훨씬 뒤떨어져 있었다. 저우는 해운 수요를 위해 필요할 경우 외국 선박을 사들여도 괜찮다는 의견을 표시한 적이 있었다. 장칭 등 4인방은 이것을 물고 늘어진 것이다.

장칭은 "(조선 사업을 관장하는) 교통부는 마오 주석과 당중앙 지도의 중화인민공화국의 1개 부서가 아닌가?", "외국문물을 숭배하고 외국 사람에게 아첨하는 소수의 매판 자산계급 사상을 갖고 있는 사람들이 우리의 정치를 독재하고 있다", "정치국은 이 문제에 대해 마땅히 태도를 밝히고 필요한 조처를 취해야 한다"는 등으로 문제를 제기했다. 이를 신호탄으로 왕훙원과 장춘차오, 야오원위안은 '노선문제'와 '노선 교육'으로 비화시켜 공격을 퍼붓기 시작했다. [553]

장칭은 10월 17일 밤에 열린 정치국 회의에서 '펑칭호 사건'은 '외국문물 숭배와 외국인에 대한 아첨', '서양 노예 철학'의 전형이라며 공격의 창끝을 저우언라이와 덩샤오핑이 이끌고 있는 국무원을 향해 들이밀었다. 장칭은 자리에서 일어나 덩샤오핑을 향해 "이 사건에 대해 당신은 지지합니까, 반대합니까? 아니면 중간 입장인가요? 당신은 태도를 분명히 밝혀야 한다"고 윽박질렀다.

덩샤오핑은 "이 사건에 대해 나는 조사를 해야 합니다. 우격다짐으로 당신들의 의견에 찬성하게 해서는 안 된다"고 되받아쳤다. 이것은 덩샤오핑이 1973년 복권한 이래 처음으로 '문혁의 기수' 장칭과 정면충돌한 사건이었다. 장칭은 의외로 덩샤오핑이 거칠게 나오자 잠시 멍청히 서 있다가 전열을 가다듬어 특기인 무지막지하고 표독스러운 언사로 마구 욕설을 퍼부었다. 참다못한 덩샤오핑은 화가 치밀어 회의장을 박차고 나갔다. 장춘차오가 덩샤오핑의 등에 대고 "일찍이 당신이 튀어나올 줄 알았다. 오늘 과연 튀어나왔다!"고 빈정댔다. 회의는 파장이었다.

이날 밤 4인방은 긴급 대책회의를 열고 왕훙원을 창사(長沙 장사)에 머물고 있는 마오에게 파견해 덩샤오핑과 저우언라이를 헐뜯기로 음모를 꾸몄다. 이들은 덩샤오핑이 국무원 제1부총리를 맡는 것을 극력 저지하기로 했다. 10월 18일, 왕훙원은 창사로 날아가 이날 밤 마오를 면담해 덩샤오핑, 저우언라이, 예젠잉, 리셴녠 등을 무고誣告했다. 왕훙원은 '펑칭호 사건'을 놓고 장칭과 덩샤오핑이 대판 싸웠다고 일러바치고 덩샤오핑을 헐뜯었다.

왕훙원은 덩샤오핑의 이런 태도는 제4기 전국인민대표대회를 앞두고 무르익어 가고 있는 총참모장 인선과 관련이 있다고 중상했다. 왕훙원은 또 "제가 이번에 이곳에 오는 것을 총리와 정치국의 다른 동지들에게 알리지 않았습니다. 저는 위험을 무릅쓰고 왔습니다. 베이징은 지금 1970년 루산회의 때의 분위기입니다. 총리는 병을 앓고 있지만 밤낮으로 사람들을 불러 이야기를 나누느라 대단히 바쁩니다. 덩샤오핑과 예젠잉, 리셴녠 등이 늘 총리를 찾아갑니다. 그들의 왕래가 이렇게 빈번한 것은 제4기 전국인민대표대회의 인사 배치와 관련이 있기 때문입니

다"라고 마오를 충동질했다. [554]

왕훙원은 저우와 덩샤오핑이 야심을 갖고 음모를 꾸미고 있는 양 은근히 마오와의 이간질을 부추겼다. 언짢은 모습으로 왕훙원의 이야기를 다 들은 마오는 오히려 왕훙원을 호되게 비판했다. 마오는 "의견이 있으면 (저우와 덩샤오핑에게) 맞대놓고 이야기하라. 이렇게 하는 것은 좋은 게 아니다! 덩샤오핑 동지와 단결해야 한다. 자네는 돌아가면 총리와 (예)젠잉 동지를 찾아가 이야기하라. 장칭과는 함께 어울리지 마라. 자네는 그녀(장칭)를 조심해야 한다!"고 경고했다.

풀이 죽어 베이징에 돌아온 왕훙원은 장칭과 장춘차오, 야오원위안에게 마오와의 면담 내용을 보고했다. 이들은 체념하지 않고 끝까지 덩샤오핑을 끌어내리기 위해 다각적 방법을 모색하기로 했다. 장칭은 왕훙원이 온 10월 18일 밤에 댜오위타이로 외교부 부부장 왕하이룽과 부국장 탕원성(唐聞生 당문생)을 불러 국무원의 '외국문물 숭배와 외국인에 대한 아첨' 문제와 덩샤오핑이 정치국에서 소란을 피운 것은 또 하나의 '2월 역류'라며 저우언라이와 덩샤오핑, 예젠잉 등을 험담했다. 장칭은 이들이 결탁해 음모를 꾸미고 있다는 등의 내용을 마오에게 전해줄 것을 부탁했다.

마오와의 연락 업무도 맡고 있는 왕하이룽과 탕원성은 10월 20일 덩샤오핑을 수행해 덴마크 총리 부부를 마오가 있는 창사로 안내할 예정이었다. 하지만 왕하이룽과 탕원성은 장칭의 횡포에 반감을 갖고 있었고, 이들은 창사에 가기 전에 병원에 입원해 있는 저우언라이를 찾아가 장칭의 의도를 보고했다. 20일에 창사에 내려온 왕하이룽과 탕원성은 마오의 외빈 면담이 끝난 뒤에 베이징 상황을 보고하면서 장칭 등의 비정상적 행위를 자세하게 설명했다. 화가 난 마오는 이들 두 사람에게 이렇게 말했다. [555]

"돌아가서 총리에게 말해라. 총리는 여전히 우리의 총리다. 몸이 괜찮으면 왕훙원 동지와 각 방면을 상의하면서 제4기 전국인민대표대회 준비와 인사명단을 작성하라고 해라. 덩샤오핑을 당의 부주석과 제1부총리, 군사위원회 부주석 겸 총참모장으로 임명하라는 나의 뜻을 전해라. 왕훙원과 장춘차오, 야오원위안에게 (이런 내용을) 전해주고, 그들이 장칭과 함께 뒤에서 비판하지 말라고 해라. 위원장

1, 2(전국인민대표대회 상무위원회의 1, 2인자를 말함)인자를 다시 고려하라고 해라. 결론적으로 (나의) 방침은 단결하고 안정을 기해야 한다는 뜻이라고 전해라."

마오는 이렇게 명확하게 국무원 총리와 제1부총리, 총참모장의 3개 주요 직무를 저우언라이와 덩샤오핑에게 주고, 제4기 전국인민대표대회 준비와 구체적 인사의 중요 업무를 저우언라이에게 맡겨 장칭 등 4인방이 '전인대'를 앞두고 '조각'을 통해 권력을 장악하려는 '꿈'에 결정적 타격을 가했다. 반면에 천군만마와 같은 힘을 얻은 저우언라이는 예젠잉, 리셴녠 등과 함께 덩샤오핑 지지 공작을 계속 펼쳐나갔다. 11월 12일, 덩샤오핑은 외빈을 대동해 창사로 내려가 마오를 면담했다. 마오는 외빈과의 회견이 끝난 뒤에 덩샤오핑과 담화를 나누면서 그가 지난 10월 17일에 정치국 회의에서 장칭과 말다툼을 벌이고 퇴장한 일을 화제로 삼아 이야기했다. 마오가 덩샤오핑이 공개적으로 장칭을 제어한 것을 칭찬하며 농담삼아 큰 소리로 말했다.

"자네가 '강철공사鋼鐵公司(의지가 굳건함을 뜻함)'를 차렸다면서!"

"주석도 알고 계셨군요."

"좋아!"

"정말로 참을 수 없었습니다. 한 번이 아니었습니다."

"나는 자네를 지지하네!"

"그녀(장칭)는 정치국에서 7~8차례나 (소동을) 피웠습니다."

"사람을 윽박지르는 것은 나도 좋아하지 않아. 그녀들(곁에 있던 왕하이룽, 탕원성을 가리킴)도 모두 좋아하지 않아요."

"정치국의 분위기가 정상이 아닙니다. 제가 할 수 없이 그녀가 '강철공사'로 나오자 '강철공사'로 대응했습니다."

"잘했어."

장칭은 인사 안배인 '조각'과 관련해 심복인 중앙위원으로 베이징시 혁명위원회 부주임 셰징이를 전국인민대표대회 부위원장에, 칭화대학 당위원회 서기인 츠췬을 국무원 교육부장, 외교부 부부장인 차오관화를 부총리로 각각 임명하고, 마오의 조카로 랴오닝성 당위원회 서기인 마오위안신(毛遠新 모원신) 등을 정치국 회의에 참석할 수 있도록 발탁할 것 등을 제의한 편지를 왕하이룽 편에 마오에게 보냈다. 11월 12일, 마오는 장칭이 보낸 편지에 이렇게 비판하는 서신을 써 보냈다. [556]

너무 나서지 마시오. 문건에 의견을 달지 마라. 당신이 '조각(인사문제의 배후조종자)'에 끼지 마라. 당신에 대한 원한이 많다. 많은 사람들과 단결해야 한다. 당부하는 바이오. 사람은 자신을 정확하게 아는 사람을 귀하게 여기는 법이오.

두 노전우의
담화

마오는 최근 1개월 동안 여러 차례에 걸쳐 '4인방'에 대해 비판하고 경고했지만 장칭의 본성은 조금도 고쳐지지 않았다. 장칭은 또 11월 19일에 '자아비판'이라는 이름의 편지를 마오에게 보냈다.

장칭은 편지에서 "저는 주석의 기대를 저버린 데 대해 부끄럽게 여깁니다. 제가 자신을 정확히 아는 지혜가 모자라 자아도취에 빠져 머리가 멍청해졌습니다. 객관적인 현실에 대해 유물론적으로 정확하게 대처하지 못했습니다. 자신에 대해서도 적절하게 이분법적인 분석을 할 수 없었습니다"라고 넋두리를 늘어놓았다.

장칭은 이어 "1969년 제9차 전국대표대회 이후에 저는 기본적으로 할 일 없는 사람이 되었습니다. 나에게 어떤 일도 주어지지 않았어요. 지금은 더욱 심합니다. 노선투쟁 때에는 주도적으로 일을 했어요. 이후 조심하며 근신하겠습니다. 당과 주석을 위해 사고를 일으키지 않겠어요. 당연히 투쟁이 필요하고, 희생이 필요한 때는 마음의 준비가 되어 있습니다"라고 썼다.

마오는 다음 날인 20일 장칭에게 보낸 답장에서 "당신의 직무는 바로 국내외 동태를 연구하는 일이오. 이것은 큰일이오. 이 일은 내가 여러 차례 당신에게 말했소. 일이 없다고 말하지 마시오"라고 따끔하게 경고했다. 장칭은 또 마오가 전국인민대표대회 1, 2인자 인선에 대해 '다시 고려하라'는 것과 관련해 마오에게 인편으로 왕홍원을 전국인민대표대회 상무위원회 부위원장에 임명해줄 것을 거론했다. 마오는 "장칭은 야심이 있다. 그는 왕홍원을 (전인대) 위원장에 앉히고 자신은 당중앙 주석이 되고 싶어 한다"고 말했다.

장칭 등 '4인방'은 마오 사후에 장칭이 당중앙 주석이 되고, 왕홍원을 전인대 상무위원회 부위원장에 임명해 88세의 주더가 세상을 뜨면 그 자리를 승계한다는 야무진 권력 장악의 프로젝트를 갖고 있었다. 장춘차오는 저우언라이 사후에 국무원 총리를 꿈꾸고 있었다. 이들은 미리 김칫국을 마시고 있었다.

마오는 저우에게 사람을 보내 전인대 상무위원회의 지도자인 주더와 둥비우 사후 쑨원의 부인 쑹칭링을 안배하고 덩샤오핑과 장춘차오, 리셴녠 등을 국무원 부총리, 그리고 나머지 인사는 저우가 주재해 결정하도록 지시했다.

마오는 장칭이 '조각'에 끼어들지 못하도록 원천봉쇄하고 나선 것이다. 저우언라이는 그 밖의 인사문제를 놓고 숙고에 숙고를 거듭하며 몹시 고심했다. 저우는 덩샤오핑, 예젠잉, 리셴녠 등과 협의를 거쳐 4인방이 요구하는 문화부, 교육부, 체육위원회 등에서 중요한 교육부를 제외한 나머지 자리를 보장하는 인사안을 제시해 '4인방'의 큰 야욕을 막으려 했다. 557

이처럼 10년 만에 열리는 제4기 전국인민대표대회를 앞두고 장칭, 왕홍원, 장춘차오, 야오원위안 등 4인방의 권력탈취 야욕을 저지하기 위해 저우언라이와 예젠잉, 덩샤오핑 등 혁명원로들은 안간힘을 다했다. 일단 마오가 장칭을 묶어놓아 한숨을 놓았지만 언제 어떻게 돌변할지 모르는 마오의 마음을 확실하게 잡아두는 것이 무엇보다 중요했다.

예젠잉은 마오를 가장 잘 이해하고 의도를 가장 잘 파악하는 저우언라이가 창사에 머물고 있는 마오를 찾아가 전인대 인사 문제를 최종 결정하는 것이 당과 국가의 명운에 결정적 관건이 될 것으로 판단했다. 문제는 여러 차례의 암 수술로 극도로 허약해진 저우언라이의 몸 상태였다. 저우의 장거리 여정은 위험했기 때문이다. 하지만 예젠잉은 저우의 주치의 장줘량(張佐良 장좌량)과 협의를 거쳐 심장내과 전문가와 비뇨기과 전문 의사 등 의료진이 저우를 수행해 안전에 만전을 기하는 조처를 취하고 저우의 창사행을 추진키로 했다.

12월 23일, 저우언라이가 창사로 출발하기 전에 의료진이 또다시 저우의 혈변을 발견하고 즉시 검사 치료를 받도록 권유했으나 그는 치료를 뒤로 미루고 출발을 강행했다. 애초 저우언라이는 이날 당 부주석 왕홍원과 함께 마오에게 전국인민대표대회의 준비 상황과 인사 문제 등을 창사로 내려가 보고하기 위해 공항에서 만나기로 했었다.

하지만 왕홍원은 코빼기도 비치지 않았다. 저우는 공항에서 왕홍원을 기다리는 동안 혈뇨가 또다시 나와 의료진이 매우 위험하다며 창사행을 말렸으나 듣지 않았다. 저우가 인내심 있게 왕홍원을 기다리는 것을 보다 못한 비서가 왕홍원과 통화했으나 왕은 "총리가 먼저 가면 곧 뒤따라가겠다"며 각각의 비행기로 출발하자는 뜻을 밝혔다.

저우언라이는 "전세기 1대로 같이 가면 국가 비용을 절약할 수 있을 텐데……" 하며 아쉬운 듯 비행기에 올라 창사로 출발했다. 왕홍원은 저우와 함께 가기로 한 약속을 깨고 장칭, 장춘차오, 야오원위안 등과 마오 면담에 대비한 최종 대책을 협의하고 있었다.

창사에 온 저우와 왕홍원은 마오가 묵고 있는 후난성 9소所호텔 6층 방에서 마오를 만나 23일부터 27일까지 잇따라 4차례 담화를 나누었다. 저우는 마오와 새벽까지 이야기하는 한 차례 단독 면담을 하기도 했다.

마오는 장칭이 더욱 심하게 파벌 활동을 하고 있는 것과 관련해 왕홍원에게 "'4인방'을 하지 마라! 중앙의 많은 사람과 단결해야 한다. 파벌을 하지 마라, 파벌을 하면 자빠진다. 장칭은 야심이 있다. 당신들은 알고 있는가? 내가 보기에 있다. 당신들보다 내가 (장칭을) 더 잘 안다"고 말했다. 마오는 또 "장칭에게 세 가지를 하지 말라고 권했다. 하나는 함부로 의견을 달지 마라. 둘째는 주제넘게 나서지 마라. 셋째는 정부의 '조각'에 참여하지 말라고 했다"고 밝혔다. 마오는 "비림비공을 제2차 문화대혁명으로 말하는 것은 잘못된 것"이라며 "장칭은 마땅히 자아비판을 해야 한다"고 강조하고, 왕홍원에게는 서면으로 자아비판할 것을 요구했다. 왕홍원은 순간 현기증을 느끼며 사색이 되고 말았다. 만사휴의萬事休

웃였다. 마오가 이처럼 4인방을 강력 비판한 것과는 달리 덩샤오핑은 높이 평가하고 칭찬했다. **558**

"그(덩샤오핑)는 정치사상이 우수하다."

마오는 손으로 머리를 가리켰다.

"politics(정치)가 그(왕훙원)보다 낫다."

마오는 곁에 있는 왕훙원을 가리켰다. politics는 '정치'라는 단어로 저우언라이는 당연히 마오의 말을 이해했다. 마오는 "그(왕훙원)는 덩샤오핑보다 강하지 못하다"고 말하면서 종이에다가 '강强(우수하다)'하다고 썼다. 왕훙원은 곤혹스러워하며 대단히 긴장했다. 이어 저우언라이가 마오에게 전국인민대표대회의 인사 문제를 보고하면서 예젠잉이 군사위원회 부주석 겸 국방부장, 덩샤오핑이 제1부총리 겸 총참모장이라고 말하자 마오가 저우의 말을 끊고 또박또박 말했다.

"내가 보기에 (덩)샤오핑을 군사위원회 부주석에 임명해야 한다. 군사위원회 부주석, 제1부총리 겸 총참모장을 시켜야 한다."

건강이 좋지 않은 마오는 연필로 힘겹게 종이에다가 '인재난人才難'이라고 썼다. 저우언라이가 "얻기 어려운 인재(人才難得 인재난득)"라고 말하자, 마오는 웃으며 연필을 놓았다. 저우가 부총리 명단을 보고하면서 "덩(鄧: 덩샤오핑), 장(張: 장춘차오), 리(李: 리셴녠)……"라고 읽자, 마오가 말을 끊고 "천(陳: 천시롄 陳錫聯)"이라고 말해 천시롄을 넣을 것을 주문했다.

마오는 얼굴을 돌려 왕훙원을 쳐다보며 거듭 "총리는 여전히 우리의 총리다"라고 강조했다. 마오는 저우언라이에게 "당신의 건강이 좋지 않다. 제4기 전국인민대표대회 후에 안심하고 병을 치료하시오! 국무원의 일은 덩샤오핑을 대신 시키면 된다"고 저우의 건강을 걱정했다.

12월 26일은 마오의 생일이었다. 81세가 된 마오는 만감이 교차했다. 그날 밤에 마오는 돌연 저우언라이를 불러 새벽까지 길게 이야기를 나누었다. 근 반세기에 이르는 세월을 함께해온 두 노老전우의 마지막이 된 긴 이야기는 나중에 저우가 요점을 정리하고, 마오가 수정할 때 '무산계급 독재 아래 계속혁명론'을 보충해 엮어 전체 정치국 위원들에게 열람시켰다. 이 문건은 나중에 중앙이 인쇄해 당

간부들에게 배포했다. 내용은 크게 두 가지로 '인사 안배와 이론문제'였다. 마오가 말한 이론문제는 대충 이러했다. **559**

"레닌은 왜 자산계급의 독재에 대해 글을 써야만 한다고 말했나. ─이 문제를 명확히 하지 않으면 수정주의로 바뀔 수 있다. 전국에 알려야 한다. ─우리나라가 현재 실행하고 있는 상품제도와 임금제도 등도 불평등하다. 8급 임금제 등등. 무산계급 독재 아래에서 더욱 제한되고 있다. ─무산계급 중에서, 기관 공작원들 중에서 모두 자산계급 생활의 작풍이 생겨나고 있다."

마오의 이런 견해는 사회주의에 대한 인식과 탐색을 반영한 것으로 등급제도와 특권의식을 타파해 현격한 빈부차이와 양극 분화의 사회현상을 없애고, 자산계급을 번식시키는 토양과 조건을 제거하려는 의지로 읽을 수 있다. 마오가 시종 힘써 해결하려고 한 중요한 문제였으나 사회주의는 머나먼 이상향의 세계였다. 자본주의보다 더 자본주의로 치달으며 심화하고 있는 빈부격차, 사회적 양극화의 갈등과 부패, 공산당 지도자들의 특권남용 등으로 몸살을 앓고 있는 오늘의 중국적 사회주의를 지하의 마오는 어떻게 생각하고 있을까? 어쨌거나 마오는 4개월 동안 창사에 있으면서 6차례 외국 원수와 정당 지도자들을 회견했다. 건강이 극도로 악화한 마오는 저우와 왕훙원에게 내년(1975년)부터는 외빈들을 일률적으로 만나지 않을 것이며, 상대방 쪽에서 회견을 요구해도 만나지 않겠다고 밝히기도 했다.

펑더화이
끝내 숨지다

제4기 전국인민대표대회를 앞두고 장칭 등 '4인방'과 저우언라이 등 혁명원로들이 권력투쟁의 힘겨루기를 하던 1974년 11월 29일 오후 3시 35분, 베이징 301병원에서 중국혁명에 큰 족적을 남긴 시대의 풍운아 펑더화이(彭德懷 팽덕회)가 파란만장한 삶을 마감했다. 76세였다. 펑더화이가 숨을 거둘 때 곁에는 가족이나 친척, 혁명동지 그 누구도 없었다. 흰 천으로 덮여 있는 싸늘한 주검 위에는 '왕촨(王川 왕천)'이라는 위장한 이름이 씌어 있었을 뿐, 그의 비참한 죽음에 눈물을 뿌려줄 추모객 한 사람도 없었다.

중앙은 펑더화이의 죽음을 철저하게 통제하고 은폐했다. 주검은 12월 17일에 화장장으로 비밀리에 옮겨져 한 줌의 재가 되었다. 화장 비용은 그가 매달 받아온 아주 적은 월급에서 지불되었다. 1966년 12월 24일, 펑더화이가 쓰촨성 청두에서 홍위병들에게 붙잡혀 베이징으로 끌려와 스팡위안에서 외부와 격리된 채 1959년 루산회의 때 '반당 반마오(反毛 반모: 마오 반대), 외국과의 내통죄'로 몰려 감호 생활을 한 지 8년 만이었다. '나의 유일한 대장군'이라며 극찬을 아끼지 않았던 마오와는 끝내 화해하지 못하고 저세상으로 떠난 것이다. 펑더화이는 수없이 마오의 면담을 요구했지만 마오는 만나주지 않았다. [560]

펑더화이는 임종을 앞두고 주더를 몹시 보고 싶어 했다. 펑더화이는 죽기 전에 주더를 볼 수 있도록 해달라고 감호관들에게 간청했다. 그러나 누구도 주더에게 이런 말을 하지 않았다. 주더와 펑더화이는 전쟁 시기에 '영원한' 총사령관과 부사령관이었다. 신중국 건국 후의 10대 원수 서열도 1, 2위였다. 펑더화이는 주더를 큰형으로 존경한 친밀한 전우이자 동지였다. 펑더화이가 죽은 뒤 이런 이야기를 들은 88세의 주더는 눈물을 비 오듯 쏟았다. 주더는 텅 빈 방 안에서 대성통곡을 하며 "너희들은 왜 내가 펑라오쭝(彭老總 팽로총: 펑더화이에 대한 존칭)을 보지 못하게 했느냐? 죽어가는 사람이 무엇을 하겠는가? 무엇이 두려웠느냐!"고 절규했다.

주더는 펑더화이가 제1차 루산회의에서 반당집단으로 몰려 모든 직무를 박탈당하고 비판을 받을 때 "우리가 언제 한솥밥을 먹었던 사람들이라고 믿겠느냐"며 마오의 매몰찬 행위를 개탄하기도 했다. 펑더화이가 자택에 연금된 암울했던 시절에 주더는 마오나 린뱌오 등 문혁 세력을 의식하지 않고 수시로 찾아가 '장기 친구'가 되어 펑더화이의 울분을 삭여주며 위로했다.

두 사람은 장기를 둘 때 천진난만한 어린이들처럼 장기판에서 치고받고 생사가 갈리는 말 하나에 일희일비하며 무아지경에 빠졌다. 이들은 성격이 확연히 달라 장기를 두는 스타일도 판이했다. 주더는 펑더화이의 말을 잡을 때는 차분하게 밀어내 잡은 뒤 장기판에 전리품을 전시하듯 잡은 말들을 늘어놓는 심리전을 펼쳤다. 그런가 하면 펑더화이는 주더의 말을 잡을 때 우레와 같은 소리를 내지르며 자신의 장기 말로 위에서 내려쳐 '쾅' 소리가 요란했다.

펑더화이는 기세로 상대방의 혼을 빼 제압하는 전술을 구사하고 잡은 말들은 '포로'처럼 장기판 아래 한군데로 쓸어 모았다. 권력의 감시로 찾는 사람이 없던 험악한 시절에 여봐란듯이 찾아와 일부러 스스럼없이 대해주던 주더가 어찌 보고 싶지 않았겠는가?

펑더화이는 죽기 두 달 전에 군사위원회에서 파견한 '특별 조사반원'들이 심문할 때 나눈 '임종담화'에서 자신의 결백을 밝혔다. 당시 펑더화이는 암 투병으로 기진맥진한 상황에서 혀가 굳어져 말을 제대로 할 수 없었다. 그러나 펑더화이는 눈물을 흘리며 안간힘을 다해 끊어졌다가 이어지는 단속적인 말로 진술했다. 펑더화이를 감호하며 심문 과정에 입회했던 마오페이(茅飛 모비)는 이렇게 증언했다.

"마오 주석은 마르크스주의를 발전시켰다. 저우 총리는 나와 30여 년을 같이 지냈다. 그는 우리 당 안에서 마오쩌둥 사상을 파악하고 운용한 전술가다. 우리 사회주의 사업은 반드시 승리할 것이다. ─내 스스로 많은 과오를 저질렀다. 그러나 나는 음모와 위계를 꾸미지 않았다. 추호의 의심없이 나는 결백하다. ─ 우리의 국방 건설, 전략 방어 시설은 완전히 갖추지 못했다. 국방공업과 과학적 연구가 제대로 이루어지지 않았다. 나는 이것을 가장 걱정했다. 단지 우리의 계획과 준비만이 적들의 물질적 역량을 이길 수 있다. 이미 나를 8년 동안 심사했다. 지금까지 결론이 없다."

펑더화이는 베이징 위수지구인 스팡위안에서 8년 동안 감호 생활을 하면서 심사를 받아오다가 1973년 봄에 직장암에 걸려 고통스러운 나날을 보냈으나 치료를 받지 못해 암이 온몸으로 전이되었다. 큰 출혈이 있던 날, 저우언라이가 이 소식을 듣고 급히 당 고위간부들을 치료하는 해방군 301병원으로 이송해 치료하도록 지시했다.

펑더화이는 감호소에서 병원으로 옮겨왔으나 철통같이 통제하는 바람에 감호 생활과 별반 다를 바 없었다. 외부와 차단하기 위해 유리창에 종이를 발라 한 줄기의 햇빛도 들어오지 않았을 뿐만 아니라 글을 쓰거나 라디오를 듣는 것도 금지되었다. 단지 몇 권의 책만 읽을 수 있었다. 펑더화이는 창밖을 전혀 볼 수 없어 의사들에게 유리창에 바른 종이를 제거해줄 것을 요청했으나 모르쇠로 일관했다. 크게 화가 난 펑더화이는 탁자를 치며 노호하고 절규했다. [561]

"나는 루산의 그 펑더화이다! 병이 생겨 입원했다. 움직이지 못한다. 왜 마음을 놓지 못하는가? 견디기 어려우니 다시 감옥으로 보내달라."

일점혈육이 없는 펑더화이는 펑메이쿠이(彭梅魁 팽매괴) 등 조카딸들이 면회를 왔을 때 "내가 죽은 뒤에 나의 유골을 땅에 묻고 그 위에 과실수를 심어라. 유골이 비료 역할을 한다"며 유언을 했다. 펑더화이는 7월 21일에 암세포가 전신으로 전이되면서 견딜 수 없는 통증에 시달렸다. 견디다 못한 펑더화이는 병실 밖에서 보초를 서고 있는 병사에게 "통증을 어찌할 방법이 없다. 견디기 힘들다. 나를 도와 총으로 쏴달라"고 외쳤다. 펑더화이는 그동안 암 수술을 거부해왔다. '전담 조사반'의 심사원이 펑더화이에게 "왜 수술을 받지 않는가"라고 물었다. 펑더화이는 고통을 참으며 큰 소리로 "나는 너희들을 믿을 수 없다. 나는 살아야 한다. 나의 누명이 명확하게 풀리지 않았다!"고 외쳤다.

조사반원: 당신은 뭐라 해도 반당분자다. 무산계급 천하를 전복하려 했다.

펑더화이: 이 천하는 우리가 피땀 흘려 이룩한 것이다. 내가 어떻게 엎어버릴 수 있나? 나는 결백하다는 것을 말할 뿐이다. 나는 나가서 이 국가를 위해 공작해야 한다. 이 나라를 건설하고 부국강병을 하게 하는 것이 내 일생의 바람이다.

조사반원: 당신은 이미 이 꼴이 되었다. 살려고 하는 것은 좋으나, 나가서 일을 하겠다고?

펑더화이: 나는 단지 하루만 살면 된다. 인민들을 위해서 하루만 일하면 된다. 이것은 나의 권리다. 너희들이 박탈할 수 없다. 내가 수술을 허락하지 않는 것은 수술대에서 죽어갈 수 없기 때문이다.

펑더화이는 의료진에게 "나, 펑더화이는 죽는 것을 두려워하지 않는다. 내가 두려워하는 것은 혁명을 하지 못하는 것이다. 문제는 내가 여전히 누명을 쓰고 있다는 것이다. 나는 반드시 살아서 내 문제를 명확하게 처리해야 한다"고 절규했다. 펑더화이가 여기까지 말했을 때 그의 눈에서는 눈물이 솟구쳤다. 펑더화이의 "아~" 하는 장탄식이 허공에 맴돌았다. 펑더화이가 수술대에 올랐을 때 갑자기 곁에 있던 '조사반원'에게 큰 소리로 "수술 전에 마오 주석을 봐야 한다. 나는 마오 주석을 만나야 할 일이 있다. 나는 오늘 주석을 만나야 한다. 나에 대한 문제의 방법을 명확하게 말해야 한다!"고 소리쳤다. 펑더화이는 (의료진을) 뿌리치고 수술대에서 내려와 신발을 신고 문밖으로 나가려 했다. '조사반원'들이 막았다. 펑더화이는 분노해 손을 휘두르며 "누명을 쓰고, 근거 없이 죄를 날조해 많은 죄명을 붙였다. 죽더라도 포기할 수 없다. 나는 죽더라도 체념할 수 없다"고 울부짖었다.

의사인 조카딸 펑메이쿠이가 "큰아버지, 수술이 가장 좋은 방법이에요. 마오 주석을 만나려면 지금 의사들에게 잘 협조해야 해요. 더 사시려면 조금이라도 나쁜 곳이 없어야……. 큰아버지, 냉정해야 해요. 어떤 일도 단박에 해결할 수 없어요. 큰아버지 병은 더 늦출 수 없어요. 빨리 수술하는 것이 좋아요!"라고 설득했다. 펑더화이는 한참 침묵하다가 펑메이쿠이를 바라보며 "나, 그럼 수술하겠다"고 응낙했다. 펑더화이는 수술이 끝난 뒤 깨어나 처연한 목소리로 "나는 폐인이 되었다!"고 말했다. 펑더화이는 끝내 병을 이기지 못하고 숨을 거두었다.

펑더화이의 죽음은 4인방이 체포되고 펑이 죽은 뒤 4년 만인 1978년 12월 24일에 추도회가 열려 전국에 알려지게 되었다. 덩샤오핑은 이날 추도회를 통해 펑더화이의 업적을 이렇게 평가했다. [562]

"펑더화이 동지는 우리 당의 우수한 당원이며, 원로 무산계급 혁명가다. 핑장기의의 주요 지도자이고, 홍3군의 창립자다. 당, 국가와 군대의 걸출한 지도자로 당정군의 많은 중요 직책을 역임했으며 국내외로 저명한 군사가이자 정치가다. 그는 린뱌오와 4인방의 박해를 받아 1974년 11월 29일에 베이징에서 서거했다. 오늘 당중앙은 실사구시 정신과 당의 정책 실천에 입각해 펑더화이 동지에게 전면적으로 공정한 평가를 내리고 명예를 회복시킨다. 그는 당을 사랑하고 인민을 사랑하고 위대한 무산계급 혁명 사업에 충성했다. 그는 근 반세기의 혁명투쟁 과정에서 남정북전南征北戰하면서 온갖 어려움을 겪으며 중국혁명의 승리를 위해, 인민군대의 장대한 성장을 위해, 사회주의 조국을 보위하고 건설하기 위해 탁월한 공헌을 했다."

펑더화이는 생전에 "역사는 가장 무정無情하면서도 공정公正하다. 역사는 종국에 나에 대해서 공정한 평가를 내릴 것"이라고 말한 바 있었다. 그의 굳건한 역사에 대한 믿음과 신념을 확인하듯 중앙 제11기 6중전회는 1981년 6월 27일에 '건국 이래 당의 몇 가지 역사문제에 관한 결의'를 통과시켰다.

이 결의는 "루산회의 후기에 마오쩌둥 동지가 펑더화이 동지에 대한 비판을 잘못 발동해 전당全黨이 잘못을 저질러 '반우파' 투쟁을 전개했다. 중앙 제8기 8중전회의 '펑더화이, 황커청(黃克誠 황극성), 장원톈(張聞天 장문천), 저우샤오저우(周

小舟 주소주) 반당집단'의 결의는 완전히 잘못된 것이다"라며 이들에 대한 명예회복과 복권을 단행했다.

저우의
'4개 현대화'

문화대혁명 9년차를 맞은 1975년 1월 5일, 중앙은 덩샤오핑을 군사위원회 부주석 겸 인민해방군 총참모장, 장춘차오를 인민해방군 총정치부 주임에 각각 임명하는 제1호 문건을 발포했다. 1월 8일부터 10일까지 저우언라이 주재로 중앙 제10기 2중전회가 베이징에서 열려 제4기 전국인민대표대회 준비 상황을 점검하고, 덩샤오핑을 당 부주석과 정치국 상무위원으로 선출했다.

제4기 전국인민대표대회(전인대) 제1차 회의가 1월 13일부터 17일까지 베이징에서 열렸다. 문혁 이후 처음 열린 전인대는 국가권력의 상징이자 법률상 최고 권력기구였으나 문혁 기간에는 사실상 폐지된 상태였다. 저우언라이는 병원에서 나와 10년 만에 열린 이 회의에서 '정부공작 보고'를 했다.

저우는 10년 전 제3기 전국인민대표대회에서 제기한 것처럼 경제건설을 2단계로 나누어 설명했다. 저우는 "첫 단계는 1980년 이전까지 독립적이고 비교적 정비된 공업 체계와 국민경제 체계를 구축한다. 두 번째 단계는 이번 세기(20세기) 안에 농업과 공업, 국방, 과학기술의 현대화를 전면적으로 실현해 우리나라 국민경제를 세계의 선두에 세운다"는 웅대한 목표를 제시했다. [563]

저우언라이는 내전을 방불한 문혁 8년의 허송세월로 참담한 상황이었지만 다시 중국을 선진국 대열에 올려놓겠다는 야심 찬 '4개 현대화'의 청사진을 제시한 것이다. 회의는 저우를 다시 총리로 선출했고, 12명의 부총리를 새로 뽑았다. 부총리의 출신 성향을 보면 제1부총리 덩샤오핑을 비롯해 리셴녠, 천시롄, 왕전(王震 왕진), 위추리(余秋里 여추리), 구무(谷牧 곡목) 등 6명이 원로간부였다.

4인방은 장춘차오 1명이었으며, 지방간부는 화궈펑(華國鋒 화국봉), 지덩쿠이(紀登奎 기등규) 2명, 기타 출신이 천융구이(陳永貴 진영귀), 우구이셴(吳桂賢 오계현), 쑨젠(孫健 손건) 등 3명이었다. 덩샤오핑은 이에 앞선 당 인사에서 당 부주석과 군사위원회 부주석 겸 총참모장에 임명됨으로써 명실상부하게 당정군의 최고 지도기구의 지도자가 되었다. 또 주더가 전인대 위원장에, 둥비우와 쑹칭링이 부위원장에 각각 선출되었다.

이런 '조각' 구성은 4인방의 입지를 대폭 줄이고 원로들의 입김을 강화하는 인사였다. 마오가 폐막식에서 저우를 통해 '안정과 단결'을 강조한 것은 애초 3년 만에 끝내기로 한 문혁이 9년차에 접어들면서 극도의 피로증후군에 빠진 혼란을 종식시키기 위한 조처였다.

저우언라이는 잇따라 국무원 상무회의와 국무원 전체회의를 열어 "이후 국무원의 공작은 덩샤오핑 동지가 주재"한다고 밝히고, 마오가 덩샤오핑을 '정치사상이 강하다', '얻기 어려운 인재'라고 평가한 말을 전달하며 덩샤오핑 띄우기에 힘을 쏟았다. 저우언라이는 2월 초에 국무원 부총리들의 공작 분담을 보고하고 비준을 받았다. 이때부터 덩샤오핑이 중병을 앓고 있는 저우를 대신해 국무원 공작을 이끌어갔다.

마오는 왕훙원에게 '4인방'에 가담해 파벌행위를 하는 것을 여러 차례 경고했지만 왕훙원은 모르쇠로 일관했다. 마오가 이에 대한 실망과 회의로 덩샤오핑을 차기 후계자로 삼기 위한 방안도 깔려 있었다. 중앙은 2월 초에 군사위원회 판공회의를 폐지하고 군사위원회 상무회의를 만들어 예젠잉이 주재하도록 했다. 구성원은 덩샤오핑, 류보청, 쉬샹첸, 녜룽전 등으로 예젠잉 등 혁명원로인 원수들이 군권을 장악하게 되었다.

덩샤오핑은 린뱌오의 군권 장악으로 야기된 각종 파벌과 부패, 비대화 등의 문제를 해결하기 위해 왕성하게 군대 편제 개편, 전투력 강화 등 군대 정돈整頓 문제를 과감하게 추진했다. 저우언라이의 비원 사업인 경제건설의 '4개 현대화'에도 박차를 가했다. 덩샤오핑은 린뱌오가 숙청했던 군 관계자와 문혁에서 추방된 관료, 기술자 등을 대거 복권시켜 실용주의 노선을 강화하면서 '탈문혁' 정책을 펴 나갔다. 위기의식을 느낀 '4인방'은 저우와 덩샤오핑을 공격할 돌파구 찾기에 혈안이 되었다.

인민해방군 총정치부 주임을 겸하고 있는 장춘차오가 포문을 열었다. 3월 1일, 장춘차오는 전군 각 부대 단위 정치부 주임들을 소집한 회의에서 "무산자계급 독재이론을 학습해야 한다. 해방 이후 경험주의에 대해 비판을 하지 않아 경험주의의 위험에 대해 경계해야 한다"고 불을 지폈다. 장춘차오는 노골적으로 1972년에 저우언라이가 극좌사조를 비판한 성과는 "류사오치 노선을 따라가는 것"이라고 비난했다. 장춘차오는 "(저우가) 제4기 전국인민대표대회에서 제기한 '웅대한 목표'는 무산자계급 독재이론을 명확히 하지 않으면 위성은 쏘아 올렸지만 붉은 깃발이 땅에 떨어진 소련을 추종하는 것"이라며 소련의 수정자본주의를 빗대어 맹비난했다.

야오원위안도 같은 날 '논論 린뱌오 반당집단의 사회기초'를 발표해 "현재 가장 위험한 것은 경험주의다"라고 주장했다. 4인방의 우두머리 장칭은 여기저기 돌아다니며 '경험주의'를 비판하고, 군 개혁과 경제건설을 추진하고 있는 덩샤오핑을 공격하며 왕밍 노선의 과오를 끌어다가 에둘러 저우언라이를 비방했다.

마오는 조선의 김일성 주석을 회견하기 위해 4월 14일에 9개월간의 남방 체류를 끝내고 베이징으로 돌아왔다. 4월 18일, 덩샤오핑은 마오와 김일성의 회견이 끝난 뒤 마오에게 장칭과 장춘차오 등이 주장하는 "경험주의는 현재 가장 위험"하다는 방식에 대한 문제 제기를 했다. 마오는 덩샤오핑의 의견에 동의하고 4월 27일에 정치국 회의를 소집했다.

덩샤오핑은 회의에서 장칭 등의 경험주의 비판과 관련해 "이것(경험주의 비판)은 분명히 계획적이고 조직적으로 총리에 반대하는 행동이다"라고 장칭 등을 비판했다. 장칭 등은 덩샤오핑과 예젠잉의 비판을 "돌연한 기습"과 "포위공격"으로 받아들여 1970년 "루산회의의 재판"이라며 덩샤오핑 등을 공격했다. 마오는 5월 3일 밤 11시에 중난하이 자신의 거처에서 다시 정치국 회의를 소집했다. 병원에 입원 중인 저우언라이도 참석했다. 마오는 이 회의에서 거듭 '4인방'을 비판하고 안정과 단결을 강조했다. **564**

"분열하지 말고 단결해야 한다. 마르크스-레닌주의를 하고 수정주의를 하지 말아야 한다. 단결하고 분열하지 말아야 한다. 광명정대하고 음모와 모략을 하지 말아야 한다. '4인방'을 하지 마라. 자네들은 (4인방을) 하지 말라. 왜 여전히 하는가? 왜 200여 명의 중앙위원과 단결하지 못하는가? 소수는 좋지 않다. 예로부터 좋지 않다. 이번에 과오를 저지른 것은 자아비판을 해야 한다. 이번과 루산회의는 서로 다르다. 루산회의는 린뱌오에 반대한 것으로 옳았다."

장칭,
당중앙에 자아비판

마오는 '세 가지 할 것과 세 가지 해서는 안 되는 원칙'을 말하면서 '4인방'의 자아비판을 요구했다. 마오는 이 세 가지 지킬 것을 당부하고 장칭을 호되게 비판했다.

"내가 보기에 장칭은 아주 하찮은 경험주의자다. 제멋대로 하지 말고 기율을 지켜야 한다. 근신하고 자신의 주장만 하지 말고 정치국에서 토론해야 한다. 의견이 있으면 정치국에서 토론하고 문건을 만들어 인쇄해 배포하면 된다. 중앙 명의로 해야지 개인 명의로 해서는 안 된다. 예컨대 나의 명의로 해서는 안 된다. 나는 종래 어떤 자료를 보내지 않는다."

'4인방'에 대한 마오의 이런 비판은 저우와 덩샤오핑 등을 지지하고 장칭 등의 위세를 꺾는 구실을 했다. 이 회의는 마오가 마지막으로 주재한 정치국 회의가 되었다. 장춘차오와 야오원위안이 자아비판을 한 데 이어 심리적 압박을 받고 있던 장칭은 6월 28일 마오와 정치국에 서면으로 자아비판의 글을 보냈다.

장칭은 "주석과 정치국 동지들에게 미안하고, 덩샤오핑 동지에 더욱 미안하다"면서 1년 동안 범했던 과오, 즉 '11차 노선투쟁'과 '비림비공과 뒷거래 문제', '주요 위험은 경험주의다' 등에 대해 자아비판을 했다. 장칭은 자아비판의 글에서 '4인방'의 존재를 인정했다. **565**

나는 '4인방'이 객관적으로 존재하는 것을 인정한다. 나는 비로소 (4인방이) 당중앙을 분열하는 파벌주의로 발전할 가능성을 깨달았다. 나는 주석이 왜 지난해부터 올해까지 3~4차례씩이나 말씀(4인방 비판)했는지를 알게 되었다. (이것은) 원래 하나의 중대한 원칙에 대한 문제로 주석은 원칙문제에 대해서는 양보하지 않는다. 이 문제에서 나는 주요한 책임이 있다. 연루된 그들(왕흥원, 장춘차오, 야오원위안) 3명의 동지가 비판을 받은 데 대해 대단히 미안하게 생각한다. 이상의 과오는 엄중한 것으로 주석이 말씀한 안정과 단결, 세 가지 할 것과 하지 말아야 하는 방침에 부합하지 않는다. 이런 잘못의 주요 원인은 세계관을 개조하지 못해 개인주의와 주관주의에 나쁜 영향을 주었다. 스스로를 명확히 알지 못해 근신하고 겸손하지 못했다. 주석의 지도에 따르고 당의 요구에 부응해 잘못을 고치겠다.

장칭이 문혁 이래 마오에게 자아비판은 몇 번 했으나 직접 당중앙에 서면으로 자아비판의 글을 제출한 것은 처음이었다. 그만큼 장칭의 정치적 입지가 크게 줄어들고 있다는 것을 뜻했다. 마오의 눈 밖에 난 것은 장칭뿐만 아니라 후계자 수업을 받고 있는 왕훙원도 마찬가지였다. 왕훙원은 덩샤오핑이 7월부터 중앙의 일상공작을 주재하면서 겉돌기 시작했다.

덩샤오핑이 의욕적으로 국정을 전면에서 진두지휘하면서 문혁의 파괴를 딛고 각종 경제지표가 호전 양상을 보였다. 7월 어느 날, 덩샤오핑은 마오에게 국정 현황을 보고했다. "전국의 생산성 현황의 추세가 좋은 편이다. 철강 생산은 완전히 목표치에 이르지는 못했으나 희망이 있다. 올해 농업 부문은 여름 곡식 생산량이 풍년을 이루었으며, 추곡 생산량도 전망이 좋다"는 등의 내용이었다.

덩샤오핑은 문혁으로 공직에서 추방되었던 간부들의 사면과 복권 현황에 대해 보고하면서 일부(4인방)에서 복벽이며, 류사오치의 하부 조직들이 일어서고 있다는 비판도 있다는 내용을 전했다. 마오는 "(일을 하다보면) 욕을 먹지 않을 수 없다. 나는 예부터 욕을 먹어왔다"며 덩샤오핑을 신뢰하고 격려했다. 4인방의 기세가 한풀 꺾이고 저우와 덩샤오핑, 예젠잉 등 혁명원로 진영과 행정 실무파의 약진이 두드러졌다. 덩샤오핑의 국정 전반에 대한 정돈 작업은 마오가 말한 '3항 지시 사항의 지도사상'을 기치로 해 전개되고 있었다. 7월 4일, 덩샤오핑은 중앙독서반 제4기반 강연에서 이렇게 말했다. [566]

"마오쩌둥 동지는 세 가지 중요 지시를 했다. 하나는 이론을 학습하고 수정주의를 반대하고 방지하는 것이다. 둘째는 안정과 단결이다. 셋째는 국민경제를 향상시키는 것이다. 이 세 가지 지시는 서로 연계되어 있는 전체로 어느 한 개를 떼어낼 수 없다. 이것이 우리가 이 시기에 추진해 나가야 할 지도사상이다. 마오쩌둥 동지는 지난해 문혁은 이미 8년이 되었다, 안정을 해야 한다고 말했다. 현재 1년을 보태 9년이 되었다. 단결하고 안정을 해야 한다. 우리는 많은 일을 해야 한다. 국제 방면의 투쟁과 일도 대단히 많다. 국내에도 해야 할 일이 산적해 있다. 특별히 국민경제를 향상시키는 일이다."

덩샤오핑은 '국민경제 향상'에 정책 추진의 무게중심을 두고 과단성 있게 추진해 뚜렷한 성과를 내기 시작했지만, 4인방 등에게는 '수정자본주의'의 빌미를 주는 양날의 칼로 작용했다. 이때 파킨슨병을 앓고 있는 마오의 건강 상태는 갈수록 나빠져 하반기 이후에는 침대에 누워 있는 날이 많았다. 어떤 때는 하루 종일 몇 사람과 한마디의 말도 하지 않기도 했다.

『수호지』로 되살아난
4인방

백내장 수술을 한 뒤, 마오는 한 눈으로 볼 수 있었지만 눈을 보호하기 위해 중요한 문건 이외에는 신변 공작원들이 읽어주었다. 문건 등의 자료를 읽는 것은 통상적으로 기요 여비서인 장위펑(張玉鳳 장옥봉)이 도맡아 했다. 마오는 중국 고전문학 작품을 좋아했는데 고대 한문이 많아 장위펑이 해독하지 못하는 것이 있어, 베이징대학 중문학과 여강사 루디(蘆荻 노적)를 선발해 마오에게 고전을 읽어주는 일을 시켰다. 루디가 수호水滸를 읽어주다가 1974년에 학계에서 『수호지』를 둘러싸고 일어났던 학술 논쟁을 이야기하며, 마오가 정치국 확대회의에서 평가했던 것을 물은 적이 있었다. 108명의 영웅호걸들이 양산박梁山泊에 모여 탐관오리를 징치하는 내용의 『수호지』에 대해 마오는 이렇게 평가했다. **567**

　"수호는 탐관오리들에게는 반대하나 황제에게는 반대하지 않는다. 송강은 투항하고 수정주의를 했다. 조개(송강 이전의 우두머리)의 취의청聚義廳을 충의당忠義堂으로 바꾸고 사람들을 (황제에게) 귀순하도록 했다. 송강과 고구의 투쟁은 지주계급 내부의 한 파가 다른 한 파에 대한 투쟁이었다. 송강은 투항해 방랍을 쳐부쉈다. 이 농민기의 대오의 영수들은 좋지 않다. 투항했다. 이규, 오용, 완소이, 완소오, 완소칠은 좋았다. 투항하지 않았다."

루디와 마오가 『수호지』를 이야기할 때 곁에 있었던 여비서 장위펑은 마오의 『수호지』에 대한 평가를 이렇게 회상했다.

"1964년에 우한에서 내가 『수호지』를 볼 때 주석이 나에게 이렇게 말했다. 송 강은 투항파로 수정주의를 했다. 귀순은 투항으로 황제를 대신해 일을 처리했다. 그런데 그들은 현재 또 이 책이 좋은 책이라고 말한다. 도대체 어디가 좋은가? 주 석은 이렇게 말했다. '좋은 것은 투항에 있다. 반면교사로 사람들이 모두 투항파 를 알도록 해준다'고 말했다."

루디는 마오가 자신과 이야기하며 평가한 『수호지』 담화 내용을 정리해 마오에 게 보내 출판을 건의했다. 마오가 승낙해 이 담화 기록을 선전, 출판 담당인 야오 원위안에게 보냈다. 마오의 '4인방' 비판으로 의기소침해 있던 야오원위안은 이 『수호지』 평론을 읽어보고 '만세'를 불렀다. 정치적 꼼수가 발달한 야오원위안은 마오의 『수호지』 평론을 빌려 4인방이 활로를 찾을 수 있다는 것을 금방 알아낸 것이다. 야오원위안은 곧바로 붓을 들어 마오의 『수호지』 평론과 그가 좋게 평가 한 루쉰(魯迅 노신)의 『수호지』 평론을 함께 실어 인쇄해 배포할 것을 건의하며 이 렇게 편지를 썼다.

이 문제는 대단히 중요합니다. (마오의 『수호지』 평론은) 공산당원, 무산계급, 빈농, 하층 중농과 모든 혁명군중이 현재와 미래, 본세기와 21세기에 마르크스주의를 견지하고 수정주의에 반대해 마오 주석의 혁명노선을 견지해나가는 데 중대하 고 심오한 뜻을 갖고 있습니다. 반면교사의 작용을 충분히 발휘할 수 있습니다.

마오의 비준이 떨어지자 장칭 등 4인방은 "짝! 짝! 짝!" 박수를 치며 일제히 '수호水滸의 전사'가 되어 칼을 갈기 시작했다. 장칭은 먼저 자신과 친밀한 사람 들과 '수호의 현실적 의의'에 대해 이야기하면서 "'수호'의 요체는 조개를 떠받드 는 척하는 겁니다. 현재 당내의 어떤 사람은 마오 주석을 떠받드는 척하면서 속으 로는 배척하고 있습니다"라고 '어떤' 사람을 공격했다. '어떤' 사람은 바로 덩샤 오핑이었다.

오랫동안 얼굴을 비치지 않았던 장칭은 『수호지』평론'을 계기로 각종 공개 장소에 출몰해 곳곳에 이런 비방을 퍼뜨렸다. 야오원위안은 4인방이 장악하고 있는 『런민르바오』를 비롯한 신문에 '투항파의 참모습을 알리자' 등의 수호 비판을 싣고, 수정주의를 막고 무산자계급 독재 아래에서 계속혁명을 위해서는 투항파에 반대해야 한다는 논지를 펴며 공격의 창끝을 덩샤오핑에게 들이밀었다.

순식간에 전국적으로 '수호 비평'을 빗댄 유언비어가 퍼지면서 인심이 흉흉해지기 시작했다. 9월 15일, 국무원은 산시성(山西省 산서성) 시양(昔陽 석양)현에서 당정 군 지도자들과 각 성, 시 책임자 등 3천7백여 명이 참석한 가운데 '전국 농업학 다자이(大寨 대채) 회의'를 열었다. 덩샤오핑은 개막사를 통해 이렇게 밝혔다. **568**

"이번 회의는 1962년의 7천인 대회에 버금갈 정도로 중요하다. 저우 총리가 제4기 전국인민대표대회에서 거듭 밝힌 '4개 현대화'의 웅대한 목표를 실현하기 위해 우리는 반드시 깨어 있는 머리로 현재의 낙후한 현상을 바로 보아야 한다. 아울러 큰 힘을 발휘해 농업 현대화 문제를 해결해야 한다. 현재 전국 각 방면에서 정돈整頓하는 문제가 진행되고 있다. 마오 주석은 군대와 지방을 정돈해야 한다고 말했다. 지방의 정돈은 또 여러 방면으로 공업과 농업을 정돈하고 상업도 정돈해야 하며 문화교육, 과학기술 대오도 정돈해야 한다. 마오 주석은 조정이라고 부르는데 실제상으로 '조정'은 바로 '정돈整頓'이다."

여기서 정돈은 쇄신 또는 혁신과 개혁을 뜻했다. 장칭은 회의 주제인 농업문제와는 아무런 상관이 없는 '수호 평가'와 '두 노선 투쟁'의 문제를 들고 나왔다. 장칭은 일부러 과격한 용어를 구사하며 연설해 참석한 사람들이 어리둥절하고 뜨악해하며 놀랐다. 장칭은 연설이 끝난 뒤 녹음한 자신의 발언 내용을 방송하고 인쇄해 배포할 것을 요구했다.

"'수호'를 평론하는 것은 단순한 문예평론이나 역사평론이 아니다. 그것은 당대의 의미가 있는 큰일이다. '수호'의 요체는 조개를 배척하고 조개를 받드는 척하며 투항하는 것이다. 송강은 토호와 악랄한 지주, 탐관오리를 받아들여 각 중요한 자리를 차지했다. '수호'의 비판은 바로 모두가 우리 당내에 투항파가 있다는 사실을 일깨워준다."

덩샤오핑은 9월 24일에 마오와 만났을 때 장칭의 수호 비판 이야기를 했다. 마오는 화가 나 "헛소리했구먼! 이야기가 맞지 않아. 농업을 배워야 할 자리에서 그녀(장칭)가 '수호' 비판을 하다니. 이 사람은 많은 사람들이 그를 믿지 못하고 있다는 것을 알지 못한다. 위(중앙정치국)에서 장칭이 말한 원고 배포와 녹음 내용을 방송하지 말고, 발언 원고를 인쇄하지 못하게 하라"고 지시했다.

마오는 덩샤오핑이 추진하고 있는 정돈공작을 지지하며 계속 신뢰를 보였다. 하반기에 들어 국민경제 상황이 계속 호전되고 있었다. 공·농업 생산 각 부문의 지표가 안정적인 상승세를 보였다. 1975년 국내생산총액은 지난해보다 8.7퍼센트 증가했고, 그중 공업 총생산은 15.5퍼센트 늘어났다. 농업 총생산도 3.1퍼센트 증가했다. 덩샤오핑이 이끌어나가고 있는 전면 정돈은 실질적으로 '문혁' 이래 나타난 '좌'경적 과오를 바로잡아나가는 것이었다. 당의 정책이 뿌리를 내리면서 당과 국가의 공작도 점차 정상궤도로 들어섰다. 덩샤오핑은 나중에 이렇게 회고했다.

"1975년은 내가 중앙의 일상적인 공작을 주재했다. 정돈整頓이라고 불렀던 그때의 개혁은 경제를 강화하는 것으로 먼저 생산 질서의 회복에 총력을 기울였다. 그렇게 함으로써 지방에서 효과가 나타나기 시작했다. 정돈이란 개혁을 추진했지만 국면은 크게 달라지지 않았다."

복병

문혁의 어지러운 세상을 바로잡으려는 덩샤오핑의 정돈으로 경제상황이 호전되고 사회가 안정화의 틀을 잡아갈 즈음, 생각지도 않은 곳에서 정치국면을 한꺼번에 역류시키는 일이 발생할 줄은 그 누구도 예상치 못했다.

9월에 마오의 조카 마오위안신(毛遠新 모원신)이 파킨슨병으로 건강이 악화한 마오를 돌보며 마오와 정치국과의 연락 업무를 하는 비공식 직책인 '마오쩌둥 판공실 주임'으로 부임하면서 '4인방'은 역전의 발판을 마련하게 되었다. 36세인 마오위안신은 하얼빈 군사공정학원을 졸업한 뒤 문혁에 참가한 조반파로 랴오닝(遼寧 요녕)성위원회 서기와 성 혁명위원회 부주임, 선양(瀋陽 심양)군구 정치위원을 지냈다.

마오위안신은 마오의 첫째 동생 마오쩌민(毛澤民 모택민)의 아들이다. 마오쩌민이 1943년 신장(新疆 신강)에서 군벌 성스차이(盛世才 성세재)에게 비밀리 살해된 뒤에 마오위안신은 어렸을 때부터 마오의 집에서 자랐다. 따라서 장칭과 가까웠고, 사상이나 정치적 성향이 그녀와 일치했다.

마오는 만년에 장칭을 대단히 혐오해 멀리하고 자신의 뜻을 당정군에 전달할 연락원으로 마오위안신을 곁에 두게 된 것이다. 마오의 '상방보검'을 가진 마오위

안신이 4인방을 편들고 덩샤오핑을 깔아뭉개기 시작했다. **569**

9월 27일, 마오위안신은 마오에게 "사회에 바람이 불고 있습니다. 문화대혁명을 어떻게 볼 것이냐 하는 바람입니다. 긍정이냐 부정이냐입니다. 성과가 7개 손가락(백분율로 70퍼센트)이냐 과오가 7개 손가락이냐로 의견이 엇갈리고 있습니다"라고 보고했다. 마오위안신은 특히 "이 바람은 1972년에 극좌를 비판한 것(저우가 린뱌오를 극좌로 비판한 것을 일컬음)보다 더 사납습니다"라고 마오를 충동질했다.

마오위안신은 11월 2일에는 "저는 덩샤오핑 동지의 발언을 대단히 주의 깊게 듣다가 하나의 문제점을 느꼈습니다. 그(덩샤오핑)는 문혁의 성과에 대해서는 거의 이야기하지 않고, 류사오치의 수정주의 노선을 별로 비판하지 않습니다"라고 마오에게 말했다. 덩샤오핑에 대한 마오위안신의 이런 비판은 마오의 비상한 관심을 끌었다.

마오는 건강 악화로 외부 접촉을 거의 하지 않아 정확한 정치 상황을 판단하지 못한 채 자신과 정치국을 잇는 연락원 마오위안신이 전해주는 이야기를 근거로 상황을 판단하고 있었다. 이즈음에 발생한 '편지 사건'은 마오가 덩샤오핑을 의심하는 또 하나의 기폭제 구실을 했다.

칭화대학의 당위원회 부서기 류빙(劉氷 유빙)이 8월에 칭화대학을 거점으로 한 '4인방'의 전담 집필진으로 장칭을 추종하는 학교 당위원회 서기 츠췬과 부서기 셰징이의 공작 기풍과 사상 의식 문제를 비판하는 서신을 마오에게 보낸 적이 있었다.

이 편지는 덩샤오핑을 통해 마오에게 전달되었다. 류빙이 10월에 쓴 두 번째 편지도 덩샤오핑을 거쳐 마오에게 전달되었다. 류빙이 덩샤오핑을 통해 편지를 건넨 것은 마오에게 직접 보낼 경우 비서들에 의해 차단될까봐 하는 우려에서였다. 편지를 본 마오는 비서들에게 류빙이 8월에 보낸 편지를 찾아오도록 했고, 2통의 편지를 읽은 마오는 불만을 터뜨렸다. 류빙의 편지가 '문혁'에 대한 불만을 대표하고 있다는 느낌을 받았기 때문이다. 10월 19일, 마오는 부총리 리셴녠, 중앙판공청 주임 왕둥싱과 류빙이 보낸 편지에 대해 이야기했다. **570**

"현재 한 줄기 바람이 불고 있다. 나는 장칭을 비판했다. 비판받은 장칭은 깨닫지 못하고 있다. 칭화대학 류빙이 츠췬과 셰징이를 고발하는 편지를 보았다. 동기가 불순하다. 츠췬과 셰징이를 타도하려는 생각이다. 그들 편지의 창끝은 나를 겨누고 있다. 츠췬이 반혁명인가? 틀렸다. 비판은 비판이어야 한다. 비평으로 타도하려 한다. 타격을 주는 비평으로 죽이겠다?"

"내가 베이징에 있는데 편지를 왜 직접 나에게 보내지 않고 (덩)샤오핑을 통해서 전달했나. 당신들은 샤오핑에게 주의하라고 말하라. 샤오핑은 류빙을 편들고 있다. 당신들 6명(덩샤오핑, 리셴녠, 왕둥싱, 우더(吳德 오덕), 셰징이, 츠췬)은 먼저 회의를 열어 처리하라."

베이징시 당위원회 책임자는 류빙의 편지에 대한 마오쩌둥의 의견을 칭화대학에 전달했다. 칭화대학은 '교육 혁명'에 관한 대토론회를 벌여 '우경 번안풍右傾翻案風(덩샤오핑이 문혁의 오류를 바로잡아 추진한 명예회복과 복권을 극좌파 4인방은 오른쪽에서 불어오는 바람이라고 비판해 부름)'을 비판하기 시작했다.

11월 2일, 마오는 이 사건과 관련해 마오위안신에게 "두 가지 태도다. 하나는 문혁에 대한 불만이고, 두 번째는 문혁을 청산하려 하는 것이다. 그들(류빙 등) 편지의 창끝은 나를 겨누는 것이다. 칭화대학의 문제는 독립된 것이 아니다. 현재의 두 가지 노선투쟁의 반영이다. 너는 (덩)샤오핑과 왕둥싱, 천시롄을 찾아가 너의 의견을 전부 말해라. 우물쭈물하지 말고 단도직입적으로 말해라. 너는 그(덩샤오핑)를 제고시키는 데 도와주어야 한다"고 말했다. 마오는 덩샤오핑이 1973년에 부활한 이래 이런 용어로 덩샤오핑을 비판한 적이 없었다.

마오가 말한 '두 가지 노선투쟁'은 문화대혁명을 어떻게 평가하느냐 하는 근본적 문제에서 출발하고 있다. 마오는 '문혁'은 자신이 일생 동안 추진한 두 가지 일 중의 하나로 사회주의를 공고히 하기 위해서는 반드시 필요하다는 신앙에 가까운 신념을 갖고 있었다.

마오는 건강이 점점 악화하면서 어떤 사람들이 '문혁'을 뒤집으려 한다는 걱정과 불안을 점점 더 많이 느꼈다. 마오는 덩샤오핑이 1975년 중앙의 일상 업무를 주재하면서 전면적 정돈을 추진한 데 대해 깊은 신뢰와 지지를 보내며 의지했다.

덩샤오핑이 기본적으로 '문혁'을 옹호하면서 당과 국가를 잘 통치해주기를 바라고 있었다. 이 때문에 마오는 장칭 등 '4인방'이 여러 차례 덩샤오핑을 비판해도 견결하게 그를 지지하고 바람막이가 되어왔다. 한데 이제는 덩샤오핑을 믿을 수 없는 단계에까지 이르게 된 것이다.

도화원
사람

마오위안신은 이날(2일) 마오의 지시에 따라 덩샤오핑과 왕둥싱, 천시롄을 찾아가 이야기하다가 덩샤오핑과 의견 충돌을 일으켰다. 덩샤오핑은 "자네(마오위안신)가 중앙이 수정주의 노선을 집행하고 모든 부문에서 주석의 노선을 집행하지 않는다고 말하는 것은 맞지 않는 말이다. 전국의 형세가 좋은 것도 있고 나쁜 것도 있다. 실천이 증명할 것이다"라고 말했다. 덩샤오핑은 그러면서 자신도 자아비판을 하겠다고 덧붙였다.

정치국은 11월 20일 마오쩌둥의 지시에 따라 회의를 열어 '문화대혁명' 평가 문제를 토론하고 '문혁' 평가에 회의적인 태도를 보인 덩샤오핑의 과오를 비판하기로 했다. 하지만 마오는 여전히 덩샤오핑이 마음을 바꾸어 '문혁' 평가에서 자신의 뜻에 따라 인식을 같이하기를 바랐다. 마오는 '문혁'에 대한 총체적인 평가를 '3대7 평가(三七開 삼칠개)', 즉 '70퍼센트는 성과가 있었고, 30퍼센트는 과오가 있었다'는 식으로 '문혁'을 긍정적으로 평가해주기를 원했다. 마오는 덩샤오핑이 이런 기조에 따라 정치국 회의를 주재해 '문혁'에 관한 결의를 해주기를 바랐다. 마오는 장칭 등의 '입'을 틀어막고 자신과 덩샤오핑이 계속 정치적 연대의 틀을 유지하며 국정 운영을 이끌어갈 생각이었다.

그러나 덩샤오핑은 '문화대혁명'에 대한 자신의 원칙적 입장을 고수했다. 덩샤오핑은 "내가 이 결의를 주재하는 것은 적합하지 않다. 나는 도화원桃花源(도연명의 『도화원기』에 나오는 별천지로 세상물정을 모르는 것을 일컬음)의 사람으로서 한漢나라를 모르는데 어찌 위魏나라와 진晉나라를 논할 수 있겠는가(不知有漢, 何論魏晉 부지유한, 하론위진)"라며 완곡하게 마오의 뜻을 거절했다.

덩샤오핑이 저우언라이가 입원한 301병원을 찾아가 마오와 이야기한 내용을 저우에게 보고했다. 저우언라이는 눈을 크게 뜨고 덩샤오핑을 바라보며 "자네는 (그것도) 참지 못한단 말인가?"라며 미간을 찌푸렸다. 저우는 앞으로 닥칠 역풍을 걱정하며 덩샤오핑에게 쓴소리를 했다. 저우와 덩샤오핑의 성격과 인생관에 따른 마오에 대한 대응방식의 차이였다. 정치국 위원이었던 지덩쿠이(紀登奎 기등규)는 이렇게 회상했다. 571

"마오 주석은 본래 문혁을 3년에 끝내려고 했다. 조종하지 못할 줄은 생각지도 못했다. 이미 9년이 되었다. 안정과 단결을 해야 했다. 그러기 위해선 '문혁'에 대해 결론을 내려야지 그렇지 않으면 이룰 수 없었다. 린뱌오 사건 이후에 이미 '문혁'이 이론적으로나 실천적으로 실패했다는 것을 증명했다. 마오 주석의 뇌리에는 의문부호가 찍혔다. (덩)샤오핑이 정치를 이끌면서 '문혁'에 대한 일련의 조처를 시행했다. 류빙의 편지 사건 이후 마오 주석은 덩샤오핑이 '문혁'에 관한 결의를 해주기를 바랐다. 마오 주석은 '3대7 평가'를 말했다. 샤오핑은 나는 도화원에 있는 사람으로 잘 모른다고 완곡하게 거절했다."

덩샤오핑의 막내딸 덩룽(鄧榕 등용)은 자신이 쓴 『나의 아버지 덩샤오핑, 문혁의 세월』에서 이렇게 기술했다.

마오쩌둥이 덩샤오핑으로 하여금 이 결의를 하도록 주관하게 한 것은 첫째 덩샤오핑 같은 (문혁에 부정적 시각을 가진) 사람이 결의하게 함으로써 문혁에 대해 이의를 가진 사람들의 입을 막고, 사람들이 감히 다시는 반대의 논조를 외치지 못하도록 하기 위해서였다. 둘째는 마오쩌둥이 덩샤오핑에게 기회를 주어 그의 관점을 고치기 위한 것이었다. 마오쩌둥은 덩샤오핑에 대해 정말로 '모든 성의를 다했다(仁至義盡 인지의진)'고 말할 수 있다. 마오쩌둥의 마음을 분석해보면 그는 진심으로 덩샤오핑의 재능과 성품을 알아주었고, 또 '문혁'에 대한 덩샤오핑의 태도에 분노하고 원망했다.

그(마오쩌둥)가 덩샤오핑을 다시 이해한 것은 그가 타협해 마오쩌둥의 마지막 바람에 순종하기를 바랐기 때문이다. 마오쩌둥은 정말 너무 늙었고 지쳐 있었다. 이번 '안정 단결'의 정치 구조는 그(마오쩌둥)가 오랫동안 고려하고 선택한 것으로 부득이한 상황이 아닌 한 그는 다시 바꿀 생각이 없었다. 그러나 마오쩌둥의 비애는 덩샤오핑이 자신과 같은 성격을 갖고 있고, 원칙적인 문제에서 절대 양보하지 않는 사람이었다는 것이다. 마오쩌둥의 이런 간절한 기대에도 덩샤오핑은 그의 제의를 받아들이지 않았다. 덩샤오핑은 명확하게 내가 이 결의를 이끌어내는 회의를 주재하는 것은 적당하지 않다고 말했다. 나는 도화원에 있었던 사람으로 한나라를 모르는데 어찌 위나라와 진나라를 논할 수 있겠는가. 덩샤오핑은 명명백백하게 말했다.

그랬다. 덩샤오핑은 9년간의 '문혁' 중에 6년 동안 타도되어 '세상 밖 사람(世外人 세외인)'으로서 '문혁'에 참가하지 않아 이해하지 못한다는 논리를 폈다. 하지만 덩샤오핑이 문혁 중의 과오를 자아비판해 부활한 만큼 이런 논리는 설득력이 떨어진다. 덩룽이 기술한 것처럼 덩샤오핑이 '문혁'을 긍정하는 결의를 이끌어내는 회의를 주재하는 것은 원칙을 지키려는 자신의 양심에 어긋나는 일로 원치 않았다는 것이 한결 설득력을 갖는다. 마오라는 '사람'은 유한하지만 '역사'는 무한한 만큼 정치인으로서 역사에 기록될 정치적 신념과 소신을 지키겠다는 뜻을 담고 있었다. 인내심 있게 덩샤오핑을 회유하려던 마오는 절대적 카리스마에 큰 상처를 입었다. '문혁'에 대한 긍정이냐, 부정이냐를 놓고 벌어진 마오와 덩샤오핑의 정치적 갈등은 두 사람의 살아생전에 마지막 충돌이었다. 덩샤오핑에 대한 마오의 지원과 믿음은 이제 분노와 증오로 줄달음질 쳤다.

11월 26일, 중앙은 덩샤오핑의 자아비판과 문혁에 부정적인 원로들에 대한 '주의' 등을 뼈대로 한 '담화요점(講話要点 강화요점)'을 전국 성, 시, 자치구, 각 대군구, 군사위원회 총부 등에 발송해 토론하도록 했다. 이 문건 토론을 신호탄으로 서리 맞은 풀잎처럼 축 처져 있던 장칭 등 4인방들은 미친 듯이 환호하며 '우경 번안풍右傾飜案風'에 대한 반격의 포문을 열었다. '우경 번안풍' 반격운동은 곧바로 전국에 들불처럼 번져갔다.

12월 8일, 덩샤오핑은 병상에 누워 있는 저우언라이를 찾아갔다. 저우는 '우경 번안풍' 반격운동에 분개하며 나라의 앞날을 걱정했다. 저우는 덩샤오핑에게 정치적 태도를 물었고, 덩샤오핑은 "영원히 변하지 않을 겁니다!"라는 자신의 굳건한 신념을 밝혔다. [572]

마지막이 된 이들의 대화에서 저우언라이는 "나는 안심했다!"며 덩샤오핑에 대한 무한한 신뢰를 보냈다. 덩샤오핑은 저우언라이를 '형님'으로 모시며 평생 공경하고 존경했다. 덩샤오핑이 9개월 동안 정력적으로 추진했던 '정돈整頓'이란 이름의 개혁은 전면 중단되었다. '정돈'의 주역 덩샤오핑은 12월 20일에 정치국 회의에서 자아비판을 한 데 이어, 1976년 1월 3일에는 서면으로 자아비판의 글을 마오에게 보내야 했다. 덩샤오핑은 두 차례에 걸쳐 자아비판을 하며 마오를 면담해 진술할 기회를 요청했으나 만나주지 않았다. 마오는 외교부문 이외에 덩샤오핑의 모든 국가행정 업무를 정지시켰다. 덩샤오핑은 실각의 위기에 처하게 되었다.

'사랑하는 총리' 저우
잠들다

1976년 1월 8일 오전 9시 57분, 마오와 함께 중국혁명을 이끌어온 저우언라이가 '너 죽고, 나 살기'의 피비린내 나는 권력투쟁이 또다시 몰아치고 있는 소용돌이 속에서 78세를 일기로 세상을 떠났다. 저우언라이는 1974년 6월 1일 입원한 이래 13차례의 크고 작은 수술을 받았다.

저우는 중병을 앓으면서도 문건을 비준하고 처리하는 것 이외에 중앙 책임자들과 161차례나 이야기를 나누었으며, 63차례에 걸쳐 외빈을 만났다. 저우는 죽음을 앞두고도 헌신적으로 국가와 인민을 위해 봉사하는 자세를 보여 인민들의 존경과 사랑을 한몸에 받았다.

덩샤오핑은 이탈리아의 저명한 저널리스트 오리아나 팔라치와의 인터뷰에서 "저우 총리의 일생은 근면하고 성실했으며, 노고를 마다하지 않고 원망을 두려워하지 않으며 일한 분이다. 그(저우)는 하루에 12시간 이상 일했으며 어떤 때는 16시간을 넘기기도 했다. 일생이 그러했다. 나는 아주 일찍 프랑스에서 '근공검학勤工儉學(노동하며 공부하는 유학생)'할 때 총리를 알게 되었다. 나에게 그는 시종 형님이었다. 우리는 거의 동시에 혁명의 길로 들어섰다. 그는 동지들과 인민이 대단히 존경하는 분이다"라고 저우언라이를 높이 평가했다. [573]

신중국 건국 후에 죽을 때까지 26년 동안 총리를 한 저우언라이는 자신의 후계자뿐만 아니라 마오 사후 후계자로 꼽히는 덩샤오핑의 재능과 인품을 무척 아끼고 좋아했다. 저우는 건국 초기에 부총리 보이보(博一波 박일파)와 한담하면서 덩샤오핑에 대한 공작을 평가한 적이 있었다. 저우는 덩샤오핑의 일하는 스타일이 대담하고 과감해서 큰일을 간단하게 처리하는 '거중약경擧重若輕'의 능력이 뛰어나다고 칭찬한 바 있었다. 저우언라이의 사망으로 덩샤오핑에 대한 비판회의는 잠시 유보되었다. 저우언라이의 죽음은 다음 날인 9일 새벽에 신화사 통신이 마오쩌둥을 우두머리로 하는 107명의 장례위원회 명단을 발표하면서 국내외에 알려졌다.

외국 기자들은 저우언라이의 죽음이 알려진 뒤 "거리를 지나는 사람들 모두 침통한 표정"을 지었으며, "열차에 탄 군인들은 가슴을 치며 통곡했다", "기관, 아파트, 학교 안에 있던 사람들은 묵묵히 눈물을 흘렸다", "도처에서 사람들이 흐느껴 울었다" 등의 스케치 기사를 타전했다. 마오는 저우의 부음 소식을 듣고 양미간을 찌푸리다가 천천히 눈을 감았다. 감았던 눈에서 눈물이 흘렀고, 마오는 한마디의 말도 하지 않았다.

마오의 여비서 장위펑은 장례식 때 마오에게 "총리의 추도식에 참석하시겠느냐"고 물었다. 중병으로 병상에 누워 있던 마오는 "나도 가야 하는데 움직일 수가 없다"며 끝내 참석하지 못한 채 '하늘이 맺어준 동반자'인 옛 전우 저우언라이를 그렇게 보냈다. 90세로 건강이 좋지 않았던 주더(朱德 주덕)는 저우언라이가 유언에서 자신을 화장해 조국의 산하에 뿌려달라고 했다는 공작원의 보고를 들은 뒤 이렇게 말했다. 574

"죽은 뒤에 화장하는 것은 하나의 혁명이다. 총리는 당과 국가, 인민을 위해 온 힘을 다했다. (화장으로) 죽을 때까지 (혁명을) 다하는 것은 정말로 철두철미한 혁명가다."

주더는 1월 11일 오전에 불편한 몸을 이끌고 베이징 병원에 마련된 빈소를 찾아가 영전에 눈물을 흘리며 오열하는 낮은 목소리로 "언라이! 언라이!" 하며 저우의 이름을 불렀다. 노원수 주더는 천천히 떨리는 오른손을 얼굴 가까이에 들어

올려 이제는 보려야 볼 수 없는 혁명의 맹우 저우에게 정중하고 엄숙하게 경례를 했다.

1월 11일, 저우언라이의 주검은 베이징 근교 바바오산 혁명열사 묏자리 화장장에서 한 줌의 재가 되었다. 매서운 추위가 기승을 부리는 가운데서도 전국 각지에서 몰려온 100만 명에 이르는 인민들이 톈안먼 동서를 가로지르는 창안제 양쪽 길가에서 '사랑하는 총리' 저우언라이 영정을 실은 영구차를 눈물로 배웅했다.

마오는 14일 오후, 다음 날 열릴 저우의 장례식에서 중앙을 대표해 추도사를 할 덩샤오핑의 추도 원고를 비서가 읽어주자 감정을 추스르지 못하고 목메어 통곡했다. 3천 자에 이르는 추도사는 저우언라이의 수십 년 동안의 혁명 생애를 자세하게 회고하고 그의 역사적 공헌을 높이 평가했다.

저우언라이 서거 이후 국내외의 최대 관심은 누가 저우의 뒤를 이어 총리가 되느냐에 쏠려 있었다. 본래는 국무원 제1부총리 덩샤오핑이 이어받도록 되어 있으나 '우경 번안풍' 반격운동이 2개월째 계속되어 부정적 시각이 지배적이었다. 장칭 등 4인방은 국무원 부총리 서열 2위인 장춘차오의 총리 승계를 따놓은 당상으로 여겼다. 중앙은 2월 2일, 1976년 '제1호 문건'인 '통지'를 발표했다. [575]

1. 중앙정치국은 마오 주석의 제의에 따라 화궈펑을 국무원 총리대행으로 임명하는 것을 일치해 통과시켰다.
2. 중앙정치국은 마오 주석의 제의에 따라 예젠잉이 병이 난 기간 동안 천시롄이 중앙군사위원회 공작을 책임지도록 일치해 통과시켰다.

혜성처럼 등장한
화궈펑

마오의 이런 인사 조처는 '문혁'에 대한 어떤 도전도 용납하지 않겠다는 강고한 뜻을 내포하고 있었다. 자신이 제의한 '문혁 평가', 즉 '70퍼센트 공적, 30퍼센트 과오'를 거절한 덩샤오핑뿐만 아니라 문혁에 부정적 견해를 갖고 있는 예젠잉도 '병이 났다'는 구실을 붙여 군사 주재 공작에서 손을 떼도록 한 것이다. 마오는 그러면서도 당정군의 '대권'을 문혁을 추진하고 옹호하는 장칭 등 4인방에게 넘기지 않았다. 4인방은 큰 실망을 하며 불만을 터뜨렸다. 자신이 총리가 될 줄 알았던 장춘차오는 머리 꼭대기까지 화가 치밀어 노트에 '유감'이란 제목 아래 이렇게 소회를 적었다.

또 하나의 제1호 문건이다. 지난해 제1호 문건을 발표했다. 그 뜻을 이루어 더욱 미쳐 날뛰었다. 오는 것이 빨랐고, 오는 것이 흉맹스럽고, 무너진 것 역시 빨랐다. 인민이 결정적 요소다. 인민의 이익을 대표하고 대다수의 이익을 위해 어떤 상황에서도 인민 군중의 편에 서고 선진분자의 편에 서면 승리한다. 그렇지 않으면 반드시 실패한다.

여기서 장춘차오가 '오는 것이 빨랐고, 무너진 것도 빨랐다'는 것은 덩샤오핑을 가리킨 것이지만 장춘차오는 그와 함께 화궈펑이 '오기도 빨랐고, 무너지기도 빠르다'고 저주한 것이다. 장춘차오는 인민이 결정적 요소라고 하면서 인민의 이익과 편에 설 것을 다짐했지만, 그것은 사이비 정치꾼들이 항용 하는 소리로 실제적으로는 인민을 팔아 '4인방'의 권력탈취를 정당화하려는 하나마나한 소리였다. 마오에 대해 불만을 품은 4인방은 덩샤오핑과 예젠잉이 힘을 쓰지 못하게 되어 그나마 다행으로 여기면서 이런 계기를 이용해 이들을 '확인사살'하고 화궈펑을 타도하기 위해 새롭게 전열을 정비했다.

화궈펑은 당시 55세로 1921년 산시성(山西省 산서성) 자오청(交城 교성)현 출신으로 1938년에 공산당에 가입했다. 신중국 건국 후 대부분 후난에서 공작하면서 마오의 고향인 샹탄현 위원회 서기, 지방위원회 서기 등을 거쳐 성위원회 서기가 되었다. 마오가 50~60년대 후난에 자주 현지 시찰을 내려갔을 때 공작 보고와 수행 등으로 지우를 얻었다. 마오는 화궈펑에 대해 '충실하고 성실하다'는 좋은 인상을 가졌다.

문혁 때 후난성 혁명위원회 부주임이었던 화궈펑은 마오의 배려로 1969년 제9차 전국대표대회 때 처음으로 중앙위원에 진입했다. 화궈펑은 그 후에 후난성 혁명위원회 주임, 후난성 제1서기, 인민해방군 광저우군구 정치위원 겸 후난성군구 제1정치위원을 역임해 후난성 당정군의 주요 지도자로 명실상부한 후난의 '제1인자'가 되었다.

화궈펑이 후난 이외의 중국인과 외국인들에게 처음으로 이름이 알려진 것은 마오가 1970년 12월 18일에 미국의 저명한 기자 스노와 인터뷰할 때였다. 마오는 고향 이야기를 하다가 "후난성에 몇 명의 인물이 나왔다. 첫 번째로 후난성 제1서기 화궈펑은 '노인老人(후난성위원회의 책임자 중 한 사람이란 뜻)'으로 성실한 사람"이라고 말했다. 인터뷰에서는 중미 관계와 닉슨 방중 등 극히 민감한 문제 등이 거론되었다. **576**

스노가 이런 인터뷰 내용을 정리해 미국『라이프』지에 실어 전 세계의 비상한 관심을 끌었을 때 화궈펑의 이름도 자연스럽게 알려지게 된 것이다. 나중에 '비림정풍'운동이 거세게 불 때 마오와 스노의 인터뷰 내용을 묶은 '마오 주석이 미국 우호 인사 스노와 회견한 담화 기요'를 당내외 군중들에게 배포해 중국인들도 화궈펑의 이름을 알게 되었다. 린뱌오가 달아나다가 추락사한 '9·13사건' 이후에 화궈펑은 마오의 제의에 따라 처음으로 중앙의 공작에 참여해 잇따라 국무원 업무조 부조장과 조장을 맡았다.

화궈펑은 1973년 5월에 왕훙원, 우더와 함께 정치국 회의에 옵저버 자격으로 참여해 정치국의 공작에 참가하게 되었다. 화궈펑은 제10차 전국대표대회 때 정치국 위원에 당선되었고, 1975년 1월에 개최된 제4기 전국인민대표대회에서 국무원 부총리 겸 공안부장으로 임명된 바 있었다. 마오를 충실하게 추종하는 화궈펑은 중앙에 정치적 기반이 없어 4인방과 혁명원로 집단 사이에서 중간자적 입장을 고수했다.

텐안먼 광장
피로 물들다

4인방은 장악하고 있는 언론을 활용해 저우언라이의 서거를 애도하는 인민들에게 찬물을 끼얹는 사설들을 실어 그를 평가절하하고 덩샤오핑을 비판했다. 4인방의 사주를 받은 전문 집필진은 1976년 2월 13일자 『광밍르바오(光明日報 광명일보)』에 '공자의 걱정'이란 제목의 사설을 실어 "구제도의 '곡을 하는 부인'은 공자의 해골을 끌어안고 근심 걱정으로 애가 타 땅을 치며 대성통곡한다"고 악랄한 용어를 구사하며 저우를 공격하고, 그의 죽음을 슬퍼해 애도하는 인민들을 '곡을 하는 부인'으로 묘사해 멸시하며 빈정댔다. 4인방에 대한 인민들의 분노는 분출구를 찾아 부글부글 끓어올랐다. 중앙은 3월 3일에 '우경 번안풍을 반격하고 덩샤오핑을 비판하라는' 내용을 뼈대로 한 '마오 주석의 중요 지시'를 배포했다. 주요 내용은 이렇다. [577]

사회주의 시기의 계급투쟁에 관하여. 사회주의 사회는 계급투쟁이 있는가? '3항 지시의 벼리(綱 강)'는 무엇인가. 안정과 단결은 계급투쟁을 하지 말라는 것이 아니다. 계급투쟁이 벼리고, 그 나머지는 모두 세목細目이다. 1949년(신중국 건국 후)에 제기한 국내 주요 모순은 무산계급의 자산계급에 대한 모순이다. 13년 후에 다시 제기한 계급투쟁 문제는 형세가 호전되기 시작했다. 문화대혁명은 무엇을 한 것인가? 계급투쟁이다.

어째서 일부 사람들은 사회주의 사회의 모순 문제를 분명히 보지 못하는가? 문제는 자신이 속한 소자산계급의 사상이 우경화가 용이하다는 것이다. 자신이 자산계급을 대표하면서 오히려 계급 모순을 분명히 알 수 없다고 말한다. 일부 동지, 즉 주요한 것은 노동자들의 사상이 아직도 자산계급 민주혁명 단계에 머무르고 있으며, 사회주의 혁명을 이해하지 못하고, 위화감을 느끼고, 심지어는 반대한다. 사회주의 혁명을 하면서 자산계급이 어디에 있는지 모른다. 공산당 내에 자본주의 길을 걷는 당권파(주자파)들이 있다. 주자파들은 여전히 (자본주의의 길을) 걷는다. 100년 후에 혁명이 필요한가, 아닌가? 1천 년 후에 혁명이 필요한가, 아닌가? 항상 혁명을 해야 한다.

문화대혁명 평가에 관하여. 문화대혁명에 대한 견해는 기본적으로 정확하지만 다소 부족하다. 현재 연구할 것은 다소 부족한 방면이다. 3대7 평가로 70퍼센트는 업적이고 30퍼센트는 과오라는 견해가 일치할 필요는 없다. 문화대혁명은 두 가지 과오를 범했다. 첫째는 모두를 타도한 것이고, 둘째는 전면 내전이다. 모두를 타도한 그중의 일부분, 류사오치와 린뱌오 집단의 타도는 옳았다. 일부는 잘못 타도되었다. 예를 들면 많은 노老동지들이다. 이들 또한 과오가 있어 비판할 수 있다.

전면 내전은 총을 빼앗아 싸움을 한 것으로 하나의 단련이다. 단, 사람을 죽게 하거나 부상자를 구조하지 않은 것은 좋지 않았다. 덩샤오핑, 이 사람은 계급투쟁을 틀어쥐지 않았고, 예부터 이것을 벼리로 삼지 않았다. '흰 고양이, 검은 고양이(白猫黑猫 백묘흑묘)'하며 제국주의든 마르크스주의든 구분하지 않는다. 그(덩샤오핑)는 아직 인민 내부 문제로 그를 도와주어야 한다. 그의 잘못을 비판하는 것이 도와주는 것이다. 비판받아야 하는 것은 비판해야 하지만 몽둥이로 죽여버려서는 안 된다. 서로 돕고 과오를 고쳐 잘 단결하고 일을 잘해야 한다.

마오쩌둥의 이 '지시'의 가장 주요한 목적은 생명이 꺼져가는 마지막 순간에도 자신이 직접 발동한 '문혁'을 후인들이 뒤집지 못하도록 결론을 내린 것이다. 마오는 '문혁'을 지키기 위해 '우경 번안풍을 반격'하고 '덩샤오핑을 비판하라'고 직접 지령을 내렸다. 총리 대리 화궈펑은 전국의 성, 시, 자치구와 대군구의 책임자들에게 '우경 번안풍 반격투쟁'을 전개할 것을 지시했다.

장칭 등 4인방은 물 만난 고기처럼 덩샤오핑에 대한 공격을 더욱 강도 높게 퍼부으며 화력을 집중했다. 장춘차오는 여러 차례에 걸쳐 덩샤오핑이 '자산계급을 농단하고', '매판 자산계급', '대내적으로는 수정주의를 하고 대외적으론 투항주의를 한다'고 맹공을 펼쳤다.

장칭은 3월 2일에 제멋대로 12개성 자치구 지도간부 회의를 소집해 악랄하고 허무맹랑한 소리를 거침없이 내뱉으며 덩샤오핑을 공격했다. 장칭은 당나라 때 철권통치로 독재정치를 한 측천무후則天武后(중국 유일의 여황제로 당 고종의 부인)와 여후呂后(한나라를 건국한 유방의 부인으로 유방 사후 전제정치를 함)를 치켜세우며 찬당탈권簒黨奪權을 위한 여론을 조성했다.

장칭은 "덩샤오핑은 헛소문을 만드는 회사의 사장으로 그가 퍼뜨린 소문이 대단히 많다. 그는 반혁명의 늙은 우두머리이자 대역적으로 매판과 자산계급을 대표하는 중국의 국제 자본가의 대리인이다. 우리는 공동으로 대적하고 타도해야 한다"고 선동했다. 장칭은 측천무후와 여후를 끌어들여 교묘하고 은근하게 자신을 높이며 '홍도여황紅都女皇'의 야욕을 드러냈다.[578]

"어떤 사람은 나를 측천무후라고 유언비어를 퍼뜨리고 있습니다. 나는 계급문제에서는 그녀(측천무후)보다 선진적입니다. 단, (그가) 재간이 높기 때문에 내가 그녀에 미치지 못합니다. 어떤 사람이 린뱌오에게 편지를 써 내가 측천무후라고 했다고 합니다. 어떤 사람은 또 (내가) 여후呂后라고 말합니다. 나도 대단히 영광스럽습니다. 여후는 황제의 모자를 쓰지 않았지만 실제로 정권을 자신의 손으로 장악해 법가 노선의 (정책을) 집행했습니다."

"측천무후는 일개 여자지만 봉건사회에서 황제였습니다, 동지들. 간단한 일이 아닙니다, 간단한 일이. 그녀의 남편도 대단했습니다만 병에 걸려 그녀가 남편의 국가 경영을 도와주면서 능력을 단련했습니다. 그녀가 간단합니까? 그러나 공자를 추종하는 무리들이 이런 사람을 공격했습니다. 사실 춘추전국시대 때도 대단했던 여인이 있었어요, 자오(趙 조)태후라고. 동지들도 내가 말한 이런 역사를 알아야 합니다. 그들(덩샤오핑 등 원로 지도자들)은 저속한 말로 측천무후를 비방하고 여후를 비방하고, 나를 비방하고 있습니다."

마오는 3월 10일에 장칭의 이런 방자한 강연 내용을 보고받은 뒤 분노를 터뜨리며 "장칭의 간섭이 너무 많다. 12개성(책임자)을 소집해 강연회를 열었다"고 크게 질책했다. 하지만 장칭은 마오의 비판을 아랑곳하지 않고 제멋대로 행동하며 덩샤오핑과 원로간부들을 계속 공격했다. 장칭 등 4인방이 안하무인으로 죽은 저우와 덩샤오핑 등 원로간부들을 마구잡이로 비방하고 공격한 것은 되레 인민들의 큰 분노를 샀다.

덩샤오핑이 추진했던 개혁이 중단되면서 국민경제가 다시 곤두박질치고, 축출되었던 장칭 등 4인방을 추종하는 조반파들이 복귀해 무장투쟁을 벌여 시들시들하던 '문혁'을 되살려 전국이 다시 한 치 앞을 내다볼 수 없는 대동란의 혼란 속으로 빠져들었다. 마침내 거대한 인민의 바다가 출렁거리며 민심이 폭발하기 시작했다.

3월 19일, 베이징시 차오양(朝陽 조양)구 니우팡(牛坊 우방)소학교의 어린 학생들이 톈안먼 광장의 인민영웅기념비 앞에 '경애하는 총리' 저우언라이를 추모하는 추도 화환을 바쳤다. 이 어린이들의 헌화를 신호탄으로 다가오는 4월 4일의 청명절 인민 대투쟁이 예비되고 있었다.

난징의 학생과 시민들이 3월 24일에 위화타이(雨花臺 우화대)에서 저우언라이 추도 기념식을 열고 4인방을 반대하는 시위를 거리 곳곳에서 벌였다. 28일에는 난징대학 학생들이 저우언라이의 대형 영정을 들고 4인방에 반대하는 대규모 집회와 시위를 벌인 데 이어 29일에는 난징시 곳곳에 '저우언라이를 보위하자', '타도 장춘차오' 등의 표어가 나붙었다. 장칭 등 4인방은 크게 놀라 대책 마련에 머리를 쥐어짰다.

3월 30일, 왕훙원은『런민르바오』책임자에게 "난징 사건의 성질은 중앙에 대항하는 것이다. 그 대자보를 붙인 것은 반혁명 부활을 위하여 여론을 조작한 것"이라고 말했다. 중앙은 4월 1일 전국 각지에 전화로 '통지'를 보내 "난징 사건은 마오 주석을 우두머리로 하는 중앙을 분열하고, 덩샤오핑을 비판하는 큰 방향을 바꾸려는 정치 사건"이라고 규정하고, 난징시위원회에 '배후 조종자'와 '유언비어 날조자'를 추적 조사할 것을 지시했다. **579**

베이징시 총공회總工會(노동조합 총연합회)의 노동자 이론조 29명은 3월 30일에 혁명 투쟁을 하다가 희생된 사람들을 위해 세운 톈안먼 광장의 인민영웅기념비 남쪽에 저우언라이를 추모하고 4인방을 비판하는 애도사를 붙였다. 이를 시작으로 저우를 추도하는 헤아릴 수 없는 화환, 화판, 꽃바구니, 꽃다발, 애도사, 대자보, 시 등이 기념비 주위에 빼곡하게 들어차기 시작했다.

며칠 앞으로 다가온 청명절은 중국의 전통적인 절기로 선조의 묏자리를 정돈하고 돌아간 사람들을 추모하는 날이다. 이날을 전후해 인민 군중들이 저우언라이를 추모하고 공개적으로 4인방을 비판하는 움직임이 난징에 이어 톈진, 우한, 시안, 타이위안(太原 태원), 칭다오, 정저우(鄭州 정주), 푸저우(福州 복주), 충칭, 쿤밍, 구이양(貴陽 귀양), 창사 등지로 급속히 확산되고 있었다.

중공중앙 부주석, 중앙군사위원회 부주석 겸 국방부장 예젠잉은 4월 1일에 판공실 공작원이 톈안먼 광장에서 베껴온 시 한 수를 되풀이해 읊조리며 "좋은 시다, 좋은 시다"라며 칭찬을 아끼지 않았다. 군사위원회의 일상 업무 주재에서 배제되었지만 시국을 예의 주시하고 있던 예젠잉이 감개하며 되뇌었던 오언시는 이러했다. **580**

슬픈 마음 귀신이 들으라고 외치고 싶구나, 나는 통곡하고 승냥이와 이리는 웃고 있다. 눈물 흘려 영웅을 제사 지내고, 떨치고 일어나 칼집에서 검을 빼들자.
欲悲聞鬼叫, 我哭豺狼笑. 洒淚祭雄杰, 揚眉劍出鞘.
욕비문귀규, 아곡시랑소. 쇄루제웅걸, 양미검출초.

저우언라이를 추모하고 4인방을 비판하는 군중들의 물결이 톈안먼 광장과 인민영웅기념비 앞을 뒤덮어 이 일대는 해방구로 변해버렸다. 4월 2일, 혼비백산한 4인방은 화귀펑을 압박해 톈안먼 광장 동남쪽에 있는 3층 건물에 베이징시 공안국 공안경찰, 수도 노동자 민병, 베이징 위수구 부대 등 3천 명으로 '연합 지휘부'를 구성해 만일의 사태에 대비했다.

4월 3일 새벽 4시 40분, 왕훙원은 사복경찰의 호위를 받으며 몰래 어둠이 채 가시지 않은 톈안먼 광장을 둘러보았다. 왕훙원은 손전등을 비추면서 인민영웅기념비 주위의 추도 화환과 애도시, 대자보 등을 살펴보다가 4인방을 비판하는 글귀 등에 화가 나서 허둥대며 공안부 심복들에게 전화를 걸었다. 왕훙원은 다짜고짜 "너희들 아직도 자고 있나? 그런 반동적인 시와 글들을 사진으로 찍어놨나? 안 찍어놨으면 어떻게 하나? 말짱 도루묵이다. 그렇지 않으면 어디에 가서 이들을 찾을 것인가? 너희들이 사람을 보내 사진을 찍어놔야 나중에 증거 인멸을 막을 수 있다"고 고래고래 소리를 질렀다. [581]

왕훙원의 호령 한마디에 공안부는 곧바로 사복경찰을 파견해 증거물로 애도시와 대자보 등의 사진을 찍은 뒤에 화환을 철거하고 시와 대자보를 찢어버렸다. 그날 저녁, 공안경찰에 항의하던 시민 26명이 잡혀가면서 톈안먼 광장의 처참한 유혈 진압은 그 서막이 열렸다.

청명절인 4월 4일은 공교롭게도 일요일이었다. 춘래불사춘의 쌀쌀한 날씨였지만 오전 8시께 베이징 수광(曙光 서광)전기창의 노동자 3천여 명과 베이징 칭원(靑雲 청운)측정기구(儀器 의기)공장 노동자 1천여 명이 각각 질서정연하게 대오를 형성해 '사랑하는 저우언라이 총리를 중심으로 추도한다'는 대형 플래카드를 높이 들고 정성스럽게 제작한 화환을 앞세우며 톈안먼 광장에 도착했다.

끊임없이 이어지는 군중들의 행렬이 사면팔방에서 톈안먼 광장으로 몰려들었다. 이어 1천4백여 개 사업장의 노동자들이 인민영웅기념비 주위에 2,073개의 화환과 화판을 바쳐 저우언라이를 추도했다. 오전 10시께 청년 노동자 한 사람이 기념비 앞에 펼쳐놓은 흰 비단에 '경애하는 저우 총리, 우리는 피와 목숨을 바쳐 당신을 보위할 것을 맹세합니다'라는 혈서를 썼다.

이날 하루 동안 200만여 명의 군중들이 몰려든 톈안먼 광장은 인산인해를 이루었다. 이들 군중은 저우를 추모하기 위해 순결을 상징하는 백합 등 흰 꽃과 화환, 화판, 꽃바구니, 애도시, 대자보, 표어 등을 기념비 주위에 바쳤다. 말 그대로 '꽃산과 시의 바다(花山詩海 화산시해)'를 이루었다.

예젠잉은 며칠 전부터 톈안먼 광장에 나가 현장을 직접 살펴보려고 했으나 판공실 공작원들이 4인방에 빌미를 줄 수 있다며 극구 말리는 바람에 가지 못했다. 예젠잉은 청명절인 이날에 더 이상 참지 못하고 승용차를 타고 톈안먼 광장으로 나가 천천히 주위를 돌아보며 인민 군중들이 진심으로 저우 총리를 추모하는 모습과 '화산시해'를 이룬 장엄한 광경을 목도하고 깊은 감동을 받았다.

예젠잉은 "덩샤오핑의 정돈을 옹호한다"는 인민 군중들의 함성과 "4인방 반대"라는 성난 외침을 듣고 전율했다. 이때 예젠잉이 '4인방' 분쇄를 결심했는지도 모를 일이었다. 인민들이 톈안먼 광장에 스스로 찾아와 저우를 추모하면서 덩샤오핑을 옹호하고, 4인방을 반대하는 외침은 거대한 '민심의 바다'를 이루어 노호하고 있었다.

이날 밤 화궈펑은 정치국 긴급회의를 소집했다. 4인방이 주도한 회의는 "톈안먼 사건의 성질은 분명하다. 바로 반혁명을 하려는 사건이다. 군중을 선동한 반혁명은 주석을 반대하고, 중앙을 반대하고 교란, 파괴 투쟁의 대방향이다"라고 결론을 내렸다. 베이징시 혁명위원회 주임 겸 시장이자 정치국 위원 우더(吳德 오덕)는 "이것은 계획적인 행동이다. 덩샤오핑은 1974년부터 1975년까지 대량의 여론을 준비했다. 이 사건은 덩샤오핑이 오랜 기간 준비해 조성한 것"이라고 설명했다. 장칭 등 4인방은 "인민영웅기념비에 헌화한 화환을 모두 수거하고 반혁명 관련자들을 체포해야 한다"고 날뛰었다.

마오위안신은 마오에게 회의 내용과 관련해 "정치국은 베이징의 상황이 (인민들) 대다수는 총리를 추모했는데 소수가 에둘러 중앙을 공격한 대단히 악독한 행위라고 분석했습니다. 정치국은 반혁명의 반격이고 계획적이고 조직적인 활동으로 보고 있습니다"라고 보고했다. **582**

4월 5일 오전 1시, 공안경찰 등이 화환과 대자보 등의 철거 작전에 나서 200여 대의 트럭을 동원해 2천여 개의 화환과 화판, 꽃다발을 실어갔고 화환 등을 지키고 있던 57명을 체포해 조사하고 7명을 구속했다. 날이 밝자 군중들이 톈안먼 광장으로 구름처럼 몰려들기 시작했다. 이들 군중은 화환이 철거되고 군중들이 체포된 사실을 알고 크게 분노했다. 성난 군중은 민병과 공안경찰 등이 설치한 봉쇄선을 뚫고 들어가 인민영웅기념비 앞에 다시 헌화하는 과정에서 이들과 충돌했다. 군중들은 "화환을 돌려달라", "전우를 돌려달라"며 인근의 '연합 지휘부'로 몰려갔다. 흥분한 시위 군중은 지휘부 건물에 방화하는 등 더욱 격렬하게 항의했다.

이날 밤 6시 30분께 톈안먼 광장에 나타난 우더는 확성기를 들고 "톈안먼 사건은 반혁명 사건"이라고 선언하고 군중들이 광장에서 즉시 떠날 것을 요구했다. 밤 9시 30분께 1만여 명의 민병과 3천여 명의 경찰, 베이징 위수구 부대 5개 중대 병력이 곤봉을 들고 출동해 톈안먼 광장을 봉쇄했다.

이들은 광장에 남아 있던 군중들을 무자비하게 진압했다. 곤봉이 어지럽게 난무하는 동안 사람들이 하나둘씩 피를 흘리며 쓰러졌다. 수많은 군중이 마구 구타당해 광장은 선혈이 낭자했다. 이것이 국내외에 충격을 준 1976년의 '톈안먼 사태'였다. 4월 6일 새벽에 정치국은 회의를 열어 군중들의 행동을 "반혁명의 폭란"이라 규정하고 무력 진압을 정당화했다. 이날 마오를 찾아온 장칭은 '톈안먼 사태'의 경과를 보고했다. 마오의 여비서 장위펑은 이렇게 술회했다.

"그녀(장칭)가 주석의 침대 앞에서 주석에게 말했다. '내가 이곳에 오기 전에 특별히 톈안먼 광장을 한 바퀴 둘러보았습니다. 길에는 초연硝煙이 가득하고 집이 불타고 차가 불탔습니다. 이것은 죽은 자가 산 자를 억압하는 것입니다. 덩샤오핑은 그들의 총 배후 인물입니다. 저는 고발합니다. 저는 덩샤오핑의 당적을 박탈할 것을 건의합니다.' 주석은 장칭을 쳐다보았으나 아무 말도 하지 않았다."

근년 들어 마오는 장칭의 면담을 계속 거절해 이날의 만남은 극히 이례적이었다. 마오도 상당한 충격을 받았다. 마오는 '덩샤오핑 비판, 우경 번안풍에 대한 반격'이 전국에서, 특히 수도 베이징에서 저항받을 줄은 생각지도 않았기 때문이다. 이런 사실을 용인할 수 없었던 마오에게 '톈안먼 사태'는 더욱 격렬한 '계급투쟁'의 확신을 심어주었다. 4월 7일 오전, 마오는 마오위안신으로부터 야오원위안(姚文元 요문원)이 정리한 톈안먼 사태에 대한 보고를 들은 뒤에 결단을 내렸다. 정치국에 두 가지 결의 사항을 제의했다. **583**

1. 화귀펑을 당중앙 제1부주석과 국무원 총리에 임명한다.
2. 덩샤오핑의 당내외 모든 직무를 철회한다. 당적은 남겨두고 태도를 지켜본다.

마오는 이 두 가지 사항과 톈안먼 사태를 공개적으로 발표할 것을 지시했다. 마오는 톈안먼 사태를 첫째, 수도에서 둘째, 톈안먼에서 셋째, 방화와 폭력이 있었다. 이 세 가지로 (저우언라이 추모) 성격이 바뀌었다. 이에 의거해 (덩샤오핑을) 쫓아내라고 마오위안신에게 지시했다.

이 두 가지 결의안 발표는 마오쩌둥이 화귀펑을 마지막으로 선정한 후계자임을 명확하게 뒷받침해주었다. 마오는 83세로 파킨슨병에 시달려 살날이 얼마 남아 있지 않았다는 것을 예감해 뒷일 처리가 급한 처지였다. 네 번째로 선정했던 예비 후계자 덩샤오핑에 대한 미련을 떨쳐버린 것이다.

마오는 지난 2월, 화귀펑을 총리대행으로 임명하면서 중앙의 지위를 높여주지 않고 정치국 위원 신분으로 국무원 총리를 대리토록 했다. 이것은 마오가 일정한 시간 화귀펑을 관찰하고 고찰하면서 경험을 쌓도록 한 뒤 최후에 결심하겠다는 뜻을 내포했다. 뿐만 아니라 덩샤오핑에 대한 마지막 기대도 품고 있었기 때문이다.

마오는 화귀펑을 다섯 번째 후계자로 선정하는 결단을 내리면서도 덩샤오핑의 당적을 보류시켜 여지를 남겨두었다. 또 판공청 주임 왕둥싱에게 덩샤오핑의 신변 안전을 위해 보호 조처를 지시하는 등 복잡한 심리적 상태를 보였다.

덩샤오핑은 부인 줘린(卓琳 탁림)과 함께 가족과 떨어져 정부가 관리하는 둥자오민샹(東交民巷 동교민항)에서 보호 조처를 겸한 사실상 연금 상태에 들어갔다. 정국이 얼어붙자 예젠잉은 칭병하고 군부가 관리하고 있는 시산(西山 서산) 15호 거주지로 들어갔다.

중앙의 '2개의 결의'와 '톈안먼 광장의 반혁명 정치사건'이 텔레비전과 라디오, 신문에 연일 보도되면서 덩샤오핑에 대한 비판 공세의 수위가 한층 높아져 전국적으로 '덩샤오핑 비판'과 '우경 번안풍에 대한 반격'의 광풍이 휘몰아쳐 사회 모든 영역을 강타했다. 중국 천지가 4인방의 세계로 바뀌면서 민심은 더욱 흉흉해져갔다. 권력구도도 크게 재편되고 있었다. 화귀펑은 후계자로 선포되지 않았지

만 중앙 주석 마오에 이어 서열 2위인 당 제1부주석과 국무원 총리에 임명되어 2
인자가 되었다.

　장칭 등 4인방은 왕훙원이 서열은 떨어졌지만 덩샤오핑의 실각으로 원로 집단
과 국무원 '실무파'의 세력이 대폭 줄어든 틈을 타, 자파 세력을 확장해 중앙의 정
치 기반이 허약한 화궈펑을 추월하는 권력을 거머쥐게 되었다. 4인방은 화궈펑을
앞에 내세워 세력을 확대하면서 권력을 탈취해 대권을 장악하는 '대세론' 전략을
펴나가기로 했다. 5월 27일, 마오는 중난하이의 자택 사무실에서 파키스탄 총리
부토 부부를 접견하기 위해 소파에서 일어나려 했으나 다리가 말을 듣지 않아 소
파에 앉은 채 환영을 표시했다.

　마오의 마지막 외빈 회견이 되었다. 중앙은 마오가 외국 원수 등 외빈들을 접견
하지 않는다고 선포했다. 마오의 건강이 크게 나빠져 내일을 보장할 수 없었기 때
문이다. 마오는 6월 초에 갑자기 심근경색을 일으켜 죽음 직전까지 갔다가 겨우
살아났다. 살날이 얼마 남아 있지 않다고 느낀 마오는 6월 15일에 화궈펑과 4인방
인 왕훙원, 장칭, 야오원위안 그리고 왕하이룽(王海容 왕해용) 등을 집으로 불러 임
종을 앞두고 당부하는 식의 '임종담화'를 했다. **584**

　"인생 칠십 고래희古來稀다. 내 나이 팔십이 넘었다. 사람들은 늙으면 뒷일을
생각한다. 중국의 옛말에 '(한 사람의) 공과는 관 뚜껑을 닫아야 안다(盖棺定論 개관
정론)'고 한다. 나는 아직 관 뚜껑을 닫지 않았지만 곧 닫는다. 총체적인 평가를 하
게 된다! 나는 평생에 두 가지 일을 했다. 하나는 장제스와 몇십 년을 싸워 그를 몇
개 되지 않는 섬으로 내쫓았다. 몇몇 사람들은 나에게 생전에 이 섬들도 수복해야
한다고 말했다. 일본인과 8년 동안 항전해 그들을 본국으로 돌아가게 했다. 이 일
에 대해 이의를 달 사람들은 많지 않다. 다른 하나는 바로 문화대혁명을 발동한 것
이다. 이 일은 옹호하는 사람들은 많지 않은 반면, 반대하는 사람들은 적지 않다.
이 두 가지 일은 끝나지 않았다. 유산으로 다음 세대에게 넘겨주어야 한다. 어떻게
물려주어야 하나? 화평할 때 넘겨주지 못하고 (정세가) 불안할 때 넘겨주면 '피비린
내 나는 싸움'을 벌이게 된다. 자네들은 어떻게 할 텐가? 단지 하늘만 알 뿐이다."

'붉은 별'
떨어지다

7월 6일, 마오쩌둥의 노老전우였던 중국혁명의 원훈이며 인민해방군의 '아버지' 인 주더(朱德 주덕)가 '주-마오(朱-毛: 주더와 마오)'의 전설을 뒤로하고 90세로 세 상을 등졌다. 저우언라이와 주더 등 혁명 1세대들의 잇따른 죽음은 한 시대가 저 물어가고 있음을 알렸다. 두 거인을 잇따라 잃은 인민들은 4인방이 전횡을 부리고 있는 중국의 앞날이 어떻게 될지 깊은 수심에 빠져들었다.

주더 사망 22일 뒤인 7월 28일 새벽 3시 42분, 100만 명 인구의 공업도시 허베 이(河北 하북)성 탕산(唐山 당산) 일대에 진도 7.8의 강진이 발생해 24만여 명이 사 망했다. 탕산 대지진으로 사회적 불안이 고조되었으나 4인방은 아랑곳하지 않은 채 권력탈취에만 혈안이 되어 날뛰었다. 9월 2일, 마오는 세 번째 심근경색 발작 을 일으켜 위독한 상태를 가까스로 벗어났다. **585**

중앙의 관계자들은 마오의 건강이 염려되어 장칭이 산시성 시양(昔陽 석양)현 농업 마을 다자이(大寨 대채)에 가는 것을 만류했으나, 장칭은 들은 체도 않고 다 자이에 가 천방지축으로 돌아다니며 "공산주의도 여황제가 필요하다"는 등의 경 악할 발언을 쏟아냈다. 마오의 사후에 대권을 틀어쥐겠다는 욕망을 공개적으로 드러낸 것이다.

장칭은 마오의 병세가 또다시 악화되어 급하다는 중앙의 전화를 받고서야 9월 5일에 베이징으로 돌아왔다. 9월 8일 밤, 마오는 혼수상태를 넘나들었다. 예젠잉이 마오가 누워 있는 침대 앞에 갔을 때 마오가 갑자기 눈을 크게 뜨고 손을 꿈틀거렸다. 예젠잉에게 무슨 말을 할 듯 싶었다. 예젠잉은 미처 살피지 못하고 병실을 나갔다. 마오는 있는 힘을 다해 손짓으로 예젠잉을 불러오라는 표시를 했다.

곁에 있던 마오의 여비서 장위펑이 예젠잉을 불러들였다. 마오는 한 손을 내밀어 예젠잉의 손을 잡고 쳐다보며 입술을 조금 움직여 말을 했으나 목소리가 나오지 않았다. 마지막 떠나는 길, 그래도 믿을 수 있는 오랜 혁명전우였던 예젠잉에게 무언가를 이야기하려 했던 것이다. 그게 다였다.

1976년 9월 9일 0시 10분, 일세를 풍미했던 마오쩌둥의 심장 고동이 멈추었다. 83세였다. 중공중앙, 전국인민대표 상무위원회, 국무원, 중앙군사위원회 명의로 이날 '전당 전군 전국 각 족 인민에게 고하는 글(告人民書 고인민서)'을 발표했다. 부고였다. **586**

마오쩌둥은 당대 가장 위대한 마르크스주의자다. 반세기 이래 그(마오)는 마르크스-레닌주의의 보편적 진리와 혁명을 구체적 실천으로 서로 결합한 원칙에 따라 국내외, 당내외 계급의 적들과 오랫동안 투쟁하고, 계승하면서 마르크스-레닌주의를 지키고 발전시켰다. 무산계급 혁명운동의 역사에 매우 찬란한 한 페이지를 썼다. 그는 자신의 필생의 정력을 모두 중국인민을 해방시키는 일과 전 세계 피압박 민족과 피압박 민족의 해방 사업, 공산주의 사업에 바쳤다. 그는 무산계급 혁명가의 위대한 굳센 의지력으로 병마와 완강한 투쟁을 벌였고, 병중에도 계속 전당과 전군, 전국의 공작을 지도하면서 생명의 마지막 순간까지 줄곧 전투를 벌였다.

그(마오)가 중국인민을 위하여, 국제 무산계급과 전 세계 혁명 인민을 위하여 세운 위대한 공적은 영원히 존재할 것이다. 그는 중국인민과 전 세계 혁명 인민들로부터 충심에서 우러나는 열렬한 사랑과 무한한 존경을 받았다. 마오쩌둥 주석의 서거는 우리 당, 우리 군과 우리나라 각 민족 인민에 대해, 국제 무산계급과 각국 혁명 인민에 대해, 국제 공산주의 운동에 대해, 모두 헤아릴 수 없는 손실이다.

마오쩌둥 장례위원회가 당일에 화궈펑과 왕훙원, 예젠잉, 장춘차오 등 375명으로 구성되었다. 9월 18일, 마오의 장례식은 베이징 톈안먼 광장에서 각계 군중 100만여 명이 참석한 가운데 성대하게 거행되었고, 그의 주검은 영구 보존 처리되어 톈안먼 건너편 마오 주석 기념당에 안치되었다.

마오가 떠난 중앙 지도부의 권력 판도는 3갈래로 나뉘어 있었다. 하나는 문혁 이후 마오가 직접 배양한 정치 세력으로 화궈펑을 우두머리로 한 '실무파', 즉 당정군에 포진한 고위간부들이었다.

여기에는 마오의 경호국장이자 중앙판공청 주임이며 정치국 위원인 왕둥싱, 군사위원회 일상 업무를 주재하는 정치국 위원 천시롄, 정치국 위원 지덩쿠이, 베이징시 혁명위원회 주임 겸 시장이자 정치국 위원 우더(吳德 오덕) 등이 포진했다.

또 한 축은 당 부주석, 군사위원회 부주석 겸 국방부장 예젠잉(葉劍英 엽검영)과 부총리를 지낸 정치국 위원 리셴녠(李先念 이선념) 등을 우두머리로 하는 '원로파'가 있었다. 나머지 한 축은 마오의 부인 장칭(江青 강청)을 우두머리로 하는 '문혁파', 즉 4인방으로 왕훙원(王洪文 왕홍문), 장춘차오(張春橋 장춘교), 야오원위안(姚文元 요문원) 등이었다.

이 세 진영은 겉으로는 서로 견제와 균형을 취하며 권력의 평형을 유지하고 있었지만, 4인방은 마오의 유업인 '문혁'을 계승하는 적통을 내세워 대권탈취에 발빠른 행보를 보였다. 우더는 회고록 『10년 풍우기사』에서 이렇게 술회했다. [587]

마오 주석은 만년에 '문혁파(4인방)'를 여러 차례 훈계하면서 '4인방'이 200여 명의 중앙위원과 단결하도록 했다. (마오는) '상반기에 해결하지 못하면 하반기에 해결하고, 올해에 해결하지 못하면 내년에 해결하고, 내년에도 해결하지 못하면 후년에 해결해야 한다'고 했다. 마오 주석은 정치국이 그들(4인방)을 도와주도록 정중하게 촉구했다. 마오 주석은 정치국 동지들 특히 왕훙원, 장춘차오, 장칭, 야오원위안에게 희망을 걸고 있었다. 나는 제10차 전국대표대회 이후에 마오 주석이 수영장 거주지에서 우리를 불러 이야기할 때 정치국이 그들(4인방)을 도와주어야 한다고 제의했던 것을 기억한다. 마오 주석은 창밖의 채소밭에 있는 청록색 채소를 가리키며 (4인방을 밭의 채소에) 비유해 그들이 자랄 수 있도록 양성해야 한다고 말했다.

마오가 만년에 '실무파'와 '원로파'들이 '문혁파'를 도와주기를 희망한 것은 그가 '문혁파'를 후계자로 내정하려는 뜻을 갖고 있었다는 것을 의미했다. 어쨌거나 장칭은 마오가 죽기 직전부터 마오의 병상을 지키는 것은 안중에도 없고 이곳저곳을 다니며 정권탈취를 위한 여론 조성에 광분했다. 야오원위안은 마오가 죽던 날 새벽, 『런민르바오』의 총편집 루잉(魯瑛 노영)에게 '마오 서거' 관련 보도 지시를 하며 밀담을 나누었다. **588**

야오원위안: 이 머칠 동안 무슨 일이 발생해 당신과 전화 연락이 안 되면 어떻게 하겠는가? 만반의 준비를 해야 한다. 만약 전화 연락이 안 되면 당신이 독자적으로 문제를 처리해야 한다.

루잉: 마오 주석 서거 이후에 먼저 군대를 주의해야 한다. 군대를 잘 장악해야 한다. 당신도 특별히 안전에 주의해야 한다. 들고 날 때 조심해야 한다.

야오원위안: 군대를 주의하고, 또 민병이 있다. 주석 서거 이후에 국내외 계급의 적들이 이 틈을 타 교란하거나 파괴 활동을 할 수 있다. 당신들은 예의 상황을 주시하다가 적시에 반영해야 한다. 내부에 준비를 철저히 하고 당신을 포함해 책임자들의 안전에 만전을 기해야 한다.

루잉은 언론을 총괄 장악하고 있는 '여론총관' 야오원위안의 지령에 따라 4인방의 거점인 『런민르바오』를 철통같이 지키기 위해 민병들을 동원해 주야로 경비를 강화하는 등 비상 상황에 들어갔다. 마오가 사망하고 1시간이 지난 오전 2시께 정치국은 장례 절차를 협의하기 위해 긴급회의를 열었다.

장칭은 회의에서 마오가 덩샤오핑 때문에 화병으로 죽었다며 울고불고 난리를 피웠다. 장칭은 정치국이 계속 덩샤오핑을 비판하고, 그의 당적 박탈을 결정해야한다고 강경하게 주장했다. 예젠잉이 '장례 우선'을 내세워 장칭의 소란을 잠재웠다.

상중의
물밑투쟁

왕홍원은 비서 랴오쭈캉(廖祖康 요조강)을 시켜 마오가 사망한 3일째인 11일 밤부터 12일까지 은밀하게 중앙 판공청 명의로 전국의 성, 시, 자치구 책임자들에게 전화 통지문을 보내도록 지시했다. 랴오쭈캉의 수하인 미스치(米士奇 미사기)가 가짜 중앙 통지문을 전화로 전달했다. 산시성陝西省 위원회 서기 리루이산(李瑞山 이서산)은 중앙 판공청의 미스치라는 인물로부터 걸려온 전화 내용을 받아 적었다. **589**

"주석의 상중에 중대 문제가 발생하면 즉시 보고하라. 중요 문제를 처리할 수 없을 때는 즉시 지시를 청하라. 미스치 동지를 찾아 연락하라."

이 무렵 후난성위원회 서기 장핑화(張平化 장평화)도 미스치로부터 이런 내용의 전화를 받고 괴이하게 여겼다. 후난은 마오가 태어나 자란 곳이고 화궈펑이 성위원회 제1서기로 일한 곳인데 모르는 인물이 전화한 것이 아무래도 수상쩍었다. 장핑화는 곧바로 화궈펑에게 전화를 걸어 이런 내용을 보고했다.

"뭐야? 중대한 문제가 있으면 미스치에게 연락하라고? 나는 모르는 일이다!"

화궈펑은 깜짝 놀랐다. 화궈펑은 장핑화에게 "미스치는 왕홍원이 있는 곳에서 일하는 공작원이다"라고 말했다. 화궈펑은 당 제1부주석이자 국무원 총리인 자신이 모르는 '중앙의 지시'를 확인하기 위해 부주석의 한 사람인 예젠잉에게 물어보았으나 전혀 모르고 있었다. 화귀펑은 마오의 후계자인 자신을 무시하는 4인방의 월권행위에 대해 의구심과 함께 분노를 터뜨렸다. 화귀펑은 곧바로 비서에게 중앙의 명의로 전국의 각 성, 시, 자치구에 전화를 걸어 중대한 문제가 있을 때 자신에게 지시를 청하라는 통지를 내리도록 지시했다.

미수에 그친 왕홍원은 부득불 한발 물러설 수밖에 없었다. 4인방은 또 권력탈취의 기선을 제압하기 위해 조작한 '민의民意'를 내세워 '충성 편지' 쓰기 운동을 펼쳤다. 4인방은 칭화대학을 거점으로 한 자파인 츠천과 셰징이 등을 동원해 전문 필진이 쓴 편지와 학생들을 사주해 장칭을 비어 있는 '당 주석'에 임명해줄 것 등의 편지를 중앙에 보내 화귀펑을 압박했다. 편지 내용은 주로 이러했다. **590**

마오 주석의 중공중앙, 장칭 동지;

나는 아주 비통한 심정으로 이 편지를 당중앙에 보냅니다. 우리 보잘것없는 사람들이 가장 걱정하는 것은 마오 주석 서거 이후 당중앙의 지도권이 누구의 손에 넘어가느냐 하는 것입니다. 나는 간절하게 당중앙에 건의합니다. 장칭 동지를 중공중앙 주석과 중앙군사위원회 주석에 임명하고, (장)춘차오 동지를 중공중앙 부주석과 중앙군사위원회 부주석에 임명하고, 왕홍원 동지를 중앙군사위원회 제1 부주석에 임명하여……

마오의 상중임에도 권력탈취를 위해 물불 안 가리고 설쳐대는 4인방의 작태를 보면서 혁명원로들은 한 치 앞을 내다볼 수 없는 앞날에 대한 불안과 초조가 교차하고 있었다. 천윈, 쉬샹첸, 녜룽전, 덩잉차오, 왕전 등은 은밀하게 연락을 취해 서로 의견을 교환하며 4인방을 제압할 인물로 예젠잉을 꼽았다.

당시 예젠잉은 군사위원회의 주재권을 천시롄에게 넘겨주었지만 군부의 지지와 존경을 받는 인물로 당 부주석, 정치국 상무위원, 군사위원회 부주석 겸 국방부장을 맡고 있는 백전노장의 원로였다. 군대의 후배 장군들도 예젠잉을 찾아와 앞날을 걱정하며 4인방 징치를 건의했다.

예젠잉도 자신의 시대적 소임과 사명을 잘 알고 있었다. 예젠잉은 마오의 사망 직전에 원로들과 장군들이 4인방 척결을 거론할 때 '투서기기投鼠忌器(쥐새끼를 때려잡고 싶어도 기물을 깰까봐 두렵다는 뜻으로 마오를 염두에 두어 결행을 미룸)'라며 때를 기다리고 있었다. 예젠잉은 이제 '투서기기'할 필요가 없으므로 결행 시기를 가늠하면서 4인방을 분쇄할 거사계획을 짜고 있었다. 예젠잉은 대장 출신 인민해방군 군사과학원 책임자 쑤위(粟裕 속유), 총참모부 주요 책임자 양청우(楊成武 양성우), 총정치부 주요 책임자 량비예(梁必業 양필업), 공군 주요 책임자 장팅파(張廷發 장정발), 해군 주요 책임자 전 해군사령관 샤오진광(蕭勁光 소경광), 베이징군구 주요 책임자 푸충비(傅崇碧 부숭벽), 베이징 위수군구 주요 책임자 우중(吳忠 오충) 등 군부 각 부문의 핵심인사들과 긴밀한 연락을 맺고 있었다. 예젠잉은 이들에게 전비 태세를 강화시키고 확실한 부대 장악으로 돌발 사태에 대비해 경계태세를 제고토록 지시했다. [591]

군부를 틀어쥐고 있는 예젠잉은 언제든지 무력동원이 가능했지만 상책은 평화적 해결이라고 판단했다. 그러기 위해선 마오가 없는 지금, 최고 권력자인 화궈펑을 끌어들여 4인방을 척결하는 것이 최선이라고 여겼다. 예젠잉은 마오의 추종세력으로 중도적 입장인 '실무파' 진영의 우두머리 화궈펑의 결단과 판공청 주임 왕둥싱을 끌어들이는 데 공을 들이고 있었다. 화궈펑도 자신을 압박하고 있는 장칭 등 4인방을 타도할 뜻을 갖고 있었지만 중앙에 기반이 없기 때문에 매우 조심스러운 행보를 하고 있었다.

9월 11일, 화궈펑은 '실무파'인 우더를 불러 왕둥싱과 4인방 해결을 논의한 결과 견결하게 지지하겠다는 뜻을 밝혔다고 일러주었다. 화궈펑은 '원로파'의 지지가 4인방 척결의 관건이라고 생각하며 군부에서 덕망이 높은 예젠잉과의 연락을 모색했다. 원로파와 별 접촉이 없는 화궈펑은 그나마 리셴녠과는 친숙한 관계를 맺고 있었다. 결단을 내린 화궈펑은 4인방의 감시를 피하기 위해 몸이 불편해 병원에 간다는 핑계를 대고 마오의 빈소를 지키는 장례위원회를 빠져나와 리셴녠에게 전화를 걸었다. [592]

"제가 찾아뵙고 싶은데 어디에 계십니까? 5분이면 됩니다."

"오시오. 많은 시간 이야기해도 괜찮습니다."

"미행당할 수 있어 많이 지체할 수는 없습니다. 몇 말씀만 드리고 가야 합니다."

화귀펑은 급히 승용차를 타고 시황청(西黃城 서황성)에 있는 리셴녠 집으로 달려갔다. 리셴녠은 자택 사무실의 문을 걸어 잠그고 화귀펑과 마주 앉았다. 화귀펑이 먼저 말문을 열었다.

"저는 (마오의) 빈소를 지키고 있습니다. 병원에 간다는 핑계를 대고 이곳에 왔습니다. 우리는 4인방과의 투쟁을 피할 수 없을 것 같습니다. 만약에 긴급히 해결하지 않으면 당이 망하고, 나라가 망하고, 목이 날아갑니다. 저를 대신해서 예(젠잉) 원수님을 찾아뵙고 의견을 물어봐주시고, 예 원수께서 어떤 방법이 있는지 고려해주셨으면 합니다. 4인방 문제를 언제 해결하는 게 좋은지, 이런 문제들을 예 원수께 주선해주셨으면 좋겠습니다."

리셴녠은 4인방 해결 문제를 듣자 놀라움과 기쁨이 교차하는 마음을 표시하고, 곧바로 화귀펑의 방법과 의견을 지지했다. 예젠잉을 찾아가 화귀펑의 뜻을 전달하겠다고 했다. 두 사람이 10분 정도 이야기했을 때 화귀펑이 손목시계를 보며 "가봐야겠습니다"라며 자리에서 일어섰다.

4인방 척결 제의와 관련해 리셴녠이 1977년 1월 제1차 회의 때 "지난해 10월에 4인방을 분쇄한 것은 화귀펑 동지가 제의했고 중앙의 다수 동지들이 동의해 실행한 것"이라고 밝혀 화귀펑이 처음 제의한 것으로 확인되었다. 그러나 4인방 척결 전 과정에서 볼 때 예젠잉을 우두머리로 하는 혁명 1세대 원로들이 일찍이 행동에 나섰고, 예젠잉이 화귀펑에게 결단을 촉구하는 등 그에 기반해 4인방을 척결했다고 당사 연구가들은 폭넓게 해석하고 있다.

화귀펑과 예젠잉 두 사람이 마치 삼국시대 적벽대전을 앞두고 조조군을 쳐부술 때 제갈량과 주유가 동시에 '화공' 전략을 내놓은 것처럼 4인방 분쇄에 일치한 의견을 보여 '실무파'와 '원로파'가 자연스레 결합하면서 급물살을 타게 되었다. 4인방 척결의 총지휘자는 예젠잉이 맡았다. 정국의 흐름은 이제 3파전에서 4인방 진영과 '실무파 + 원로파' 진영으로 양분되는 양상을 보였다. '너 죽고, 나 살기'의 최후의 혈전이 초읽기에 들어갔다.

마오의 환생,
'임종분부'

예젠잉은 9월 15일에 실무파 왕둥싱의 지지를 얻어냈다. 왕둥싱은 4일 앞선 11일에 화궈펑과 4인방을 척결하기로 이미 합의한 바 있었다. 정치국 위원 왕둥싱은 오랫동안 중앙판공청 주임 겸 (마오의) 경위국장을 맡아 주요 지도자들을 경호하는 중앙의 경위부대 제8341부대 책임자였다. 그만큼 4인방 척결에는 관건적 인물이었다.

대권에 눈이 먼 4인방은 '실무파'와 '원로파'가 치밀하고 조직적으로 계획을 짜고 있는 동안에 자신들이 장악하고 있는 언론기관을 통해 죽은 마오를 내세워 선전전으로 밀어붙이면 권력탈취를 할 수 있다는 착각을 하고 있었다. 마오의 유업인 '문혁'을 계승하는 명분을 앞세워 조작된 여론을 조성하면 '만사형통'이라고 자만했다.

청명절 때 톈안먼 광장에서 분출했던 진정한 민의를 읽지 못하고 시대 흐름을 잘못 판독한 4인방의 앞날은 불길로 뛰어드는 부나방 형국이었다. 단지 권력의 탐욕에 빠진 4인방만 모르고 있었다. 마오는 죽음의 문턱에서 인사불성에 빠져 유언을 남기지 못했다.

하지만 4인방의 '여론총관' 야오원위안은 '마오 주석의 임종분부(臨終囑附 임종

320

촉부)'를 날조해냈다. 야오원위안은 중앙의 '양보일간兩報一刊'인 『런민르바오』, 『제팡쥔바오』와 『홍치(紅旗 홍기)』잡지에 '마오 주석은 우리 마음속에 영원히 살아 있다'는 제목의 공동 사설을 실어 '마오 주석의 임종분부'와 '기정방침에 따라 처리하라(按旣定方針辦 안기정방침판)'는 두 가지 꼼수를 부렸다. 4인방은 자신들이 마오가 지정한 정통 후계자인 것처럼 위장한 것이다. **593**

마오 주석은 세상을 떠났지만 마오쩌둥 사상은 영원히 빛을 발하고, 마오 주석의 혁명노선은 사람들의 마음속에 깊이 뿌리내릴 것이다. 마오 주석이 세운 무산계급 혁명 사업은 계속될 것이다. 마오 주석은 우리에게 분부하셨다. "기정방침에 따라 처리하라." 비통한 마음으로 마오 주석의 서거를 애도하면서 우리는 비통한 마음을 딛고 영원히 마오 주석의 가르침에 따라 계급투쟁의 벼리를 견지하고, 당의 기본노선을 견지하고, 무산계급 독재 아래에서의 계속혁명을 견지하고, 무산계급 국제주의를 견지하고, 위대한 무산계급 혁명 사업을 철저하게 진행해야 한다.

예젠잉은 『런민르바오』에 실린 '기정방침에 따라 처리하라'는 구절 아래에 붉은 연필로 밑줄을 긋고 옆에 큰 의문부호(?)를 붙였다. 화궈펑에게 이 구절을 일깨워주기 위해서였다. 마오의 후계자가 된 지 얼마 안 된 화궈펑은 1976년 4월 30일 밤, 마오가 뉴질랜드 총리 로버트 데이비드 멀둔을 회견할 때 배석했다. 회견이 끝난 뒤 화궈펑은 마오에게 업무를 보고하면서 "저는 경험이 많지 않습니다. 일이 있을 때 정치국의 많은 동지들과 상의합니다. 주석께서 어떤 의견이 있으신지요?"라고 자문을 구했다. 마오는 "국제적인 일은 이미 큰 틀이 정해졌다. 문제는 크지 않다. 국내의 일을 주의해야 한다"고 말했다. 말을 마친 마오는 종이에 세 문장의 글을 적어 화궈펑에게 주었다. **594**

1. 서두르지 말고 천천히 하라(慢慢來, 不要招急 만만래, 불요초급).
2. 과거의 방침에 비추어 처리하라(照過去方針辦 조과거방침판).

3. 자네가 일을 처리하면 나는 안심한다(你辦事. 我放心 니판사, 아방심).

화궈펑은 그 뒤 정치국 회의에서 1, 2항만 공개했다. 그래서 예젠잉은 애초 '과거의 방침에 비추어 처리하라'가 '기정방침에 따라 처리하라'로 변조된 사실을 알았고, 화궈펑은 눈여겨보지 않았던 것이다. 마오가 화궈펑에 준 이 세 구절은 많은 파란을 낳았다. 2항은 4인방이, 3항은 화궈펑이 4인방을 척결한 뒤 공개해 (마오가) 자신을 후계자로 지명한 명확한 '증거'라고 제시해 큰 논란을 일으켰다. 화궈펑은 만일의 사태에 대비해 자신이 마오가 지정한 정통 후계자라는 것을 입증하는 '호신부'로 쓰기 위해 공개하지 않은 것이다.

마오가 화궈펑에게 글귀를 써줄 때 현장에 있던 마오의 여비서 장위평은 "'과거의 방침에 비추어 처리하라'가 임종분부라거나 '자네가 일을 처리하면 나는 안심한다'가 후계자를 지정한 것이라는 것은 사실에 부합한 것이 아니다"라고 증언했다. 단지 화궈펑의 업무 처리에 대한 지침으로 마오가 자문한 내용에 불과하다는 것이다.

4인방은 자신들이 마오의 정통 후계자라는 것을 인민들에게 알리기 위해 변조한 '기정방침에 따라 처리하라'를 선전하는 데 광분했다. 이에 따라 4인방이 선전 도구로 활용한 '기정방침에……'라는 글귀는 마오가 죽은 뒤 중국 전역을 누빈 최대의 선전 문구가 되었다. 야오원위안은 마오의 장례식이 끝난 다음 날, 기관통신사인 신화사에 전화를 걸어 국경절(10월 1일) 보도와 관련해 주석의 임종분부인 '기정방침에……'라는 문구를 강조하라는 보도 지침을 내리면서 다음과 같이 지시했다. 595

"당신들은 각 성시省市에서 열리는 추도회에서 중요 발언이나 태도를 표명할 때 중복되는 것을 신경 쓰지 말고 모두 써넣어라. 예를 들면 '기정방침에 따라 처리하라'다. 이 말을 따다 모두 보도하고 없으면 비슷한 말을 집어넣도록 하라."

9월 17일, 4인방의 거점인 상하이의 『제팡르바오』는 '마오 주석의 당부를 받들어 기정방침에 따라 처리하자'는 통단 제목의 기사를 싣고 눈에 확 띄는 4개의 표제를 달았다.

"기정방침에 따라 처리하자, 마오 주석의 혁명노선을 견지하자"

"기정방침에 따라 처리하자, 주자파와의 투쟁을 견지하자"

"기정방침에 따라 처리하자, 진지하게 학습하고 깊이 있게 덩(샤오핑)을 비판하자"

"기정방침에 따라 처리하자, 생산을 촉진하고, 공작을 촉진하고 전비戰備를 촉진하자"

1980년 7월 9일에 4인방이 체포되어 최고법원에서 재판을 받을 때 왕흥원은 심문에서 "'기정방침에 따라 처리하라'는 글귀는 장춘차오가 집어넣었을 수 있다. 이 말이 나오기 전에 그(장춘차오)는 나에게 이렇게 말했다. 마지막으로 주석을 만났을 때 주석이 자신의 손을 잡고 낮은 목소리로 '기정방침에 따라 처리하라'고 했다고 말했다"고 진술했다. 사실 '기정방침에……'나 '과거의 방침에……'나 두 가지 말의 본뜻에 큰 차이는 없다. 문제는 마오가 누구에게 이런 이야기를 했느냐로, 이 말의 상대방이 마오의 후계자라는 핵심이 내재되어 있기 때문이다.

9월 29일, 왕둥싱은 정치국 회의에서 '기정방침에……'의 문제에 대해 이의를 제기했으나 4인방은 들은 척도 하지 않았다. 화궈펑은 10월 2일에 외교부 부장 차오관화(喬冠華 교관화)가 심사를 요청한 '중국 대표단 단장의 국제연합 제31차 회의상의 발언' 원고 중에 '기정방침에……' 글귀를 발견하고 삭제했다.

화궈펑은 예젠잉과 왕흥원, 장춘차오에게 보낸 비준 글에서 "글에서 인용한 마오 주석의 당부는 주석의 친필과 세 글자가 틀렸다. 마오 주석이 쓰고, 내가 정치국에서 전달한 것은 모두 '과거의 방침에 비추어 처리하라'였다. 잘못 전해지지 않도록 내가 그것을 빼버렸다"고 밝혔다. 예젠잉은 당연히 동의했고, 왕흥원과 장춘차오도 마지못해 동의했다. 하지만 장춘차오는 "화궈펑 동지의 주석은 불필요한 분규를 일으키지 않기 위해 하달하지 않을 것을 건의한다"고 밝혔다. 장춘차오는 입으로는 동의하지만 실제로는 반대한 것이다.

동상
이몽

화궈펑과 리셴녠은 9월 26일과 27일 잇따라 만나 4인방 문제에 관한 의견을 나누었다. 리셴녠은 4인방 처리 방안을 제시했다. 하나는 체포하는 것이고, 둘째는 정치국 회의를 열어 투표로 4인방이 맡고 있는 직무를 해제하는 것이었다. 우더는 회의에서 해결하는 방안에 무게중심을 두었다. 화궈펑과 리셴녠은 두 가지 방안을 놓고 심사숙고한 끝에 투표로 해결하는 방안은 모험이 따른다고 보고, 체포해 죄를 추궁하는 격리 심사 방안이 상책이라는 데 의견 일치를 보았다.

행동 시기는 "이르면 이를수록 좋다"는 데 의견을 같이했다. 장춘차오는 9월 28일에 왕훙원의 비서 샤오무(肖木 소목)를 4인방의 거점인 상하이에 파견해 상하이시위원회에 "경계를 제고해야 한다. 린뱌오와 덩샤오핑은 상하이에서 일을 도모하려 했지만 아무런 일도 하지 못했다. 린뱌오가 도모했다면 (상하이는) 큰 시련을 겪어 전투를 해야 했을 것"이라는 내용을 전달하도록 했다. 장춘차오의 '전투를 해야 했을 것'이라는 말은 실제적으로 패거리에게 동원령을 암시한 것이나 마찬가지였다.

이에 따라 상하이시위원회의 4인방 패거리는 더욱더 여론을 조성하고 민병들에게 총과 탄약을 지급하면서 무력행동을 취할 준비에 들어갔다. 나중에 4인방과 함께 체포된 상하이시 당위원회 서기 쉬징셴(徐景賢 서경현)은 진술서에서 "장춘차오는 우리에게 전투 동원령을 내렸다"고 썼다. [596]

장칭은 국경절인 10월 1일에 자신의 거점 칭화대학 강연에서 "덩샤오핑이 마오 주석을 박해했다. 덩샤오핑의 당적을 박탈해야 한다"고 선동하고 "몸을 잘 단련해 그들과 싸움을 벌여야 한다"며 고도의 경계태세를 갖출 것을 암시했다.

왕훙원은 10월 2일, 114장의 '표준사진'을 찍어 저우언라이의 표준사진처럼 만들도록 7차례에 걸쳐 수정하도록 지시했다. 권력탈취 후의 즉위에 대비한 사진이었다. 애초 4인방은 권력탈취 이후의 '자리 순서' 명단을 작성해놓았다. 4인방은 장칭이 당 주석, 왕훙원이 제1부주석 겸 군사위원회 주석, 장춘차오가 총리, 야오원위안을 전국인민대표대회 위원장으로 내정하고 개인 '표준사진'을 준비하거나 '역사적 단체사진'을 찍었다.

왕훙원은 3일에 베이징 교외의 핑구(平谷 평곡)현으로 달려가 "중앙에 수정주의가 나타났다. 당신들은 어떻게 할 것인가? 타도!"라고 힘주어 말했다. 왕훙원은 "건국 이래 중앙에 가오강, 라오수스, 펑더화이, 류사오치, 린뱌오, 덩샤오핑이 나타났다. 이후에 탕(唐 당)샤오핑, 왕(王 왕)샤오핑 등과 같은 제2의 덩샤오핑이 나타날 수 있다. 경계해야 한다!"고 공개적으로 대담하게 비난을 퍼붓고 화궈펑과 예젠잉 등이 수정주의자라고 넌지시 암시했다.

자만해 우쭐증에 걸린 장칭은 이날 30여 명의 수행원을 거느리고 고궁 북쪽의 징산(景山 경산)공원으로 사과를 따러 갔다. 군복을 입은 장칭은 사과나무 밑에서 교태를 부리고 아양을 떨며 사진을 찍으면서 "사과는 남겨놓자. 성대한 축제 때 다시 따 먹자"고 의미심장한 말을 했다. 장칭은 이른 시일 안의 '여황女皇' 등극을 꿈꾸고 있었다.

4인방은 이날 밤에 칭화대학 당위원회 서기 츠췬(遲群 지군)에게 '전문 집필진'이 당정군 지도자들과 관련한 '비밀 자료'를 밤을 도와 만들도록 독촉했다. 이것은 4인방이 '탈권 전장'에서 원로파 등을 수시로 공격할 때 쓸 '포탄'이었다. [597]

『광밍르바오(光明日報 광명일보)』는 10월 4일자 1면 머리기사로 칭화대학과 베이징대학의 4인방 전문 집필진 필명인 '량샤오(梁效 양효)' 명의로 쓴 '영원히 마오 주석의 기정방침에 따라 처리하자'는 글을 실었다. 이 글은 "마오 주석의 기정방침을 왜곡하는 것은 바로 마르크스주의를 배반하고, 사회주의를 배반하고, 무산계급 독재 아래에서 계속혁명의 위대한 학설을 배반하는 것이다. 어떠한 수정주의 우두머리가 감히 마오 주석의 기정방침을 왜곡하려고 하면 절대로 말로가 좋을 수 없다"고 겁박했다.

이 글의 창끝은 화궈펑과 예젠잉을 가리키고 있었다. 언론 동향을 담당하고 있는 리신(李鑫 이흠)은 곧바로 화궈펑에게 "형세가 더욱 험악해지고 있다"고 보고했다. 4인방이 여기저기 돌아다니며 대권이 손에 들어온 것처럼 큰소리를 치고 다닐 때, 4인방의 감시를 따돌리기 위해 시산(西山)과 위취안산(玉泉山) 거처를 옮겨 다니던 예젠잉은 10월 2일 오후 3시께 왕둥싱의 사무실을 찾았다. **598**

예젠잉은 왕둥싱에게 "4인방을 제거하지 않으면 우리 당과 국가는 출로가 없다"고 말한 뒤 목소리를 죽여 "잘 고려해봤느냐?"고 재촉했다. 왕둥싱은 "형세가 압박하고 있습니다. 다시 늦출 수 없습니다. 결단을 내릴 때가 되었습니다"라고 대답했다. 예젠잉은 "실기失期를 해서는 안 된다. 군사행동은 귀신같이 빨라야 한다"며 서둘렀다. 예젠잉은 이어 "우리가 바로 화궈펑 동지를 찾아가 이야기를 나누자. 빨리 과단성 있는 조처를 취해야 한다"고 재촉했다.

이날 밤, 예젠잉과 왕둥싱은 개별적으로 둥자오민샹에 있는 화궈펑의 집을 찾아가 최종적으로 4인방 문제를 논의했다. 예젠잉은 화궈펑에게 행동개시의 결단을 촉구했다. 왕둥싱은 이날 중난하이 사무실에서 회의를 열고 판공청 부주임 겸 경위국 부국장 장야오츠, 제8341부대 정치위원 우젠화(武健華 무건화) 등에게 "중앙은 이미 결심을 했다. 4인방에 대해 행동을 취하기로 했다"고 통보했다. 왕둥싱은 4인방을 일망타진할 방책을 논의하면서 명분과 행동 장소 등 4가지 문제를 거론했다. **599**

1. 4인방의 심리 상태를 파악해보면 요즘 장춘차오는 『마오쩌둥 선집(毛選 모선)』 출판의 권한을 손에 넣으려고 한다. 장춘차오가 『모선』 5권의 출판공작에 관

심을 갖고 있는 것을 이용한다. 만일 정치국 상무위원회에서 내용을 확정해『모선』5권의 출판문제를 연구한다고 하면 장춘차오를 끌어들이는 것은 여반장이다.

2. 관례적 행사에 따르면 중앙이『모선』의 출판문제를 연구할 때, 특히 원고문제를 논의하면 예부터 모두 화이런탕(懷仁堂 회인당)에서 회의를 열었다. 이 규정에 대해 장춘차오와 왕훙원 모두 알고 있다.

3. 마오 주석의 기념당 터 선정문제를 내세운다. 정치국 상무위원으로 반드시 참석해야 한다. 이렇게 하면 장춘차오와 왕훙원은 미루거나 고의로 휴가를 낼 수 없다.

4. 화이런탕에서 행동을 취하면 비교적 편리하고 유리하다.

왕둥싱은 이런 방안을 확정해 4인방을 순서대로 처리하기로 했다. 화이런탕에서 왕훙원과 장춘차오, 야오원위안을 체포하고, 장칭과 마오위안신은 각각의 주거지에서 신병을 확보하기로 했다. 마오위안신의 처리는 4인방과 구별해 한 단계 아래인 '보호 심사'를 하기로 했다. 행동방안에는 행동 시간, 조직 역량, 격리 지점, 비밀 보안 조처, 전투 대비 예비안에서 베이징 위수군구와의 역할 분담과 협력 문제 등 구체적이고 명확한 세부 시행 규칙이 논의되었다.

체포되는
4인방

왕둥싱은 10월 3일 밤 9시에 화궈펑을 찾아가 구체적인 행동방안과 부서 배치 등을 상세하게 보고했다.

화궈펑은 "결정한 행동방안과 방법은 시행할 수 있다고 본다. 시간을 다시 단축하느냐 여부를 고려하고 사전에 해결해야 한다. 당신이 다시 예젠잉 원수와 이야기해보시오. 예 원수가 어떤 새로운 의견이 있는지 알아보고 만약에 예 원수가 이곳에 오실 수 있으면 나와 이야기하고, 예 원수가 당신이 있는 곳에 간다면 당신과 논의할 수 있다"고 말했다. 예젠잉은 4일 오후에 왕둥싱의 중난하이 남쪽 사무실에서 왕둥싱을 만났다.

왕둥싱은 4인방을 체포할 행동 부서와 실시방안 등을 자세하게 보고했다. 예젠잉은 "이 계획은 비교적 여물다. 안배도 상당히 주도면밀하다. 이 실시방안대로 집행하면 반드시 성공할 수 있다"고 칭찬했다. 예젠잉은 "비밀이 새어 나가 실패한 역사적 사건이 대단히 많다"면서 비밀 엄수를 강조했다. 이날 밤 화궈펑은 리셴녠, 우더, 천시롄과 국무원 소강당에서 회의를 열어 4인방 체포 및 격리 심사 방식과 디데이를 10월 6일로 잡았다고 통보했다.

4인방 체포의 행동 책임자는 왕둥싱이 맡고, 츠천과 세징이 등의 격리 심사는 우더와 베이징시 서기 겸 위수구 사령관 우중(吳忠 오충)이 해결하기로 결정했다. 화궈펑은 애초 계획대로 『마오쩌둥 선집』 5권의 출판문제를 토론한다는 명분을 내세워 6일 밤 8시에 중난하이 화이런탕에서 정치국 상무회의를 소집한다고 장춘차오와 왕훙원, 야오원위안에게 통보했다.

장칭은 정치국 상무위원이 아니기 때문에 마오위안신과 함께 거소에서 체포하기로 했다. 왕둥싱은 6일 오후에 중앙경위단 단장 겸 경위국 부국장 장야오츠와 중앙판공청 부주임 리신, 우젠화를 판공청 사무실로 불렀다. 왕둥싱은 이들에게 "중앙은 4인방을 분쇄하기로 결정했다"고 통보하고, 장야오츠에게 장칭과 마오위안신을 체포하도록 지시했다. 왕둥싱은 본인이 직접 왕훙원 등을 체포하기 위해 화이런탕 주변에 병력을 배치하는 등 구체적 행동 방침을 끝냈다.

화궈펑과 예젠잉은 밤 7시 55분에 화이런탕 거실에 앉아 왕훙원 등이 오기를 기다리고 있었다. 아무런 낌새를 눈치채지 못한 장춘차오가 먼저 화이런탕에 들어왔다. 장춘차오가 의자에 앉으려 했으나 그곳엔 의자가 없었다. 장춘차오가 "의자가 없잖아"라며 서성일 때였다. 화궈펑이 일어나 장춘차오에게 "너는 장칭, 왕훙원 무리와 패거리를 지어 반당, 반사회주의의 용서하지 못할 중죄를 저질렀다. 중앙은 격리 심사를 결정했다. 즉시 집행한다"며 미리 준비한 선포문을 읽었다.

아연실색한 장춘차오가 당했다고 느꼈을 때는 이미 속수무책이었다. 4인방의 '군사'로 위풍당당했던 면모는 온데간데없고 다리에 힘이 풀려 맥없이 바닥에 쓰러졌다. 장춘차오는 어떤 저항도 하지 못한 채 행동소조의 경호원들에게 끌려 나갔다. 이어 왕훙원이 도착했다. 왕훙원이 회랑으로 걸어 들어올 때 행동소조 경호원들이 가로막아 왕훙원을 연행하려 하자, 왕은 큰 목소리로 "너희들, 무슨 짓이야? 나는 회의에 왔다"며 소리쳤다. 상하이에서 무력투쟁을 이끌었던 왕년의 조반파 왕훙원은 녹록지 않았다. 왕훙원은 연행하려는 경호원들을 발로 차고 주먹을 휘두르며 격렬하게 저항했다.**600**

그러나 뛰어보았자 벼룩이었다. 경호원들에게 제압되어 화이런탕 거실로 끌려왔다. 화궈펑은 일어나 왕훙원에게 중앙의 격리 심사 결정을 통고하는 선포문을 읽어나갔다. 화궈펑이 읽는 것을 채 마치기 전에 왕훙원이 갑자기 경호원들을 뿌리치고 5미터 남짓 앞에 앉아 있는 예젠잉을 향해 맹수처럼 달려들었다. 눈 깜짝할 사이였다. 곁에 서 있던 왕둥싱이 권총을 꺼내 쏘려 했으나 너무 가까워 총을 쏠 수 없었다.

왕훙원이 두 손으로 예젠잉의 목을 조르려는 위기일발의 순간에 한 경호원이 잽싸게 달려들어 왕을 쓰러뜨리고 수갑을 채웠다. 선포문을 읽던 화궈펑은 깜짝 놀라 황망함을 감추지 못했으나 백전노장 노원수 예젠잉은 앉아서 미동도 하지 않았다. 체포된 왕훙원은 경호원들에게 끌려 나가면서 "이렇게 빨리 움직이다니……"라며 긴 한숨을 토해냈다.

언론을 쥐락펴락했던 '여론총관' 야오원위안이 들어왔다. 왕훙원을 체포할 때 한바탕 소동을 벌인 뒤끝이라 야오원위안을 거실로 들이지 않고 대기실로 경호원들이 연행했다. 격리 심사 통보는 화궈펑이 아닌 중앙경위국 부국장이 선포했다. 붓방아를 흉기로 삼아 무수한 사람들을 도륙했던 금붕어 눈의 '문약한 서생' 야오원위안은 격리 심사 통보를 듣는 순간 개구리처럼 사지를 축 늘어뜨리고 바닥에 엎어졌다. 야오원위안은 경호원들의 부축을 받아 연행되는 꼴사나운 모습을 보였다.

★

제15장

여명

마지막 결전,
'양개범시' 충돌

왕둥싱으로부터 장칭과 마오위안신 체포 명령을 받은 장야오츠는 우젠화와 10여 명의 경호원들을 대동하고 밤 8시께 먼저 마오위안신이 거주하고 있는 중난하이 펑쩌위안(豊澤園 풍택원)의 이녠탕(頤年堂 이년당)으로 갔다. 펑쩌위안은 마오가 거처했던 곳으로 조카 마오위안신이 잠시 살고 있었다.

장야오츠는 마오위안신에게 중앙이 '보호 심사'를 결정했다고 통보하고 순순히 연행에 응할 것을 요구했다. 마오위안신은 "주석 주검에 온기가 채 가시지도 않았는데 너희들이……"라며 고함을 치고 권총 반납을 거부하며 저항했으나 경호원들에게 제압당해 연행되었다.

장야오츠는 리신, 우젠화 등과 2명의 여경호원을 이끌고 밤 8시 30분께 이녠탕에서 아주 가까운 장칭의 거주지인 중난하이 201호에 도착했다. 장야오츠 등이 들이닥쳤을 때 장칭은 실크 잠옷을 입고 소파에서 수입 영화를 보고 있었다. 장칭은 노기를 띠고 장야오츠를 쳐다보며 "무슨 일인가?"라고 물었다. 장야오츠는 경칭을 생략하고 격리 심사한다는 내용을 통보했다. [601]

"장칭, 나는 화궈펑 총리의 전화 지시를 받았다. 당신은 지금 당중앙을 분열시키는 활동을 하고 있다. 당중앙은 당신을 격리 심사하기로 했다. 즉시 집행한다.

다른 곳으로 연행하겠다. 당신은 당에 대해 성실하고, 죄를 솔직하게 진술해 기율을 준수해야 한다. 문서함의 열쇠를 주시오."

장야오츠는 장칭을 격리 심사할 때 "당신은 당에 대해…… 준수해야 한다"는 대목은 장칭에 대한 분노와 증오가 폭발해 즉흥적으로 한 말이라고 회고했다. 장칭은 장야오츠가 격리 심사를 통보할 때 소파에 앉아 두 눈에 불을 켜고 노려보았지만 한마디 말도 하지 않았다.

장칭은 일찍이 이런 일을 예상한 듯 바닥에 구르며 울고불고하거나 고함치는 등의 소란을 피우지 않았다. 장칭은 일어나 바지 주머니에서 열쇠 꾸러미를 꺼내 연필로 봉투 위에 '화궈펑 동지 친계親啓'라고 쓴 뒤 봉투 안에 넣어 밀봉해 장야오츠에게 넘겨주었다. 마지막 자존심이었다.

문화대혁명 10년 동안 온갖 전횡과 패악으로 미증유의 재앙을 불러일으켰던 4인방의 척결은 총알 하나, 피 한 방울 흘리지 않고 1시간 만에 이루어졌다. 마오가 죽은 뒤 27일째 되는 날이었다. 화궈펑과 예젠잉은 4인방이 장악하고 있던 『런민르바오』와 중앙인민방송국, 신화사 등 언론기관을 통제하기 위해 군대를 파견해 접수했다.

1976년 10월 6일 밤 10시 30분, 베이징시 북서쪽에 자리 잡은 위취안산 자락 9호관 예젠잉의 집에서 긴급 정치국 회의가 열릴 예정이어서 정치국 위원과 후보 위원들이 잇따라 도착했다.

이들은 무슨 일인지 영문도 모른 채 달려와 긴급회의 소집 이유를 서로 물어보며 웅성댔다. 예젠잉이 별세한 줄 알고 온 사람들도 있었다. 밤 11시게 화궈펑과 예젠잉이 손을 맞잡고 미소를 지으며 회의실로 들어왔다. 회의가 시작되자 화궈펑은 중앙 제1부주석 겸 총리로 정치국 회의를 주재하면서 먼저 발언에 나섰다.

화궈펑은 "동지들, 오늘 밤 여러분을 이 자리로 오도록 연락한 것은 중요한 일을 통보하기 위해섭니다. 왕훙원, 장춘차오, 장칭, 야오원위안이 마오 주석 서거의 틈을 노려 비밀리에 결탁해 당과 국가의 최고 지도권을 탈취하려는 음모를 꾸몄습니다. 중국인민에게 엄중한 재난을 가져다준 이 반혁명 집단을 적시에 분쇄하기 위해 10월 6일 밤 8시에 당중앙은 부득불 단호한 조처를 취해 4인방을 격리 심사시켰습니다"라고 보고했다. 화궈펑이 여기까지 말했을 때 예젠잉이 큰 소리로 "그들을 모두 체포했다"고 말했다. 순간 짧은 침묵에 이어 열렬한 박수소리가 터져나왔다. 602

화궈펑의 보고가 끝나자, 예젠잉은 화궈펑을 중앙위원회 주석과 군사위원회 주석으로 선출해 나중에 중앙 전체회의에서 추인할 수 있도록 해줄 것을 제의했다. 이튿날인 7일 새벽까지 계속된 긴급 정치국 회의는 화궈펑을 당중앙 주석과 군사위원회 주석에 임명하는 결의를 통과시켰다. 이로써 화궈펑은 명실공히 당정군의 최고 지도자가 되었다.

앞서 4인방을 체포한 뒤에 화궈펑과 예젠잉은 먼저 위취안산에 있는 예젠잉의 집에서 정치국 회의에 대한 대책을 논의했다. 예젠잉은 화궈펑에게 "주석은 생전에 이미 교체되었으니 당신이 응당 이 중임을 맡아야 한다"고 말했다. 화궈펑은 "예 원수께서 중앙의 공작을 주재하셔야 합니다"라고 양보했지만 예젠잉은 "당신은 주석 생전에 지정한 후계자다. 우리는 회의에서 토론해 결정합시다"라고 고사했다. 예젠잉은 79세로 55세인 화궈펑보다 스물네 살이 많았다.

이후에 당내외 지도자들이 예젠잉에게 중앙의 주석이 될 것을 요구했지만 예젠잉은 "나는 군사 간부다. 군사의 일을 한다. 만약에 (내가 중앙의 주석이 된다면) 사람들이 궁정 쿠데타를 한 것이 아니냐고 할 것"이라며 극구 사양했다.

4인방의 분쇄는 마오 노선을 추종하는 '실무파'와 '원로파'의 합작품이었다. 예젠잉 등 원로파는 연부역강한 새 세대의 화궈펑을 우두머리로 하는 정치 집단이 '문화대혁명이 조성한 혼란'의 종지부를 찍고 새로운 시대를 열어나갈 것을 바랐다. 하지만 화궈펑 등 '실권파'는 극좌 과오의 산물인 '문혁'의 종결 처리와 덩샤오핑 복권, 톈안먼 사태에 대한 명예회복 조처 등에 미적지근한 반응을 보였다.

예젠잉과 화궈펑의 사이도 점점 소원해졌다. 예젠잉은 1976년 10월 8일에 화궈펑이 소집한 예비회의 때 "(덩)샤오핑 동지는 당과 국가를 운용하는 경험이 풍부하다. 우리 당내에서 얻기 어려운 인재다. 마오 주석과 저우 총리는 여러 차례 덩샤오핑을 칭찬했다. 당과 군내의 다수 동지들과 전국의 인민들이 덩샤오핑 동지가 나와서 일할 것을 요구하고 있다. 우리는 이른 시일 안에 그가 일할 수 있도록 해야 한다"며 덩샤오핑의 복권을 요구했으나 화궈펑은 거부했다.

화궈펑은 4인방이 벌였던 덩샤오핑 비판과 '우경 번안풍' 반격운동을 계속 펼쳐나갔다. 예젠잉은 덩샤오핑이 복권되지 않은 상황에서도 자신이 매일매일 보는 국가의 중요 문건 등을 덩샤오핑에게 보내 국가 상황을 파악할 수 있도록 하는 등 각별하게 배려했다.

예젠잉은 세 차례에 걸쳐 끈질기게 덩샤오핑의 복권을 요구했다. 그때마다 덩샤오핑을 경계한 화궈펑은 "마오 주석이 결정한 것과 마오 주석이 지시한 것은 다 지켜야 한다"는 '양개범시兩個凡是'를 내세워 거부했다.

예젠잉은 물러서지 않고 네 번째로 덩샤오핑의 복권을 요구했다. 천윈, 왕전, 리셴녠 등도 예젠잉 의견에 동의하는 견해를 밝혀 화궈펑은 궁지에 몰렸다. 원로파의 압박에 밀린 화궈펑은 마지못해 덩샤오핑의 복권을 제의하기로 했다.

최후의
승자

화궈펑은 1977년 8월 12일에서 18일까지 베이징에서 열린 제11차 전국대표대회 보고에서 "문화대혁명은 이미 끝났다"고 선언하고 "모든 역량을 단결해 사회주의 현대화 강국을 건설하기 위해 분투하자"고 천명해 많은 사람들을 고무시켰다. [603]

제11차 전국대표대회 회의에서 화궈펑이 중앙 주석에, 예젠잉, 덩샤오핑, 리셴넨, 왕둥싱이 부주석에 각각 선출되었고, 정치국 상무위원에 이들 5명이 임명되었다. 복권된 덩샤오핑은 대회 폐막사에서 "실사구시의 우량 전통과 기풍을 발양하자"고 역설했다. 이 발언은 덩샤오핑이 '좌'경 사조를 비판하고 '양개범시'를 깨는 것으로 비상한 관심을 끌었다.

8월 25일, 새로운 군사위원회가 구성되었다. 군사위원회 주석에 화궈펑, 부주석에는 예젠잉, 덩샤오핑, 류보청, 쉬샹첸, 녜룽전이 임명되었다. 군사위원회 상무위원에는 리셴넨, 왕둥싱, 천시롄, 웨이궈칭(衛國淸 위국청), 쑤전화(蘇振華 소진화), 장팅파(張廷發 장정발), 쑤위(粟裕 속유), 뤄루이칭(羅瑞卿 나서경)이 선출되었다.

예젠잉이 군사위원회의 일상 업무를 주재하고, 덩샤오핑이 해방군 총참모장을 겸했다. 또 린뱌오에게 잔혹한 박해를 받아 자살 미수로 다리가 부러진 뤄루이칭이 복권되어 군사위원회 비서장이 되었다. 이때 살아 있는 4명의 원수들이 군사위원회 부주석을 맡아 원로파가 군권을 장악하는 등 대거 당정군에 진입했다. 이들은 견결하게 4인방에 저항하면서 문화대혁명을 반대하고, 덩샤오핑을 굳세게 지지해 눈길을 끌었다.

덩샤오핑은 1978년 9월 14일부터 지린성(吉林省 길림성) 등 동북3성 순시에 나서 화궈펑이 신주단지처럼 떠받들고 있는 마오의 결정과 지시를 지키는 '양개범시'에 대해 비판하고 나섰다.

덩샤오핑은 "'양개범시'는 진정한 마오쩌둥 사상이 아니다. 마오 주석이 우리에게 준 실사구시의 우량 전통과 기풍을 회복하지 않으면 우리의 4개 현대화는 희망이 없다. 또 우리는 매우 가난하다. 매우 낙후되어 있다. 솔직히 말해서 인민들에게 죄송하다. 우리 인민은 매우 훌륭하다"고 밝혀 '양개범시'는 인민들이 안심하고 생활할 수 있는 지도이념이 아니라는 것을 시사했다. **604**

'원로파'의 지지를 업은 덩샤오핑과 마오를 추종하는 '실무파'인 화궈펑 사이에 치열한 권력투쟁이 벌어졌다. 12월 18일부터 22일까지 베이징에서 열린 중앙 제11기 3중전회는 예젠잉과 화궈펑, 덩샤오핑, 리셴녠 등이 함께 회의를 주재했다.

덩샤오핑은 이 회의에서 마오에 의해 반혁명 사건으로 낙인찍힌 '톈안먼 사태'를 극적으로 '혁명적 사건'으로 명예회복시켜 마오를 추종하던 화궈펑에게 결정적 패배를 안겼다. 이 회의는 또 저우언라이가 염원했던 사회주의 4개 현대화 건설을 1979년부터 본격화하는 발판을 마련해 중국이 개혁개방의 새로운 시대로 가는 획기적인 정책 결정을 했다. 이런 결정은 덩샤오핑이 추구하는 실사구시에 기반한 지도사상의 결과물이었다.

1980년 말, 예젠잉은 정치국 회의에서 화궈펑의 중앙 주석과 군사위원회 주석직 사퇴를 강하게 제의하고 덩샤오핑을 또다시 높이 평가했다. 예젠잉은 "(덩)샤오핑 동지는 역사상 당에 많은 공헌을 했다. 4인방 분쇄 이후 중요한 고비마다 예리하고 과단성 있게 정확한 정책 결정과 주장을 한다. 샤오핑 동지는 국가를 잘 통치할 탁월한 재능을 갖고 있다. 그는 전당의 '군사軍師'고 전군의 통솔자로 손색이 없다"고 극찬했다.

4인방 분쇄를 총지휘해 문혁을 끝낸 종결자로서의 예젠잉은 당정군뿐만 아니라 인민들의 두터운 신망과 존경을 받고 있었다.

따라서 예젠잉의 한마디는 전반적 국면에 큰 영향을 미쳤다. 이런 예젠잉이 전폭적으로 덩샤오핑을 지지해 덩이 중앙의 제2대 지도 집단체제의 핵심으로 자리매김하는 데 결정적 구실을 했다. 시대를 잘못 판독한 화궈펑은 끝내 권력투쟁에서 패해 1981년 6월 27일에 개막한 중앙 제11기 6중전회에서 당 주석의 자리를 내놓았다.

덩샤오핑은 이 회의에서 중국과 중국인민에게 미증유의 재앙을 가져다준 문화대혁명을 부정하고 마오의 과오를 인정하는 '건국 이래 당의 약간의 역사문제에 관한 결의'를 통과시켰다. 이 '역사 결의'는 덩샤오핑이 장장 1년여에 걸쳐 준비했고, 당 고위간부 4천여 명(실제로는 5천6백여 명이 토론했으나 '4천인 토론'이라고 함)이 토론을 거쳐 확정했다.

이 '역사 결의'는 애초 '4천인 토론' 당시에는 5만 자였으나 몇 차례 수정과 보완을 거쳐 8개 항의 3만 5천 자로 결정했다. 이 '역사 결의'는 제5항의 '문화대혁명의 10년'에서 문혁은 마오가 발동했고, 문혁 10년 동안 당과 국가와 인민은 가장 큰 좌절과 손실을 입었다고 밝혔다. 또한 문혁은 반혁명 집단에 이용되어 큰 재난을 일으킨 내란이었고, 마오는 과오를 범했고, 과오는 적지 않았다고 규정해 마오의 '무오류성'을 비판했다.

그러나 '역사 결의'는 "마오쩌둥 동지는 위대한 마르크스주의자고 위대한 무산계급 혁명가이며 전략가이고 이론가다. 그는 '문화대혁명'에서 엄중한 과오를 범했지만 그의 일생을 통해서 볼 때 중국혁명에 대한 그의 공적은 그의 과오를 훨씬 능가한다. 그의 공적은 제1위고, 과오는 제2위다"라고 규정해 마오의 위상을 여전히 인정했다.

덩샤오핑은 자신이 기초한 '건국 이래 당의 약간의 역사문제에 관한 결의'와 관련해 1980년 10월 25일 중앙 지도자들과의 담화에서 마오쩌둥의 공과와 마오쩌둥 사상을 어떻게 평가할 것인가에 대해 이렇게 밝혔다. 605

"마오쩌둥 동지의 공과에 대한 평가를 쓸 것인가 말 것인가, 어떻게 쓸 것인가, 참으로 대단히 중요한 문제이다. 마오쩌둥 사상을 거론하지 않으면 마오쩌둥 동지의 공과에 대한 평가는 타당하지 않다. 마오쩌둥 사상의 가치는 잃어버릴 수 없다. 이 가치를 버리면 실제적으로 우리 당의 빛나는 역사를 부정하는 것이다. 총체적으로 말하면 우리 당의 역사는 훌륭한 역사다. 비록 우리 당은 건국 이후 30년의 역사를 포함해 당의 역사에서 많은 과오를 범했다. 심지어 문화대혁명의 큰 과오를 저질렀다. 그러나 우리 당은 끝내 혁명을 성공시켰다. 중국은 세계적인 지위에서 중화인민공화국이 성립한 이래 위상이 크게 높아졌다. 세계에서 일어섰고 우뚝 섰다. 바로 마오쩌둥 동지는 중국인민이 '이제부터 일어섰다'고 말한 바 있다. 중국공산당이 없다면 신민주주의 혁명과 사회주의 혁명을 이룰 수 없고, 사회주의 제도를 세울 수 없다."

"마오쩌둥 동지에 대한 평가와 마오쩌둥 사상에 대한 명확한 표명은 마오쩌둥 동지 개인의 문제에만 관련되는 것이 아니며, 우리 당과 우리 국가의 모든 역사와 떼어놓을 수 없다. 마오쩌둥 사상을 쓰지 않거나 견지하지 않으면 우리들은 역사적인 큰 과오를 저지르게 될 것이다. 마오쩌둥 동지는 만년에 확실히 생각이 일관되지 않았고, 어떤 말은 상호 모순을 일으켰다. 예를 들면 문화대혁명을 평가하면서 30퍼센트는 과오이고, 70퍼센트는 성과(三分錯誤 七分成績)라고 말했다. 하지만 30퍼센트 과오는 모든 것을 타도하는 전면 내전이었다. 이 여덟 자와 70퍼센트의 성과를 어떻게 연결시킬 수 있겠는가? 마오쩌둥 동지의 잘못을 포함한 과오에 대해서 반드시 털끝만치도 애매하지 않게 비평을 해야 하지만, 꼭 실사구시實事求是에 입각해 각종의 서로 다른 상황을 분석해 평가해야 한다. 그렇지 않으면 마오쩌둥 동지를 먹칠하고, 바로 우리 당과 우리 국가에 대해 먹칠을 한다. 이것은 역사를 위배違背하는 것이다."

중앙군사위원회 주석 덩샤오핑은 직계인 후야오방(胡耀邦 호요방)과 자오쯔양(趙紫陽 조자양)을 각각 당 총서기와 국무원 총리에 임명했다. '부도옹不倒翁'으로 세 번째 화려하게 부활한 덩샤오핑은 당정군黨政軍을 총괄 지휘하면서 '마오쩌둥 시대'를 끝내고 중국의 제2세대 지도자 시대를 활짝 열었다.

4인방의 우두머리 장칭은 사형을 선고받고 무기형으로 감형되었으나 1991년 5월 14일 새벽에 감옥에서 수면제를 먹고 자살했다. 77세였다. 무기징역을 선고받은 왕훙원은 복역 중 간암에 걸려 1992년 8월 5일에 58세로 생을 마감했다. 사형선고를 받고 감형된 장춘차오는 만기 출소를 앞두고 병사했고, 야오원위안만 유기징역 20년을 선고받은 뒤 유일하게 1996년 10월 6일에 감옥 문을 나올 수 있었다.

　아, 세상사. 포폄훼예褒貶毀譽 시비곡직是非曲直을 뒤로하고, 저 흘러가는 물처럼 그렇게 흘러가는구나. 하지만 역사는 민중들이 쓰는 것, 어찌 삼가고 삼가야 하지 않겠는가.

주註

401) 毛澤東生平全紀錄(下) 主編 柯 延 中央文獻出版社

402) 毛澤東;批'海瑞罷官'的文章只有湖南沒轉載 朱永嘉 口述, 金光耀 整理 人民網

403) 毛澤東;批'海瑞罷官'的文章只有湖南沒轉載 朱永嘉 口述, 金光耀 整理 人民網

404) '四人幇'中姚文元最後離世墓碑上只寫了妻子名字 葉永烈 人民網

　　姚文元'成長三部曲';墨水瓶爬出了一位政壇高層 夏國勝 黨史文苑 人民網

405) '四人幇'中姚文元最後離世墓碑上只寫了妻子名字 葉永烈 人民網

　　毛澤東;批'海瑞罷官'的文章只有湖南沒轉載 朱永嘉 口述, 金光耀 整理 人民網

406) 毛澤東傳1949-1976(下) 主編 逢先知 金冲及 中央文獻出版社

407) 毛澤東生平全紀錄(下) 主編 柯 延 中央文獻出版社

408) 毛澤東;批'海瑞罷官'的文章只有湖南沒轉載 朱永嘉 口述, 金光耀 整理 人民網

　　毛澤東傳1949-1976(下) 主編 逢先知 金冲及 中央文獻出版社

409) 毛澤東傳1949-1976(下) 主編 逢先知 金冲及 中央文獻出版社

　　毛澤東;批'海瑞罷官'的文章只有湖南沒轉載 朱永嘉 口述, 金光耀 整理 人民網

410) 毛澤東傳1949-1976(下) 主編 逢先知 金冲及 中央文獻出版社

　　毛澤東;批'海瑞罷官'的文章只有湖南沒轉載 朱永嘉 口述, 金光耀 整理 人民網

411) 林彪精心製造一顆'原子彈'置羅瑞卿于死地? 人民網-文史頻道

　　羅瑞卿大將一家在'文革'中的遭遇 口述; 羅原 撰文;紀彭 人民網

412) 羅瑞卿大將一家在'文革'中的遭遇 口述; 羅原 撰文;紀彭 人民網

　　毛澤東傳1949-1976(下) 主編 逢先知 金冲及 中央文獻出版社

413) 毛澤東和愛將羅瑞卿如何整治黑道? 時政頻道 新華網

　　毛澤東的'水至清則無魚'讓羅瑞卿疑惑至死 孫言誠 人民網-文史頻道

414) 毛澤東傳1949-1976(下) 主編 逢先知 金冲及 中央文獻出版社

415) 毛澤東生平全紀錄(下) 主編 柯 延 中央文獻出版社

　　李雪峰;我所知道的'文革'發動內幕 人民網-文史頻道

416) 李雪峰;我所知道的'文革'發動內幕 人民網-文史頻道

　　毛澤東傳1949-1976(下) 主編 逢先知 金冲及 中央文獻出版社

　　毛澤東生平全紀錄(下) 主編 柯 延 中央文獻出版社

417) 李雪峰;我所知道的'文革'發動內幕 人民網-文史頻道

　　毛澤東傳(1949-1976 下) 主編 逄先知 金冲及 中央文獻出版社

418) 毛澤東傳1949-1976(下) 主編 逄先知 金冲及 中央文獻出版社

419) 毛澤東爲何搞'文革';下大亂達到天下大治 金冲及 人民網-文史頻道

420) 李雪峰;我所知道的'文革'發動內幕 人民網-文史頻道

421) 李雪峰;我所知道的'文革'發動內幕 人民網-文史頻道

　　毛澤東爲何搞'文革';天下大亂達到天下大治 人民網-文史頻道

422) 李雪峰;我所知道的'文革'發動內幕 人民網-文史頻道

　　毛澤東爲何搞'文革';天下大亂達到天下大治 人民網-文史頻道

423) 毛澤東傳1949-1976(下) 主編 逄先知 金冲及 中央文獻出版社

　　毛澤東生平全紀錄(下) 主編 柯 延 中央文獻出版社

424) 毛澤東傳1949-1976(下) 主編 逄先知 金冲及 中央文獻出版社

425) 毛澤東爲何搞'文革';天下大亂達到天下大治 金冲及 人民網-文史頻道

　　毛澤東傳1949-1976(下) 主編 逄先知 金冲及 中央文獻出版社

426) 林彪合伙江青成功扳倒劉鄧;得意'從小六變成了老二'人民網-文史頻道

427) 林彪合伙江青成功扳倒劉鄧;得意'從小六變成了老二'人民網-文史頻道

　　毛澤東平生全紀錄(下) 主編 柯 延 中央文獻出版社

　　毛澤東傳1949-1976(下) 主編 逄先知 金冲及 中央文獻出版社

428) 毛澤東傳1949-1976(下) 主編 逄先知 金冲及 中央文獻出版社

　　毛澤東爲何搞'文革';天下大亂達到天下大治 金冲及 人民網-文史頻道

429) 李雪峰;我所知道的'文革'發動內幕 人民網-文史頻道

　　毛澤東平生全紀錄(下) 主編 柯 延 中央文獻出版社

430) 野心家康生如何用陰謀敲開權力之門? 頤保孜 人民網-文史頻道

431) 野心家康生如何用陰謀敲開權力之門? 頤保孜 人民網-文史頻道

　　揭秘;林彪與江青從合伙到分裂的全過程從'童懷周'到審江青 汪文風 著

　　當代中國出版社 出版 人民網-文史頻道

432) 劉少奇如何成'叛徒'之首 人民網

　　毛澤東生平全紀錄(下) 主編 柯 延 中央文獻出版社

433) 毛澤東'文革'開路;授意重重敲打老帥朱德 朱和平'黨史博覽'人民網

434) '文革'是一場空前大內亂;必須徹底否定! 金春明 人民網-文史頻道

435) 毛澤東傳1949-1976(下) 主編 逄先知 金冲及 中央文獻出版社

436) 毛澤東傳1949-1976(下) 主編 逄先知 金冲及 中央文獻出版社

　　毛澤東選過三個接班人,最後一個爲何是沒資歷的王洪文? 舒 雲'黨史博覽'人民網

437) 毛澤東傳1949-1976(下) 主編 逄先知 金冲及 中央文獻出版社

438) 毛澤東傳1949-1976(下) 主編 逄先知 金冲及 中央文獻出版社

439) 毛澤東傳1949-1976(下) 主編 逄先知 金冲及 中央文獻出版社

440) 毛澤東傳1949-1976(下) 主編 逄先知 金冲及 中央文獻出版社

441) 周恩來與賀龍的訣別 時政頻道 新華網

　　賀龍夫人薛明;周恩來說他了解賀龍比我還多 時政頻道 新華網,

　　不盡的思念 作者 薛 明 中央文獻出版社,

　　林彪爲何決心整垮賀龍;擔心底細被曝光影響奪權大業? 尹家民 人民網－文史頻道

442) 賀龍夫人薛明;周恩來他了解賀龍比我還多 時政頻道 新華網,

　　'不盡的思念'作者 薛明 中央文化出版社

　　中共史上'龍爭翻';林彪與賀龍的恩怨是怎麼結下的? 人民網－文史頻道 手機看新聞

　　林彪爲何決心整垮賀龍;擔心底細被曝光影響奪權大業? 尹家民 人民網－文史頻道

443) 周恩來與賀龍的訣別 時政頻道 新華網

　　賀龍夫人薛明;周恩來說他了解賀龍比我還多 光明網 時政頻道,

　　'不盡的思念'作者 薛明 中央文獻出版社

　　'文革'中毛澤東替賀龍撑腰;'我做你的保皇派' 人民網－文史頻道

444) 林彪爲何決心整垮賀龍;擔心底細被曝光影響奪權大業? 尹家民 人民網－文史頻道

445) 林彪爲何決心整垮賀龍;擔心底細被曝光影響奪權大業? 尹家民 人民網－文史頻道

446) '文革'中毛澤東替賀龍撑腰;'我做你的保皇派' 人民網－文史頻道

447) 林彪爲何決心整垮賀龍;擔心底細被曝光影響奪權大業? 尹家民 人民網－文史頻道

448) 賀龍夫人薛明;周恩來說了解賀龍比我還多 時政頻道 新華網,

　　'不盡的思念'作者 薛明 中央文獻出版社

449) 毛澤東與彭德懷的最後一面 理論頻道 新華網

450) 毛澤東與彭德懷的最後一面 理論頻道 新華網

451) 揭秘;廬山會議之後的彭德懷 理論頻道 新華網, 毛澤東與彭德懷的最後一面 理論頻道 新華網,

　　'紅墻見証錄'作者 尹家民 當代中國出版社

452) 毛澤東與彭德懷的最後一面 理論頻道 新華網, '紅墻見証錄'作者 尹家民 當代中國 出版社

453) 毛澤東與彭德懷的最後一面 理論頻道 新華網, '紅墻見証錄'作者 尹家民 當代中國 出版社

454) 毛澤東傳1949－1976(下) 主編 逄先知 金冲及 中央文獻出版社

　　開國將帥'文革'之痛;周恩來下令築墻阻擋造反派 尹家民 '黨史博覽' 人民網

　　'文革'漩渦;江青搞亂軍隊, 老帥大發火 人民網－文史頻道

455) 毛澤東生平全紀錄(下) 主編 柯 延 中央文獻出版社

　　開國將帥'文革'之痛;周恩來下令築墻阻擋造反派 尹家民 '黨史博覽' 人民網

　　'文革'漩渦;江青搞亂軍隊, 老帥大發火 人民網－文史頻道

456) 毛澤東傳1949－1976(下) 主編 逄先知 金冲及 中央文獻出版社

　　'文革'漩渦;江青搞亂軍隊, 老帥大發火 人民網－文史頻道

　　開國將帥'文革'之痛;周恩來下令築墻阻擋造反派 尹家民 '黨史博覽' 人民網

457) 開國將帥'文革'之痛;周恩來下令築墻阻擋造反派 尹家民 '黨史博覽' 人民網

　　'文革'漩渦;江青搞亂軍隊, 老帥大發火 人民網－文史頻道

458) '文革'漩渦;江青搞亂軍隊, 老帥大發火 人民網－文史頻道

　　毛澤東傳1949－1976(下) 主編 逄先知 金冲及 中央文獻出版社

　　開國將帥'文革'之痛;周恩來下令築墻阻擋造反派 尹家民 '黨史博覽' 人民網

459) 毛澤東生平全紀錄(下) 主編 柯 延 中央文獻出版社

460) 1967年劉少奇與毛澤東最後的訣別;後者內心蘊藏巨大苦衷 重慶晚報 人民網

王光美回憶;劉少奇與鄧小平最後1次對話 時政頻道 新華網

'文革'中劉少奇爭辯;林彪江青都反過主席, 我從來沒反過 人民網－文史頻道

461) '文革'中劉少奇爭辯;林彪江青都反過主席, 我從來沒反過 人民網－文史頻道

劉少奇抑制滿腔的怒火;"我永遠不反對毛主席"人民網－文史頻道

462) 毛澤東傳1949-1976(下) 主編 逢先知 金冲及 中央文獻出版社

463) 毛澤東傳1949-1976(下) 主編 逢先知 金冲及 中央文獻出版社

464) 毛澤東傳1949-1976(下) 主編 逢先知 金冲及 中央文獻出版社

465) 毛澤東生平全紀錄(下) 主編 柯 延 中央文獻出版社

毛澤東傳1949-1976(下) 主編 逢先知 金冲及 中央文獻出版社

466) 毛澤東傳1949-1976(下) 主編 逢先知 金冲及 中央文獻出版社

467) 毛澤東生平全紀錄(下) 主編 柯 延 中央文獻出版社

468) 毛澤東傳1949-1976(下) 主編 逢先知 金冲及 中央文獻出版社

469) 毛澤東傳1949-1976(下) 主編 逢先知 金冲及 中央文獻出版社

470) 毛澤東選過三個接班人, 最後一個爲何是沒資歷的王洪文? 舒 云 '黨史博覽' 人民網

471) 劉少奇是迫害致死的 李 超 人民網

'文革'中劉少奇爭辯;林彪江青都反過主席,我從來沒反過! 人民網－文史頻道

毛澤東傳1949-1976(下) 主編 逢先知 金冲及 中央文獻出版社

472) 劉少奇是迫害致死的 李 超 人民網

'文革'中劉少奇爭辯;林彪江青都反過主席,我從來沒反過! 人民網－文史頻道

毛澤東傳1949-1976(下) 主編 逢先知 金冲及 中央文獻出版社

473) 毛澤東平生全紀錄(下) 主編 柯 延 中央文獻出版社

毛澤東公開指責鄧小平;他什麼事也不找我, 幾年不找我! 人民網－文史頻道

最後的 '政治碰撞' 使毛澤東下定決心進行 '批鄧' 人民網－文史頻道

474) 揭秘 1969年在京中央領導大疏散 人民網, 王光美回憶;劉少奇與鄧小平最後一次對話 時政頻道 新華網, 劉少奇是被迫害致死的 李 超 人民網

475) 鄧小平陳雲等如何推動爲劉少奇平反 時政頻道 新華網

476) 黨內 '二把手'劉少奇是毛澤東的指定接班人? '黨的文獻' 文史－人民網

477) 毛澤東生平全紀錄(下) 主編 柯 延 中央文獻出版社

478) 周恩來爲何指定鄧小平接班? 時政頻道 新華網

479) '文革'風暴;林彪爲奪權搶朱德的扁擔 劉學民 人民網－文史頻道

480) '文革'風暴;林彪爲奪權搶朱德的扁擔 劉學民 人民網－文史頻道

481) '文革'風暴;林彪爲奪權搶朱德的扁擔 劉學民 人民網－文史頻道

482) 毛澤東生平全紀錄(下) 主編 柯 延 中央文獻出版社

483) 毛澤東生平全紀錄(下) 主編 柯 延 中央文獻出版社

484) 毛澤東生平全紀錄(下) 主編 柯 延 中央文獻出版社

485) 毛澤東傳1949-1976(下) 主編 逄先知 金冲及 中央文獻出版社

486) 毛澤東傳1949-1976(下) 主編 逄先知 金冲及 中央文獻出版社

487) 毛澤東傳1949-1976(下) 主編 逄先知 金冲及 中央文獻出版社

488) 毛澤東生平全紀錄(下) 主編 柯 延 中央文獻出版社
　　毛澤東傳1949-1976(下) 主編 逄先知 金冲及 中央文獻出版社

489) 毛澤東傳1949-1976(下) 主編 逄先知 金冲及 中央文獻出版社
　　毛澤東生平全紀錄(下) 主編 柯 延 中央文獻出版社

490) 毛澤東傳1949-1976(下) 主編 逄先知 金冲及 中央文獻出版社

491) 毛澤東傳1949-1976(下) 主編 逄先知 金冲及 中央文獻出版社
　　揭秘; 林彪與江青從合伙到分裂的全過程 人民網-文史頻道

492) 毛澤東傳1949-1976(下) 主編 逄先知 金冲及 中央文獻出版社
　　林彪被選定爲接班人後爲何仍不滿意? 人民網-文史頻道

493) 毛澤東傳1949-1976(下) 主編 逄先知 金冲及 中央文獻出版社
　　毛澤東生平全紀錄(下) 主編 柯 延 中央文獻出版社

494) 毛澤東傳1949-1976(下) 主編 逄先知 金冲及 中央文獻出版社

495) 毛澤東傳1949-1976(下) 主編 逄先知 金冲及 中央文獻出版社
　　揭秘;林彪與江青從合伙到分裂的全過程 人民網-文史頻道
　　毛澤東生平全紀錄(下) 主編 柯 延 中央文獻出版社

496) 毛澤東傳1949-1976(下) 主編 逄先知 金冲及 中央文獻出版社

497) 毛澤東傳1949-1976(下) 主編 逄先知 金冲及 中央文獻出版社
　　毛澤東生平全紀錄(下) 主編 柯 延 中央文獻出版社
　　林彪被選定爲接班人後爲何仍不滿義? 人民網-文史頻道

498) 毛澤東傳1949-1976(下) 主編 逄先知 金冲及 中央文獻出版社

499) 毛澤東生平全紀錄(下) 主編 柯 延 中央文獻出版社
　　毛澤東傳1949-1976(下) 主編 逄先知 金冲及 中央文獻出版社
　　廬山會議上毛澤東對話林彪;"我勸你也別當國家主席"齊魯晚報 人民網

500) 毛澤東傳1949-1976(下) 主編 逄先知 金冲及 中央文獻出版社
　　毛澤東生平全紀錄(下) 主編 柯 延 中央文獻出版社

501) 毛澤東傳1949-1976(下) 主編 逄先知 金冲及 中央文獻出版社
　　毛澤東生平全紀錄(下) 主編 柯 延 中央文獻出版社
　　林彪被選定爲接班人後爲何仍不滿意? 人民網-文史頻道

502) 毛澤東傳1949-1976(下) 主編 逄先知 金冲及 中央文獻出版社

503) 毛澤東傳1949-1976(下) 主編 逄先知 金冲及 中央文獻出版社

504) 毛澤東傳1949-1976(下) 主編 逄先知 金冲及 中央文獻出版社

505) 林彪公開對峙毛澤東; '文' 的較量後企圖 '武' 的進攻 人民網-文史頻道
　　林彪夫婦在北戴河的最後時刻 人民網
　　毛澤東生平全紀錄(下) 主編 柯 延 中央文獻出版社

506) 揭秘;林彪父子策劃刺殺毛澤東行動的全過程 人民網－文史頻道

林彪公開對峙毛澤東; '文'的較量後企圖 '武'的進攻 人民網－文史頻道

汪東興;林彪集團準備了八種辦法謀害毛澤東 汪東興 人民網－文史頻道

507) 毛澤東生平全紀錄(下) 主編 柯 延 中央文獻出版社

508) 汪東興; 林彪集團準備了八種辦法謀害毛澤東 汪東興 人民網－文史頻道

林彪夫婦在北戴河的最後時刻 人民網

揭秘;林彪父子策劃刺殺毛澤東行動的全過程 人民網－文史頻道

509) 毛澤東傳1949-1976(下) 主編 逢先知 金冲及 中央文獻出版社

林彪公開對峙毛澤東; '文'的較量後企圖 '武'的進攻 人民網－文史頻道

揭秘;林彪父子策劃刺殺毛澤東行動的全過程 人民網－文史頻道

510) 揭秘;林彪父子策劃刺殺毛澤東行動的全過程 人民網－文史頻道

林彪公開對峙毛澤東; '文'的較量後企圖 '武'的進攻 人民網－文史頻道

汪東興;林彪集團準備了八種辦法謀害毛澤東 汪東興 人民網－文史頻道

511) 揭秘;林彪父子策劃刺殺毛澤東行動的全過程 人民網－文史頻道

汪東興; 林彪集團準備了八種辦法謀害毛澤東 汪東興 人民網－文史頻道

林彪夫婦在北戴河的最後時刻 人民網

512) 毛澤東生平全紀錄(下) 主編 柯 延 中央文獻出版社

汪東興;林彪集團準備了八種辦法謀害毛澤東 汪東興 人民網－文史頻道

揭秘;林彪父子策劃刺殺毛澤東行動的全過程 人民網－文史頻道

513) 毛澤東傳1949-1976(下) 主編 逢先知 金冲及 中央文獻出版社

汪東興;林彪集團準備了八種辦法謀害毛澤東 汪東興 人民網－文史頻道

揭秘;林彪夫子策劃刺殺毛澤東行動的全過程 人民網－文史頻道

514) 林彪夫婦在北戴河的最後時刻 人民網

揭秘;林彪父子策劃刺殺毛澤東行動的全過程 人民網－文史頻道

毛澤東傳1949-1976(下) 主編 逢先知 金冲及 中央文獻出版社

515) 九大後毛澤東調動兵防林彪 中國共產黨新聞網 人民網

516) 林彪夫婦在北戴河的最後時刻 人民網

毛澤東生平全紀錄(下) 主編 柯 延 中央文獻出版社

517) 毛澤東傳1949-1976(下) 主編 柯 延 中央文獻出版社

揭秘;林彪父子策劃刺殺毛澤東行動的全過程 人民網－文史頻道

林彪夫婦在北戴河的最後時刻 人民網

518) 毛澤東傳1949-1976(下) 主編 逢先知 金冲及 中央文獻出版社

林彪夫婦北戴河的最後時刻 人民網

揭秘;林彪父子策劃刺殺毛澤東行動的全過程 人民網－文史頻道

519) 毛澤東生平全紀錄(下) 主編 柯 延 中央文獻出版社

林彪夫婦在北戴河的最後時刻 人民網

揭秘;林彪父子策劃刺殺毛澤東行動的全過程 人民網－文史頻道

520) 毛澤東生平全紀錄(下) 主編 柯 延 中央文獻出版社

汪東興;林彪集團準備了八種辦法謀害毛澤東 汪東興 人民網－文史頻道

毛澤東傳1949-1976(下) 主編 柯 延 中央文獻出版社

521) '9.13'慘烈的空中搏殺;3685號直升機如何被劫持 舒雲/整理 人民網

522) 毛澤東傳1949-1976(下) 主編 逄先知 金冲及 中央文獻出版社

523) 毛澤東生平全紀錄(下) 主編 柯 延 中央文獻出版社

524) 沒有葉劍英的毛澤東, 鄧小平是會什麼樣子? 文/袁小倫 '黨史縱覽' 人民網

毛澤東因何欣賞葉劍英 人民網

毛澤東傳1949-1976(下) 主編 逄先知 金冲及 中央文獻出版社

525) 沒有葉劍英的毛澤東, 鄧小平會是什麼樣子? 文/袁小倫 '黨史縱覽' 人民網

526) 毛澤東傳1949-1976(下) 主編 逄先知 金冲及 中央文獻出版社

527) 毛澤東在陳毅追悼會上;林彪是要把我們這些人都搞掉的 薛慶超 人民網－文史頻道

528) 毛澤東在 陳毅追悼會上;林彪是要把我們這些人都搞掉的 薛慶超 人民網－文史頻道

529) 1972年政治'鐵三角'消失;江青差点當上主席 人民網－文史頻道

揭秘:康生對江青的態度爲何急轉直下? 楊銀祿(作者中共中央辦公廳老幹部, 曾任江青秘

530) 揭秘:周恩來對 鄧小平做最後的 '政治交代' 何立波 中國共産黨新聞網 人民網

毛澤東傳1949-1976(下) 逄先知 金冲及 中央文獻出版社

531) 1972年政治'鐵三角'消失;江青差点當上主席 人民網－文史頻道

毛澤東傳1949-1976(下) 逄先知 金冲及 中央文獻出版社

532) 1972年政治'鐵三角'消失;江青差点當上主席 人民網－文史頻道

533) 1972年政治'鐵三角'消失;江青差点當上主席 人民網－文史頻道

534) 1972年政治'鐵三角'消失;江青差点當上主席 人民網－文史頻道

毛澤東生平全紀錄(下) 主編 柯 延 中央文獻出版社

535) 毛澤東傳1949-1976(下) 主編 逄先知 金冲及 中央文獻出版社

'9.13'事件後, 鄧小平寫信揭發林彪的五個問題 人民網－文史頻道

536) 毛澤東5次苦選接班人; '公子哥' 王洪文也曾入選 薛慶超 '湘 潮' 人民網

537) 毛澤東傳1949-1976(下) 主編 逄先知 金冲及 中央文獻出版社

538) 毛澤東傳1949-1976(下) 主編 逄先知 金冲及 中央文獻出版社

1973년毛澤東穩定中國政局的願望爲何落空? 秦九鳳 中國共産黨新聞網 人民網

539) 毛澤東傳1949-1976(下) 主編 逄先知 金冲及 中央文獻出版社

540) 周恩來對鄧小平做最後的 '政治交代' 何立波 中國共産黨新聞網 人民網

毛澤東生平全紀錄(下) 主編 柯 延 中央文獻出版社

541) 毛澤東傳1949-1976(下) 主編 逄先知 金冲及 中央文獻出版社

542) 毛澤東5次苦選接班人; '公子哥' 王洪文也曾入選 薛慶超 '湘 潮' 人民網

543) 1973年毛澤東穩定中國政局的願望爲何落空? 秦九鳳 中國共産黨新聞網 人民網

毛澤東生平全紀錄(下) 主編 柯 延 中央文獻出版社

544) 毛澤東傳1949-1976(下) 主編 逄先知 金冲及 中央文獻出版社

545) 毛澤東傳1949-1976(下) 主編 逢先知 金冲及 中央文獻出版社

546) '九大' 後林彪心生疑懼;擔心毛澤東換張春橋爲接班人 王海光 '學習時報' 人民網

547) 毛澤東傳1949-1976(下) 主編 逢先知 金冲及 中央文獻出版社

548) 江青夜鬧西花廳 '逼宮';妄圖整垮重病的周恩來 武健華 '今晚報' 人民網

　　揭秘;周恩來對鄧小平做最後的 '政治交代' 何立波 中國共產黨新聞網 人民網

　　毛澤東1974年推出鄧小平, 給江青組閣夢當頭一棒! 人民網-文史頻道

549) 毛澤東傳1949-1976(下) 主編 逢先知 金冲及 中央文獻出版社

550) 揭秘;周恩來對鄧小平做最後的 '政治交代' 何立波 中國共產黨新聞網 人民網

551) 毛澤東傳1949-1976(下) 主編 逢先知 金冲及 中央文獻出版社

552) 揭秘;周恩來對鄧小平做最後的 '政治交代' 何立波 中國共產黨新聞網 人民網

553) 毛澤東1974年推出鄧小平, 給江青組閣夢當頭一棒! 人民網-文史頻道

　　1973년毛澤東穩定中國政局的願望爲何落空? 秦九鳳 中國共產黨新聞網

554) 長沙決策;周恩來狙擊江青 '組閣' 陰謀 江明武 人民網-文史頻道

　　周恩來抱病赴長沙面見毛澤東完成最後使命 顧保孜 人民網-文史頻道

　　揭秘;周恩來對鄧小平做最後的 '政治交代' 何立波 中國共產黨新聞網 人民網

555) 毛澤東傳1949-1976(下) 主編 逢先知 金冲及 中央文獻出版社

556) 毛澤東生平全紀錄(下) 主編 柯延 中央文獻出版社

557) 長沙決策;周恩來狙擊江青 '組閣' 陰謀 江明武 人民網-文史頻道

　　揭秘;周恩來對鄧小平做最後的 '政治交代' 何立波 中國共產黨新聞網 人民網

558) 毛澤東傳1949-1976(下) 主編 逢先知 金冲及 中央文獻出版社

559) 毛澤東傳1949-1976(下) 主編 逢先知 金冲及 中央文獻出版社

560) 彭德懷被監護的日子;每天放風兩次動一動要先喊報告 柳守忠 人民網-文史頻道

　　彭德懷的最後歲月;我得活着, 還冤屈沒有搞清楚! 沈國凡 人民網

　　歷史的見證;爲習仲勛, 彭德懷飜案 人民網-文史頻道

　　朱德聽聞彭德懷遺願遭拒老淚縱橫;要死的人, 還能做啥子 朱敏 '鄭州日報' 人民網

561) 彭德懷的最後歲月;我得活着, 還有冤屈沒有搞清楚! 沈國凡 人民網

　　解密彭德懷被監護的日子 理論頻道 新華網

562) 歷史的見證;爲習仲勛, 彭德懷飜案 人民網-文史頻道

563) 毛澤東傳1949-1976(下) 主編 逢先知 金冲及 中央文獻出版社

564) 毛澤東傳1949-1976(下) 主編 逢先知 金冲及 中央文獻出版社

　　最後的 '政治碰撞' 使毛澤東下決心進行 '批鄧' 人民網-文史頻道

　　'四人幫' 惡毒誣蔑鄧小平;江青的話使毛澤東震怒 人民網-文史頻道

565) 毛澤東傳(下)1949-1976 主編 逢先知 金冲及 中央文獻出版社

566) 毛澤東傳(下)1949-1976 主編 逢先知 金冲及 中央文獻出版社

567) 鄧小平主持1975年整頓的歷史機緣 人民網-文史頻道

　　揭秘;周恩來對鄧小平做最後的 '政治交代' 何立波 中國共產黨新聞網 人民網

　　'四人幫' 預謀給葉劍英 '算總帳' 鄧小平挨毛澤東批 劉志靑 '黨史博覽' 人民網

568) 鄧小平主持1975整頓的歷史機緣 人民網-文史頻道

'四人幫'惡毒誣蔑鄧小平;江青的話使毛澤東震怒 人民網-文史頻道

毛澤東1975年對鄧小平; '四人幫'現在不行了 人民網-文史頻道

569) 毛遠新被捕時拒絶交出手槍; 大喊 '主席尸骨未寒' 人民網-文史頻道

570) 毛澤東傳1949-1976(下) 主編 逄先知 金冲及 中央文獻出版社

571) 毛遠新誹鄧小平 '轉彎子'; '文革'應當三七開 霞 飛 '黨史博覽' 人民網

最後的 '政治撞' 使毛澤東下定決心進行 '批鄧' 人民網-文史頻道

毛澤東傳1949-1976(下) 主編 逄先知 金冲及 中央文獻出版社

572) 1975年周恩來斥責鄧小平;就不能忍一忍? 秦九鳳 '黨史博覽' 人民網

573) 毛澤東傳1949-1976(下) 主編 逄先知 金冲及 中央文獻出版社

毛澤東爲什麽不選周恩來做接班人? 葉永烈 人民網-文史頻道

在周總理, 朱總司令, 毛主席相繼逝世的日子 鄔言成 口述 王凡 整理 人民網

574) 在周總理, 朱總司令, 毛主席相繼逝世的日子 鄔言成 口述 王凡 整理 人民網

毛澤東傳1949-1976(下) 主編 逄先知 金冲及 中央文獻出版社

575) 毛澤東生平全紀錄(下) 主編 柯 延 中央文獻出版社

'四人幫'惡毒誣蔑鄧小平;江青的話使毛澤東震怒 人民網-文史頻道

576) 1976年葉劍英和華國峰是如何聯手的 時政頻道 新華網

毛澤東爲何下定決心將華國峰爲自己最後選定的接班人? 人民網-文史頻道

577) 毛澤東傳1949-1976(下) 主編 逄先知 金冲及 中央文獻出版社

578) 毛澤東晚年極度厭惡江青, 却爲何不處置她? 人民網-文史頻道

毛澤東傳1949-1976(下) 主編 逄先知 金冲及 中央文獻出版社

579) 毛澤東傳1949-1976(下) 主編 逄先知 金冲及 中央文獻出版社

毛澤東爲何定決心將華國峰作爲自己最後選定的接班人? 人民網-文史頻道

葉劍英; 粉碎 '四人幫' 是一着很險的險棋 人民網-文史頻道

580) 毛澤東爲何下定決心將華國峰作爲自己最後選定的接班人? 人民網-文史頻道

581) 毛澤東爲何下定決心將華國峰作爲自己最後選定的接班人? 人民網-文史頻道

582) 毛澤東傳1949-1976(下) 主編 逄先知 金冲及 中央文獻出版社

毛澤東爲何下定決心將華國峰作爲自己最後選定的接班人? 人民網-文史頻道

583) 毛澤東傳1949-1976(下) 主編 逄先知 金冲及 中央文獻出版社

584) 毛澤東臨終囑咐 '絶不允許否定' '文革'? 人民網-文史頻道

毛澤東傳1949-1976(下) 主編 逄先知 金冲及 中央文獻出版社

585) 在周總理, 朱總司令, 毛主席相繼逝世的日子 鄔言成 口述 王凡 整理 人民網

586) 毛澤東傳1949-1976(下) 主編 逄先知 金冲及 中央文獻出版社

毛澤東生平全紀錄(下) 主編 柯 延 中央文獻出版社

587) 揭秘;毛澤東逝世前已內定 '文革派' 爲接班人 錢伯城 北京日報 人民網

588) 毛澤東 '臨終囑咐' 引發高層鬪爭;事關誰來接班 人民網-文史頻道

'四人幫' 興亡 葉永烈 著 人民日報出版社出版

589) 由誰來掌權;毛澤東之逝引發中國'政治地震' 人民網-文史頻道

590) 由誰來掌權;毛澤東之逝引發中國'政治地震' 人民網-文史頻道

591) 毛澤東去世, 葉劍英抓捕'四人幫' 不再投鼠忌器 人民網

592) 毛澤東去世, 葉劍英抓捕'四人幫' 不再投鼠忌器 人民網

593) 毛澤東'臨終囑咐'引發高層鬥爭;事關誰來接班 人民網-文史頻道

594) 毛澤東傳1949-1976(下) 主編 逄先知 金沖及 中央文獻出版社

595) 毛澤東'臨終囑咐'引發高層鬥爭;事關誰來接班 人民網-文史頻道

596) 毛澤東去世, 葉劍英抓捕'四人幫' 不再投鼠忌器 人民網

　　毛澤東'臨終囑咐'引發高層鬥爭;事關誰來接班 人民網-文史頻道

597) 毛澤東傳1949-1976(下) 主編 逄先知 金沖及 中央文獻出版社

598) 毛澤東去世, 葉劍英抓捕'四人幫' 不再投鼠忌器 人民網

599) 毛澤東去世, 葉劍英抓捕'四人幫' 不再投鼠忌器 人民網

600) 毛澤東去世, 葉劍英抓捕'四人幫' 不再投鼠忌器 人民網

　　華國鋒和葉劍英深夜報捷;把'四人幫'統統抓起來了 人民網-文史頻道

601) 1976;我負責的'四人幫'抓捕行動 張耀祠 人民網

　　毛遠新被捕時拒絕交出手槍;大喊'主席尸骨未寒' 人民網-文史頻道

602) 華國鋒和葉劍英深夜報捷;把'四人幫'統統抓來了 人民網-文史頻道

603) 毛澤東傳1949-1976(下) 主編 逄先知 金沖及 中央文獻出版社

　　沒有葉劍英的毛澤東, 鄧小平會是什麼樣子? 文/袁小倫'黨史博覽' 人民網

604) 1978年鄧小平到處'點火';毛主席究竟哪里偉大? 人民網-文史頻道

　　毛澤東去世及粉碎'四人幫'后, 階級鬥爭爲何愈演愈烈? 人民網-文史頻道

605) 鄧小平如何評價毛澤東; 整倒大批幹部是晚年最大的悲劇 人民網-文史頻道

중국지 下

ⓒ 현이섭, 2017

초판 1쇄 2012년 11월 1일 펴냄
    3쇄 2013년 1월 5일 펴냄
개정 1판 2014년 4월 30일 펴냄
개정 2판 2017년 6월 9일 찍음
        2017년 6월 15일 펴냄

지은이 | 현이섭
펴낸이 | 강준우
기획·편집 | 박상문, 박효주, 김예진, 김환표
디자인 | 최진영, 최원영
마케팅 | 이태준
관리 | 최수향
인쇄·제본 | 대정인쇄공사

펴낸곳 | 인물과사상사
출판등록 | 제17-204호 1998년 3월 11일

주소 | (121-839) 서울시 마포구 서교동 392-4 삼양E&R빌딩 2층
전화 | 02-325-6364
팩스 | 02-474-1413

www.inmul.co.kr | insa@inmul.co.kr

ISBN 978-89-5906-448-9 04990
      978-89-5906-445-8 (세트)

값 18,000원

이 도서의 국립중앙도서관 출판시도서목록(CIP)은 서지정보유통지원시스템 홈페이(http://seoji.nl.go.kr)와
국가자료공동목록시스템(http://www.nl.go.kr/kolisnet)에서 이용하실 수 있습니다.
(CIP제어번호: CIP2017013317)